Helga Milz, Frauenbewußtsein und Soziologie

Sozialwissenschaftliche Studien

Schriftenreihe der Institute

Politische Wissenschaft,
Sozial- und Wirtschaftsgeschichte, Soziologie

herausgegeben von

Günter Trautmann,
Hans-Jürgen Goertz und
Gerhard Kleining

im Auftrag des Fachbereichs Philosophie
und Sozialwissenschaften der Universität Hamburg.

Heft 30
Helga Milz
Frauenbewußtsein und Soziologie

Frauenbewußtsein und Soziologie

Empirische Untersuchungen von 1910-1990 in Deutschland

HELGA MILZ

Leske + Budrich, Opladen 1994

Gedruckt mit Unterstützung der Universität Hamburg

ISBN: 3-8100-1288-2

Druck und Verarbeitung: Druck Partner Rübelmann GmbH, Hemsbach
Printed in Germany

Vorwort

Was zeichnet die vorliegende Arbeit besonders aus? Es sind nicht nur die Grabungsfunde, mit denen verdienstvolle Wissenschaftler(innen) aus der Frühzeit unseres Jahrhunderts der Vergessenheit entrissen werden, es ist vor allem das hohe Maß an Empathie, mit der es der Autorin gelungen ist, die Ergebnisse ihrer Recherchen aus dem Kontext des jeweiligen Umfeldes zu interpretieren. So wird nicht nur deutlich, sondern auch verständlich, warum viele Frauen - sowohl unter den Befragten wie auch unter den interpretierenden Wissenschaftlerinnen - dem naiv propagierten Emanzipationsgebaren skeptisch gegenüberstehen und lieber in den Räumen einer vertrauten Verhaltenssicherheit verbleiben. Bemerkenswert in diesem Zusammenhang auch die heute weithin verlorengehende Fähigkeit der Verfasserin, die Autor(inn)en, die sie respektiert und ob ihrer Leistung geradezu verehrt, in einzelnen Positionen sachlich scharf zu kritisieren. So erweist sich die Entstehung, Differenzierung und Verstärkung des Frauenbewußtseins in diesem Jahrhundert als ein in sich vielfältig gebrochener Prozeß, dessen allmähliche Gewinne und Stabilisierungen sich vor allem aus der produktiven Verarbeitung enttäuschter Hoffnungen zusammensetzen. Helga Milz verzichtet von vornherein auf die ebenso end- wie nutzlose Diskussion um Wesen und Natur der Frau, nimmt also die Geschlechterdifferenz als ein Produkt menschlicher Kulturentwicklung wahr und ernst. Eben deshalb aber forscht sie in ihrem Datenmaterial den Entwicklungen nach, in denen die infolge dieser Kulturentwicklung beschädigten Menschenrechte (vor allem, aber nicht nur) von Frauen benannt und wieder eingefordert werden.

Summa summarum erweist sich die vorliegende Arbeit nicht nur als eine "andere" Geschichte der deutschen Soziologie, sondern auch als ein Steinbruch für viele gegenwärtige Diskurse, die ja nicht selten im luftigen Theoretisieren den Boden der Realität unter sich verlieren. So ist es nicht verwunderlich, daß sich meine anfängliche Skepsis gegenüber einem Text, der streng chronologisch verfährt und in seiner Begrifflichkeit auf jeden modischen Aufwand verzichtet, bei der genaueren Lektüre dieser Arbeit in Faszination verwandelt hat. Ich bin sicher, daß es nicht nur den Leserinnen ähnlich ergehen wird, sondern jedem, der sich diesem Streifzug durch ein weithin unbekanntes Gelände unter der souveränen Führung der Autorin anschließt.

Hamburg, im Juni 1994 — Gregor Siefer

Inhalt

1. Über Emanzipation, Frauenbewußtsein und Soziologie

Gegenstand dieser Arbeit sind etwa 60 empirische Untersuchungen zum Frauenbewußtsein in Deutschland, die zwischen 1910 und 1990 durchgeführt wurden. Sie werden nach Jahresdekaden gruppiert und einer kritischen Sekundäranalyse unterzogen, die den Versuch macht, emanzipationstheoretische Deutungsmuster in ihrem zeitgenössischen Kontext zu dechiffrieren. Identifizierte "Soll-Bruchstellen" der untersuchten Auswertungs- und Ergebnispräsentationen sind die Basis für eine Neuinterpretation des Materials: Verfolgt wird, was Frauen wollen, weniger, was sie sollen.

1.1. Gleichheit versus Differenz

Warum kommt der Prozeß der Emanzipation seit 100 Jahren nur so schleppend voran? Die Frage nach den Gründen für die Beständigkeit der Benachteiligung von Frauen verweist auf Recht und Politik, auf einen konkreten Nachholbedarf an Gleichberechtigung und Gleichstellung und auf wissenschaftliche Kontroversen über Emanzipationskonzepte. Haben die großen Theorien und Entwürfe zur Gleichstellung der Geschlechter versagt? Wie müssen heute die Vorstellungen von Egalität[1] oder Differenz[2], vom Gleichwerden oder Anderssein, von Angleichung oder Ergänzung, gedacht und umbrochen werden, um adäquat und zeitgemäß zu greifen?

Die Debatten um Emanzipation als Gleichheit oder Differenz begleiten und spalten die Frauenbewegung schon um die Jahrhundertwende.[3] Seit Mitte der 70er Jahre wird wieder versucht, aus der kritischen Aufarbeitung des Scheiterns von alten Egalitätskonzepten und -strategien der

1 Vgl. z.B. Bebel 1923 zum Egalitätskonzept "Emanzipation durch Erwerbsarbeit".

2 Vgl. Hausen 1990:268ff. Hier wird der Differenzansatz erklärt und ausdrücklich auf die Geschlechtsspezifik von Arbeit und Kultur zurückgeführt. Der Differenzansatz gründete zunächst auf angeborenen/natürlichen Unterschieden und formulierte das Konzept der Ergänzung bzw. Komplementarität beider (Ehe-)"Hälften".

3 Stellvertretend für die zahlreichen Beiträge vgl. die Dokumentation der großen internationalen Debatte zu Differenz und Gleichheit von Gerhard u.v.a. 1990.

Emanzipation das Plädoyer für einen innovativen Differenzansatz herzuleiten. Die italienische Frauenbewegung schlägt ihr couragiertes Konzept des "affidamento", des Zu- und Anvertrauens unter Frauen, vor. Es will die kulturell gewachsene Differenz zweigeschlechtlich angeordneter Gesellschaften bewahren, aber zusammen mit den "Ehefrauen und Müttern des Mannes" eine einflußreiche Rolle als sein "Doppel in der politischen Sphäre" spielen.[4] Der Begriff "affidamento" transportiert in der italienischen Frauenbewegung, wie "gender" in der angloamerikanischen, die Zuversicht, normative Zuweisungen und Be-Deutungen, die die Geschlechterasymmetrie regeln, ließen sich de-/rekonstruieren. "Gender" will das Programm der polarisierten Sozialcharaktere auf wissenschaftlicher Ebene umschreiben.[5] "Affidamento" tritt an, um die Stärke der Frauen, insbesondere die "Macht der Mütter", politisch zu reformulieren.

Solche Bestrebungen haben bei uns schlechte Karten. Mutterschaft ist nach wie vor eng konnotiert mit jener Willfährigkeit, Gefügigkeit, Unterwürfigkeit, mit der sie im Rahmen der nationalsozialistischen Bevölkerungspolitik für die expandierende "Volksgemeinschaft" fungierte. Dem Gedankengut von Emanzipation auf der Basis "kultureller Differenz"[6] wird mit deutscher Gründlichkeit zu Leibe gerückt und der Vorwurf gemacht, der Idee einer Geschlechter-Dualität zutiefst verwurzelt zu sein. Damit entspreche sie dem aufklärerischen Programm der Fixierung und Fortschreibung einer hierarchischen Anordnung der Geschlechter. Der alte Körper-Seele-Gegensatz sei mit Anbruch der Neuzeit mit Hilfe der Imagination vom aktiv-tätigen Mann und passiv-ruhenden Weib modernisiert worden.[7] Von seiner simplen "Naturhaftigkeit" befreit und einer Verwissenschaftlichung unterzogen, finde er sich seither in einen Dualismus der Elementarkräfte lebendigen Tuns überführt.[8] Die Codierung der Geschlechter, die sich in der "Entgegen-Setzung" männlicher und weiblicher Charaktere niedergeschlagen hätte, ins Heute zu transferieren, bedeute, einem Konstrukt

---

4 Rossanda 1990:15; vgl. Libreria 1988.

5 Die Unterscheidung von sex and gender hat in der deutschen Sprache keine griffigere Entsprechung als die vom biologischen und sozialen Geschlecht.

6 Vgl. dazu die kritische Abhandlung von Claudia Honegger 1991 sowie ihren Kongressbeitrag zu "Gleichheit und Differenz" in Gerhard u.a. 1990:241ff.

7 Vgl. dazu z.B. Arendt 1981.

8 Gemeint sind jene vorwissenschaftlichen Kategorien einer Polarisierung der Geschlechtscharaktere, die auf Basis der psycho-physiologischen Frauenkunde ("Getast" und Leichenschau) entdeckt und mit unterschiedlichen anatomischen/organischen Erscheinungen begründet werden. Die frühe Gynäkologie schließt von der Organschau auf gegensätzliche Verhaltensweisen der Geschlechter, z.B. aktiv-passiv, irritabel-sensibel; vgl. Honegger 1991:200ff.

aufzusitzen, das einer zentralen Idee des Androzentrismus der Wissenschaften entstamme.[9] Dies sei tunlichst nicht zu perpetuieren.[10] Ist das ein hinreichend überzeugendes Votum für Emanzipation als Gleichheit statt als Differenz?

Die aktuellen Kontroversen um Positionen und "Standpunkte" zur Emanzipation scheinen eine Tradition fortzuschreiben, die schon vor der Jahrhundertwende beginnt. Die Härte damaliger Auseinandersetzungen mitsamt den Verhärtungen, die bis heute fortwirken, sind nur im Kontext jener ideologischen Kämpfe und Feindseligkeiten zu verstehen, die zwischen den bürgerlich-konservativen und proletarisch-sozialistischen Kräften ausbrechen, als erstere um ihre Hegemonie fürchten und letztere das "Morgenrot" und die Revolution anbrechen sehen. Der "Frauenstreit", eine Verlängerung dieser Polarisierung, spielt sich zwischen Vertreterinnen beider Lager[11] ab und wird, umstellt vom bürgerlichen und proletarischen Antifeminismus, übereinstimmend als "Weiberkram" wahrgenommen, hämisch belächelt und inhaltlich ignoriert.[12] Die "Sache der Frauen" kommt kein Stück weiter. Lösungsvorschläge, die damals kursieren, werden, weil sie aus dem liberalen Zwischenlager stammen, nicht aufgegriffen. Die "radikalen Feministinnen" versuchen zu vermitteln, indem sie die Pole Gleichheit versus Differenz verknüpfen und Ideen einer "Gleichheit ohne Angleichung" oder einer "Gleichwertigkeit der Differenz" entwickeln.[13] Heute werden solche Verschränkungen wieder angedacht und stärker beachtet. Die Konzepte der "egalitären Differenz" oder "differenzierten Egalität", des "gleichwertigen Andersseins"[14] oder der "Differenz in der Differenz"[15] sind nicht mehr sehr trennscharf. Sie entfachen gleichwohl heftige Debatten, bei denen es mehr um Namen und Nuancen zu gehen scheint.[16]

Im Streit über frühe und aktuelle Konzepte der Emanzipation werden Ebenen vertauscht. Die Kritik an Differenzansätzen greift nicht, weil sie vielfach gegen "Windmühlen" und veraltete Begründungskontexte

---

9 Auch das Theorem "Gemeinschaft - Gesellschaft" wird von Tönnies dem weiblichen Wesenswillen und männlichen Kürwillen zugeordnet; vgl.Tönnies 1887 (1935).

10 Vgl. Bock 1989:94ff. Aber ist die real existierende Differenz zwischen Frauen- und Männerwelten zu beheben, ohne sie direkt aufzugreifen und zu bearbeiten?

11 Vgl. Raschke 1985:34ff.,40.

12 Vgl. Köhn/Milz/Ralfs/Pieper 1986.

13 Vgl. Gerhard/Schlüpmann 1984:5ff.; Wobbe 1990.

14 Vgl. dazu die eindrucksvolle literaturwissenschaftliche Studie von Blinn 1984:11ff.; Gerhardt 1986:58ff.

15 Vgl. Kulke 1990:71ff.

16 Vgl. die eher versöhnliche Kombination der Konzepte von Prengel 1990:120ff.

argumentiert: Es geht bei den Differenzansätzen heute nicht mehr um Natur, sondern um Kultur.[17] Gleichermaßen ist dem Egalitätskonzept heute eine bloße Angleichung, ein So-Werden wie Männer, zutiefst suspekt: Die Umkehrung, die Integration der Männer in die Sorgearbeit, gehört inzwischen zu einem selbstverständlichen Bestandteil dieser Emanzipationsidee, die primär gleiche Zugangsrechte von Menschen (!) zur Erwerbsarbeit anstrebt.

Die Debatte neigt heute wie damals dazu, abzuheben und sich zu verselbständigen. Die Zählebigkeit der Dissonanzen legt die Frage nahe, wie es um das Bewußtsein derer steht, die Emanzipation leben und umsetzen: Was wollen Frauen? Welches Interesse verfolgen sie im Zusammenhang mit Emanzipation? Welche Veränderungen streben sie an? Welche Wünsche und Utopien haben sie? Wo verorten sich Frauen in dieser Gesellschaft? Inwieweit setzen sie sich aktiv für ihre Anders-/Gleichstellung ein? Und vor allem: Welche unterschiedlichen Interessen haben Frauen, welche Ungleichzeitigkeiten und Ungleichartigkeiten kennzeichnen ihre Lebenslagen und Orientierungen, was eint, was trennt sie?

Um diese Fragen zu operationalisieren, verfolge ich die soziologische Empirie, die prominente Werke zum Wissen über das Frauenbewußtsein produziert hat. Zunächst zentriert **Kapitel 1.2.** den formalen Umgang und inhaltlichen Diskurs[18], den die Soziologie diesem Themengegenstand angedeihen läßt. Sodann werden im **Kapitel 1.3.** die untersuchungsleitenden Fragestellungen und der Gegenstand, an dem sie abzuarbeiten sind, vorgestellt. Abschließend findet sich das sekundäranalytische Verfahren als der Versuch einer Rekonstruktion emanzipationstheoretischer Deutungen im **Kapitel 1.4.** erläutert.

---

17 Es gibt immer noch Beiträge, die den Differenzansatz als biologische Differenz mißverstehen und kluge Traktate über angeborene Gleichheit schreiben. Für wen? Es geht heute um die kulturell angeeignete, erworbene, aufgenötigte Ungleichheit von männlichen/weiblichen Sozialcharakteren, um strukturelle Vorgaben und Muster, die das soziale Lernen und Handeln determinieren und Menschen qua Geschlecht sortieren, um sie auf zwei verschiedene Gleise zu schieben.

18 Foucault 1991:9ff. Die materielle Realität des Diskurses manifestiert sich als "gesprochenes und geschriebenes" Ding. Im Schreiben oder Sprechen über das Frauenbewußtsein sind immer bereits spezifische diskursive Befangenheiten vorhanden, die die Vorstellungen und Wahrnehmungen durchdringen. Bei der Untersuchung der theoretischen Konstruktionen der ForscherInnen wird nicht nur die Organisation des Wissens als Form rekonstruiert, sondern auch die Praxis der Diskursproduktion, also der genealogische Aspekt der Hervorbringung des Diskurses über das Frauenbewußtsein.

1.2. Reduzierende Rezeptionsweisen

Die Antworten, Einschätzungen und Bewertungen zum Frauenbewußtsein, die zu diesen Fragen von der Soziologie kommen, fußen auf authentischem Material. Die Quellen, auf die sich die Soziologie beziehen kann, sind schließlich durch den direkten Zugang zum Denken und Meinen von Frauen autorisiert; ihre Kommentare zu den Möglichkeiten und Erfordernissen von Emanzipation genießen eine hohe Legitimität. Keine andere wissenschaftliche Disziplin und kein anderes literarisches Genre verfügt über einen ähnlich anerkannten Status. Da Standardisierung und Professionalisierung hier längst Einzug gehalten haben, liegt ein kritischer Blick auf die soziologische Rezeptionsweise nahe:

Hier fallen inhaltliche Übereinstimmungen und Redundanzen in der Zuschreibung eines Frauenfamilienbewußtseins auf. Verblüffend ist, mit welcher Beharrlichkeit einschlägige sozialwissenschaftliche Arbeiten lediglich auf einen kleinen Bruchteil des vorhandenen Fundus verweisen, wenn es gilt, Belege für Analysen und Prognosen zum Frauenbewußtsein zu liefern. Die Studie von Helmut Schelsky (1953) führt die "charts" bis heute an. Ihre unkritische Rezeption reicht bis weit in die aktuelle Frauenforschung hinein.[19] Ähnlich bekannt sind die Studien von Marie Bernays (1910), Martha Moers (1941), Elisabeth Pfeil (1961), Helge Pross (1976) sowie Christel Eckart u.a. (1979) und Regina Becker-Schmidt u.v.a (1981). Andere Arbeiten, z.B. die von Lisbeth Franzen-Hellersberg (1932), Hilde Thurnwald (1948), Hedwig Herrmann (1957) oder Elfriede Höhn (1964), finden dagegen keine Beachtung, obwohl sie methodisch und inhaltlich von Bedeutung sind.[20] Diese ausgesprochen parzellierte Rezeptionsweise, die Entwicklungslinien und Lernprozesse, Fortschritte und vor allem Differenzierungen nicht zur Kenntnis nimmt, verzerrt das Bild vom Frauenbewußtsein, weil Ungereimtheiten und Unklarheiten in den Vordergrund rücken.

Häufig wird in der Rezeption das empirisch vorgefundene Bewußtsein mit Hilfe hermetischer Untersuchungs- und Interpretationsstrukturen abgebildet, die das polarisierende Denken in den Kategorien der Geschlechterungleichheit adaptieren. Mit restriktiven Normierungen reaktivieren und

19 Vgl. Modelmog 1989 als Beispiel für eine zustimmende Rezeption von Schelskys Theorie einer familienzentrierten Orientierung von Frauen.

20 Bis heute liegt eine immense Zahl empirischer Beiträge zum Frauenbewußtsein vor. Bemerkenswert ist eine Kumulation um 1910 und 1930, um 1955 und 1970. Dazwischen flauen die Forschungs- und Publikationsaktivitäten über eine längere Sequenz von Jahren regelmäßig ab. Seit 1980 ist wieder eine "Sogwirkung" zu beobachten.

transportieren sie immer wieder Vorurteile über das weibliche Bewußtsein, die den Bezug zur empirischen Basis verlieren. Die (Un-)Angemessenheit emanzipativer Strömungen wird prinzipiell unter Bezug auf das Wollen, Meinen und Denken von Frauenmehrheiten kommentiert. Dabei lassen sich traditionell angepaßte Haltungen einfach gegen minderheitlich vertretene Positionen und "widerspenstige" Materialgrundlagen ausspielen, die in ihrer Gesamtheit und Vielfalt nicht wahrgenommen werden. Differenzierte Ergebnisse finden sich oft plakativ, stereotyp und standardisiert wiedergegeben. So steht z.B. Bernays stellvertretend für die Last der frühkapitalistischen Frauenfabrikarbeit; Moers für das Seelenleben der Frau und ihre Eignung für die Industriearbeit; Schelsky für das gefestigte Frauenfamilienbewußtsein, Pfeil für das Los und die Sorgebereitschaft erwerbstätiger Mütter; Pross für das depravierte Hausfrauenbewußtsein, Eckart u.a. für den "familienzentrierten Instrumentalismus" der Fabrikarbeiterinnen und Becker-Schmidt u.v.a. für die "Ambivalenzen" im Bewußtsein von Haus- und Berufsfrauen. Auch in ihren theoretischen Beiträgen zum Frauenbewußtsein beteiligt sich die Soziologie relativ unkritisch an der Reproduktion, Normierung und Verfestigung traditioneller Denk- und Deutungsmuster über "Weiblichkeit".[21]

Als Merkmale der Rezeptionsweise fallen Auslassungen in Verbindung mit einer ausgeprägten inhaltlichen Gleichförmigkeit auf, die durch das Hervorheben von bekannten und vertrauten Begriffen und Bildern erfolgt. Danach ist das Frauenbewußtsein "wesensgemäß" oder aber generell noch nicht oder nicht mehr, was es sein sollte.[22] Defizite, ob als Vagheit, Verzagtheit, als Zurückhaltung, Konturlosigkeit, Ungerichtetheit, als Widersprüchlichkeit oder als Gleichgültigkeit werden beklagt. Ein Überschuß oder ein Mangel an Emotionalität und Empathie, an Mütterlichkeit, Beharrlichkeit, Aufopferungs- und Hilfsbereitschaft wird reklamiert. Stets wird schon eine Norm gewußt. Als gemeinsamer Nenner wird erkennbar, daß die Vorstellungen, die der "Zeitgeist" sich vom Frauenbewußtsein macht, nicht erfüllt sind. Es entspricht ihnen nicht, weil es z.B. nicht oder aber zu sehr dem Bewußtsein von Männern gleicht, zu stark oder zu wenig auf Familie, zu ausschließlich oder zu peripher auf den Beruf orientiert und "in sich widersprüchlich" ist.[23] Das ist eine häufig wiederkehrende Denkfigur des Diskurses zum weiblichen Bewußtsein.[24]

21 Vgl. dazu z. B. die Sekundäranalyse von Heinz 1971; Kulke 1991:595ff.

22 Vgl. Heinz 1971; Müller 1986:628ff.

23 Immer geht es auch um Wesensfragen, Naturnähe und Natürlichkeit und vor allem um eine Verquickung von Weiblichkeit mit Mutterschaft. Das proletarische Fabrikmädchen darf weibliche Reize nur dann einsetzen, wenn der Adressat für Ehe und Mutterschaft der Richtige ist; vgl. Franzen-Hellersberg 1932.

An den aktuellen Beiträgen ist ablesbar, daß WissenschaftlerInnen, die sich an die empirische Erforschung des Frauenbewußtseins begeben, vor einer Auseinandersetzung mit der einschlägigen Literatur zurückscheuen: Angesichts des etablierten Diskurses, der schwer zu erschüttern ist, starten sie ins vermeintliche Neuland, um zu schauen, wie die Frauen "wirklich" denken. Sie vertun dadurch jene Erkenntnisfortschritte, die durch eine kritische Bearbeitung des vorhandenen Materials zu gewinnen wären und versuchen immer wieder, "das Rad neu zu erfinden".

Gravierend sind die Folgen, die diese Diskontinuitäten zeitigen: Der wiederholt versuchte Neuanfang läßt den Erkenntnisstand stagnieren und trägt vor allem dazu bei, daß viele Resultate und ein wertvoller Fundus brachliegen. Der wissenschaftliche Diskurs über das empirische Frauenbewußtsein neigt zu einer Simplifizierung, Marginalisierung und Perpetuierung von Topoi und Konstrukten. Die Resultate finden sich redundant im Koordinatensystem der Geschlechterdualitäten angeordnet und als "Kontrasttugenden" des weiblichen Sozialcharakters[25] fixiert. Auf diese Weise elaboriert lassen sie sich standardisieren und professionell weiterreichen.

1.3. Fragestellung und Gegenstand der Sekundäranalyse

Die Frage nach dem Bewußtsein von Frauen aus der Perspektive der Soziologie stellt sich vor dem Hintergrund ihrer Haltung zur Geschlechterfrage,

24 Vgl. die unverstellte Präsentation von weiblichen "Eigenschaftskomplexen" bei Zahn-Harnack 1924:14-16. Hier wird auf sehr plastische Weise deutlich gemacht, daß "gute Frauenkräfte" in dem Moment ins Negative, in vermeintlich ungeeignete, nachteilige, unweibliche Eigenschaften umschlagen, in dem sie beruflich eingesetzt werden. Ein Beispiel für diese Um-/Doppelbewertung aus jüngster Zeit findet sich bei Negt/Kluge 1982: Frauen stehen in einem "Zerreißungsprozeß" (320), sind einerseits im Zentrum des "integralen Programms" von Beziehungsgeschehnissen angesiedelt, andererseits Objekt/Subjekt von Kolonialisierungsvorgängen. Auch die inzwischen berühmt-berüchtigte Formel von Habermas, der auf weibliche Kontrasttugenden verweist, verleiht dieser Doppelung, die zur Doppeldeutigkeit führt, wenn sie "aus dem Hause tritt", Ausdruck; vgl. Habermas 1988:578ff.

25 Vgl. Habermas 1988:578ff.; Er identifiziert Intuition, Einfühlsamkeit, Expressivität, Latenz, Geduld als gängige Vorstellungen über weibliche Grundorientierungen, ohne diese, wie oft behauptet wird, ausschließlich und allein Frauen zuzuschreiben. Vgl. Negt/Kluge 1982:321. Sie votieren, wie einst Marcuse, dringend dafür, die Traditionalismen weiblichen Denkens und Verhaltens als potentielle Widerständigkeiten zu bewahren gegen technologischen Fortschritt und durchrationalisierte Modernität.

in der sie, wie alle (sozial-)wissenschaftlichen Disziplinen, befangen und androzentrisch grundiert ist. Das kulturelle Deutungsmuster einer prinzipiellen Zweigeschlechtlichkeit und Polarität gehört als Axiom des modernen aufgeklärten Denkens zu ihren Instrumentarien.[26] Sie theoretisiert und bewegt sich in Kategorien der Geschlechterdifferenz, die als "soziale Tatsache" abgebildet und als erworbene bzw. zugewiesene Ungleichheit er- und verklärt werden. Ihre Beteiligung an den Überlegungen zum Prozeß der Emanzipation zeichnet sich durch rhetorische Verweise auf Gleichheit aus, die dazu verleiten, bei der Frage nach der Verantwortlichkeit für die Benachteiligung der Frauen nach Anteilen bei den Betroffenen selbst zu suchen.[27] Diese werden nun individuell und kollektiv für die Aktivierung und Beschleunigung des Emanzipationsprozesses in die Pflicht genommen und mit Forderungen und Vorstellungen konfrontiert, ihre Befreiung von traditionellen Zwängen zügig und couragiert vorzunehmen, dabei gleichwohl rücksichtsvoll und so zu verfahren, daß das soziale Umfeld nicht irritiert wird.

Mit verbalen Bekundungen und positiven Verlautbarungen zur Emanzipation entlasten sich soziologische Veröffentlichungen gern im Vorwort. Sie entziehen sich der Notwendigkeit, die eigenen Prämissen und theoretischen Implikationen zu reflektieren. Gemäß ihrem Selbstverständnis agiert die Soziologie stets auf der Seite der Frauen und ist bereit, deren emanzipative Bestrebungen unterstützend zu dokumentieren. Das tut sie freilich nicht ohne Vorbehalte und Bilder über eine der jeweiligen Zeit entsprechende Umsetzung von Weiblichkeit innerhalb des Geschlechterverhältnisses und der hier herrschenden Arbeitsteilung. Die Frage ist, welchen Einfluß ihr Votum auf den Emanzipationsprozeß nimmt, welchen Anteil also die Soziologie direkt oder indirekt daran hat, daß dieser so schleppend verläuft.

Die Themen und Gegenstandsbezüge, Methoden und Interpretationsweisen, die bei der Forschung zum Frauenbewußtsein eingesetzt werden, unterliegen einer eigentümlichen Dynamik: Sie gehen verloren und tauchen erneut auf. Dies ist vermutlich auf die beschriebene Diskontinuität und Reduktion der Rezeptionsweise zurückzuführen. Ein "rotes" Band, das sich quer durch die Untersuchungen, wenngleich mit Ungeradlinigkeiten, entdecken läßt, bezieht sich auf Fragen und Vermutungen zur Spezifik des weiblichen Bewußtseins. Ein zweiter Strang verfolgt komplementär dazu, aber ähnlich brüchig, die Gleichheit oder Ähnlichkeit des Bewußtseins von Frauen und Männern. Frauenspezifika werden generell mit der Familienorientierung, mit Komplementarität und Differenz konnotiert. Überein-

26 Vgl. Landweer 1990:37.
27 Vgl. Alemann 1985:3ff.

stimmungen mit Männern gelten tendenziell als erwerbsbezogene Bewußtseinshaltungen, die auf Egalität und Gleichheit zielen. Das Bemerkenswerte ist, daß intermediäre Lagen, Abstufungen, graduelle Verschiebungen oder Zwischenorientierungen, wie ich sie nenne, wenig beachtet werden und verlorengehen. Gerade hier ist aber eine kulturell bedingte Besonderheit der weiblichen Selbstverortung zu vermuten. Die doppelte Sozialisation, die Befähigung und Notwendigkeit zur kontinuierlichen "Zweidimensionalität" in der Aneignung der materiellen und sozialen Umwelt, erzeugt eine Mentalität des "going-between". Ihre Orientierung bewegt sich analog der realen Vereinbarkeitspraxis, der zunächst alternativen, später diachronen und heute schließlich synchronen Bewältigung[28] von Familien- und Erwerbsarbeit.

Frauen proben dauerhaft den Spagat zwischen zwei Sozialisationsinstanzen und entwickeln in der tätigen Auseinandersetzung mit den doppelten, wechselnden und konträren Anforderungen und Angeboten von Außen und Innen eine Zwischenorientierung, die im Dialog mit der geforderten und gewollten Zweidimensionalität steht.[29] Sie bewegen sich zwischen den Polen Familie und Erwerb, machen Fort- und Rückschritte bei der Integration divergierender Anforderungen, durchlaufen Phasen der Stagnation und Lernprozesse und orientieren sich offensichtlich jeweils sehr stark am Konzept der Lebensbewältigung der Müttergeneration.[30] Die übergreifende Frage an das empirische Material zum Frauenbewußtsein, über das zu berichten ist, lautet demzufolge: Was motiviert Frauen zur stetigen Modifikation ihrer Lebensmuster? Wie sehen die Zwischenorientierungen und Lernprozesse im Bewußtsein von Frauen in den Untersuchungen der einzelnen Dekaden[31] aus? Welche Entwicklungen zeigen sich im Generationsvergleich und in welche Richtung weisen die Ergebnisse? Und vor allem: Welche Interpretationsweisen und Deutungen werden dabei benutzt?

Von außen gesehen lassen alle Beiträge eine mehr oder weniger feste, wenngleich zeitgenössisch durchdeklinierte Klammer erkennen: Sie äußern sich zur Frauenemanzipation, befürworten diese zumeist und

28 Unter dem Begriff "alternative" Bewältigungsform wird die Entscheidung für den einen oder anderen Bereich, Familie oder Beruf, verstanden, "diachron" ist das Nacheinander, "synchron" die gleichzeitige Bewältigung von Familie und Erwerbstätigkeit.

29 Das gilt im Prinzip auch für lesbische Lebensentwürfe, die in dieser Arbeit allerdings nicht explizit untersucht werden. Ich verlasse den Rahmen einer heterosexuell grundierten Lebensgestaltung nicht, weil keine empirischen Untersuchungen über das Bewußtsein von Lesben vorliegen. Wir können nur vermuten, daß diese Frauen unter den eher erwerbsfreudigen und vorantreibenden Kräften stark vertreten sind.

30 Vgl. Metz-Göckel 1983.

31 Ich verwende i.f. den Begriff "Dekade" für die Jahrzehnteinteilung.

entwickeln implizite bzw. explizite Vorstellungen über das, was Frauen wollen sollen, um sich überflüssiger Zwänge zu entledigen. Dieses Raster spielt in den Untersuchungen, bei der Konzeptualisierung, der Ausgestaltung der Fragestellung, bei der Methodenwahl und den praktischen Erhebungen eine große Rolle. Aber besonders deutlich greifen diese "Gitter", wenn es um die Akzentuierung der Ergebnisse, um die Auswertung und Interpretation des Materials geht. Die Denkfiguren und Konstrukte, die hier zur Anwendung kommen und beim Sortieren und Generalisieren helfen, sind für das Hervorheben und Ausblenden, das Gewichten oder Entwerten von Details von Belang. Ich nenne diese "Gitter", die regelmäßig über das Material gebreitet werden, Deutungsmuster, Deutungsrahmen oder Deutungsschemata. Es handelt sich um "Denkkorridore", die mit emanzipationstheoretischen Überlegungen und "Wertentscheidungen" aufgeladen sind.

Die Kategorie "Deutungsmuster" stammt aus der phänomenologischen bzw. wissenssoziologischen Tradition und bezieht sich in diesen Zusammenhängen auf die mehr oder weniger überdauernden und in einem gewissen Ausmaß stereotypen Perspektiven und Interpretationen von Angehörigen sozialer Gruppen, die diese zu ihren alltäglichen Handlungsbereichen biographisch hervorgebracht haben.[32] Üblicherweise wird der Deutungsmusterbegriff in der wissenssoziologischen bzw. phänomenologischen oder symbolisch-interaktionistischen Perspektive verwendet, um die im Alltagsbewußtsein existierenden Wissensbestände zu charakterisieren. Das zu Deutungsmustern geronnene Alltagswissen ist biographisch aufgeschichtet und sozial vermittelt, bezieht sich aber in diesen theoretischen Zusammenhängen immer auf Lebens- bzw. Alltagswelten. In der folgenden Sekundäranalyse geht es jedoch vorrangig um "Konstruktionen bzw. Deutungen zweiten Grades", die vorgeben, auf den alltagsweltlichen Deutungsmustern der Frauen aufzubauen, um so theoretische Konstruktionen zu entwickeln. Diese Deutungsmuster zweiten Grades gehören einer anderen Sphäre und "Sinnprovinz" (Alfred Schütz) an als die alltagsweltlichen Orientierungsmuster der beforschten Frauen. Insofern läßt sich der Begriff des Deutungsmusters ausweiten und als normative Rahmung beschreiben, als ein "Korridor", der den Weg durch das Auswertungsmaterial bahnt. In ihren theoretischen Konstruktionen überwinden die Forscherinnen nämlich ihre perspektivische Befangenheit nicht, sondern erheben diese zum selbstverständlichen Rahmen ihrer Interpretationen.[33]

32 Vgl. Arnold 1983:894.

33 Vgl. Giddens1976:142, der von "frames of meaning" als einem Deutungsrahmen spricht und damit explizit wissenschaftliche Bedeutungskonstruktionen beschreibt, die durch hermeneutische Prozesse erschließbar sind.
- Zur industriesoziologischen Debatte um den Ertrag des "Deutungsmu-

Die Themenschwerpunkte der Materialien, die im folgenden sekundäranalytisch untersucht werden, haben das gemeinsame Merkmal, auf der Basis von systematisch erhobenen Erfahrungen Aussagen zum Frauenbewußtsein zu treffen und sich dabei auf das Meinen und Wollen von Frauen zu berufen. Aber es gibt eine Reihe von Disparitäten, die zu erläutern sind:

1. Die meisten Untersuchungen handeln direkt von den Einstellungen und Äußerungen der Frauen, einige wenige erheben diese Daten im Rahmen von Untersuchungen zur Familie (König 1946; Schelsky 1953; Baumert 1954). Deren Erkenntnisinteresse zielt vorrangig auf die Bindung an und Orientierung auf die Haus- und Sorgearbeit, also auf die Übernahme reproduktiver und solidarischer Funktionen durch Frauen.

2. Nahezu alle Untersuchungen befassen sich explizit oder implizit mit dem Erwerbsbewußtsein von Müttern, mit ihrer Motivation und mit dem beruflichen Grad der Identifikation, um grundsätzlich zu klären, ob sie ihre Hege- und Pflegeverantwortung für den häuslichen und familiären Bereich wahrzunehmen bereit und in der Lage sind.

3. Ausgesprochen selten finden explizite Erhebungen zum Hausfrauenbewußtsein statt (Pross 1976; Becker-Schmidt u.a. 1981 etc.). Einschätzungen über das Hausfrauendasein aus der Sicht von Berufstätigen werden dagegen oft erfragt (z.B. bei Hofmann/Kersten 1958; Pfeil 1961; Lehr 1969; Eckart u.a. 1979).

4. Das Frauenbewußtsein als Arbeitsbewußtsein wird überwiegend in den unteren Schichten erhoben. Die ersten Erhebungen um 1910 konzentrieren sich auf proletarische Mütter. Um 1930 geht es um die "Fabrikmädchen", 1940 interessieren die Frauen aller Altersstufen, und nach dem Krieg rückt wieder das Bewußtsein von Frauen in der Familienphase in den Mittelpunkt des Forschungsinteresses. Pfeil (1961) führt eine nach Schichten ausdifferenzierte Auswertung der Erwerbsmotive von Müttern durch, Lehr (1969) setzt diese fort und Pross (1969; 1973; 1976) baut die Erkenntnisse über die Einflußgrößen Bildung und Schichtzugehörigkeit in ihren Studien systematisch aus. Zum Ende der 70er Jahre konzentriert sich die Frauenbewußtseinsforschung noch einmal auf die Fabrikarbeiterinnen, um dann den differenzierteren Blick auf die unterschiedlichsten Berufssparten, auf alle Schichten, Lebenslagen und Familienphasen zu richten. Jetzt wird erstmals das Bewußtsein von Akademikerinnen intensiv erforscht. Daneben bleibt

steransatzes" für die Arbeiter-Bewußtseinsforschung, die sich noch wenig um die diversen Ebenen schert, vgl. Neuendorff 1980 und das Kapitel 6.1. dieser Arbeit.

das Interesse an Arbeitermädchen bis weit in die 60er Jahre hinein erhalten (Jaide 1957; 1969), um 1969 mit der Studie von Pross eine Wendung zum Bildungsinteresse von Mädchen zu erfahren. Das Thema ruht ein Jahrzehnt und wird erst in den 80er Jahren wieder intensiv aufgegriffen (Seidenspinner/Burger 1982). In "Mädchen `82" interessiert das Phänomen der "doppelten" Lebensplanung weiblicher Jugendlicher aus allen Schichten.

5. Gleichzeitig zu den Bereichen Familie und Beruf, dem "weiblichen Lebenszusammenhang", forschen Franzen-Hellersberg (1932), einige "Nachbarstudien" aus den 30er Jahren, Becker-Schmidt u.a. (1981 etc.) sowie zahlreiche Untersuchungen aus den 80er Jahren, die den systematischen "Perspektivewechsel" als methodologisches Prinzip elaborieren (z.B. Krüger/Born 1987).

Die Fragen nach dem Mütter- und Mädchenbewußtsein sowie der praktizierten und geplanten Doppelorientierung durchziehen also die Empirie zum weiblichen Bewußtsein. Die frühe Aufmerksamkeitsrichtung auf die Arbeitermütter und -töchter findet sich heute in Untersuchungen über Mütter und Mädchen aus allen (erwerbsbeteiligten) Schichten integriert. Erst in den 80er Jahren löst sich die Erforschung des weiblichen Bewußtseins aus der Klammer normativer Zuweisungen von Familienaufgaben und erschließt sich so den Zugang zu neuen Interpretationen.

Die folgende Untersuchung über den bisherigen Verlauf der empirischen Forschungen zum Frauenbewußtsein unternimmt den Versuch, in den wissenschaftlichen Diskurs über das Bewußtsein von Frauen in kritischer Absicht einzugreifen und ihn behutsam umzuschreiben. Ein systematischer Durchgang durch eine Auswahl charakteristischer Beiträge seit cirka 1910 soll Aufschluß darüber geben, was bewahrt und was ignoriert wurde. Darüber sind Annäherungen an das Frauenbewußtsein in seinen vielfältigen Abbildungen und wissenschaftlichen Spiegelungen möglich. Die Anteile der Soziologie an der Reproduktion von Vorstellungen über ein weitgehend defizitäres Frauenbewußtsein und dessen normative Verortung und "Verschiebung" zwischen Differenz und Gleichheit wird so sichtbar. Die Wirkung dieses Diskurses über das Frauenbewußtsein als Ensemble von Zuschreibungen und Zuweisungen an die Adresse von Frauen läßt sich so über Dekaden verfolgen. Welche Bedeutung die Befangenheiten "zweiten Grades" wiederum für die Deutungen der Alltagswelt von Frauen erlangen, läßt sich nur ahnen.

1.4. Das Vorgehen

Ein wichtiges Anliegen der folgenden sekundäranalytischen Bearbeitung des Standardrepertoires, aber auch der "vergessenen" bzw. vernachlässigten Untersuchungen zum Frauenbewußtsein, ist die retrospektive Deskription, die freilich unter bestimmten auszuweisenden Fragestellungen und Aspekten erfolgt. Der Zugang zum bereitliegenden Material ist so gestaltet, daß ein fundierter Ein- und Überblick möglich wird. Die Vielfalt und Vielgestaltigkeit begonnener, vergessener, wiederaufgenommener und erneut bearbeiteter Forschungsstränge zum Frauenbewußtsein sollen dokumentiert und sichtbar gemacht werden. Die Sekundäranalyse will klären helfen, wie die Soziologie sich zu Fragen der Emanzipation im Feld der Erforschung des empirischen Frauenbewußtseins verhält, wie sie mit dem vorgefundenen "Gut" von Resultaten umgeht, was sie aufnimmt, bewahrt, entwickelt oder fallenläßt.

Der umfangreiche Gegenstand von nahezu 60 empirischen Beiträgen verlangt danach, zerlegt zu werden. Auf der ersten Gliederungsebene erfolgt eine Phasierung der Arbeiten nach den Dekaden ihrer Entstehung, wobei allerdings ihr jeweiliger "Zeitgeist" mal mehr, mal weniger deutlich in benachbarte Jahrzehnte hineinreicht. Dennoch ermöglicht die Dekadeneinteilung, daß übersichtliche Materialeinheiten mit spezifischen Charakterzügen entstehen. Das Denken in den recht formal, aber auch neutral gesetzten Grenzen des Jahrzehnts hat zwar Nachteile gegenüber Periodisierungen, die z.B. sozialökonomisch fundiert sind und auf einen politisch-ideologischen "Überbau" schließen lassen. Solche Phasierungen sprengen wegen ihrer komplexen "Ableitung" und komplizierten Vermittlungsschritte den Rahmen dieser Sekundäranalyse. Hier geht es um die Nachzeichnung des Forschungsgeschehens und die Bearbeitung einer Forschungslücke, die aus der Retrospektive eine gezielte "Hebung verborgener Schätze" betreibt und demonstriert, daß jenseits der beschriebenen Schwankungen ein kontinuierliches empirisches Forschungsengagement in Sachen Frauenbewußtsein existiert. Es zeigt sich, daß von Dekade zu Dekade das Emanzipationsverständnis wechselt, sich teils vehement, teils moderat von der vorhergehenden Orientierung absetzt und so für markante oder dezente Unterscheidungsmerkmale sorgt.[34]

34 Die Dekadeneinteilung bietet sich an, weil die Ergebnisse der Studie von Angelika Willms-Herget über Re-/Deintegrationsprozesse von Frauen in den Arbeitsmarkt bei der kritischen Würdigung der hier analysierten Beiträge durchgängig herangezogen werden. Diese Arbeit basiert auf einer Kohortenanalyse, und die Dekadenaufteilung folgt diesem Zeitrhythmus.

Die sekundäranalytische Bearbeitung der Empirie erfolgt je Dekade in sechs Untersuchungsschritten. Ich beginne im ersten Schritt mit einer Skizze des für die Soziologie dominierenden "Zeitkerns". Als zweiter Schritt wird der Hintergrund für die Beschreibung des jeweiligen Emanzipationsverständnisses der Dekade dargestellt, das zwischen den Polen Egalität und Differenz nach zeitgerechten Vermittlungsschritten sucht. In einem dritten Schritt befasse ich mich mit den Fragestellungen, die für die Untersuchungen kennzeichnend sind, gehe auf die begriffliche Annäherung ans Frauenbewußtsein ein und gebe im vierten Schritt einen Überblick über die Erhebungsmethoden. Als fünfter Schritt folgt der Bericht über die wesentlichen Befunde und Interpretamente. Im abschließenden sechsten Schritt nehme ich eine Würdigung und Deutungskritik vor und versuche, jene Trends und Tendenzen im Frauenbewußtsein herauszuarbeiten, die nur am Rande der Untersuchungen notiert sind. mit Hilfe dieser "leisen Signale" wird versucht, die Ergebnisse der empirischen Arbeiten von den Fesseln ihrer Deutungsrahmen zu befreien. Es entsteht ein umakzentuiertes Bild, das sich nicht an den typisch ausgeprägten Leitideen zur Emanzipation der jeweiligen Dekade orientiert, sondern der Vielfalt der vorhandenen und vorgefundenen Bewußtseinsausprägungen Rechnung zu tragen versucht. Diese Neu- bzw. Uminterpretation verfolgt vier Fragestellungen und Vermutungen:

1. Ich vermute, daß im jeweiligen "Zeitkernbezug" der Soziologie und ihrem Verständnis von Emanzipation das für die Dekade typische Bild vom Frausein aufgehoben ist. Darum umreiße ich den Mainstream des soziologischen Interesses und skizziere grob den gemeinsamen Nenner der Beiträge im Hinblick auf ihre Verortung zwischen Differenz und Gleichheit. Dieses Grundlagenverständnis definiert Arbeit, also auch die produktive und in Abhängigkeit davon die gesellschaftliche und private Reproduktionsfunktion von Frauen und prägt so den Blick auf deren Bewußtsein. Die Frage ist, wie bestimmend oder flexibel dieses Gerüst von "Zeitkern" und Emanzipationsverständnis jeweils für die Ausformulierung der einzelnen Untersuchungsschritte ist. Zu beobachten ist, daß die Verknüpfung von zeitlich bedingten soziologischen Themen und Emanzipationsverständnissen in den einzelnen Dekaden unterschiedlich intensiv ausgeprägt sind: Je drängender und dringender Frauenerwerbsarbeit nachgefragt wird, desto offener und liberaler fällt die Konzeption von Emanzipation aus: Sie soll Frauen ermutigen und anregen, den Schritt aus dem Haus zu tun. Der Bedarf nach einem stärkeren Familienengagement geht dagegen mit recht hermetischen und rigiden Vorstellungen von Emanzipation einher.

2. Das läßt sich zunächst an der Ausgestaltung des Fragenspektrums und der Untersuchungsmethoden, der Auswahl des Samples und der begrifflichen Annäherung an das Bewußtseinsphänomen zeigen. Zu beobachten ist eine relative Offenheit und breite Anlage der Fragestellungen und Erhebungsverfahren sowie eine Auswahl von Personen und Untersuchungsfeldern, die in der Regel auf ein relativ umfassendes Erkenntnisinteresse schließen lassen. Die untersuchungsleitenden Fragen und ihre Operationalisierungen verweisen insoweit darauf, daß keine bedingungslose und "symbiotische" Beziehung zum zugrundeliegenden Emanzipationsverständnis einer Dekade besteht. Das ist freilich im einzelnen zu prüfen.

3. Die Befunde gebe ich überwiegend recht ausführlich wieder. Sie werden in den untersuchten Berichten meist detailliert geschildert und tragen zusammen, was sich als Ertrag auf dem Konto der eigenen Forschung verbuchen läßt. Die Verortung von Frauen im Geflecht zwischen Familie und Beruf wird hier immer wieder am je aktuellen Material ausgearbeitet. Erst in den Verallgemeinerungen und Interpretationen, also genau dann, wenn vorgängige Deutungen als Raster und Schemata angelegt werden, erfolgt die Trennung von "Spreu und Weizen", wird der tradierte Diskurs über das Frauenbewußtsein wieder aufgenommen, fort- und umgeschrieben, aktualisiert und angepaßt. Die breite Vielfalt der Ergebnisse findet sich danach meist in Deutungsrahmen gepreßt, die die Besonderheiten der Lebenslage und des dazugehörigen Bewußtseins einer Dekade kaum noch erkennbar und von anderen unterscheidbar machen, weil es um "Zuordnungen" geht. Das Frauenbewußtsein wird durchgängig entweder als familienzentriert oder aber als erwerbsbezogen beschrieben.

Ich unterlege eine Definition vom Frauenbewußtsein als Sinn, den Frauen ihrem Sein bewußt geben. Ihr bewußtes Wirken in einem Lebenszusammenhang, der die üblichen Abspaltungen von Außen und Innen, von Berufs- und Privatsphäre selbst nicht mitmacht und bei anderen, insbesondere den Kindern, auffängt und wieder zusammenfügt. Dieses bewußte Tätigsein in, Auseinandersetzen mit und Aneignen von "doppelter" sozialer Umwelt ist nicht über statische Zuordnungskategorien zu erfassen, sondern nur als Prozeß abbildbar. Verfolgt werden soll, welche Konturen dieser Dialog von Frauen mit den meist recht hermetischen normativen Vorgaben annimmt, soweit er durch die Befunde und Interpretamente auf- und durchscheint.

4. Bei der kritischen Würdigung und behutsamen Dechiffrierung vorliegender Interpretationen geht es zunächst darum, auf immanente Widersprüchlichkeiten aufmerksam zu machen. Die Deutungskritik, der Versuch, Raster und Schemata aufzudecken, die mit einem bestimmten

Emanzipationskonzept gezielt auf das Material zugreifen, will die inhaltlichen Konturen und Argumentationslinien des Verschüttens, Verdeckens und Vergessenmachens vorführen. Die zentrale Frage bei der Suche nach vernachlässigten Gehalten richtet sich auf jene Formen einer fließenden Selbstverortung von Frauen, die als Zwischenorientierungen zu bezeichnen sind, weil sie stets einen Bezug auf Familie und Beruf integrieren. Die geschlechtspezifische Arbeitsteilung ist mit einer "doppelten" Auseinandersetzung und Aneignung des Umfelds und der Umwelt verbunden, die das "Dazwischen" reflektieren und verarbeiten muß.

Die Frage ist, welche Kombinationen, Ein- und Abgrenzungen, Frauen selbst im Nahbereich vornehmen, um sich ihrer Identität in einem widersprüchlichen Verweisungszusammenhang zu versichern, welcher bezahlte und unbezahlte Arbeit, Achtung und Nichtachtung, Öffentlichkeit und Privatheit zugleich bietet. Was lassen die Untersuchungen in dieser Hinsicht erkennen? Frauen greifen notwendigerweise auf tradierte Strukturen, auf "Erlerntes und Erschautes" (Franzen-Hellersberg) zurück und mobilisieren das kollektive Frauen-Wissen aus ihrem Nahbereich für sich und ihre jeweilige Lebensweise. Dieser Rückgriff auf unmittelbare und mittelbare Erfahrungen der "Mütter und Schwestern" ermöglicht Lernprozesse in Generationsschritten. Sie schlagen sich in wechselnden Zwischenorientierungen nieder, die sich auf praktische Schritte der Befreiung und Entledigung von unnötigen und inakzeptablen Zwängen und Ansprüchen an die Sorgearbeit beziehen: Weibliche Normalbiographien werden nach und nach ausdifferenziert. Die zunehmend flexibleren Selbstverortungen, die Frauen im Verlauf der Zeit zwischen den Erwartungen, Wünschen, Pflichten und Normen vornehmen, werden m.E. gar nicht oder zu wenig wahr- und ernstgenommen. Es gibt stattdessen eine eingefahrene politische, "private", gesellschaftliche und offenbar auch wissenschaftliche Praxis des Verfügens über Frauen, die anweist, zuweist, verweist und sich dabei in Übereinstimmung mit den "höheren" Zielen der generativen Reproduktion von Gesellschaft weiß: Frauen wird nur eine bedingte Selbstentfaltung zugestanden oder bescheinigt, will sagen, auch jene Beiträge, die Frauen als Opfer der herrschenden Verhältnisse imaginieren verengen oder verstellen sich den Blick auf ihre tatsächlichen Befreiungsschritte.

Im folgenden **Kapitel 2.** werden ausnahmsweise drei Dekaden zusammengefaßt, in denen je typische Studien für die Zeit von 1910 bis 1940 verhandelt werden.[35] Hier soll gezeigt werden, welchen Diskussionsstand das Thema Frauenarbeit - Frauenbewußtsein bereits vor dem Zweiten Weltkrieg erreicht. Als herausragende Untersuchungen sind die Beiträge von

35 Es gibt nur sehr wenige Untersuchungen, die in diesem Zeitraum erstellt werden. Die frühen Studien dominieren die Debatte bis cirka 1930.

Bernays (1910), von Franzen-Hellersberg (1932) und (mit Abstrichen) von Meister (1939) zu nennen.[36] Das **Kapitel 3** über die 40er Jahre liegt insofern quer zum Dekadenschema, als die Forschungen erst um 1946 zaghaft anlaufen können und das Material recht disparat ausfällt. Im Mittelpunkt steht die soziologische Familienuntersuchung von Hilde Thurnwald (1948). Zusätzlich greife ich hier einerseits auf dokumentarische Quellen und zeitgenössisches Primärmaterial zurück, andererseits auf neuere Untersuchungen, die aus einem Abstand von 40 Jahren eine retrospektive Erinnerungsarbeit betreiben. Auf diese Weise soll deutlich gemacht werden, welche ungeheuren Verschiebungen und Verwerfungen in den Geschlechterverhältnissen durch das Bewußtsein und Verhalten von Frauen erfolgten, ohne daß dies je einen adäquaten Ausdruck in der Soziologie findet.

Die großen Familienstudien (Schelsky 1953, Baumert 1954), die kurz vor 1950 mit ihren Erhebungen beginnen, werden in **Kapitel 4.** vorgestellt. Sie nehmen diese Widerstreite und Dissonanzen überwiegend in ordnender Absicht und so wahr, daß sie als Abweichungen und Ausnahmen von der Regel begreifbar werden. In den 60er Jahren, die im **Kapitel 5.** behandelt werden, bilden Pfeil (1961) und Lehr (1969) die "Pfosten" für eine Reihe von kleineren Untersuchungen, die um die Mitte des Jahrzehnts erscheinen. Die empirischen Untersuchungen der 70er Jahre, die Gegenstand des **Kapitels 6.** sind, fallen durch eine Konzentration von Beiträgen zu Mädchen, Erwerbstätigen und Hausfrauen auf, die Helge Pross erstellt. Parallel und in kritischer Distanz zu diesen Forschungen starten drei größere industriesoziologische Untersuchungen über das Erwerbsbewußtsein von Industriearbeiterinnen, die die Debatte der 80er Jahre erheblich beeinflussen. In diesem Jahrzehnt, das im **Kapitel 7.** untersucht wird, erscheint eine nahezu unübersehbare Fülle von empirischen Beiträgen, die ich in vier Themenschwerpunkte aufteile: Es geht um das Bewußtsein von Mädchen, von weiblichen Erwerbstätigen, von Müttern und von Frauen, die mit Gewalt in Familien zu tun haben. Das **Kapitel 8.** zieht die Ergebnisse zu den einzelnen Dimensionen der Sekundäranalyse als einer "Archäologie der Bedeutungsproduktionen" zum Frauenbewußtsein zusammen und plädiert für eine Soziologie, die diesen Untersuchungsgegenstand mit einem kritisch-reflektierten Bedeutungsrahmen angeht.

36 In der westdeutschen Soziologie nach 1945 wird der besonders ergiebige Beitrag von Franzen-Hellersberg vergessen bzw. nur am Rande vermerkt.

2. Zwischen den Kriegen - Fabrikarbeit und neue Zeiten für Frauen?

Die wissenschaftliche Beschäftigung mit Frauenthemen in Deutschland wird früh zu einer Aufgabe von Akademikerinnen erklärt.[37] Im Rahmen von Forschungsvorhaben, die Enqueten zur "Sozialen Frage", "Arbeiterfrage", "Frauenfrage" erstellen, sollen Frauen nach der Vorstellung ihrer Lehrer und Professoren, Väter und Doktorväter, ihre wissenschaftlichen Aufgaben, z.B. als Doktorandinnen der Nationalökonomie, insbesondere dort wahrnehmen, wo Männern der Zugang verwehrt oder erschwert ist. Soziale Fragen und Tatbestände seien, so die kluge Einsicht, vor allem dann, wenn sie den weiblichen Bevölkerungsteil beträfen, nicht nur "im Spiegel des männlichen Geistes"[38] aufzunehmen. Diese Einseitigkeit bedürfe unbedingt der Ergänzung, heißt es unumwunden und übereinstimmend in Wissenschaftlerkreisen. Insbesondere das Themenfeld der "Sozialen Frage", soweit sie "Frauenfrage" ist, avanciert aus diesen Gründen bereits um 1900 zu einem Gebiet für "Spezialistinnen".[39] So gibt die erste Akademikerinnengeneration, die dieses Ansinnen und Angebot annimmt, der Emanzipation von Frauen wichtige Impulse. Sie legt ein wissenschaftliches Fundament für die Erforschung von Frauenthemen.[40] Bis heute wird darauf, freilich auch auf die immanenten Blickweisen, Bezug genommen.[41]

Die ersten Untersuchungen über die sozialen Bedingungen und Folgen der Arbeits- und Lebensweise von Frauen werden von praxisorientierten Wissenschaftlerinnen durchgeführt, die z.T. beruflich, z.T. im Rahmen der Wohlfahrt, mit sozialpolitischen Notständen zu tun haben und nach Abhilfe suchen. Sie üben erzieherische bzw. betreuende Funktionen aus[42], dokumentieren diese und werten sie aus. Damit begründen sie eine Tradition des "anderen Blickwinkels", die sich in ihren Fragestellungen und Methoden niederschlägt.

---

37 Vgl. Herkner 1899:3. Diese Verknüpfung steht in der Tradition der frühen Frauenbewegung und ihrer Forderung, die Aufgaben der schulischen Bildung und beruflichen Unterweisung seien "Frauensache" und eine Chance für ihre Professionalisierung.

38 Herkner 1899:269.

39 Jurczyk/Tatschmurat 1985:50.

40 Vgl. Lerner 1991: 277f.; Willms-Herget 1985: 28ff.; Mertens 1991:23 und Schlüter 1983: 245 zu den Verdiensten von Hedwig Dohm für das frühe Erkennen des Geschlechts als einer zentralen Strukturkategorie.

41 Das gilt z.B. für die Beiträge von Alice Salomon, die die ungleiche Entlohnung von Männer- und Frauenarbeit zum Thema ihrer Doktorarbeit macht; vgl. Salomon 1906.

42 Vgl. Schlüter 1983:256; Herrmann 1915; Mertens 1991:90.

Dem folgenden Kapitel liegen 15 Forschungsbeiträge zur objektiven und subjektiven Situation von Industriearbeiterinnen aus der Zeitspanne von 1910 bis cirka 1940 zugrunde. Sie erlauben exemplarische Einblicke in wissenssoziologisch relevante Studien. Diese prägen die Debatte bereits vor dem Ersten Weltkrieg, werden in den 20er Jahren bestimmend und dienen schließlich als Grundlage für die spätere Wiederaufnahme des Themengegenstands nach 1945, sind also wichtige Vorläufer der Nachkriegsforschung. Die Beiträge entstehen in drei Dekaden:

I. Um 1910 entstehen Standardwerke zur Frauenfabrikarbeit. Rose Otto (1910) befaßt sich mit berufstätigen Ehefrauen, Marie Bernays (1910) führt ihre berühmt gewordenen Forschungen zur Fabrikarbeit von Frauen in der Textilindustrie durch und Rosa Kempf (1911) befragt junge, ledige Frauen. Es geht vor allem um die Lebensweise und Arbeitsbelastung von Familienfrauen, und das sind damals ausnahmslos Mütter.

II. Um 1930 erscheinen zahlreiche kleinere Studien zur Frauenarbeit von Agnes Zahn-Harnack (1924), Hilde Lion (1926), Gertrud Hermes (1926) und zwei größere Untersuchungen, die Berichtesammlung vom Deutschen Textilarbeiterinnenverband (1930) und die Studie von Lisbeth Franzen-Hellersberg (1932) zur weiblichen Berufstätigkeit. Vorrangig werden die Erwerbsmotive und der Einfluß der Fabrikarbeit auf die physische und psychische Entwicklung von Mädchen fokussiert.[43] Als besonders fundierter Beitrag ist hier die Arbeit von Franzen-Hellersberg, der eindrucksvollsten Autorin dieser Zeit, zu nennen.[44] Der inzwischen in der Frauenforschung selbstverständliche Ansatz, den "weiblichen Lebenszusammenhang" zu berücksichtigen, wird von ihr bereits damals praktiziert.[45] Einzelne

43 Für diese Zeit werden auch jene Beiträge herangezogen, die in den 20er Jahren konzipiert bzw. begonnen, aber aufgrund ihres in den 30er Jahren liegenden Erscheinungsdatums in der wissenschaftlichen Rezeption später weitgehend ignoriert werden. Diese Arbeiten sind durch die Folgen von Krieg und Katastrophe nach 1918 nachhaltig geprägt und auf Traditionsbrüche, Umschichtungen und Verwerfungen konzentriert, die in den 20er Jahren den "gesamten Lebenskreis" von Frauen umgestalten. Sie beschreiben, wie Frauen auf diese Entwicklung reagieren, die ihnen extreme Belastungen abfordert, aber auch neue Handlungsspielräume erschließt.

44 Da sich die Soziologie unmittelbar nach dem 2. Weltkrieg weitgehend auf Arbeiten bezieht, die bis cirka 1930 erscheinen, bleibt das Werk von Franzen-Hellersberg unbeachtet. Damit wird ein Erkenntnisstand verschüttet, der z.T. erst wieder in den 70er Jahren erreicht wird. Das gilt insbesondere für die sensible methodische Anlage des Beitrags.

45 Das Konzept wird heute als eine bedeutende Innovation von Ulrike Prokop (1976) aufgefaßt. Ihr kommt tatsächlich das Verdienst zu, die Frauenforschung der 70er Jahre aus einer methodologischen Sackgasse geführt zu ha-

Aspekte werden von Hildegard Jüngst (1929) , Frieda Glass / Dorothea Kische (1930), Susanne Suhr (1930), Edith Stein (1931) und Dora Hansen-Blancke (1932) vertieft.[46]

III. Um 1940 werden die Probleme des industriellen Fraueneinsatzes und seine Wirkungen auf die weibliche Seele und Subjektivität umfassend und unter Rückgriff auf die bisherige Forschung thematisiert. Angela Meister (1939) und Martha Moers (1941) kommt das Verdienst zu, die wissenschaftliche Literatur zur Frauen(industrie)arbeit sorgsam integriert und die Fragestellungen zeitgerecht weiterentwickelt zu haben.[47]

Der folgende Teil befaßt sich mit den Anfängen und Vorläufern der "Frauenforschung" ab 1910 bis cirka 1940, die den wissenschaftlichen Stil der Erkundung weiblicher Erwerbsmotive begründen. Untersucht wird eine Auswahl früher empirischer Beiträge zum Arbeits- und Frauenbewußtsein, die zwischen 1910 und 1940 publiziert werden. Zunächst geht es im **Kapitel 2.1.** um die quantitative Ausweitung der Frauenerwerbsarbeit in Zeiten, in denen sie als inakzeptabel gilt. Das ist die Folie für die wissenschaftliche Bearbeitung der "Frauenfrage". Dann wird im **Kapitel 2.2.** das Emanzipationsverständnis einer "strikten Komplementarität" erläutert, um das die Debatten in den Zirkeln der WissenschaftlerInnen in diesen Vor- und Zwischenkriegsphasen kreisen. Im **Kapitel 2.3.** werden die typischen Fragestellungen der untersuchten Beiträge nach den vermeintlich destruktiven Folgen der Fabrikarbeit für die Weiblichkeit vorgestellt, im **Kapitel 2.4.** geht es um die auf das Prinzip der "Ganzheitlichkeit" abgestimmte Methodologie, die Erwerbsarbeit als Sozialisationsfaktor bzw. als "Schule der Frauen" begreift, in der z.B. organisatorische Tüchtigkeit für die häusliche Arbeit erlernbar sei. Die Befunde und ihre Interpretationen, die im **Kapitel 2.5.** referiert werden, beschreiben das Frauenbewußtsein als eine Mischung widerstreitender Emotionen: als Arbeitsfreude und Arbeitsleid, als überschwengliche Begeisterung und völlige Gleichgültigkeit.[48] Sie betonen die Nachteile der Außenanforderungen und warnen vor den Verlusten für Familie und Gesellschaft. In einer kritischen Würdigung versuche ich im

---

ben, indem sie diesen frühen Ansatz, der beide Seiten des Frauenlebens mitdenkt, wieder aufgreift.

46 Bei einigen kleinen Studien sind die empirischen Anteile vergleichsweise knapp und unsystematisch.

47 Trotz mancher Kniefälle, die für die Druckerlaubnis nötig sind, handelt es sich bei beiden Beiträgen um wichtige wissenschaftliche Werke, die den Erkenntnisstand zum Frauenbewußtsein voranbringen und standardisieren helfen.

48 Vgl. Deutsch 1948.

Kapitel 2.6., diese Interpretationen abzuschichten und implizit tradierte Deutungsmuster freizulegen, die Frauen als Objekte und Opfer des Industrialisierungsprozesses stilisieren. Abschließend erfolgt eine vorsichtige Uminterpretation, denn Mädchen und zumindest die jüngeren Frauen scheinen keineswegs nur leidend und aus lauter Not der Fabrikarbeit nachzugehen.

2.1. "Der Zeitkern" - Problemfeld Frauenfabrikarbeit

Die Intensität, mit der die wissenschaftliche Bearbeitung von Gründen, Zwängen, Legitimationen und Motivationen zur Frauenerwerbsarbeit, insbesondere der Fabrikarbeit, ab cirka 1910 erfolgt, ist ein Indikator für dramatische Bewegungen und Entwicklungen, die der Themengegenstand real durchläuft. Widerstände gegen die Integration von Frauen in die Arbeitswelt sind damals sowohl auf der Ebene eines proletarischen als auch eines bürgerlichen Antifeminismus populär. Jungen ledigen Frauen, z.T. auch älteren alleinstehenden, wird der Erwerbsstatus zugebilligt, bei verheirateten Frauen, gar Müttern, wird eine Erwerbstätigkeit strikt abgelehnt. Die quantitative Entwicklung und qualitative Verschiebung der Frauenerwerbsarbeit ist seit der Jahrhundertwende Thema der Sozialpolitik und Nationalökonomie.[49] Die wissenschaftliche Bearbeitung der Bedingungen und Motive weiblicher Erwerbstätigkeit erfolgt auf dem Hintergrund einer schubartig wachsenden Integration von Frauen in marktvermittelte Tätigkeiten, die gegenüber der agrarischen und feudalen Beschäftigung in mithelfenden und dienenden Stellungen als modern gelten: Industrielle Fabrikarbeit und kaufmännische Büroarbeit werden zum Synonym für geregelte Hierarchien und Zeitstrukturen. Parallel oder im Gefolge von wirtschaftlichen Aufschwüngen wird die Beschäftigung von Frauen Schritt für Schritt ausgeweitet. Die Entwicklung des Arbeitsmarktes im ersten Viertel des Jahrhunderts ist durch ein überproportionales Wachstum der weiblichen Erwerbsquote von 30,4% auf 34,2% zwischen 1907 und 1925

49 Diese Disziplinen "entdecken" das Dilemma, daß weibliche Arbeitskräfte benötigt werden, aber Familien nicht gefährdet werden dürfen. Schon früh bemüht sich zum Beispiel Lorenz von Stein, Wege zu finden, die soviel weibliche Arbeitskräfte wie nötig aufspüren, aber so wenig Frauen aus der Familienarbeit abziehen wie irgend möglich. Interessant ist, daß um 1900 der Begriff des Dilemmas noch als Zwickmühle der Nationalökonomie begriffen wird. Später wird er zu einer Kategorie, mit der die Situation der Frau zwischen Familie und Beruf beschrieben wird.

gekennzeichnet. Das betrifft alle expandierenden Wirtschaftssektoren.[50]

1907 sind mehr als 40% aller weiblichen Erwerbstätigen in der Land- und Forstwirtschaft beschäftigt, knapp 20% in Industrie und Handwerk, 5% in den neu entstehenden Angestelltenpositionen und 15% im Bereich der häuslichen Dienste. Die Verschiebung des Fraueneinsatzes weg von der landwirtschaftlichen Mithilfe und städtischen Dienstbotentätigkeit erfolgt langsam zugunsten von Angestelltentätigkeit und Fabrikarbeit. Die Erschließung industrieller Arbeitsplätze für Frauen im Zuge der zweiten Industrialisierungswelle nach der Jahrhundertwende ruft heftige Irritationen hervor. Das Familienleitbild muß in dieser Zeit noch mühevoll propagiert werden, um in den Unterschichten das Zusammenleben und die Versorgung von Männern und Kindern sicherzustellen. Die Sozialpolitik weiß, daß sich nur so die "soziale Frage" bewältigen bzw. lösen läßt. Aber wirtschaftlichen Expansionsbestrebungen und industrielle Arbeitskraftnachfrage laufen konträr zu der Sozial- und Familienpolitik. Der kräftige Anstieg der Frauenfabrikarbeit provoziert den neuen Brennpunkt "Frauenfrage" zu einer Zeit, die in mehrfacher Hinsicht Entwicklungssprünge und Verunsicherungen verkraften muß. Der politische Übergang vom Kaiserreich zur Weimarer Demokratie ist durch die Niederlage des Ersten Weltkriegs belastet. Der wirtschaftliche Aufschwung in den "Goldenen Zwanzigern" mündet bald in eine ökonomische und politische Krise ein, die eine verhängnisvolle Massenarbeitslosigkeit hervorruft.[51] Die diktatorische Machtübernahme der Nationalsozialisten führt schließlich durch staatliche Arbeitsbeschaffungsmaßnahmen und eine Forcierung der Rüstungsindustrie zu einem erneuten wirtschaftlichen Aufschwung und Arbeitskräftebedarf.

Der Erste Weltkrieg als "Schrittmacher der Moderne"[52] gilt als "Vater der Frauenemanzipation"[53] und Auslöser von Wandlungen mit außerordentlich widersprüchlichen Tendenzen und Folgen. Die Frauenbewegung nimmt seit Jahrzehnten den Gleichberechtigungsgrundsatz als Forderung nach einem gleichrangigen beruflichen Status ernst und betreibt jetzt eine Anpassung des weiblichen Erwerbsprofils an den männlichen Standard. Ihr Modell, das Idol der "neuen Frau", die (ledige) Büroangestellte, das "Fräulein", wird zum Inbegriff für die weibliche Emanzipation. 1925 gibt es bereits cirka 1,5 Millionen weibliche Angestellte; ihr Anteil hat sich gegenüber 1907 nahezu verdreifacht.[54] Die Zunahme der modernen Tätigkeiten für Frauen, zu denen die Fabrikarbeit ebenso gezählt wird wie die

50 Vgl. Wegehaupt-Schneider 1985:80ff.

51 Willms-Herget 1985:22f., 111f., 142f.

52 Frevert 1986:146.

53 Frevert 1986:146.

54 Vgl. Frevert 1986:172; ihr Anteil an allen erwerbstätigen Frauen stieg auf knapp 15 %.

Büroarbeit, trifft mit einer Verknappung des weiblichen Arbeitskräfteangebots aufgrund der demographischen Entwicklung zusammen.[55] Weil die Kohorten der Berufseinsteigerinnen kleiner werden und der Bedarf an Frauenarbeitskräften steigt, erfolgt eine Aufstockung des Potentials:

> "Die Betriebe reagierten ... auf diesen Engpaß mit einer veränderten Rekrutierungspraxis. Sie öffneten die Betriebe auch für verheiratete Frauen."[56]

Diesen Frauen, es handelt sich um Mütter, werden freilich die schlechtesten Arbeitsplätze angeboten. Mädchen und alleinstehende Frauen bis zum Alter von 30 Jahren werden bevorzugt gesucht und mit günstigen Arbeitsbedingungen umworben.[57] 1925 stammt bereits ein Drittel aller weiblichen Erwerbstätigen nicht aus dem üblicherweise präferierten Rekrutierungsfeld der jungen ledigen Frau, die ihre Vorteile der häuslichen Unabhängigkeit einzusetzen weiß.[58] Verheiratete Frauen, also auch Mütter, treten in Konkurrenz zu leistungsstärkeren Frauen, den "jungen Dingern"[59]. Diese Spaltung des Frauenarbeitsmarktes vertieft sich kurzfristig zu Beginn der dreißiger Jahre. Der Versuch der nationalsozialistischen Familienpolitik, Frauen aus den Betrieben und Büros zu verdrängen, trifft die Verheirateten, scheitert aber rasch an den wirtschaftlichen Erfordernissen. Die Ankurbelung von Konjunktur durch offensive Kriegsvorbereitungen macht bald die Rückführung der Frauen aus den Familien in die Betriebe nötig; die Frauenerwerbstätigkeit steigt wieder erheblich an.[60]

2.2. Zum Emanzipationsverständnis - Strikte Komplementarität

In einer Zeit des gefestigten bürgerlichen und des brüchigen proletarischen Antifeminismus, der die Gleichstellung der Frau in der eigenen Familie, am Arbeitsplatz und in politischen und gewerkschaftlichen Organisationen nicht, widerwillig, bzw. nur ausnahmsweise billigt, hat die Idee der

55 Vgl. Willms-Herget 1985:111.
56 Willms-Herget 1985:111ff.
57 Vgl. Wegehaupt-Schneider 1985:117; Willms-Herget 1985:115.
58 Vgl. Willms-Herget 1985:114f., 178.
59 Otto 1910.
60 Vgl. Willms-Herget 1985:272/3, Tabelle A 4.1.; Frevert 1986:242f.; Wegehaupt-Schneider 1985:345ff., die den ambivalenten Charakter der NS-Politik in Sachen Fraueneinsatz für produktive versus reproduktive Funktionen herausarbeitet.

Emanzipation keine Chance, wissenschaftlich produktiv entfaltet zu werden. Die wenigen Frauen, die sich das bis dahin entwickelte philosophische Gedankengut einer Liberalisierung und Gleichheit aneignen und es umzusetzen versuchen, verbleiben im Spektrum des normativ gebotenen Denkrasters. Das führt dazu, daß sich weder um 1910 noch in den 20er und 30er Jahren der öffentliche Diskurs um adäquate Ziele und Wege der Frauenemanzipation merklich bewegt.

Der offene und frei gestaltbare liberale emanzipatorische Selbstfindungsprozeß, den Louise Otto als Emanzipation einleitete[61], wird nur noch von wenigen "Radikal-Feministinnen" vertreten. Ihn lösen polarisierte Positionen von Egalität und Komplementarität ab, die von den großen politischen Lagern, den Bürgerlichen und den Sozialisten/Sozialdemokraten vertreten werden.[62] Der offizielle Schlagabtausch von Parolen und Standpunkten geht weitgehend an der Realität vorbei. Beide Lager ignorieren sowohl die konkrete Umsetzung von Gleichheit als auch die Auffassungen jener engagierten Frauen,[63] die bereits um die Jahrhundertwende erhebliche Zweifel an der naturgegebenen "eigentlichen Bestimmung" der Frau zur Mutterschaft als einzigem Lebensinhalt formulieren.[64] Frauen wird zwar generell der häusliche Aufgabenkreis und die Sorge um das körperliche Wohlergehen, um Harmonie, Ordnung und "Gemütlichkeit" überantwortet, aber es gibt Modifikationen. In den gebildeten Frauenkreisen festigt sich die Überzeugung von der Notwendigkeit einer unbezahlten Mütterlichkeit als Berufung für bürgerliche Frauen und der bezahlten Berufsarbeit für Proletarierinnen-Mütter zur Abwendung von Armut und Elend.[65] Auf die "einfache Frau" übe die Erwerbsarbeit eine positive zivilisatorische Wirkung aus und diene indirekt der Befähigung der Frau zur Bewältigung der Familienaufgaben. Sie qualifiziere quasi zur Wahrnehmung der komplementären Funktion und gleiche so die Defizite aus, die durch die Abwesenheit der Mutter entstehe. Frauen könnten, so das Kalkül, in weniger Zeit mehr schaffen, effektiver sein und so die Nachteile wettmachen.

Durch den vermehrten Eintritt von Frauen in die Fabrikarbeit um 1910, in die Verwaltung und in kaufmännische Berufe um 1925 und in die

61 Vgl. Gerhard/Hannover-Drück/Schmitter 1979: 204.

62 Vgl. Freier 1981 und Evans 1979, die die erdrückende Dominanz der großen politischen Parteien für die damaligen Frauenbewegungen belegen. Vgl. auch Raschke 1985 zu den stabilen "Lagermentalitäten" nach der Jahrhundertwende und Craig 1985:178ff. zu den verlangsamten und verzögerten Emanzipationsbewegungen in Deutschland.

63 Vgl. Köhn/Milz/Pieper/Ralfs 1984:162-200.

64 Schon seit 1900 ist dieser Punkt in Kreisen der wissenschaftlich gebildeten Frauen kein Thema mehr; vgl. Pfeil 1961:38ff.

65 Die Sozialberufe sind eine "charakteristische Schöpfung" der Frauenbewegung; vgl. Zahn-Harnack 1924:80f.

Rüstungsindustrie Ende der 30er Jahre wird die Angst vor dem "Verlust an Weiblichkeit", vor "Verrohung" bzw. "Entpersönlichung" durch Erwerbsarbeit immer wieder erneut belebt. Daraus resultieren öffentlich erhobene Forderungen, die sich gegen Mütterarbeit aus Existenznot, insbesondere in den belastenden Formen der industriellen Fabrikarbeit, richten. Der Staat habe zu garantieren, daß Erwerbsarbeit von Müttern eine Randerscheinung bleibe. Darüber hinaus sei jegliche Einbeziehung von Frauen in sog. "mechanische Berufe" problematisch. Sie könne zur Beschädigung von "gesunder" Weiblichkeit, zur Destruktion elementarer Natürlichkeit, zur Erosion der Bindungsfähigkeit führen und müsse daher untersagt bzw. begrenzt werden. Als optimal gilt eine Zwei-Phasen-Biographie. Nach einer kurzen Zeit der Erwerbsarbeit in jungen Jahren für die Aussteuer, bei der Kenntnisse erlangt werden, die auch für die Hausarbeit nützlich sind, wechselt die Braut/angehende Ehefrau in den Status der Hausfrau, den sie lebenslang beibehält.

Bei aller Vielfalt konvergiert das Forschungsinteresse der hier berücksichtigten Veröffentlichungen zum Frauenbewußtsein in einem Punkt. Der normative Rahmen für die Emanzipation der Frau ist durch das Postulat abgesteckt, daß ihre Erwerbstätigkeit nicht die Übernahme der generativen Funktion und Verantwortung als Mutter sowie die Bewahrung des weiblichen Parts in Ehe und Familie gefährden darf. Die traditionelle Rollenverteilung soll im Kern erhalten bleiben. Mann und Frau nehmen Funktionen wahr, die einander ergänzen. Er fungiert als Ernährer, sie als Nährerin. Selbst dann, wenn Frauen wie Männer erwerbstätig sind, wird ihre Tätigkeit seiner Tat zu- und nachgeordnet. Sie "darf" arbeiten, wenn und solange sich ihre außerhäuslichen Funktionen auf die "eigentliche" Aufgabe positiv auswirken; stets wird die häusliche Fürsorge und Verantwortung selbstverständlich den Frauen übertragen. Es ist das Emanzipationskonzept der "strikten Komplementarität", das die Frau im Haus als Ergänzung des draußen wirkenden Mannes imaginiert. Das gilt als Optimum der weiblichen Lebensgestaltung.

2.3. Schäden für die weibliche Physis und Psyche?

Die ersten sozialwissenschaftlichen Untersuchungen zur Frauenarbeit um 1910, 1930 und 1940 lenken ihren Blick auf zwei Themenkreise. Sie wollen erstens erkunden, warum Frauen überhaupt erwerbstätig und "außerhäusig" aktiv sind und zweitens abklären, welche Folgen die industrielle

Fabrikarbeit für die seelische Befindlichkeit und körperliche Gesundheit von Frauen hat. Frauenerwerbsarbeit gilt prinzipiell als unvereinbar mit der Ehe, erst recht mit der Mutterschaft; nur Hunger und Elend sind gesellschaftlich akzeptierte Gründe einer zeitlich begrenzten Müttererwerbstätigkeit, die einzig das Ziel verfolgen muß, Notlagen abzuwenden.

I. Das Forschungsinteresse der Beiträge, die um 1910 erscheinen, richtet sich bei Rose Otto auf die Erwerbsmotive verheirateter Frauen und die Bedingungen der Frauenindustriearbeit aus der Sicht der Betroffenen.[66] Die familiäre Herkunft, der Biographie- und Erwerbsverlauf werden von Marie Bernays mit dem Ziel erhoben, auf dieser Basis und unter Berücksichtigung weiterer sozialstatistischer Daten die "eigentlichen" Beweggründe abzuprüfen.[67] Die Deskription der "sittlich-kulturellen Entwicklung" von Fabrikmädchen ist das Anliegen von Rosa Kempf.[68] Insbesondere die Aufmerksamkeitsrichtung von Bernays folgt dem zentralen Anliegen des "Vereins für Socialpolitik", das sich seit der Jahrhundertwende auf die subjektive Dimension verlagert und Motive sowie Sichtweisen der Arbeitenden "deutend verstehen" lernen möchte.[69] Sie fühlt sich verantwortlich, ihrem ethischen Ideal des Verstehens insbesondere im Hinblick auf weibliche Handlungsweisen gerecht zu werden und mit dem "mütterlichen Blick" nach dem zu forschen, was Frauen bewegt. Ähnlich, wenngleich spontaner, mitleidsvoll und einfühlsam, geht auch Rosa Kempf vor. Sie folgt diesem Anspruch, indem sie ihren Schwerpunkt auf Themen legt, die junge Proletarierinnen betreffen, für Rosa Kempf sind das ihre "armen Schwestern". Die Untersuchungen nähern sich dem Bewußtsein global, das heißt über Fragen zu spezifischen Meinungen und konkreten Handlungsweisen an.

II. Die in den 20er Jahren ansteigende weibliche Erwerbsbeteiligung, insbesondere der wachsende Anteil von Ehefrauen und Müttern,[70] sowie das Interesse von Frauen an einer betrieblichen Berufsausbildung, ruft große Unsicherheiten hervor und wird selbst von Vertreterinnen der

66 Vgl. Otto 1910.
67 Vgl. Bernays 1910.
68 Vgl. Kempf 1911.
69 Vgl. Kern 1982:91ff. Über die äußeren Rahmenbedingungen der frühen Industriearbeit informieren die ersten Vereinsenqueten. Das tatsächliche Berufsschicksal und "reale Leben dieser Klasse" (Weber) ist aber unbekannt.
70 Vgl. Willms-Herget 1985:150f., 198f.; Frevert 1986:172ff.; Lion 1926; Gerhard 1990:362ff. nach Suhr 1930: Die "kleine Angestellte" wird der Prototyp der "neuen Frau", die als Verkäuferin, Sekretärin oder Stenotypistin arbeitet. 1933 sind bereits mehr als 35% aller erwerbstätigen Frauen verheiratet.

Frauenbewegung als bedrohliche "Vermännlichung" empfunden.[71] Die Befürchtung ist, Frauen könnten ihre Erwerbsinteressen ausbauen und die Phasen so stark ausdehnen, daß sich die Prioritäten nachhaltig verschieben, die Familienaufgaben vernachlässigt und die "Mutterschaftsleistungen" gefährdet würden.[72] Die Konfrontation mit diesen neuen Phänomenen schafft eine dringende Nachfrage nach systematisierten Erkenntnissen über das Motiv, ausgebildet berufstätig zu werden und nach der Heirat zu bleiben.

Ende der 20er Jahre verschiebt sich der Blick empirisch angelegter Untersuchungen auf die gesamte Lebensweise, auf die objektive Lage und subjektive Sicht von Arbeit und Leben bei jungen Arbeiterinnen. Im Mittelpunkt steht die Frage, wie die körperliche Belastung und "seelische Beanspruchung" durch den Fabrikalltag ihr Wesen und ihre "weibliche Substanz" verändern könnte. Lisbeth Franzen-Hellersberg fragt um 1930 nach dem Zusammenhang von Arbeitsweise und Lebensform proletarischer Mädchen und junger Frauen. Sie will eine "soziologische Physiognomie" der Jungarbeiterin erstellen, die "Gesamtheit des Einzelpersönlichen" in der "Ganzheit des sozialen Gebildes" beschreiben, um den "anschaulichen Lebenszusammenhang" vorzustellen.[73] Aus der Kenntnis von "Arbeitseinstellung und Lebenspraxis in ihrer Wechselwirkung" soll auf die Bewußtseinsverfassung und Prägung der Industriearbeit für die spätere Mutterschaft geschlossen werden.[74] Bei aller Offenheit und Sensibilität, mit der diese Autorin forschend fragt, ist ihr Ansatz von Mitleid und Besorgnis geprägt und durch ein Denken im Rahmen bürgerlicher Normen gekennzeichnet. Frauen werden in einem Atemzug klagend als die Opfer der drückenden Verhältnisse begriffen und gleichzeitig aufgefordert, sich rückhaltlos für ihre elterliche und eigene Familie einzusetzen.

Die Frage nach den ganzheitlichen Lebensumständen, den Prägungen durch harte Arbeit und den Bindungen ans "lieblose" Elternhaus werden im Hinblick auf die späteren Familienfunktionen der Frau gestellt. Die

71 Vgl. Gerhard 1990:364 nach Suhr 1930. Ein Drittel aller Lehrlinge für Angestelltentätigkeiten ist danach Ende der 20er Jahre weiblich. Glass/Kische 1930 zeigen, daß der Anteil an Ausgebildeten bei den Arbeiterinnen schon mehr als 20% beträgt.

72 Solange Frauenerwerbsarbeit weitgehend identisch mit entwürdigender Dreckarbeit war, bestand die Gefahr dieser Kontinuisierung kaum, denn die hohen Belastungen legten es den Frauen zwingend nahe, sich nach einer begrenzten Phase der Berufsarbeit wieder voll auf die eigene Familie zu konzentrieren. Nun wird es mit der modernen Fabrik- und Büroarbeit für junge Frauen u.U. attraktiver, die Berufstätigkeit als "Durchgangsstufe" zur Heirat zu verlängern bzw. als Ehefrau bis zur Mutterschaft auszudehnen.

73 Franzen-Hellersberg 1932:1f.

74 Vgl. Franzen-Hellersberg 1932:V.

"Umwertung proletarischer Tatbestände", die Franzen-Hellersberg in ihrem Untertitel ankündigt, besteht in dem Versuch, eigene Wertungen zu reflektieren und die besonderen proletarischen Lebensformen und Umgangsweisen nachvollziehbar zu machen. Franzen-Hellersberg will zeigen, daß und wie hier bürgerliche Normen, insbesondere die "Enthaltsamkeit" vor der Ehe oder die mütterliche Aufopferungsbereitschaft und weibliche Demut, gelebt und akzeptiert bzw. modifiziert werden.

Andere Autorinnen greifen demgegenüber nur einzelne Aspekte aus diesem Themenkomplex auf, befassen sich z.B. mit der Organisationsbereitschaft von Frauen,[75] mit Fragen der pädagogischen Erziehung von Industriearbeiterinnen[76] und mit philosophischen Überlegungen über deren Einstellungen[77]. Immer wieder werden Fragen des "Paarungsverhaltens" bzw. der sexuellen Kontakte vor der Eheschließung behandelt; insbesondere darin wird von den meisten Autorinnen bildungsbürgerlicher Herkunft eine Gefährdung der weiblichen Existenz und Persönlichkeit gesehen. Die Prognosen bewegen sich zwischen Verletzung und Vernichtung der weiblichen Psyche und physischen Existenz. Die seelischen Kräfte der Frau werden ebenso wie ihre körperlichen als prägbar und zurichtbar gedacht.

III. Gegen Ende der 30er Jahre geht es den Autorinnen um die global angelegte Frage nach dem weiblichen (Sach-)Wissen und Bewußtsein über die Folgen des industriellen Fraueneinsatzes für Weiblichkeit und Mutterschaft. Angela Meister forscht unvoreingenommener nach den subjektiven Beweggründen für "das Werden und den gegenwärtigen Stand der gewerblichen Frauenlohnarbeit in der Industrie" und unterstellt ein Subjekt, das etwas will.[78] Die "Ganzheitlichkeit" ihres Ansatzes schlägt hier allerdings leicht in die Suche nach "inneren Begründungszusammenhängen" zwischen Frauenindustriearbeit, Wirtschaft, Volk und Gesellschaft um, wird vage und vielfältig verwertbar. Gesucht wird nach den Bindungen und Verbindungen, die Frauen zwischen diesen Sektoren herstellen, ohne daß dafür eine solide empirische Basis existiert. Martha Moers will Frauen "in der Totalität ihres Seins" beschreiben, indem sie den Zusammenhang zwischen "weiblich-seelischer Struktur" und Industriearbeit analysiert.[79] Ihr früheres erfahrungsbezogenes Werk über das weibliche Seelenleben[80] geht in diese theoretisierende Abhandlung ein. Ihre präzisen Fragestellungen zielen auf die subjektiven Erwägungen und Beweggründe, die letztlich

75 Vgl. Lion 1926; Hermes 1926.
76 Vgl. Jüngst 1929; Glass/Kische 1930.
77 Vgl. Stein 1931.
78 Meister 1939: Vorwort.
79 Vgl. Moers 1941:11.
80 Vgl. Moers 1941:7ff.

dazu führen, daß Frauen sich für eine Erwerbstätigkeitsdauer entscheiden, die bis in die Zeit der Ehe und Mutterschaft reicht. Die Sorge dieser beiden Wissenschaftlerinnen um die Erhaltung der Gesundheit als Basis von Mütterlichkeit und Weiblichkeit in Ehe, Familie und Gesellschaft ist Zentrum ihrer Untersuchungen. Frauen selbst werden als die wissenden, bewußten Garantinnen dieses Kontextes begriffen.

Die Entwicklung der Fragestellungen zeigt eine zunehmend ausgeweitete Optik auf die Erwerbsmotive im weiblichen Lebenszusammenhang, so daß sich deren Differenzierungen und Andersartigkeiten nach und nach wissenschaftlich aufschließen lassen.

2.4. Erfassung der "Ganzheitlichkeit"

Die "ganzheitliche Erfassung" der "fraulichen Lebensbereiche" verlangt die Berücksichtigung des häuslichen wie betrieblichen Wirkungskreises. Sie wird in dieser Phase von den meisten Autorinnen selbstverständlich vorgenommen. Die "Ganzheit der Einzelpersönlichkeit", die "Totalität des sozialen Gebildes", der "Gesamtaufgabenkreis" gelten als relevante Ausgangspunkte für die Erforschung des Frauenlebens und -denkens.[81] Wer empirische Erkundungen betreibt, begibt sich in die Fabriksäle, Büros, Küchen und Wohnstätten.[82] Die Annäherungen an die "fremde Welt" der Arbeiterin erfolgen meistens als verheimlichte, verborgene und verdeckte Beobachtung, die den Beforschten gegenüber nie offengelegt wird.

In den empirischen Untersuchungen dieser Jahrzehnte wird methodisch relativ einfach recherchiert bzw. vorwissenschaftlich naiv, gleichwohl aufschlußreich, über den eigenen Erfahrungsschatz berichtet. Weitgehend wird so verfahren, daß eine Nachvollziehbarkeit überwiegend gewährleistet ist. Zum Teil schlagen sich die Standards des "Vereins für Socialpolitik" in der Methodenreflexion deutlich nieder. Die Autorinnen kombinieren bewußt unterschiedliche Erhebungstechniken. Sie legen Wert auf qualitative Deskriptionen aus der Mehrfach-Perspektive und fertigen vertiefende Einzelstudien an, um die Andersartigkeit und Besonderheit der Familienbindung und des Arbeitsdaseins von Frauen aus den unteren Bevölkerungsschichten verstehbar zu machen. In Gesprächen, Erkundigungen,

81 Vgl. Jurczyk/Tatschmurat 1985:48f.

82 Vgl. Willms-Herget 1985:29, die der Behauptung, Frauen verwendeten überwiegend weiche Daten, ließen subjektiven Urteilen viel Raum und benutzten zumeist qualitative Ansätze, energisch widerspricht.

Beobachtungen und während der Teilhabe am privaten und beruflichen Alltag der proletarischen Mädchen und Frauen werden von den Forscherinnen die subjektiven Einstellungen sorgsam eruiert und dokumentiert. Das deskriptive Vorgehen wird durch quantitative Verfahren ergänzt, die im Rahmen der Sozialrecherche sozialstatistische Überblicke über den Geltungsbereich gewähren. Dieser methodische Weg ist in den 20er Jahren neu. Er wird auffallend deutlich und bewußt von früher üblichen partialisierenden Sichtweisen abgegrenzt. Alternativ zu diesen recht systematischen Verfahren werden üppige Berichte und plastisch erzählte Fallbeispiele, die z. T. aus dem eigenen Umfeld stammen, äußerst anschaulich, aber weitgehend unausgewiesen sind, eingesetzt und als geeignetere Methode der Erfassung von Realität verteidigt.[83]

Die Erhebungen operationalisieren die Kategorien des Frauenbewußtseins in sehr heterogenen Begrifflichkeiten wie Zufriedenheit, Erwerbsmotiv, "Moralauffassung", "Frauen-Kultur", "Sittenleben" und "Charakter", "geistig-seelische Verfassung". Um sich der subjektiven Bedeutung der Erwerbsarbeit anzunähern, ordnen sie ihr Erhebungsmaterial im Rahmen von Kategorien an, die mit vorgängigen Deutungen belegt sind. Aber ersichtlich wird dabei, daß die Autorinnen im Unterschied zu den zeitgleich entstehenden sozialphilosophischen Theorien über die Geschlechterdifferenz vor dem Hintergrund eines relativ aufgeklärten Verständnisses von Weiblichkeit operieren. Sie heben nicht mehr nur auf die biologische, sondern vorrangig auf die soziale Spezifik ab. Das andere und besondere Merkmal sei, daß Frauen aufgrund ihrer sozialen Befähigung zur Mütterlichkeit, die sie unabhängig von einer leiblichen Mutterschaft ausübten, fundamentale fürsorgliche Aufgaben für die Gesellschaft wahrnehmen könnten und wollten. Solche Fähigkeiten müßten sie in die Erwerbstätigkeit einbringen können, ohne daß sie verschlissen würden. Diese Idealisierung dient der Möglichkeit, Frauen- und Mütterarbeit zu legitimieren.

I. Um 1910 lösen Bernays, Otto und Kempf die Tradition der ausschließlich quantitativen Methoden der damaligen Sozialstatistik ab, indem sie qualitative Verfahren zur Erforschung des Frauenbewußtseins einsetzen. Bevor Bernays mit ihren Befragungen im Betrieb beginnt, ist sie mehrere Monate verdeckt als Arbeiterin beschäftigt, um den Alltag ihrer Kolleginnen durch teilnehmende Beobachtungen in der Fabrik und in der Freizeit zu verfolgen.[84] Erfolgreicher als ihre Kollegen, die es mit sehr viel Mißtrauen und Verweigerungshaltungen zu tun haben, unterläuft sie die

83 Dieses Vorgehen findet sich z.B. durchgängig bei Zahn-Harnack 1924 und Meister 1939.

84 Vgl. Bernays 1910:XVIf. Ihre Untersuchungen beziehen sich auf cirka 1000 Beschäftigte, von denen nahezu 60% Frauen sind.

Hindernisse mit viel Mühe und persönlichem Einsatz.[85] Sie führt Befragungen mit Mädchen, ihren Vätern und Kollegen, durch, erkundet die Wohnverhältnisse und trägt Aussagen von Vorgesetzten, Eltern und Angehörigen zusammen, um das Bild durch ein umfassendes Dokumentenstudium von Lohnlisten und Arbeitsbüchern zu vervollständigen. Otto befragt Fabrikarbeiterinnen aus sechs verschiedenen Industrien, verteilt über alle Regionen Deutschlands, Kempf beschränkt sich auf Kurzgespräche mit einer relativ großen Anzahl, nämlich 270 jungen Mädchen, aus Münchener Industriebetrieben.

II. Alle Autorinnen der Zwischenkriegszeit haben das methodische Spektrum von Bernays, Otto und Kempf nicht wesentlich erweitert, aber aktualisiert. Nur Franzen-Hellersberg, deren Arbeit wie die von Bernays eine vergleichsweise vielschichtig angelegte Methodik aufweist, will den "ganzen Menschen" im Wechsel zwischen Arbeitsweise und Lebensform erfassen und nachzeichnen.[86] Deshalb versucht sie eine "kombinierende und relativierende Methode der Erkundung", die über das additive Verständnis hinausgeht, das Bernays noch hat.[87] Sie besucht Familien und Betriebe, nimmt an Festlichkeiten, Tanzveranstaltungen und Ausflügen teil. Außerdem holt sie Urteile über Mädchen und junge Frauen bei Meistern, Lehrern und Fürsorgern ein, betreibt Aktenstudien und übernimmt zu Erkundungszwecken selbst die Rolle der Fürsorgerin, in der sie ebenfalls verdeckt agiert.[88]

Das eigentlich Weiterführende an ihrer Methodik ist, daß sich Franzen-Hellersberg kritisch mit der Reflexion der eigenen Beurteilungsbasis auseinandersetzt.[89] Sie diskutiert alternative Wege der adäquaten Annäherung an den Forschungsgegenstand und reflektiert insbesondere die Möglichkeit der Verfälschung und ungewollten Beeinflussung der Arbeiterinnen durch eigene Vorurteilsstrukturen. In diesem Zusammenhang erkennt sie eine "unüberwindliche Kluft" zwischen den beforschten proletarischen Frauen

85 Die männliche Konkurrenz wundert sich: So ernst haben sie, die Vertreter des "Vereins für Socialpolitik", es mit den Prinzipien offenbar nicht gemeint. Zumindest praktizierten sie sie nicht in dieser Intensität. Bernays ist fleißig, das wird konstatiert.

86 Sie bedenkt die "Ganzheit des Einzelpersönlichen" und des "sozialen Gebildes" als Rahmen der weiblichen Vergesellschaftung; vgl. Franzen-Hellersberg 1932:10ff.; vgl. auch Jüngst 1929:25, die sich in die Lebenswelt der jungen Mädchen "einfühlen" will. Sie verwendet für ihre Untersuchung eine ähnliche Methodik.

87 Franzen-Hellersberg 1932:7.

88 Vgl. Franzen-Hellersberg 1932:13.

89 Das gilt auch für Jüngst 1929, deren Arbeit nahezu zeitgleich erscheint.

und sich selbst. Es sei schwer, die Distanz zu den eigenen Bewertungsmustern einzuhalten. Sie sei als "Repräsentant höherer Schicht" eine "Autoritätsperson" und ein "Fremdling", insofern gehandicapt, offen aufzutreten und ungezwungene Gespräche zu führen und mitanzuhören.[90]

III. Hinter diesen selbstkritischen Stand fallen die Arbeiten von Angela Meister und Martha Moers weit zurück.[91] Zwar will auch Meister den "Gesamtaufgabenbereich der Frau" erkunden, sie lehnt es aber unter Hinweis auf Franzen-Hellersberg und die unüberwindlichen Kluften zwischen den Schichten ab, in Haushalte zu gehen und blendet somit einen wichtigen Aspekt der Frauenarbeit aus.[92] Das empirische Material, das sie einbezieht, stammt aus Fabrik-Besichtigungen und Gesprächen mit erwerbstätigen Frauen am Arbeitsplatz. Dabei dokumentiert sie weder einen Fragebogen noch andere Methoden, die auf eine systematisch durchgeführte Erhebung schließen lassen. Positiv fällt an ihrer Arbeit auf, daß sie eine sorgsame Interpretation der vorliegenden Literatur vornimmt und ihre Ergebnisse gründlicher als die meisten Vorgängerinnen in Beziehung zur einschlägigen wissenschaftlichen Debatte setzt. So erreicht sie einen vergleichsweise hohen Standard der Diskussion und Reflexion. Ihre Charakterkunde und Suche nach spezifischen Wesenseigenschaften sowie nach biologischen Erklärungen für das Verhalten von Frauen und die Zentrierung der reproduktiven Funktionen sind keine den besonderen politischen Umständen geschuldeten Überlegungen. Diese Punkte standen auch in den 20er Jahren bei z.T. recht fortschrittlichen und liberalen Frauen im Vordergrund der Problematisierung von weiblichen Lebenslagen.[93]

Der Blick auf die Methodologie aller drei Materialgruppen zeigt, daß um 1910 einfache Erhebungsmethoden der quantitativen Sozialstatistik sowie

90 Vgl. Franzen-Hellersberg 1932:4f.,8f.

91 Vgl. Meister 1939:5. Basis sind weibliche Biographien und sekundäranalytische Studien, aus denen die "seelische Struktur der Frau und die weibliche Einstellung zur Arbeit" abgeleitet wird. Bei Moers liegen als empirische Materialien "psychologische Begutachtungen" aus einer langjährigen Beratungspraxis zugrunde, aus denen sie Strukturen der "weiblichen Seele" ableitet. Die an Charlotte Bühler orientierte entwicklungspsychologische Arbeit hat sie 1941 unter dem Titel "Das weibliche Seelenleben. Seine Kindheit und Jugend" in Berlin veröffentlicht. Das Buch ist bis 1964 mehrfach unverändert erschienen; es enthält trotz seines politisch prekären Erscheinungsdatums kaum eine theoretisch-systematische Beziehung zum autoritären Regime. Die punktuellen "Verneigungen" sind vernachlässigbar.

92 Vgl. Meister 1939:IXf.

93 Der Einfluß des nationalsozialistischen Gedankenguts ist in den Veröffentlichungen von Meister und Moers weniger stark spürbar, als zu vermuten wäre. Recht offensichtlich zum Zweck des Anbiederns erwähnen beide hier und da den Führer bzw. die Errungenschaften der aktuellen Politik.

erste qualitative Untersuchungsschritte eingesetzt werden. Bis 1930 macht die qualitative Methode erhebliche Fortschritte und wird zu einer ganzheitlichen "Erfassung des Lebenskreises" auf horizontaler Ebene ausdifferenziert. Gegen Ende der dreißiger Jahre wird dieser Ansatz elaboriert, aber auch zu einer Kategorie der Totalität umdefiniert, die im Geiste der "Volksgemeinschaft" fungiert. Das diskreditiert den Ansatz für Jahrzehnte. Die methodologischen Grundsätze der Kombination von entsprechend komplex angelegten quantitativen und qualitativen Verfahren müssen später mühselig erneut etabliert werden.

Kern betont unter Hinweis auf eine grundlegende Studie von Schad[94], daß zu den sozialen Problemen der 20er Jahre "keine einzige .. empirische Studie eines Soziologen"[95] vorliege. Andere Fächer, wie die Arbeitsphysiologie, Pädagogik, Medizin, Ökonomie, die naturwissenschaftlich orientierte Arbeitswissenschaft, hätten sich dieser Fragen angenommen und zumindest den sozialstatistischen Untersuchungsbedarf abgedeckt. Der empirische Standard dieser "nichtsoziologischen Sozialforschung" sei allerdings relativ niedrig, in der Systematik ihrer Erhebungen überwiegend unausgereift, relativ schlecht ausgewiesen und daher weitgehend intransparent. Als die Soziologie, voran der "Verein für Socialpolitik", begonnen habe, soziales Handeln auch empirisch zu bearbeiten, habe sie dazu geneigt, die Methoden und Ergebnisse ihrer fachfremden Vorläufer nicht wahrzunehmen.[96] Sie habe deren Ansätze nicht ausgebaut, sondern einen Neuanfang versucht.

Bonß liefert eine weitere Erklärung dafür, daß diese Empirie nicht besonders beachtet wurde.[97] Die empirischen Erhebungsmethoden bis 1930 seien relativ unentwickelt und naiv und litten unter mangelnder Präzisierung, weil ihre Funktion vorrangig darin bestanden habe, möglichst viele Informationen zusammenzutragen, um jenseits theoretischer Debatten die "frische Lebenswahrheit" zu erfassen. Generell gelte, daß sich die Webersche Doppelstrategie, neben dokumentarischen Auswertungen von (objektiven) Lohndaten und Personallisten auch Interviews mit den Arbeitenden durchzuführen (subjektive Daten), nur vereinzelt durchgesetzt habe. Die Untersuchung der "psychischen Qualitäten", der Wünsche, Hoffnungen und Selbsteinschätzungen, die Weber mit der konkreten materiellen

---

94 Vgl. Schad 1972.

95 Kern 1982:203.

96 Vgl. Kern 1982:127,203ff.

97 Bonß bezieht sich hier auf Fromms sozialpsychologische Untersuchung über Arbeiter und Angestellte am Vorabend des Dritten Reiches, in der Fromm Ende der 20er Jahre die Stellung der Geschlechter zueinander untersucht und dabei Einstellungen von Frauen gegenüber der Emanzipation zumindest streift; vgl. Bonß in Fromm 1983.

Situation abgleichen wollte, seien zwar theoretisch reflektiert, aber kaum empirisch erprobt worden. Mit dem Tode Max Webers[98] sei das Interesse an einer differenzierten Beschreibung der Arbeits- und Lebensbedingungen des Fabrikproletariats mehr oder weniger versiegt. Das habe dazu beigetragen, daß diese Jahrzehnte in der späteren Rezeption nicht ausgewertet und recht pauschal abgehandelt worden seien.[99]

Der von Kern beschriebene wissenschaftsmethodische Bruch mag zum Teil erklären, warum differenzierte Methoden und viele empirische Beiträge zur Frauenthematik in Vergessenheit geraten sind. Sie entstammen selten den genuin sozialwissenschaftlichen bzw. nationalökonomischen Disziplinen[100] und sind zumeist nicht unter strenger Berücksichtigung der Standards systematisierter Empirie, sondern zunächst recht deskriptiv angelegt. Die weitergehende Erklärung von Bonß zeigt, daß Traditionsbildungen für eine noch unerprobte Empirie ohnehin erschwert sind; das gilt explizit für Rand- und Frauenthemen. Die empirische Forschung zum Frauenbewußtsein hat also in ihren Anfängen mit zwei Hürden einer Kontinuisierung zu tun. Sie macht dennoch Schritte nach vorn.

2.5. Arbeitsleid und Arbeitsfreud'

Das Leiden an der Fabrikarbeit, die Last der schlechten Arbeitsbedingungen wie Staub, Schmutz, Kälte, Gestank, Hetze, Hast und Entwürdigung, ungerechte Entlohnung und harte Behandlung durch willkürliche Führungskräfte sind die Folie, auf der die Untersuchungen das Bewußtsein von Frauen überwiegend abbilden. Damit wird eine Argumentationslinie aus der Zeit der frühen Industrialisierung aufgegriffen und ausgebaut.

Weibliche Erwerbsarbeit, insbesondere die Fabrikarbeit, führe zu äußerlichen "Entstellungen", innerlicher Verhärtung oder gar "Verrohung" der Frau und berge die Gefahr der Entwöhnung und Entfremdung von ihren "eigentlichen" Aufgaben im Haus und in der Familie. Rosa Kempf und Marie Bernays betonen um 1910 in diesem Zusammenhang die Klagen von Frauen über die physisch auszehrenden Belastungen, Franzen-Hellersberg sieht um 1930 sittliche Gefährdungen und langfristige soziokulturelle Defizite, und Angela Meister wie Martha Moers sind um 1940 besorgt wegen der offensichtlichen Gebärunlust. Alle entdecken Arbeitsfreude, aber die

98 Er starb 1920.

99 Vgl. Bonß 1983:16, 18, 21.

100 Als solche können eigentlich nur die Studien von Bernays, Kempf, Franzen-Hellersberg bezeichnet werden.

Optik der Autorinnen ist durch das Dilemma bestimmt, außerhäusige Frauenarbeit zunächst als Widerspruch zur Weiblichkeit und Wesensaufgabe in der Familie zu begreifen. Einerseits versuchen sie, mit dem Aufzeigen menschenunwürdiger Belastungen vor den destruktiven Folgen der Fabrikarbeit zu warnen und Frauen abzuschrecken. Andererseits sehen sie sich aufgrund der realen Gegebenheiten aber gezwungen, die Tatsache ihrer Verbreitung und Ausdehnung zu akzeptieren und arbeitende Frauen so zwischen Fabrik und Haus zu verorten, daß das Konstrukt von Komplementarität gewahrt bleibt. Das heißt, daß die Autorinnen versuchen, die Erfüllung der Funktion und "ureigentlichen Bestimmung" der Frau in der Fabrikarbeit aufzuspüren, um zu zeigen, daß sie hier, wenngleich indirekt, voller Aufopferungsbereitschaft für das Wohl der Familie tätig sei. Dazu gehört auch die durchgängige Mahnung an die Betroffenen selbst, an den Staat und an die Unternehmer, schonend mit dem Gut der "Weiblichkeit" als Körperlichkeit umzugehen, - als handle es sich um einen "Rohstoff", eine fundamentale Ressource, die private und gesellschaftliche Reproduktionsfunktionen wahrzunehmen und einer allgemeinen und übergeordneten Wertigkeit zu dienen hat.[101]

I. Um 1910 kommt Rose Otto aufgrund ihrer Umfrage in Fabriken zu dem Resultat, daß mehr als die Hälfte der von ihr befragten verheirateten Frauen arbeiteten, weil ihre Männer nicht genug verdienten, um die Familie zu erhalten.[102] Verheiratete und ältere Frauen würden vorwiegend mit anstrengenden Tätigkeiten belastet, mit schwerer, oft unsauberer Arbeit, die von anderen gemieden werde. Die Mütter litten nach eigenem Bekunden am meisten unter dem "Fernsein vom Kinde".

Auffallend ist, daß nach den Angaben aller verheirateten Frauen immerhin fast 20% in der Fabrik tätig sind, "um besser leben zu können" und cirka 10%, weil sie einen Mangel an "sonstiger Beschäftigung" haben, also "ohne zwingende Gründe", wie es damals heißt, einer Berufstätigkeit nachgehen.[103] Der Anteil dieser "freiwilligen" Erwerbsmotive steigt, wenn die Angaben von Verwitweten und Geschiedenen abgezogen und nur die Antworten der Verheirateten betrachtet werden. Erstaunen erregt die Tatsache, daß Ehefrauen aus vollständigen Familien zu cirka 25% wegen der Verbesserung des Lebensstandards und zu nahezu 15% wegen eines "sonstigen Beschäftigungsmangels erwerbstätig" sind. Ein mit 40% nicht unerheb-

101 Vgl. z.B. Hermes 1926, die das Bild des männlichen Arbeiters, der sich zur Wehr setzt, als Norm mit der Hilflosigkeit der "ungeformten" Arbeiterin konfrontiert. Ähnlich Lion 1926:98ff.

102 Die Männer sind arbeitslos, arbeitsunfähig, abwesend oder verstorben; vgl. Otto 1910:114.

103 Vgl. Otto 1910:93,108ff.,114ff.

licher Teil verheirateter Frauen nennt demnach andere als dringende existentielle Gründe für ihre Arbeitsaufnahme.

Eine ähnliche Tendenz zeigt sich in der Untersuchung von Rosa Kempf. Die von ihr befragten Münchener Fabrikmädchen mit proletarischer Herkunft sind froh darüber, daß sie mit der Aufnahme einer Erwerbstätigkeit der Enge des elterlichen Haushalts entgehen, in dem sie eine inferiore Stellung haben, helfen und bedienen müssen. Offensichtliche Mißstände am Fabrikarbeitsplatz werden zwar kritisiert, aber weitgehend hingenommen, weil die Alternative eines ganztägigen Daseins als Magd für Eltern und Brüder für die Mädchen auf jeden Fall erheblich schlechter ist.[104] Je jünger die Fabrikarbeiterinnen, desto zufriedener sind sie mit den Arbeits- und Lohnbedingungen. Sie gehören zu den umworbenen Arbeitskräften der aufstrebenden Industrie.[105] Frauen, die über 30 Jahre alt sind, gelten bereits als verbraucht, "verschlissen" und belastet mit zusätzlichen häuslichen Verpflichtungen, die ihre Einsatzfähigkeit einschränken. Das Bewußtsein über diese Disparitäten[106] führt zu z.T. heftigen Konkurrenzen unter Frauen am Arbeitsplatz.[107]

Auch ein erheblicher Anteil der von Marie Bernays befragten Frauen äußert Erwerbsmotivationen jenseits von Not und nacktem Elend. Die Textilarbeiterinnen, die damals schon Ausbildungsmöglichkeiten und vergleichsweise günstige Arbeitsbedingungen vorfinden[108], sind überwiegend erwerbstätig, um über eigenes Geld für sich bzw. die Aussteuer zu verfügen. Sie beschreiben ihre Arbeitsbedingungen zwar als sehr anstrengend wegen der Hetze und "Antreiberei", finden sich aber damit ab. Wenige bemängeln, daß Männer bei gleichen Akkordsätzen mehr verdienen als Frauen. Bernays geht dem nach und entdeckt, daß für Männer eine "Geschlechtszulage" existiert. Heftiger kritisieren ungelernte und zumeist ältere Akkordarbeiterinnen diese Ungerechtigkeit und ihre Arbeitsbedingungen, die sie als anstrengend, unmenschlich und unwürdig bezeichnen. Dennoch fügen sie sich in das vermeintlich "unabwendbare Los".[109] Generell sind die Textilarbeiterinnen, die Bernays befragt, zwar selbstbewußter als die Fabrikarbeiterinnen aus jenen Branchen, die von Otto und Kempf untersucht werden, aber auch sie äußern sich überwiegend zurückhaltend bis ablehnend gegenüber praktischen Schritten einer Verbesserung ihrer Arbeitsbedingungen und einer aktiven Beteiligung an der Interessenvertre-

---

104 Vgl. Kempf 1911:40f.

105 Vgl. Suhr 1930:9f.

106 Vgl. Gnauck-Kühne 1905:37, Kempf 1911:40, Zahn-Harnack 1924:29; Willms-Herget 1985:173ff.

107 Vgl. Zahn-Harnack 1924:49.

108 Vgl. Wegehaupt-Schneider 1985:124f.

109 Vgl. Bernays 1910:165ff.,240f.

tung.[110] Trotz der Belastungen und Ungerechtigkeiten ist um 1910 eine positive Beurteilung der Fabrikarbeit vor allem bei Mädchen und jungen Frauen sowie bei jenen Textilarbeiterinnen, die über eine Ausbildung verfügen, erkennbar.[111]

Die zustimmenden Haltungen werden von Bernays vorsichtig-skeptisch aufgenommen und ebenfalls auf aktuelle Versorgungs- bzw. spätere Reproduktionsfunktionen der Frau bezogen. Die Fabrikarbeit sei unter bestimmten Bedingungen geeignet, die "sittliche und kulturelle Entwicklung der Arbeiterin" zu entfalten, insbesondere dann, wenn ihre "Berufstüchtigkeit" gefördert werde.[112] Diese schule die Persönlichkeit generell, auch die häuslichen und erzieherischen Fähigkeiten von Frauen. Dem physischen und psychischen Gefährdungspotential von industrieller Fabrikarbeit für Frauen mißt Bernays eine geringere Bedeutung bei. Daß Frauen weniger Kinder wollen, deutet sie begeistert als emanzipativen Schritt, als Suche nach Freiraum und "Sehnsucht nach Bildung".[113]

II. Der Erkenntnisstand über weibliche "Indolenz und Indifferenz", über Gefährdungen und Vorteile bzw. "vermeintliche Freiheitsgewinne"[114] wird in den 20er Jahren aufgenommen und vertieft. Eine 1928 durchgeführte Befragung[115] zeigt, daß die Arbeitstage, Abende und Wochenenden einer Textilarbeiterin mit Akkordhetze und Hausarbeit vergehen und keine Ruhe und Muße lassen. Ärgerlich äußern sich auch die ledigen Befragten zur Bevorzugung ihrer Brüder, die sie regelmäßig versorgen und bedienen müssen.[116] Auf das Wissen proletarischer Mädchen und Frauen um diese

---

110 Vgl. Lion 1926:102ff., die, Gnauck-Kühne (1904) paraphrasierend, acht der am häufigsten genannten Begründungen zusammenträgt, die Frauen selbst gegen ihre Organisierung einwenden. Auf diese Liste ablehnender Statements beziehen sich alle späteren Untersuchungen, wenn sie von der Unlust und Schwerfälligkeit der "indifferenten Proletarierin" handeln und berichten, daß diese nur mit großer Mühsal von den Gefahren ihrer Ignoranz zu überzeugen sei.

111 Vgl. Bernays 1910:210ff.,415f.; Kempf 1911; Otto 1910:113.

112 Vgl. Bernays 1910:210ff.

113 Vgl. Bernays 1916:104, zit. nach Jurczyk/Tatschmurat 1985:46. Die Gebärunwilligkeit und -zurückhaltung mit der Folge einer drastischen Reduzierung der Kinderzahl gilt seit der Jahrhundertwende als intelligente Lebensführung und Zivilisationsfortschritt. Zum Wissen um Empfängnisverhütung in den bessergestellten proletarischen Milieus vgl. Evans 1979:244ff.,330f.

114 Vgl. Franzen-Hellersberg 1932:32,36,38,45.

115 Der Deutsche Textilarbeiterinnenverband ruft im Rahmen eines Preisausschreibens junge Textilarbeiterinnen dazu auf, ihren Arbeitsalltag zu schildern. Die Beteiligung fällt überraschend gut aus. Aus dem aussagekräftigen Material wird 1930 eine Auswahl von 150 Berichten in Buchform publiziert.

Ungleichbehandlung aufgrund ihrer Geschlechtszugehörigkeit stößt vor allem Franzen-Hellersberg. Sie entdeckt, daß Mütter wie Töchter hier in ähnlicher Weise betroffen sind.[117] Mädchen setzen sich dagegen zur Wehr und kritisieren die mütterliche Haltung des Daueropfers.[118] Die Distanzierung der Töchter von der Mutter, besonders aber vom Vater, ist ausgeprägt, und Franzen-Hellersberg wundert sich über den elterlichen Umgang mit lohnarbeitenden Mädchen, denen so viele Pflichten aufgetragen werden, daß sie quasi von zuhause vertrieben werden:

> "In durchschnittlichen proletarischen Familie lassen sich Väter und Brüder mit größter Selbstverständlichkeit von dem schon müde von der Arbeit heimkehrenden Mädchen bedienen. Häufig wird erzählt, wie gerade diese häuslichen Pflichten nach Arbeitsschluß die Mädchen veranlassen, sich außerhalb des Hauses aufzuhalten und sich dort zu zerstreuen, was dann allerdings nicht ohne Freund, Kinobesuch usw. möglich ist."[119]

Neben belastender Hausarbeitspflicht wird einem Drittel der befragten Mädchen ein Beitrag zum Familienbudget abverlangt. Sie entsprächen dem widerwillig, wohl wissend, daß sie im Schnitt cirka 30% weniger verdienten als ihre männlichen Kollegen und Brüder:

> "Was aber die Erbitterung über die Enteignung auf die Spitze trieb, war die Tatsache, daß für die Brüder zuweilen Lehrgeld aufgebracht wurde, während die Mädchen verdienten und keine Gelegenheit zur Ausbildung und Lehrzeit bekamen. In keinem Fall ist es mir umgekehrt begegnet."[120]

Weder der Status im Elternhaus noch in der Fabrik erlaube den Mädchen eine positive Selbsteinschätzung und einen Handlungsspielraum, den sie eigenständig ausfüllen könnten.[121] So erscheine die jugendliche Arbeiterin als geducktes Wesen, als unselbständig und willenlos, als leidend und nachgiebig.[122] Die frühe Einübung der Inferiorität im Bewußtsein und

116 Deutscher Textilarbeiterinnenverband 1930:34f.

117 Mütter und kleine Töchter sind oft aus dem Gefühl der gemeinsamen Unterlegenheit heraus solidarisch verbunden gegen Väter und Brüder. Vgl. Franzen-Hellersberg 1932:54. Wegen dieser u.a. Besonderheiten der Sozialisation in proletarischen Milieus, die sie entdeckt, plädiert sie für ein Umdenken und Übertragen der "modernen Kindheitsforschung" in diese Schichten; vgl. Franzen-Hellersberg 1932:43.

118 Vgl. Franzen-Hellersberg 1932:50f.,54.

119 Franzen-Hellersberg 1932:47f.

120 Franzen-Hellersberg 1932:47.

121 Kleine Mädchen würden schon im Vorschulalter zur Hausarbeit angehalten. Spiel und Spaß bleibe ihnen versagt und sie beklagten sich bitter, daß der Bruder gleichen Alters mehr Freiheiten habe; vgl. Franzen-Hellersberg 1932:45-47. Sie bezieht hier Beobachtungen aus Hausbesuchen und Gespräche mit Kindern und Jugendlichen ein.

122 Vgl. Franzen-Hellersberg 1932:114ff. Eine hilflos-aggressive Resignation

Verhalten wird von Franzen-Hellersberg auf diese "Haltung der proletarischen Familie zum weiblichen Nachwuchs"[123] zurückgeführt. Das

> "drückende Gefühl von Nichtgenügen, Nichtzureichen, eine Einstellung, die den Wirtschaftskampf in abhängiger Stellung als Lohnarbeiterin nur erschwert und sich überhaupt ungünstig auswirken muß",[124]

sei der beherrschende, sich durchgängig aufdrängende Eindruck. Junge Arbeiterinnen wirkten relativ unkundig, unsicher und unbestimmt. Sie erwarteten keine Hilfe von anderen, sähen aber auch keine Möglichkeiten, sich selbst aus der Misere zu helfen. "Es nützt ja doch nichts" oder "es hat ja doch keinen Zweck" seien typische Antworten auf die Frage, ob denn nicht eine Verbesserung der Lage zu erreichen sei.[125] Das deute auf eine Lebensauffassung, die von der Vorstellung eines unabwendbaren Schicksals geprägt sei.

Verständnisvoll und bedauernd beschreibt Franzen-Hellersberg die Resignation angesichts der beengten Wohnweise.[126] Eine typische Antwort auf die Frage "Wie stehe ich zu meiner Familie?" sei:

> "Wir haben eine Kochstube und es wohnen 5 erwachsene Menschen darin und einer schubst den anderen umher. Die Wohnverhältnisse können einen Menschen in ein Tier verwandeln."[127]

Die übervölkerten Wohnungen übten eine zersetzende Wirkung auf das Familienleben aus, insbesondere wegen ständiger Störungen und erschwerter Rückzugsmöglichkeiten.[128] Häusliche Geborgenheit werde den Mädchen nicht geboten. Aber es zeigen sich auch andere Tendenzen. Mädchen entdecken und nutzen Fluchtwege in der knappen Freizeit, in Pausen, auf dem Weg zur Arbeit, freuen sich über das Zusammentreffen mit anderen, trösten und stützen sich in Freundschaften gegenseitig. Ansätze von

---

und Kapitulation angesichts unhaltbarer Zustände belaste insbesondere Kinder, für deren Existenz die Mutter erwerbstätig sein müsse. Die Mutter für sich leiden zu sehen, übe eine fatale Wirkung aus. Das betrifft insbesondere die Mädchen: Wenn sie zuhause nicht mithelfen, belasten sie die eh schon überbelastete Mutter.

123 Franzen-Hellersberg 1932:46f.

124 Franzen-Hellersberg 1932:46f.

125 Eine typische Erwiderung auf die Ermutigung zu einer Berufsausbildung sei zum Beispiel: "Wat hab ick davon, Plackerei hier un Plackerei da, ick amüsier mir". Franzen-Hellersberg 1932:99.

126 Vgl. Franzen-Hellersberg 1932:54-59.

127 Franzen-Hellersberg 1932:114.

128 Das treibe die Mädchen auf die Straße. Sie seien wegen der Beobachtungen des elterlichen Beischlafs u.a. "Schädigungen in sittlicher Beziehung" frühreif, verdorben und gefährdet, in die Prostitution abzugleiten; vgl. Franzen-Hellersberg 1932:56.

Eigenständigkeit und Sicherheit entwickeln und gewinnen sie im Umgang und bei Aktivitäten mit Gleichaltrigen des eigenen und anderen Geschlechts. Für diese "Ausschweifungen" ringt Franzen-Hellersberg sich Verständnis ab. Es sei eine "Reaktionsform der jugendlichen Arbeiterin auf den äußeren und inneren Druck ihres Lebens", ein "erotischer Ausgleich" und ein "natürliches Ventil", um das Leben angesichts der harten Arbeit und repressiven Familienverhältnisse erträglicher zu machen.[129]

Letztlich kann aber Franzen-Hellersberg nur die eigene Familiengründung als ein positives Lebensziel und eine zukunftsorientierte Sinnhaftigkeit im Leben der proletarischen Mädchen ausmachen. Und sie kann anerkennen, daß diese sich nur im Kreis von Gleichaltrigen sicher, geborgen, selbstbewußt und auch ein wenig stolz fühlen. Daß das proletarische Mädchen allerdings sehr früh Kontakt, auch körperlichen, zum anderen Geschlecht aufnimmt, besorgt sie zutiefst.

Alle Autorinnen haben große Probleme, die Unbefangenheit und Lebensfreude der jungen Arbeiterinnen zu begreifen.[130] Sie vermissen "Schamhaftigkeit" und Zurückhaltung in bezug auf körperliche Strapazen, sehen Gefährdungen im "sexuellen Frühverkehr" und fragen beunruhigt nach den Folgen dieser Freizügigkeit, denn Mädchen sollen sich für später schonen. Franzen-Hellersberg weiß am ehesten darum, daß ihre Herkunft und bürgerliche Erziehung eine "Klassenbindung" ihres Beurteilungsmusters nach sich zieht. Sie versucht, "wertfrei" zu beschreiben, was sie beobachtet und erfährt, mahnt selbstkritisch Zweifel an den eigenen Einschätzungen an, erliegt aber immer wieder einem Hang zum mahnenden Moralisieren, Warnen und Diskreditieren der befremdlichen Verhaltensweisen.[131]

Dieses Problem besteht bei erwachsenen Erwerbstätigen nicht mehr: Beobachtungen in Haushalten mit erwerbstätigen Ehefrauen bzw. Müttern zeigen, daß diese in vielen Fällen für den Zusammenhalt und die Zufriedenheit ihrer Familie bessere materielle und immaterielle Voraussetzungen bieten als solche Frauen, die völlig auf das Haushaltseinkommen des Mannes angewiesen sind.[132] Daher wird der als kulturell bedingt angesehene "Brauch", weibliche Beschäftigungs- und Betätigungsmöglichkeiten ausschließlich auf das Haus zu fixieren und derart einzuschränken, daß ihr

---

129 Vgl. Franzen-Hellersberg 1932:38ff.,64f.,85ff., insbesondere 64ff., wo ihre Verwunderung über das starke Interesse der Frauen an einer frühen Eheschließung deutlich wird.

130 Vgl. Franzen-Hellersberg 1932:26f.,28f.,65f. und Jüngst 1929:95-99, die den Werteumsturz als Tatbestand hinnimmt und beklagt, während Franzen-Hellersberg nach Möglichkeiten sucht, den Arbeiterinnen bürgerliche Tugenden nahezubringen.

131 Vgl. Franzen-Hellersberg 1932:6f.,9ff.,63ff.,85ff.

132 Vgl. Zahn-Harnack 1924:88ff.

Leben zur Inhaltslosigkeit verurteilt ist, bereits seit der Jahrhundertwende außerordentlich häufig angeprangert.[133] Der persönlichkeitsfördernde Effekt von Berufsarbeit wird von älteren und verheirateten Frauen selbst in der Eigenständigkeit, Sicherung und Erweiterung der wirtschaftlichen Existenzgrundlage gesehen. Dieser Beitrag von Frauen zum Volkswohlstand sowie ihre eigene Leistung verschaffe ihnen Unabhängigkeit und Freiheit, Selbstbewußtsein und Durchsetzungsfähigkeit, persönliche Gestaltungsfreiheit und einen Status, der es ihnen erlaube, das häusliche Leben versiert zu planen und zu lenken.[134] Diese Selbständigkeit, die sich zunächst in der freien Verfügung über das Haushaltsbudget niederschlage, gelte für arbeitende Frauen als enorme Errungenschaft. Sie mindere und relativiere die ökonomische Abhängigkeit vom Mann und modifiziere die Dominanz des Haushaltsvorstands in wichtigen Entscheidungen. Die Berufstätigkeit von Frauen erfordere Fähigkeiten wie Sachlichkeit, Pünktlichkeit, rationales Denken und das An- und Einpassen in neue Gemeinschaften und sei insofern eine große Hilfe bzw. "Schule" für die "menschliche Reifung". Frauen selbst verlangten nach diesen Möglichkeiten.[135]

Die in den Untersuchungen häufig behauptete Gleichgültigkeit von Frauen, eine Kategorie, in die viele, auch miß- und unverstandene Äußerungen der Befragten einsortiert werden, stellt die Autorinnen vor Interpretationsprobleme. Das Maß an Gleichgültigkeit gegenüber dem eigenen Körper gilt als inakzeptabel, also werden die Befragten wegen ihres "Indifferentialismus" gescholten, insbesondere weil sie sich selbst bzw. ihren Körper im Hinblick auf ihre "eigentliche" Aufgabe des Gebärens vernachlässigten. Auch die generelle "Ungerichtetheit" des weiblichen "Berufs- und Zukunftsbezugs" gilt den Autorinnen als Gefahr. Arbeiterinnen werden aufgefordert, sich vor der "Entpersönlichung" durch die "Härte und Kälte des Wirtschaftslebens" zu hüten. Als angemessen gilt die Absicht, die Industriearbeit aufzugeben, wenn die Heirat vorzubereiten ist.[136] Grundsätzlich sei es für Mädchen das Beste, sich auf den nächsten Lebensabschnitt auszurichten, anstatt sich auf die "technische Umwelt" und das "rational-kalkulierende Denken" der Arbeitswelt einzulassen. Andererseits wird auch erwartet, daß sie sich wie Männer im Betrieb zur Wehr setzen und "zielgerichtet" auftreten, obwohl sie von ihren Kollegen keineswegs als gleichwertig angesehen sind.[137] Ihre "Organisationsschwäche", die

133 Vgl. Lion 1926:102; Evans 1979:235ff.

134 Das gelte es durch gezielte Bildungsmaßnahmen zu nutzen, insbesondere für die "Mütter minderbemittelter Volksklassen"; vgl. Jüngst 1929 zit. n. Jurczyk/Tatschmurat 1986:243.

135 Vgl. die Schilderungen ehemaliger erwerbstätiger Hausfrauen, die mit Facharbeitern verheiratet sind, bei Evans 1979:319.

136 Vgl. Jüngst 1929 zit. n. Jurczyk/Tatschmurat 1986:242.

Tatsache, "... daß der Arbeiterin der Sinn der Organisation nicht in den Kopf will", weil es ihr an "militaristischem Erbgut" fehle, sei ein großes, schwer zu lösendes Problem.[138] Dabei kommt es nach Meinung der Autorinnen nicht darauf an, die betrieblichen Benachteiligungen zu beseitigen. Vielmehr geben sie zu bedenken, daß bestimmte Formen belastender Erwerbsarbeit die Wahrnehmung der weiblichen Gebärfunktion und "höherer Aufgaben" in Familie und Gesellschaft gefährden könnten. Frauen sollten also nicht in erster Linie z.B. ihre Lohninteressen vertreten, sondern an ihre gesellschaftlichen Reproduktionsaufgaben denken und dafür Sorge tragen, daß sie diese trotz Erwerbsarbeit lebenslang optimal ausüben können.

Die Autorinnen der 20er Jahre, für die Franzen-Hellersberg prototypisch steht, beurteilen die Folgen der Erwerbsarbeit auf das Bewußtsein der Proletarierinnen überwiegend mit tiefem Mißtrauen. Die Betonung nachteiliger Aspekte[139] bezieht sich auf Vermutungen hinsichtlich seelischer Verrohungen, sittlichen Verfalls und körperlichen Verschleißes, auf Gefahren für die Weiblichkeit, Mütterlichkeit, die Fürsorglichkeit und schließlich die Gebärfähigkeit. Nur bei wenigen Frauen und Autorinnen klingt eine Kritik an der ungleichen Behandlung der Geschlechter durch, die meisten akzeptieren die unterschiedliche Stellung und Zuständigkeit von Frau und Mann, wehren jedoch die ungleiche Bewertung und Entlohnung ab.[140] Moniert wird ausdrücklich, daß die häuslichen und familiären Leistungen von Frauen weder privat noch gesellschaftlich adäquat anerkannt werden.[141] Die Tatsache, daß Frauen durchgängig in Arbeitsbereichen beschäftigt sind, die schlechtere Bedingungen bieten als die der Männer, wird als übliche hierarchische Anordnung kommentiert, prinzipiell akzeptiert und so wenig angetastet wie die zusätzliche Zuweisung der häuslichen Sorgearbeit an die erwerbstätige Mutter.[142]

137 Darauf verweisen zahlreiche Autorinnen mit wechselnden Begründungen, oft unter Hinweis auf Gnauck-Kühne 1904 und Lion 1926.

138 Lion 1926:101,103.

139 Schlechte Entlohnungsbedingungen werden auch bei Glass/Kische 1930:104 kritisiert. Die ungleiche Behandlung von Männern und Frauen spielt hier eine Rolle!

140 Vgl. für alle anderen, die über das Ausmaß der Vielfach-Leistungen einer erwerbstätigen proletarischen Mutter sichtlich betroffen sind, den Aufwand an Argumenten, der bei Glass/Kische 1930 aufgeboten wird.

141 Vgl. z.B. die Ausführungen zum Status des "Hausfrauenberufs" bei Stein 1931. Hansen-Blancke 1932 arbeitet die hauswirtschaftlichen und Mutterschaftsleistungen der Fabrikarbeiterinnen heraus und weist ihnen eine wichtige Funktion angesichts der Erschütterungen der Familienstruktur zu.

142 Vgl. Wegehaupt-Schneider 1985, die in ihrer großen sozialhistorisch angelegten Studie zeigt, daß Frauen keine Verdrängungskonkurrenz darstellen, sondern in neu geschaffene oder freiwerdende Arbeitsplätze nachrücken, die Männer wegen besserer Angebote verlassen. Das entspricht vor und nach

III. Auch die Autorinnen, die sich um 1940 auf alle diese Forschungsergebnisse zum Frauenbewußtsein beziehen und sie zusammentragen, um Typisierungen auszuarbeiten und damit eine Standardisierung der Erkenntnisse schaffen, beklagen vehement, daß besonders die Arbeiterinnen der Industrie sich nicht annähernd so geschlossen und durchsetzungsfähig organisierten wie ihre männlichen Kollegen.[143] Sie sollten sich ihnen anschließen, wenngleich sie dabei implizit auch spezifische Interessen der Schonung im Hinblick auf ihre Familienaufgaben verfolgen müßten. Beide Autorinnen setzen ein aufgeklärtes Gesundheitsbewußtsein von Frauen als Selbstverständlichkeit voraus. Ihre Lebensaufgabe erfülle sich nicht in der Industriearbeit; diese müsse für sie grundsätzlich eine "Übergangserscheinung" bleiben.[144] Ihre "Berufszuwendung" sei relativ indifferent, das Arbeitsverhalten sei mehr auf persönliche Bindungen eingestellt als bei Männern, obwohl ähnlich gewissenhaft und zuverlässig, teils sogar stabiler und weniger anfechtbar durch betriebliche Störungen, weil ihr "Urquell" außerhalb liege.[145] Die generelle berufliche Ungerichtetheit[146] sei eine günstige seelische Voraussetzung für die Ausführung mechanischer Tätigkeiten, deren Monotonie mit "Tagträumen", Phantasien und Gedanken ans Häusliche und die dortigen Bindungen genutzt und gefüllt würden.[147] Frauen sollten in erster Linie ihrer Empfindsamkeit und ihrem gefühlsbetonten Wesen treu bleiben, ihre Andersartigkeit bewahren, aber gleichzeitig ihre "erste Pflicht", die Familie, so "zielgerichtet und klar" angehen, wie Männer das mit ihren Aufgaben täten.[148] Im Zuge der 30er Jahre werden die Doppelanforderungen an Frauen vergleichzeitigt: Sie sollen teils aktiv, teils passiv, hier emotional, dort rational sein.

---

dem Ersten Weltkrieg der Norm weiblicher Nachrangigkeit, die mit großer Selbstverständlichkeit mit der begrenzten Einsetzbarkeit aufgrund der häuslichen Verpflichtungen und Gebärfunktion begründet wird.

143 Vgl. Meister 1939:IX und 115f. Meister nimmt u.a. die Überlegungen von Gertrud Hermes 1926 auf, die die "marxistischen Arbeiter" und "überzeugten Proletarier" als Vorbild herausstellt; vgl. Hermes 1926 zit. nach Jurczyk/Tatschmurat 1985:47. Meister und Moers beziehen beide recht wohlwollend und gründlich die Literatur von Frauen ein, die um 1940 bereits politisch verfemt sind, auswanderten oder Berufsverbot hatten.

144 Meister 1939:124. Ihre "distanzierten" empirischen Erkundungen beschreibt sie in Abgrenzung zu Franzen-Hellersberg in ihrem Vorwort.

145 Vgl. Meister 1939:126.

146 Vgl. Bühler 1931:201, an der sich alle Autorinnen dieser Zeit orientieren.

147 Vgl. Meister 1939:127.

148 Dieser Widerspruch tritt um 1940 wegen der ideologisch verordneten Mutterschaft und wirtschaftlichen Notwendigkeiten der weiblichen Erwerbstätigkeit deutlicher zutage als früher, vgl. Moers 1941:53ff., Meister 1939:128.

In den Beiträgen von Moers und Meister spiegeln sich diese widerstreitenden Anforderungen bis hinein in die beschriebenen Selbstverortungen von Frauen wider. Es geht ihnen vor allem um die spezifisch weibliche Emotionalität. Sie machen den Versuch, die Gefühlswelten von Frauen kritisch zu reflektieren und umzubauen. Beide heben explizit auf die zentrale Funktion der geschlechtstypischen Prägung psychischer Qualitäten von Frauen ab, charakterisieren die Merkmale und Anforderungen der Industriearbeit als Kontrast und zeigen, wie Frauen mit gegenläufigen Normen konfrontiert werden und sich arrangieren.

Angela Meister und Martha Moers beschreiben die Grundorientierung von Frauen auf ihre Arbeit als labil, allzu emotional besetzt und ungerichtet, aber lenk- und leitbar. Für diese Steuerbarkeit entwickeln sie Vorschläge. Meister sieht bei ihnen zu wenig berufliche Bindungen, kein "Aufstreben", zu wenig Bildungsinteresse und kaum Selbstbewußtsein.[149] Sie sieht in der hohen Bedeutung, die Frauen einerseits generell dem Mutterberuf zumessen und der Tatsache, daß sie andererseits die Erwerbsarbeit beibehalten, einen Widerstreit, den sie ins Frauenbewußtsein verlagert:

> "Da nun aber der Arbeiterin stets zwei Lebensziele als möglich vor Augen stehen, bricht ihr Gedankenkreis in zwei Welten auseinander, deren gleichmäßige Bewältigung zunächst fast eine Unmöglichkeit darstellt."[150]

Die positive Erwerbsorientierung von Müttern kann sie nicht akzeptieren. Daß ein hoher Lebensstandard für Kinder wichtiger sei und bessere Entwicklungsmöglichkeiten schaffe als die kontinuierliche Anwesenheit der Mutter, bezweifelt sie. Sie sieht hauptsächlich Verwahrlosungsgefahren.[151] Meister bekräftigt dagegen durchaus gegen den bisherigen Trend Forderungen von Frauen nach einer besseren Entlohnung und gleichen Behandlung.[152] Sie bricht im Unterschied zu den Autorinnen, die um 1930 publizieren, mit dem Tabu, männliche Privilegien unangetastet zu lassen.

Martha Moers befürwortet ebenfalls eine Gleichwertigkeit der weiblichen Erwerbsarbeit mit der männlichen und unterstützt damit das inzwischen "erwachte" Interesse von Frauen, entdeckt allerdings bei ihnen eine zögerliche Zurückhaltung. Viele seien sich (immer noch) nicht sicher, ob sie diesen Anspruch auf Gleichheit vertreten dürften. Dagegen stellt sie überrascht ein verbreitetes Bildungsinteresse fest und greift dies auf. Mit schulischer und beruflicher Ausbildung könne die Unsicherheit, die

149 Vgl. Meister 1939:37ff.

150 Meister 1939:124.

151 Das gilt für Frauen, die nicht zwingend zum Lebensunterhalt beitragen müssen; vgl. Meister 1939:117ff.,205. Die Arbeit ist trotz diverser ideologischer "Kniefälle" weit davon entfernt, dem NS-Regime willfährig zu entsprechen; vgl. dazu auch Jurczyk/Tatschmurat 1985:48.

152 Vgl. Meister 1939:116f.

"grenzenlose Emotionalität", insbesondere das Anlehnungsbedürfnis an Männer und der Wunsch nach "Geborgenheit und Hingabe", relativiert werden.[153] Auf Basis ihrer empirischen Fallstudien entwirft sie schließlich eine Typologie der Entwicklung von Frauen nach den dominierenden Determinanten der Berufswahl.[154] Sie unterscheidet unter Einbeziehung der Ergebnisse von Meister und anderen AutorInnen drei Frauentypen bzw. Einstellungen zur Industriearbeit:

- "die aus dem einfachen Triebleben Handelnde",
- "die von sachlichen Strebungen geleitete Frau",
- "die von höheren seelisch-geistigen Strebungen geleiteten Frauen".[155]

Diese Typisierungen, die sich auf Grundorientierungen[156] beziehen, sind fließende Zuordnungskategorien. Moers begreift sie als Passagen. Die Wirkung der Erwerbstätigkeit falle - je nach Verfassung bzw. Typ - verschieden aus. Frauen machten dabei unterschiedliche Stadien der Entwicklung durch. Die Interpretation des Bewußtwerdens als Prozess ist gegenüber den eher statischen Bestandserhebungen der Vorgängeruntersuchungen neu. Das Konstrukt ist sowohl geeigneter für die Bestimmung von jeweils aktuellen Bewußtseinslagen als auch für Prognosen. Es ist insbesondere nützlich für die Aufrechterhaltung jener Vorstellungen, die eine strikte Komplementarität gebieten. Unterstellt wird bei allen Typen, daß sie "an sich" zur Überbetonung des Gefühls neigten und die Konzentration auf den unmittelbaren Nahbereich präferierten. Gleichzeitig wird aber auch konstatiert, daß Frauen Emotionalität und Empathie zu Hause in der Regel gar nicht ausleben könnten.[157] Ihrem Drang nach "Lebensfülle" sei durch Ausbildungs- und Erwerbstätigkeit zu entsprechen, weil nur so das große Reservoir ansonsten brachliegender Neigungen und Eignungen zivilisierbar und nutzbar sei.[158] Elemente eines ergänzungsorientierten Gleichberechtigungsstrebens verbinden sich hier mit der Vorstellung, das "weibliche Wesen" bewahren und entfalten zu können, indem es außerhäuslich Relevanz erlangt.[159] Diese Konzession wird offenbar gemacht, um dem in den 30er Jahren gestiegenen Selbstbewußtsein von Frauen zu entsprechen.

153 Vgl. Moers 1941:17,44-46,58; Meister 1939:87ff.,122f.
154 Vgl. Moers 1941:41ff. Frauenspezifisch sei die geringe sachliche Orientierung und wenig ausgeprägte inhaltliche Arbeitsmotivation.
155 Moers 1941:79ff.
156 Zum Beispiel aktiv, materiell, genußorientiert, werkschaffend, pflegerisch, expansiv.
157 Vgl. Moers 1941.
158 Vgl. Stein 1931.
159 Vgl. Sachße 1986; Scherer 1951.

Um 1910 betonen die frühen Beiträge zur Arbeitszufriedenheit erwerbstätiger Frauen die mehrheitlichen Bekundungen des Arbeitsleides. Ihre Indolenz und Indifferenz wird als Indikator für Ausweglosigkeit fixiert. In den 20er Jahren zeigt die erweiterte methodologische Perspektive, daß die Arbeitsweise in der Fabrik dem Dasein im Elternhaushalt, das keine Eigenständigkeit ermöglicht, vorgezogen wird. Die Fabrikbelastung, gepaart mit bedrückenden häuslichen Verhältnissen, läßt für junge Proletarierinnen nur einen Ausweg: Freizeit, Vergnügungen und Freundschaften, Zärtlichkeiten und "sexuelle Kontakte" als Durchgangsstufe zur eigenen Familiengründung. Das Frauenwissen über die "sittlichen" und gesundheitlichen Gefährdungen der Industriearbeit wird um 1940 auf Basis der bis dahin vorliegenden Forschungsergebnisse vorausgesetzt, empirisch aktualisiert und im Hinblick auf die spezifisch weibliche Emotionalität und Empathie zu Typisierungen stilisiert, die ein Prozessieren und Werden des weiblichen Bewußtseins und Selbstverständnisses annehmen. Damit ist ein relativ elaborierter Erkenntnisstand zum Frauenbewußtsein für die Vorkriegszeit erreicht, der kritisch interveniert, aufrüttelt und auf produktive Art hätte wirksam werden können, wenn er nicht in die Frauenarbeitspolitik der Nationalsozialisten eingemündet wäre.

2.6. Würdigung und Deutungskritik - "Neuzeitliches" Frauenbewußtsein

Das Verständnis, daß Emanzipation im Rahmen strikter Komplementarität stattfinden sollte, führt zu einer entsprechenden Optik und Anlage der Untersuchungen zum Frauenbewußtsein. Die Forschungsfragen sind stets von Befürchtungen geprägt, Frauen, ihre bzw. "die" Weiblichkeit (um 1910), Fürsorglichkeit (um 1930) und Empfindsamkeit (um 1940), würden durch die Fabrikarbeit verschlissen. Methodisch relativ differenzierte Zugänge erschließen bereits um 1910, besonders aber um 1930 die subjektive Seite über Erhebungen zu Lebensform und Arbeitsweise.

Nahezu alle Autorinnen stellen die negativen und ablehnenden Einstellungen von Frauen zur Erwerbsarbeit in den Vordergrund. Auch da, wo zustimmende bzw. zufriedene Haltungen von jungen Mädchen und Ledigen eingenommen werden, überwiegt das eher pessimistische Resümee. Die Optik ist auf die schlechten Arbeitsbedingungen (Kempf 1911), die

Gesundheitsgefährdungen sowie die potentiell ungünstigen Folgen eines harten Arbeitseinsatzes für Schwangerschaften gerichtet. Das Bild, das die Studien zeichnen, ist bedrohlich. Die belastenden Arbeitsanforderungen strapazierten die Empfindsamkeit, die weibliche Seele (Moers 1941) und die Gebärfunktion (Bernays 1910)[160] und setzten die "innere Bindungsfähigkeit" (Franzen-Hellersberg 1932) aufs Spiel. Das eigene Geld verleite zu Verschwendungssucht, zu "Putz- und Genußsucht", die Entfernung vom "häuslichen Kreis" berge die Gefahr der Entwöhnung und Entfremdung von den eigentlichen "Haus-"Aufgaben. Für eine solide Hauswirtschaft würden keine hinreichenden Fertigkeiten von der Mutter erworben.

Erwerbstätige Frauen werden zwar als Opfer, als wehrlose Instrumente einer industriellen Maschinerie begriffen, die Kritik richtet sich aber an die Betroffenen. Ihre Willfährigkeit, Widerstandslosigkeit, Geducktheit und Hinnahmebereitschaft wird ihnen als verantwortungsloser Umgang mit ihrem Wesen und Körper, beide zur Wahrnehmung gesellschaftlicher Aufgaben bestimmt, vorgeworfen. Um diesen Punkt, die Bereitschaft und Fähigkeit von Frauen zur Übernahme der reproduktiven und generativen Aufgaben, sorgen und bemühen sich die Forscherinnen durchweg und keineswegs besonders um 1940, wie oft vermutet wird.

Die Autorinnen übersehen bzw. übergehen weitgehend jene optimistischen Einstellungen von jungen Mädchen und ledigen Frauen, die - angesichts der schlechteren Alternativen - Vorteile für sich entdecken und erleben. Ihre Unabhängigkeit von zuhause bzw. von "fremden Herrschaften" und deren Willkür, der eigene Verdienst, die selbständigen Sozialkontakte mit ihresgleichen und die Möglichkeit, ihre eigene Zukunft insbesondere die Familiengründung, planend zu gestalten, begründen ihr ausgeprägtes Arbeitsinteresse.

Sowohl die Fragen nach den Erwerbsmotiven als auch die Interpretationen von Arbeitsfreude und Arbeitsleid enthalten eine Mischung aus Akzeptanz und Besorgnis über die quantitative Ausweitung der Frauenarbeit. Das Erwerbsinteresse von jungen Frauen wird teils respektiert, teils abgewiesen und verurteilt, wenn es, wie bei jungen Ehefrauen, mit familiären Aufgabenstellungen zu konkurrieren droht. Die Arbeitsinteressen oder gar die Begeisterung von Frauen erscheint den Autorinnen häufig ausufernd, übertrieben und vernachlässigbar, als irrationaler Überschuß. Die Gleichgültigkeit gegenüber den Zumutungen belastender Arbeitsbedingungen ist für sie unverständlich. Hier setzen sie mit problematischen Deutungen an, um das Ausbleiben von Kritik und Widerständigkeit zu erklären. Sie verwenden Denkfiguren wie "weibliche Schicksalsergebenheit", Duldsamkeit und Aufopferungsbereitschaft, um Frauen wegen ihrer Zurückhaltung im

160 Vgl. Evans 1979:247ff. zur "Gebärstreik-Debatte".

Betrieb Vorwürfe zu machen. Hier sollten sie wie Männer um ihre weibliche Unversehrtheit kämpfen und gleichzeitig zuhause dienende Fürsorge walten lassen. Der Rückgriff auf die weibliche Wesenseigenschaft einer ungezügelten Emotionalität, der Grenzen zu setzen und Richtungen zu geben seien, verweist auf das Ergänzungskonzept. Wenn den Mädchen die "väterliche Hand" fehle, werde die Entschlossenheit und Durchsetzungsbereitschaft des Gatten erforderlich, um als Gegenpol der "weiblichen Weichheit" und "uferlosen Gefühlsverausgabung" Einhalt zu gebieten. Ohne diese Lenkung bestehe die Gefahr der Verausgabung weiblicher Kräfte am falschen Ort.

Das Postulat der Komplementarität manifestiert sich in einem festgefügten Deutungsmuster, mit dem die Autorinnen dieser Phase an das Frauenbewußtsein herangehen. Sie suchen und finden Aufopferungsbereitschaft. Weibliche, insbesondere mütterliche Erwerbsarbeit aus Not, aus Vor- und Fürsorge und Versorgungsaspekten wird akzeptiert, - solange sie zwingend existentiell erforderlich ist. Sie muß den Familienfunktionen von Frauen entsprechen und darf keinen eigenständig begründeten anderen Motiven entspringen. Nur so könne die Frau ihrem Wesen gerecht werden und sich emanzipieren.

Diese Optik führt dazu, daß im Rahmen der Untersuchungen ein Aspekt des Frauenbewußtseins überbetont und ein anderer kaum wahrgenommen wird. Weibliche Erwerbstätigkeit gehorcht nicht nur Zwängen, Frauen sind nicht nur Opfer, viele wollen den gesellschaftlichen, politischen und wirtschaftlichen Wandel, der ihnen einen größeren Handlungsspielraum bietet, für sich nutzen. Jenseits der gesellschaftlichen Norm sind sie keineswegs ausschließlich zum Wohle ihrer Familie erwerbstätig, sondern auch zu ihrem eigenem. Sie suchen bereits nach Wegen, Erwerbsarbeit und Familienarbeit miteinander zu verbinden, ohne sich einseitig zu orientieren.

Bei näherer Betrachtung der Begründungen, die die Frauen selbst für ihre Motive, erwerbstätig zu sein, nennen, zeigt sich, daß weniger ihr Engagement als vielmehr die Auswertung und Einschätzung der Forscherinnen deutungsträchtig sei. Dies legt eine Umakzentuierung der Ergebnisse nahe. Die neuen Sozialkontakte, die Möglichkeiten, "Stadtluft zu atmen", Festlichkeiten zu besuchen, gleichaltrige Freunde und Freundinnen kennenzulernen, ruft eine verständliche Begeisterung bei den Jüngeren hervor. In der Herkunftsfamilie gelten die Mädchen als ebenso billige wie gering geachtete Arbeitskräfte, die mit der elterlichen Autorität und der entwürdigenden Anmaßung der Brüder zu kämpfen haben. Sie arbeiten für ihren Unterhalt und eine bescheidene Mitgift und haben sich am unteren Ende des streng hierarchischen Bauernbetriebs, Handwerkerhaushalts oder der proletarischen Großfamilie anzuordnen. Die Angst, in diesen Verhältnissen alt zu werden, macht einen Großteil ihrer Mobilität und Anstrengungsbereitschaft für eine individuelle Verbesserung ihrer Bedingungen aus.

Ein wesentlicher Grund für die Zurückhaltung von Frauen gegenüber kollektiven Forderungen nach besseren Arbeitsbedingungen im Betrieb hängt mit ihrer Stellung in der Belegschaft zusammen. Die männliche (Fach-)Arbeiterschaft und die gewerkschaftlichen Organisationen grenzen Frauen als Kolleginnen deutlich aus.[161] Als Frauen und zeitweilig Erwerbstätige gelten sie nicht als gleichberechtigte Kolleginnen. Wollten sie gegen ihre Lage protestieren, hätten sie ihre männlichen Kollegen nicht auf ihrer Seite. Im Gegenteil: Frauen werden als Behinderungen im Kampf um mehr Rechte und bessere Lohn- und Arbeitsbedingungen angesehen, als "Schmutzkonkurrentinnen", die sich mit belastenden Arbeitsbedingungen und niedrigen Löhnen abfinden. Das führt zu Ausgrenzungspraktiken.

Günstigere Bedingungen stellen sich ohne ihr unmittelbares Zutun her: Ab Mitte der 30er Jahre verbessert sich die Erwerbssituation für jene Frauen, die zwischen 1910 und 1920 geboren wurden. Die demographische Struktur sowie die politische und ökonomische Lage verändern sich zu ihren Gunsten. Der Geburtenrückgang im Ersten Weltkrieg[162] führt zu einem Arbeitskräftemangel in den 30er Jahren, die Kriegsgüterproduktion entwickelt eine lebhafte Arbeitskräftenachfrage, die "Rationalisierung der Wirtschaft" hat weibliche Angestelltenberufe entstehen und expandieren lassen und viele Männer werden bereits zur Wehrmacht eingezogen.[163] Frauen sind nun weniger auf Dienstmädchentätigkeiten angewiesen und finden Zugang zu beruflichen Ausbildungen und "modernen Tätigkeiten" in der Produktion und Verwaltung.[164] Das erhöht ihre berufliche Motivation und führt dazu, daß sie auf Dauer erwerbstätig sein wollen und so zu Trägerinnen eines Wandels werden, der längere Erwerbszeiten für Frauen bis hinein in die Ehe und Mutterschaft durchsetzt. Gleichwohl wollen sie auch weiterhin familiären Aufgaben nachkommen. Die Orientierung der Frau zeigt sich, wie die Frauenforscherinnen der 30er Jahre annehmen, als Familienorientierung. Sie übersehen aber, wie bewußt Frauen eine Reduzierung familiärer Verpflichtungen zugunsten von Erwerbszeiten betreiben. Schon in dieser Phase, insbesondere zum Ende der 20er Jahre

161 Vgl. Evans 1979:199ff.

162 Vgl. die Kohortenanalyse von Willms-Herget 1985:98 und Evans 1979:331, der auf die "einseitige Subkultur" von Frauen in der Sozialdemokratie abhebt und betont, daß generell die aktive Rolle der Frau im familialen Funktionswandel, weniger in der Produktionssphäre zu suchen sei; vgl. auch Knapp 1986:604.

163 Vgl. hierzu Mason 1978:276ff.

164 Vgl. Wegehaupt-Schneider 1985:284ff. Sie verweist auf moderne Segmente der Frauenindustriearbeit, die in den 20er Jahren entstehen.

entwickelt sich bei Frauen eine Doppel- oder Zwischenorientierung, die Beruf und Familie zu kombinieren versucht.

Ein Anzeichen hierfür ist der Trend zur Reduzierung der Kinderzahl, der sich innerhalb eines Generationswechsels zeigt: Ehepaare, die um 1905 heiraten, haben noch cirka fünf Kinder, ab 1925 sind es im Schnitt noch drei.[165] Diese Entwicklung führt schon in den 30er Jahren zum Trend der Zwei-Kind-Familie. Er wird durch die massive Geburtenförderung des "Dritten Reichs" nicht aufgehalten.[166] Parallel steigt die Erwerbsquote verheirateter Frauen. Zwischen 1933 und 1939 erhöht sich ihre Anzahl um 2 Mio. auf mehr als 6 Mio. Mehr als ein Drittel aller Ehefrauen verbindet in der Zwischenkriegsphase Haushalt, Kindererziehung und Erwerbstätigkeit. Auch daran ändert die offizielle Ideologie des "Dritten Reichs" wenig.[167] Tatsächlich sind Frauen der Jahrgänge 1910-1920 in den 30er Jahren die Akteurinnen eines Umbruchs, der in der vorangegangenen Dekade begann und die dort entstehenden, aber aufgeschobenen Interessen im Hinblick auf Emanzipation nachholt. Der "Anbruch neuer Zeiten", der den Müttern versagt blieb, wird jetzt realisiert.[168] Das gilt besonders für junge Frauen, selbst für jene, die bereits verheiratet sind. Sie finden erheblich bessere Bedingungen vor als Frauen, die zwischen 1900 und 1908 geboren wurden und nutzen diese, indem sie ihre Familienzeiten reduzieren und die Erwerbszeiten aufstocken.[169]

3. Die 40er Jahre - Überlebensarbeit und Neuordnungsansprüche

Im folgenden Kapitel geht es um Beiträge, die sozialwissenschaftliche Debatten, Untersuchungen und Deutungen zum Frauenbewußtsein der 40er

165 Vgl. Evans 1979:244ff.; Verschiedene Maßnahmen der Geburtenregelung (Verhütungsmethoden, Beratung, Abtreibung) machen zunehmend eine Kontrolle der Kinderzahl möglich.

166 Dessen Zielsetzungen scheinen zudem auf qualitative, das heißt "rassisch-hochwertige" Nachwuchsförderung gerichtet zu sein. Die Anhebung der Geburtenrate ist nicht so zentral, wie häufig unterstellt wird. Die bevölkerungspolitische Absicht einer Reproduktion von genetischer Qualität wird seit der Jahrhundertwende offensiv vertreten, vgl. dazu Hellmer 1986.

167 Die Verdrängung von Frauen aus gehobenen Positionen und Ausbildungs-/Studienverhältnissen greifen zwar, haben aber vor allem demonstrativen Charakter.

168 Nave-Herz 1982:40ff.; Koepke 1979:148f.; Hellmer 1986.

169 Vgl. Werner 1986:265.

Jahre wiedergeben. Nach einem Blick auf die wiederentstehende Soziologie nach 1945 im **Kapitel 3.1.**, in dem auch das diesem Kapitel zugrundeliegende recht heterogene Material vorgestellt wird, findet sich im **Kapitel 3.2.** eine Erläuterung der "pragmatischen Egalität", jenem Nenner der schillernden Emanzipationsvorstellungen, die nach dem Krieg und der politischen Niederlage "inmitten der Katastrophe" erhebliche Konzessionen an alte und überfällige Gleichberechtigungsforderungen von Frauen machen. Das **Kapitel 3.3.** beschäftigt sich mit den "bangen Fragen" nach dem Engagement, der Anpassungs- und Leistungsbereitschaft von Frauen angesichts der allgemeinen Demoralisierung und des sozialen und ökonomischen Zusammenbruchs. Im **Kapitel 3.4.** werden die recht einfachen methodischen Zugänge zum Frauenbewußtsein mit ihren überwiegend deskriptiven Erhebungstechniken vorgestellt. Im **Kapitel 3.5.** zeigt sich, daß mit diesen Verfahren eine Abbildung jener allseits erlebten und erlittenen familiären Alltagskonflikte und -dramen erfolgt, um die jede/r weiß, deren frauengeschichtliche Relevanz allerdings bis heute verkannt wird. In der Interpretation des neuen und unbekannten Umbruchswillens von Frauen werden die "Kriegswirren", soziale Zerrüttungen und daraus resultierende Entfremdungserscheinungen und individuelle Zerrissenheiten verantwortlich gemacht. Sie gelten allesamt als rasch überwindbar. Die Würdigung und Deutungskritik der Beiträge dieser Dekade wird abschließend im **Kapitel 3.6.** vorgenommen.

3.1. Zur Soziologie nach 1945

Unmittelbar nach 1945 hat es die Soziologie teils schwerer, teils leichter als andere Disziplinen, sich als selbständiges Fach an Universitäten und Hochschulen einzurichten. In der Zeit des Nationalsozialismus war sie faktisch eliminiert, nun muß sie sich völlig neu etablieren. Im Unterschied zu anderen Disziplinen, die auf eine ungebrochene Fachtradition an Hochschulen und Forschungsinstitutionen zurückgreifen können, ist sie im Nachteil, weil sie kaum auf eigene Strukturen und Traditionen zurückgreifen kann. Aber sie ist nicht durch eine systematische Integration in das nationalsozialistische System kompromittiert. Die Disziplin und ihre Vertreter wurden in der Nazi-Diktatur eher gemieden als integriert bzw. instrumentalisiert und mußten überwiegend emigrieren. Das erweist sich als Vorteil. Jetzt kann der in der Zwischenkriegszeit aufgestaute Bedarf an Eigenständigkeit und Institutionalisierung des Fachs für Lehre und

Forschung nachgeholt werden. Die amerikanische Besatzungsmacht betreibt insbesondere in ihrem Zuständigkeitsbereich im Frankfurter Raum die rasche Rückführung von Emigrantenkreisen und versucht, diese in ihre Bemühungen um "re-education" einzubeziehen.[170] Die Etablierung der Soziologie wird insbesondere durch die Amerikaner inhaltlich und methodisch angeschoben und bereits 1946 durch die Reaktivierung der Deutschen Gesellschaft für Soziologie gefördert.[171]

Das gesellschaftspolitische Interesse an sozialwissenschaftlichen Erkenntnissen nimmt nach 1945 aus vielerlei Gründen erheblich zu. Die "drängenden Fragen der Zeit", die ideelle und materielle Neuordnung, werden relativ unbefangen an die soziologische Forschung herangetragen. In dem Bemühen, die 1932/33 abgebrochene Tätigkeit wieder aufleben zu lassen, findet der 1. Soziologentag statt.[172] Er befaßt sich mit den dramatischen Folgen der Bevölkerungsumschichtung, mit Fragen der demokratischen Reorganisation, mit dem Wiederaufbau von Gewerkschaftsverbänden, mit Jugendlichen und in diesem Zusammenhang auch mit der inneren Familienverfassung und Rolle der Frau.[173] Die zentralen Themen kreisen um die Wiedererrichtung von Sozialisationsinstanzen wie Familie, Schule, Medien, Gemeinden, die einen Prozeß der Demokratisierung in Gang setzen.[174]

Die Familiensoziologie erhält in den Anstrengungen um die gesellschaftliche Restrukturierung einen deutlichen Auftrieb und neue Akzentuierungen: Bis in die 20er Jahre hinein wurde ihr Gegenstand, das "ganze Haus", der "private Haushalt" und das "Gattenverhältnis", der "Hausvater" und die "Hausmutter" von den (Be-)Siedlungs- und Bevölkerungswissenschaften und von der "Socialpolitik" und Nationalökonomie thematisiert.[175] Das

170 Vgl. zur Soziologie der Emigranten Lepsius 1979:26ff.; Kern 1982:215ff.; Waßner 1988; Pross 1955; zur Entwicklung der westdeutschen Soziologie seit 1945 vgl. Schelsky 1959 u. 1980 und Lüschen 1979.

171 Das gilt auch für die Einrichtung des Darmstädter Instituts, an dem Adorno u.a. empirische Gemeindeforschungen beginnen.

172 Vgl. Lüschen 1979:29.

173 Vgl. Lepsius 1979:69.

174 Kern 1982:218ff. faßt diese Neuordnungsanstrengungen, die die Soziologie der Nachkriegszeit betreffen, zu drei Themenbereichen zusammen: In der Wirtschaft (1) geht es um eine Neuordnung, die die freie/soziale Marktwirtschaft und Partizipation/betriebliche Mitbestimmung berücksichtigt, auf sozialer Ebene (2) geht es um die Umschichtungen durch die Flüchtlingsströme, insbesondere um eine soziale Integration mit Blick auf die traditionellen Instanzen von Familie und Schule, Nachbarschaft und Gemeinde; im Politischen (3) geht es darum, den Aufbau einer demokratisierten Gesellschaft mit den Instanzen voranzutreiben, die die öffentliche Willensbildung formieren, also um die Institutionalisierung der freien Presse und der pluralistischen Verbände, insbesondere der Parteien.

Interesse an der Morphologie und Typologie, am Status und Stellenwert von Familie für die quantitative und qualitative Entwicklung der gesellschaftlichen Verfassung tritt jetzt zurück, um sozial- und gesellschaftswissenschaftlichen Fragen der Elternschaft, der Erziehungsstile, der ehelichen Machtverhältnisse, der Verwandtschaftsbeziehungen sowie der Rolle und Funktion von Müttern und Vätern Platz zu machen.[176] Über die Binnenstrukturen von Familie entstehen empirische und theoretische Beiträge, die sich der speziellen Lage und Situation von Frauen im Rahmen von De-/Restabilisierungsvorgängen annehmen und dabei Aussagen zum Frauenbewußtsein dieser Zeit treffen.

Eine Auswahl dieser Forschungsarbeiten, die die politische Niederlage und den Zusammenbruch gesamtgesellschaftlicher Versorgungsstrukturen als Folie für die Untersuchung damaliger Lebensweisen haben, wird im folgenden vorgestellt und analysiert. Die zeitgenössischen Beiträge sind nicht sehr zahlreich und umfassend; erst in den letzten beiden Jahrzehnten, ab cirka 1970, erfolgt eine Aufarbeitung von Primärquellen. Also kommen hier wegen der damals versäumten "soziologischen Vergangenheitsbewältigung" neuere Beiträge zum Zuge, die zeigen, daß in den 40er Jahren das brisante Material über aufbrechende Geschlechterverhältnisse und neue Frauenidentitäten zwar vorlag, aber nicht ausgewertet wurde. Das geschieht erst heute, nahezu ein halbes Jahrhundert, später aus dem Blickwinkel nachwachsender Generationen. Die Auswahl zeitgenössischer Werke beschränkt sich auf den Untersuchungszeitraum von 1942/43 bis 1948. Die Beiträge entstammen unterschiedlichen Genres und sind in der Anlage sehr heterogen. Nur eine große empirische Arbeit, die Erhebung von cirka 500 Familienmonographien von Hilde Thurnwald, die trotz großer Widrigkeiten im "Kältewinter" 1946/47 durchgeführt wird, bezieht sich als größere empirische Studie auf die unmittelbare Nachkriegsphase. Um diese Quelle zu ergänzen, wird auf weiteres Material zurückgegriffen, das sich auf unterschiedliche Weise zum Frauenbewußtsein äußert und auswerten läßt: Neben Thurnwald (1948) wird König (1946 und 1984) herangezogen, der anschauliches Erfahrungsmaterial verarbeitet.[177] Tagebuchaufzeichnun-

175 Vgl. Schelsky 1951:282f.

176 Dieser Blick ins Innere, ins familiäre Geschehen, folgt der Logik von Adorno, Horkheimer u.a. sowie insbes. ihren Studien über den autoritären Charakter der Deutschen.

177 Die Beobachtungen breitet er 1984 ausführlich in seiner Biographie aus; vgl. König 1984:167ff., 140f. In die Materialien zur Familiensoziologie gehen sie als Erfahrungen/Kurzformeln ein und grundieren sein Plädoyer für ein Vertrauen in die Selbstheilungskräfte familialer Strukturen; vgl. König 1946:96f. Hier wird auch eine ungewöhnlich positive Einschätzung zum couragierten Scheidungsverhalten von Frauen vorgestellt: Es zeige, daß die Idee der Familie ernst genommen werde.

gen zu den letzten Kriegs- und ersten Nachkriegsjahren[178] und weitere zeitgenössische Berichte, Dokumente und Beiträge[179] werden zu illustrativen Zwecken benutzt. Außerdem berücksichtige ich einige neuere Arbeiten, die im Rahmen der intensiven wissenschaftlichen Retrospektive entstehen: Insbesondere Doris Schubert (1984), Anna-Elisabeth Freier und Annette Kuhn (1984/1986) graben einschlägige zeitgenössische Quellen über die Frauenarbeit und Frauenpolitik um 1945 aus und interpretieren sie mit dem "anderen Blick" auf die Geschichte, der die vergessenen/vernachlässigten weiblichen Anteile aufzudecken versucht.

Niethammer/Plato (1985) betreiben z.B. im Wege der "oral-history" gezielte Nachforschungen in den Erinnerungen von ZeitzeugInnen zum Zusammenbruch. Sozialbiographische Erhebungen von Gisela Dischner (1982) zu weiblichen Kriegserfahrungen, von Sibylle Meyer/Eva Schulze (1985) zur Frauen-Überlebensarbeit und von Gabriele Rosenthal (1990) über Muster der Vergangenheitsbewältigung runden das Bild über das Frauenbewußtsein in dieser prekären Phase ab. Sämtliche empirischen Befragungen neueren Datums finden mit Betroffenen statt, thematisieren die besonderen Anforderungen, die sich um 1945 stellen, und wollen jene Relevanzstrukturen, die damalige Entscheidungen steuerten, erkunden.

3.2. Zum Emanzipationsverständnis - Pragmatische Egalität

In der unmittelbaren Nachkriegszeit setzen die Beiträge zum Frauenbewußtsein mit einem Emanzipationsverständnis an, das pragmatisch für Egalität votiert.[180] Weil Frauen in der Produktion den Platz einnahmen, der bis dahin weitgehend männlichen Erwerbstätigen vorbehalten war, weil sie sich bewährten und Durchhaltefähigkeit bewiesen, wird ihnen umstandslos ein Mehr an Gleichberechtigung zugestanden. Das entspricht in dieser Phase des harten Lebenskampfs dem weiblichen Selbstwertgefühl weitgehend, an das implizit appelliert wird. Frauen, die sich an der "Heimatfront" behaupteten und die Produktions- und Reproduktionstätigkeiten auch nach 1945 bewältigen, haben ein stabiles Selbstwertgefühl entwickelt. Die Verschiebung und Angleichung der Geschlechterrollen, die faktisch passierte, wird als Vorteil für die Familie und Fortschritt im Sinne einer Eman-

178 Vgl. v. Kardorff 1965; Andreas-Friedrich 1986a+b; v. Krockow 1988.
179 Vgl. Ruhl 1985.
180 Vgl. König 1946:26, 34, 43f., 59.

zipation begriffen.[181] Diese Tatsache eines Macht- und Bedeutungszuwachses für Frauen wird in den Untersuchungen als überfälliger gesellschaftlicher Wandel abgebildet, pragmatisch konstatiert und weitgehend widerstandslos integriert, um "zur Tagesordnung" überzugehen.[182]

Die "Stunde der Frauen" ist, so scheint es, angebrochen.[183] Die heimkehrenden Soldaten kommen nach Jahren des Kämpfens und Tötens zermürbt, erschöpft und von der Niederlage gezeichnet heim. Für Frauen stellt sich jetzt neben der materiellen Versorgung die zusätzliche Aufgabe, sie zu verstehen, ausgleichend, ermutigend und sinnstiftend auf sie einzuwirken sowie ihre Re-Integration in den Familienverband zu bewerkstelligen.[184] Dem umfangreichen Aufgabenkreis, der Frauen zufällt, entspricht für die Übergangszeit der Zusammenbruchsgesellschaft ein Verständnis und Zugeständnis von Emanzipation, das eine Egalisierung der Geschlechterbewertung befürwortet.[185] Pragmatisch, auf Zeit und wegen des Drucks, den Frauen ausüben, wird für die Ausnahmesituation der Nachkriegskrise eine Umwertung des gesellschaftlichen Status von Frauen vorgenommen; für "ihren" Bereich sollen sie weiterhin verantwortlich zeichnen.[186]

3.3. Frauen als Heilkräfte?

Annäherungen an das Frauenbewußtsein erfolgen in der unmittelbaren Nachkriegszeit im Rahmen von Analysen "drängender Gegenwartsprobleme": Die Folgen von Hunger, Vertreibung und "Behausungsproblemen" stellen Strapazen und Zerreißproben für alle, besonders für die Mütter, dar. Die familiären "Zerrüttungs- und Auflösungserscheinungen" sind keineswegs behoben, wenn Eltern und zerstreute Verwandtschaftsverbände wieder zusammengeführt sind. Tatsächliche und mutmaßliche Gefährdungs-

181 Vgl. König 1946; 1984.

182 Bedenken wegen der Doppelaufgabe und Überlastung werden insbesondere unter dem Aspekt der Gesundheitsgefährdung der Alleinversorgerin thematisiert. (Verwaisungsprobleme) Problematisiert wird auch der Betreuungs- und Versorgungsstandard vaterlos aufwachsender Jugendlicher, bei denen Mütter alle Funktionen übernehmen müssen; vgl. Thurnwald 1948.

183 Vgl. von Krockow 1988, der 40 Jahre danach die Tagebuchaufzeichnungen seiner Schwester dokumentiert.

184 Vgl. von Kardorff 1965:286.

185 Vgl. Andreas-Friedrich (1945) 1986a, von Maltzan 1988.

186 Im Unterschied zur "strikten Komplementarität" trennen sich in den 40ern im Konzept der "pragmatischen Egalität" die Ebenen des Handelns von denen der Bewertung.

potentiale, die aus diesen Konstellationen für Kinder und Jugendliche entstehen, werden in direkter Abhängigkeit vom Grad des elterlichen Zusammenhalts untersucht. Unübersehbar ist, daß Frauen über das leibliche und seelische Wohlergehen der Familie mit ihrem Arbeitseinsatz und Organisationstalent entscheiden.[187] Die Frage, wie sie dies körperlich verkraften, bleibt offen. Psychisch scheint ihnen die "Überlebensarbeit" alle Kraft abzuverlangen, aber auch Mut, Sicherheit und Stärke zu verleihen. Welche Folgen der allseits sichtbare Statuszuwachs von Frauen für das ohnehin schwer beschädigte Selbstbewußtsein der Kriegsheimkehrer hat, wird rasch deutlich. Ehe und Familie weisen bald Grenzen ihrer Belastbarkeit auf. Die schlagartig steigenden Scheidungsziffern in den Nachkriegsjahren werfen die Frage nach Toleranzschwellen und Zumutbarkeitsgrenzen auf. Der weibliche Rollenwandel ist für viele Männer untragbar, Frauen wehren sich gleichermaßen gegen die Revitalisierung alter Asymmetrien. Thurnwald sieht die familiären Kohärenzen gefährdet, weil Frauen sich die Selbständigkeit, die sie während der Abwesenheit ihrer Männer gewonnen haben, bewahren wollen. Ihre Männer können sich daran nicht gewöhnen.

Die zeitgenössischen Beiträge zentrieren ihren Blick auf die Frau als Funktionsträgerin im Reproduktionsbereich, übersehen aber keineswegs ihre Tätigkeiten im Produktionsprozeß.[188] König fragt vor allem nach der Desintegration und Desorganisation der Familienstruktur und untersucht die Verschiebung der Frauenrolle in diesem gegenläufigen Wandlungsprozeß als probate Antwort auf Krisen.[189] Die erfahrungsbezogenen Schilderungen, Tagebücher und Lebensberichte wollen die Verstrickungen und Haltungen von Frauen in Diktatur und Krieg, ihre kleinen alltäglichen Widerständigkeiten und Überlebensstrategien "für die Nachwelt" festhalten.[190]

Die Oral-History-Forschung der 80er Jahre verschafft uns Materialien aus der auf 1945 bezogenen Lebensgeschichte und themenzentrierte Retrospektiven.[191] Das sozialhistorische Quellenmaterial beleuchtet die "Restrukturierung" der Frauenarbeit sowie den "hilflosen Pazifismus" der Frauenpolitik und sucht nach dem Verbleib der Neuordnungsbestrebungen, nach den "Niederbrüchen"[192] und neuen Anfängen, die Frauen planten, um bessere gesellschaftliche Rahmenbedingungen der Selbstverwirklichung für sich und das menschliche Zusammenleben zu schaffen.[193] Die neueren

187 Vgl. Thurnwald 1948:8ff.,97,198f.

188 Vgl. Thurnwald 1948:27ff. und König 1946.

189 Vgl. Ruhl 1985:7-9.

190 Vgl. Andreas-Friedrich (1945 und 1947) 1986a+b; v. Krockow 1988; v. Kardorff 1965.

191 Vgl. Niethammer/Plato 1985, die als erste auch unter geschlechtsspezifischen Aspekten befragen und Daten erheben.

192 Freier 1986:35.

Untersuchungen[194] fragen nach der Allgegenwärtigkeit von Strategien einer "privaten" und nicht öffentlich ausgetragenen Vergangenheitsbewältigung speziell bei Frauen. Dabei werden in der Erinnerung frauenspezifische Grundmuster einer politischen Entlastung sichtbar[195], aber auch lebhafte Deutungen dieser "stolzen Zeit", die Vitalität und Tüchtigkeit verlangt und zuläßt. Die aktuelle Frauenforschung fragt rückblickend nach den Wirkungen dieser Erfahrungen von Stärke für das spätere Frauenleben und die nachfolgende Generation der Töchter:[196] Wie ist diese "Stunde der Frauen" im Frauenbewußtsein heute noch präsent? Was hat sie bewirkt?

3.4. Soziale Recherchen und deskriptive Verfahren

Die methodischen Erhebungsverfahren von Thurnwald orientieren sich an eigenen ethnologischen Forschungen aus den 20er Jahren[197] und führen jene Traditionen von Sozialstudien über den Bestand und die Gefährdung von Familienstrukturen in der Gegenwart fort, die Alice Salomon und Marie Baum im Anschluß an den Ersten Weltkrieg und an die durch ihn "geförderten Erschütterungen traditioneller Bindungen und Wertvorstellungen" begründeten.[198] Die Studie Thurnwalds über 500 Berliner Familien, deren Material bis heute weder hinreichend gewürdigt noch ausgewertet wurde, ist als eine solche umfassende soziale Recherche angelegt.[199]

193 Vgl. Freier/Kuhn 1984, Schubert 1984, Freier 1986.

194 Vgl. Dischner 1982; Meyer/Schulze 1985; Rosenthal 1990.

195 Vgl. Rosenthal 1990.

196 Vgl. dazu z.B. die dokumentarische Arbeit gegen das Vergessen/Verdrängen der Verstrickung von Müttern und ihren 68er-Töchtern von Gravenhorst/Tatschmurat 1990; Meyer/Schulze 1985; Rosenthal 1990.

197 Diese Forschungen, z.B. über den Status der afrikanischen Frauen, führt sie zusammen mit Richard Thurnwald durch, der 1932 als Professor für Ethnologie und Soziologie das Standardwerk "Die menschliche Gesellschaft" herausgibt; vgl. Thurnwald 1948:231,200.

198 Thurnwald 1948:5,181ff. bezieht sich ausführlich auf die Untersuchungen von Salomon/Baum 1930.

199 Sie berichtet intensiv über Gespräche mit Frauen: "Vielleicht wird von männlicher Seite hie und da beanstandet werden, daß die Frauen als Hausfrauen und Mütter in ihrem Tun und Verhalten weitläufiger geschildert worden sind als die Ehemänner und Väter. Der Grund dazu liegt nicht in einer Unterschätzung der männlichen Arbeitslast und Verantwortung, sondern in der Einsicht, daß gegenwärtig in den Familien die Frauen als die Versorgerinnen mehr in den Mittelpunkt gerückt sind - schon durch ihre Überzahl. Auch von den hier ermittelten Familien sind rund 70% Vollfamilien und

Sie wurde durch sorgfältige Vorstudien vorbereitet. Ihre Auswerwertung und Interpretation orientiert sich an damaligen Standards des "Verstehens". Im Ergebnis bietet sie einen detaillierten "Sozialreport" von fast 400 Seiten, der mit anschaulichen Rekonstruktionen von Fallbeispielen typischer Familienschicksale operiert. Einstellungen werden erfragt, Verhaltensweisen beobachtet und wegen der Krisen in der unmittelbaren Nachkriegszeit prinzipiell als "vergängliche" Daten begriffen. Die mit der "Ermittlung", der "Ausforschung" sowie mit dem systematischen "Ausfragen"[200] beauftragten MitarbeiterInnen liefern lebendige Berichte über das Handeln und Denken der von ihnen über lange Jahre betreuten Familien, Frauen und ihre Beziehungsmuster, die damals "Gesellungsvorgänge"[201] genannt werden.

Die Familieneinheiten werden nach fünf vorgegebenen Themenkomplexen beobachtet und befragt. Im wesentlichen geht es um die Bedeutung und Einschätzung der Rahmenbedingungen sowie um politische Orientierungen. Die Autorin läßt die zahlreichen Fallgeschichten über Familienschicksale aufgrund der fehlenden zeitlichen und technischen Möglichkeiten, die eine gründliche Auswertung und statistische Aufbereitung verhindern, über weite Strecken stehen und für sich sprechen. Zudem gibt sie in ihren methodischen Vorbemerkungen eine große Skepsis gegenüber Materialeingriffen und weitreichenden soziologischen Interpretationen zu erkennen und legt eine zurückhaltende Auswertung nahe.[202] Diese Methode des unverstellten Abbildens vorgefundener Einschätzungen von und über Frauen hat den Vorteil, alte Raster und Deutungen in den Hintergrund zu drängen.

Die zeitgenössischen Berichte und Aufzeichnungen protokollieren chronologisch, themenzentriert zugespitzt, z.T. global, z.T. partialisiert die Lebenserfahrungen verschiedener Frauen und ihre sozialen Netzwerke. König (1946) greift einzelne Geschehnisse auf, um das herkömmliche Bild der Frau und die Vorstellung vom Frauenbewußtsein seiner Zeit erheblich zu variieren. In seiner Autobiographie (1984) berichtet er für einen empirischen Soziologen verblüffend unsystematisch, aber erfrischend erlebnisnah, allerdings recht ich-zentriert, über seine ersten (illegalen) Streifzüge

30% Restfamilien, das heißt Familien, in denen der Vater entweder für immer fehlt (gefallen, verstorben) oder denen er z.Z. der Ermittlungen noch fehlte (kriegsgefangen oder vermißt). Außerdem hatte die Mehrzahl der weiblichen Ermittler den näheren Kontakt mit den Hausfrauen und Müttern, die auch auf dem Wege über die Kinder leichter zu erreichen waren." Thurnwald 1948:10.

200 Thurnwald 1948:8,9.

201 Thurnwald 1948:6.

202 Vgl. Thurnwald 1948:6,8,11.

Straße und in Cafés beobachtet, um von deren Verhalten und Äußerungen auf Spannungen und Konflikte im Geschlechterverhältnis zu schließen.[203]

Die Dokumente von Ruhl (1985) sowie die historischen Quellen und Materialien von Kuhn (1983) entstammen den Staats- und Stadtarchiven in Nordrhein-Westfalen, dem DGB-Archiv und dem Imperial War Museum in London.[204] Die biographischen Gespräche von Rosenthal (1990) bieten aufgrund eines breit dokumentierten und gründlich ausgewerteten Materials bei einer geringen Fallzahl intensive Ein- und Rückblicke in die Verarbeitung und Segmentierung der Erfahrungen von Krieg und Niederlage.[205]

Die neueren Studien, die im Material der erzählten Lebensgeschichten damaligen Denkstrukturen nachspüren, erlauben eine Ergänzung und eine gewisse Kontrolle der zeitgenössischen Studien und Quellenanalysen. Die Methoden des hier berücksichtigten heterogenen Materials wählen recht unterschiedliche Kombinationen direkter und indirekter Zugänge zum Frauenbewußtsein. Der Pragmatismus angesichts des Zusammenbruchs, der allenthalben geübt und akzeptiert wird, schlägt sich hier in einer recht unbefangenen Aufnahme von Erfahrungen in die soziologische Analyse nieder. Konkretistische Schilderungen und weitreichende Verallgemeinerungen auf der Ebene von Sozialtheorien und anthropologischen Konzepten, wie sie sich bei Thurnwald in Ansätzen, bei König ausgeprägt und ähnlich später bei Schelsky[206] finden, scheinen recht typisch zu sein für den Wiederanfang bzw. die Fortsetzung einer soziologischen Methodologie, die über das Verhältnis von Empirie und Theorie kaum reflektiert. Der Umgang mit Erhebungstechniken berücksichtigt die differenzierten und elaborierten Standards der 20er und frühen 30er Jahre in keiner Weise.[207]

---

203 Die Methoden, die eingesetzt werden, zeigen, daß nach 1945 nicht annähernd an eine so differenzierte Erhebungs- und Auswertungstechnik angeknüpft wird, wie sie der "Verein für Socialpolitik" und z.B. Franzen-Hellersberg 1932 bereits entwickelt haben.

204 Vgl. Kuhn/Rüsen 1983; Kuhn/Appenzeller 1985; Kuhn 1986; Ruhl 1985.

205 Insbesondere die hermeneutische Rekonstruktion der erzählten Lebensgeschichten bei Rosen-thal 1990 beeindruckt durch das Freilegen von noch heute wirksamen Strategien und Deutungsrastern der aktiven Verdrängung.

206 Vgl. Schelsky 1951 und 1953.

207 Das zeigen auch andere Veröffentlichungen zur Diskussion um Frau und Familie nach 1945, z.B. Scherer 1951, Specht 1951.

3.5. Das neue weibliche Selbstbewußtsein

Die frühen Untersuchungen aus den 40er Jahren befassen sich im wesentlichen mit der "Heimkehrerproblematik" und dem geschlechtsspezifischen Kriegserleben. Auch die neueren Untersuchungen aus den 80er Jahren zeigen, daß um 1945 erhebliche Dissonanzen in Familien auftreten, in denen der heimkehrende Vater die Selbständigkeit von Ehefrau und Kindern nicht anerkennen will. Motor der folgenden Auseinandersetzung sind Frauen, deren Selbstwertgefühl gestiegen ist. Diese Verschiebungen der innerehelichen Machtungleichheit zu egalitäreren Verbindungen schlagen sich in theoretischen Debatten über die Desintegration von Familien nieder.

Obwohl das Erhalten des realen Familienlebens, das Überleben und "Überwintern", das Durch- und Zusammenstehen in Krankheit und Krise, wesentlich von Frauen getragen wird, bleibt der soziologische Denkansatz dem Idealtypus der vollständigen Familie, der Ernährerrolle des Familienvorstands verhaftet.[208] Die Abwesenheit des Vaters wegen Berufstätigkeit, Kriegsgefangenschaft oder Tod gilt für die Soziologie als das größte Problem, für das wortreich, aber auch hilflos nach Lösungen gesucht wird. Dabei ist offensichtlich, daß Frauen längst die Funktion des Familienvorstandes übernommen haben; das aber wird von der Soziologie nur peripher wahrgenommen bzw. als Übergangserscheinung abgetan.

König ist im Unterschied zu den meisten Vertretern seiner Disziplin, denen es um die Bewahrung des Bewährten und die Herstellung von Kontinuität geht, um die Förderung von Wandlungsprozessen und qualitativ neuartigen gesellschaftlichen Entwicklungen bemüht. Ihm fallen am sozialen Leben im Nachkriegsdeutschland bezeichnenderweise jene Veränderungen und Brüche ins Auge, die sich zwischenzeitlich im Verhalten und Verhältnis der Geschlechter vollzogen haben.[209] So beobachtet er vor allem am Auftreten von deutschen Männern ungewohnte Eigenschaften. Sie zeigten

> "... eine Art von Massenneurose ..., sahen sie sich doch vor der größten Versagung ihres Lebens. Der Traum von der Weltherrschaft war in ein Nichts zerstoben und das konnten sie ganz offensichtlich nicht verkraften".[210]

Die plastischen Formulierungen benennen einen "Zeitkern": Verblüffend ähnlich und umstandslos wird das Durcheinander der Nachkriegszustände

208 Vgl. Thurnwald 1948:211ff., Schelsky 1951:282ff. zu den Anfängen der Familiensoziologie.

209 Vgl. König 1984:169ff.

210 König 1984: 169.

auch in den Berichten und Einschätzungen anderer AutorInnen auf Geschlechtsspezifika bezogen. Das erstarkte gesellschaftspolitische Selbstbewußtsein von Frauen äußert sich in neuen Konzepten, die das Persönliche privat und öffentlich enttabuisieren wollen.[211] Geplant wird der "Niederbruch"[212] alter Verhältnisse, um der "Überlegenheit der weiblichen Produktionsweise"[213], die bisher im Verborgenen wirkte, öffentliche Geltung zu verschaffen. Die frühen wie aktuellen Beobachtungen stimmen in wesentlichen Punkten überein. Frauen gelten in dieser Zeit als die Hoffnungsträgerinnen.[214] König beschreibt Szenen, in denen Frauen auf ihn trotz Armut und Elend, Hunger und Kälte, ganz anders als Männer, einen ausgesprochen heiteren und befreiten Eindruck machen.[215]

> "Angesichts dieses Kontrastes wurde mir schlagartig klar, daß Deutschland von den Frauen wieder aufgebaut werden würde, was denn auch später in der Tat geschah und in jenem harten Winter schon voll im Gange war. Die Männer dagegen verharrten in einer Art von Schocklähmung, die bewies, daß sie wirklich bis zum letzten Moment an den Endsieg geglaubt hatten."[216]

Der Optik dieses interessierten, stets neugierig und ungeduldig auf innovative soziale Schübe hoffenden Soziologen entgeht nicht, daß Frauen als die Trägerinnen eines gesellschaftlichen Wandels der Geschlechteranordnung agieren, der überfällig und zukunftsträchtig zugleich ist. König beachtet das neue Phänomen selbstbewußt auftretender Frauen geradezu begeistert, verfolgt es mit Aufmerksamkeit und gespannter Interessiertheit. Dennoch finden wir bei ihm wie bei anderen Soziologen seiner Zeit keine gezielten Untersuchungen zum Prozeß der Emanzipation, nur verstreute und pauschale Statements zur gesellschaftlichen und politischen Rolle und Bedeutung von Frauen.[217] Normative Verschiebungen und Veränderungen der Werteorientierungen von Frauen, die ihre Verortung in der Familie betreffen, werden nicht systematisch empirisch erhoben und der theoretischen Analyse zugeführt. Seine These, daß geschlechtstypische Aufgabenstellungen, Erfahrungen, Äußerungen und Verarbeitungsmuster existierten, geht in seine ersten Überlegungen zur Familiensoziologie[218] ein, wird aber nicht

---

211 Vgl. Dischner 1982:12f.

212 Freier 1986:35.

213 Freier/Kuhn/Schubert 1983:242-246,270.

214 Weitere Belege finden sich bei Freier 1986:51; v. Krockow 1988, Meyer/Schulze 1985.

215 König 1984:169.

216 König 1984:169. Ähnlich bedeutungsträchtig titelt Kuhn:1986:12: "Das Schicksal Deutschlands liegt in der Hand seiner Frauen.".

217 König 1946 und (1955)/1964.

218 Zum Beispiel in Sachen Scheidungsaktivität: Sie gehe wesentlich von Frauen aus, diene ihrem Schutz und "schone" die Institution Ehe vor dem inne-

grundlegend bearbeitet. Er wehrt Restriktionsversuche gegenüber Frauen ab, mahnt die "Moralisten" zur Zurückhaltung, und plädiert für eine Akzeptanz des "Selbstwerts der Frau" in der "modernen" Ehe und Wirtschaft.[219]

König verordnet gleichwohl der Familiensoziologie der Nachkriegszeit eine gründliche Selbstkritik: Sie habe über sich selbst und ihre "altbackenen", aus der Zwischenkriegszeit stammenden Modellvorstellungen und Maßstäbe nachzudenken. Anderenfalls sei sie unfähig, dem "Aberglauben" Paroli zu bieten, daß Veränderungen stets Verluste implizierten, die nicht wiedergutzumachen seien.[220] Die Fixierung der Frauenrolle auf die Familie begreift er als Traditionspfeiler, der dringend zu überdenken sei.[221] Der faktischen Vielgestaltigkeit von Familie sowie ihrem Anspruch auf Statusintegration sei Rechnung zu tragen.[222] Die Ausdifferenzierung von Familienformen träten unabhängig von Krieg, Katastrophen und chaotischen Zuständen auf.[223]

Königs Theorem vom Prozeß der "Desintegration" wirft vorwiegend einen Blick aus der Globalen auf die Familie. König sieht sie als Instanz eines gesellschaftlich überfälligen Wandels an, der Frauen, aber auch Kindern (!), mehr Gleichberechtigung und Gestaltungschancen bieten könnte. Diese Sicht greift in der Phase allgemeiner Verunsicherungen offenbar zu weit: Die Vielfalt vorgefundener Formen des familiären Zusammenlebens wird eher negativ, als ungeordnete Übergangserscheinung, Verfall oder Notbehelf begriffen denn als Weg, Neues auszuprobieren. Da wirken die Appelle von König, alte Normen zu überdenken und Nonkonformität als Kreativität zu begreifen, geradezu bedrohlich.[224] Tatsächlich trägt er sie in

ren Zerfall; vgl. König 1946:95ff.

219 Vgl. König 1946:97ff.

220 Vgl. König 1946:27,30,59.

221 König begreift die Familie als ein "Urgut" der Menschheit, das als Erbe aus dem höheren Tierreich übernommen wurde und außerordentlich widerstandsfähig in den "Wirren der Geschichte" sei. Seine frühen Schriften dokumentieren ein tiefes Vertrauen in den Bestand der familiären Institution ebenso wie in deren Selbstregulierungskraft; vgl. König 1946:27ff. und König (1955)/1964:121ff.

222 Vgl. König 1946:26f.,48,51.

223 "Wir haben aber in diesen gesamtgesellschaftlichen Umformungsprozessen nicht nur mit einer Dialektik zwischen Tradition und Entwicklung zu rechnen, sondern darüber hinaus noch mit der Tatsache, daß sich die Traditionen in den verschiedenen Bewußtseinsschichten des sozialen Lebenssystems sehr verschieden auswirken." König 1946:29. König hat mit dem Plädoyer, dem Wandel der Institution Familie sowie den Umorientierungen der in ihr tätigen Frauen gegenüber offen zu sein, in seiner Zeit wenig Anklang und Gehör gefunden. Seine Anregungen und Aufforderungen zur Öffnung des Diskurses sind erst sehr spät wieder aufgegriffen worden.

einem voluntaristischen Stil vor, der mit seiner "Leichtigkeit" eher provoziert statt ermutigt, zumal er den Familienwandel als Element der Gesellschaftsentwicklung thematisiert und die unmittelbar anstehenden Probleme einer Restrukturierung des Binnenlebens nicht besonders beachtet. Desorganisation ist aber das zentrale Thema der frühen soziologischen Beiträge und Tagungen.[225] Die "Desintegrationstendenzen" von Familienfunktionen für das gesamtgesellschaftliche Geschehen werden von ihm nicht als vordringlich angesehen.

Hilde Thurnwalds Untersuchung setzt genau an dieser Stelle an. Sie konzentriert sich auf Formen und Folgen der Desorganisation, also auf das Binnenverhältnis von Familien und analysiert Art und Grad des Zusammenhalts bzw. der Auflösung und Lockerung von vollständigen Kernfamilien. Gleichwohl sind Parallelen zu König erkennbar: Thurnwald fragt nach den Verbindungen zwischen Prozessen der Desorganisation und Desintegration und prüft den Stellenwert der Nachkriegskrise für die vielen punktuellen Verschiebungen des ehelichen Machtverhältnisses und der inneren familiären Verfassung mit Blick auf die Frauen und Kinder. Ihr geht es um die Frage, wieweit die Verwerfungen einerseits äußeren Notzuständen zuzuschreiben sind und nur vorübergehenden Charakter haben oder aber andererseits veränderten Motivlagen entsprechen, die von grundlegender und langfristiger Bedeutung sein könnten. Ihr Entwurf sieht mehr Raum und Bedeutung für Frauen vor, aber auch eine Drosselung ihrer Ansprüche.

Deutlich erkennbare "Lockerungserscheinungen" unterschiedlichen Ausmaßes entdeckt Thurnwald in Berichten über langjährig betreute Familien. Hier zeigt sich, daß Trennungen auf Dauer zu Entfremdungen führten.[226] Ernsthafte Störungen, Zerrüttungen und Auflösungen der Familie spitzt Thurnwald z.B. so zu:

> "Vielfach opponieren die heimgekehrten Männer gegen die 'zu große Selbständigkeit', die ihre Frauen während der langen Trennung erworben haben. Auch wenn der Mann die Nötigung der Frau zu selbständigem Planen, zu verantwortlichem Handeln in den Jahren der Trennung anerkannt hat, wünscht er meistens, die Frau bei seiner Heimkehr so vorzufinden, wie er sie verlassen hat. Gesteigert wird dieser Wunsch oft durch eine überbetonte Selbständigkeitshaltung jüngerer Frauen, vor allem aber durch die niedergedrückte Seelenverfassung, in der viele Männer heimkehren oder in die sie verfallen, sobald die erste Wiedersehensfreude verrauscht ist und sie ihre Heimkehrerträume von der harten Wirklichkeit verdrängt sehen."[227]

224 Vgl. die kritische Distanz von Schelsky 1951:284ff. und die vorsichtige Annäherung von Baumert/Hünninger 1954:50f.

225 Vgl. auch den Beitrag von Gurvitch 1951:12.

226 Vgl. Thurnwald 1948:182ff.

Die Eigenständigkeit von Frauen wird zum Problem, aber nicht für alle Männer.[228] Auch die Retrospektiven aus jüngerer Zeit dokumentieren, daß das Phänomen offener Streite und schwerer Zerreißproben überraschenderweise gerade in jenen Familien auftritt, die soeben wieder zusammengeführt wurden. Väter, Brüder und Söhne kommen endlich zurück und die spezifische "Heimkehrerproblematik" nach dem Zweiten Weltkrieg bricht auf: "Als wir wieder zusammen waren, ging der Krieg im Kleinen weiter", sagen Frauen in der Berliner Studie von Meyer/Schulze (1985), die nach 40 Jahren von dem Fremdheitsschock berichten, den sie nach dem Wiedersehen erleben.[229]

Die Konflikte brechen nach der Einschätzung von Thurnwald durch die besondere "Krisenhaftigkeit"[230] der Nachkriegsjahre zwar in extremen Formen auf, haben aber eine grundsätzlichere Bedeutung. Da die "traditionelle Stellung des deutschen Familienvaters schon mit der Frauenbewegung ... abzubröckeln (begann)", sei der Selbstbehauptungswille von Frauen Ausdruck einer generellen Tendenz der Gleichberechtigung der Geschlechter, wie sie "nicht nur in Berlin und in Deutschland, sondern ebenso in den Staaten" stattfinde.[231] Ungleichmäßig in Stadt und Land, ungleichzeitig in den Altersgruppen und Schichten vollziehe sich eine "Ablösung von dem alten patriarchalen Schema".[232] Daran haben auch die Kinder ihren Anteil: Der väterliche Anspruch, als Autoritätsperson respektiert zu werden, läuft ins Leere, weil die Kinder seit Jahren ohne eine "starke Hand" mit der Mutter eine durchlässige, tendenziell paritätische Form des Zusammenlebens und -arbeitens praktizieren. Der gestrenge Vater stört diese Kooperation, wird nicht akzeptiert, teils gefürchtet, teils lächerlich gemacht.[233] Zwischen den Eltern entsteht offener Streit über die Erziehungspraxis.

Das Ehethema wird in den 40er Jahren ebenfalls in populärwissenschaftlichen Büchern, Broschüren und Zeitschriften aufgegriffen. In Kriegstagebüchern und anderen Lebensschilderungen berichten Frauen in zahlreichen

227 Thurnwald 1948:197.

228 "Natürlich gibt es auch zahlreiche Männer, die ohne Illusionen nach Hause kommen oder sich die Sachlage weit schlimmer vorgestellt haben, bekannt wurden Fälle, in denen Männer in der Gefangenschaft bleiben wollten, weil sie, verwirrt durch Nachrichten oder Gerüchte, nicht nur den Hunger fürchteten, sondern auch die Untreue ihrer Frauen." Thurnwald 1948:197f.

229 Vgl. dazu Meyer/Schulze 1985:305ff.; Möding 1985:256ff. und auch Lehmann 1986, der langjährige Kriegsgefangene interviewte.

230 Sie meint die schlechten Wohnverhältnisse und unzureichende Versorgung mit Kleidung und Nahrungsmitteln; vgl. 1948:212.

231 Thurnwald 1948:200.

232 Thurnwald 1948:200. Diese Einschätzung stimmt mit der von König nahezu wortidentisch überein; vgl. König 1946:97.

233 Vgl. Thurnwald 1948:199.

Fallbeispielen von den privaten Dramen und Zusammenbrüchen, die sich mit politischen Dissonanzen verknüpfen.[234] Walther v. Hollander gibt im Hörfunk praktische Ratschläge und Tips für den Umgang mit dieser damals zentralen Lebensfrage des Alltags.[235] Einen dramatischen Ausdruck findet die "Heimkehrerproblematik" darin,

> "daß viele jüngere Frauen ihre erworbene Selbständigkeit geltend machten und nicht selten schon vor der Heimkehr des Mannes eine Scheidung einleiten wollten. Sie behaupteten, der Mann könne und wolle sich nicht mehr wandeln in seiner die weibliche Unterordnung fordernden Einstellung und sie, die Ehefrauen, könnten und wollten ebensowenig ihre errungene Position aufgeben."[236]

Die "ehelichen Zerrüttungen" werden von den befragten Frauen und Männern sowie von den Ermittlern zu 60 bis 80% auf "Konflikte und Entfremdungen aus äußeren Ursachen, in erster Linie aus dem Krieg und seinen Folgen," abgeleitet.[237] Sie verweisen auf ihre kriegsspezifischen Erfahrungen, die von denen der Männer verschieden sind: In der politischen Orientierung und Beurteilung des Zusammenbruchs äußern Frauen sich anders, teils "indifferenter und negativer über die NSDAP", teils positiver.[238] Auch für die Antizipation des "Zusammenbruchs der Hitler-Herrschaft" gilt: Frauen vermuteten den "Erdrutsch" und bevorstehenden Zusammenbruch eher als Männer.[239] Jene, die ihn "seit Jahren erwartet hatten, erkannten auch alle seine Konsequenzen an".[240]

Diesen Aspekt beleuchten neuere Beiträge etwas näher. Sie befassen sich mit der Erinnerungs- und Verdrängungsleistung und finden bei Männern und Frauen ein Denken in Phasen vor, das "gute und schlechte Zeiten" trennt und biographisch relevante Einschnitte anders positioniert als historische Daten, z.B. der Kriegsbeginn und die Kapitulation, es vorgeben.[241] Niethammer/Plato betonen,

---

234 Vgl. Andreas-Friedrich 1986 und v. Kardorff 1965, die zusammen mit vielen anderen Frauen im praktischen und Alltagswiderstand tätig waren, ohne daß ihre "kleinen" Taten je große Bedeutung erlangt hätten. Sie berichten von politischen Dissonanzen zwischen Eheleuten, die vormals mit der NSDAP sympathisierten.

235 Vgl. v. Hollander 1951.

236 Thurnwald 1948:203f.

237 Thurnwald 1948:203.

238 Sie sind kritischer, weil sie der Organisation, insbesondere den unteren ausführenden Ebenen Willkür und Dilettantismus vorwerfen, verehren aber umso mehr "den Führer" als Vaterfigur. Positiv votieren sie vor allem, wenn sie in Notzeiten von Hilfsaktionen für benachteiligte Frauen und Mütter profitierten; vgl. Thurnwald 1948:170f.

239 Thurnwald 1948:247, 335, 377f.

240 Thurnwald 1948:171.

241 Vgl. Glaser 1986; er verweist auf wiederholt durchgeführte unergiebige

> "... daß der üblicherweise betonte Epochenschnitt von 1945 den tatsächlichen Zusammenhang der Volkserfahrung und ihre Bedeutung für die Nachkriegszeit zerreißt".[242]

Männer erzählen davon, wie sie "an der Front, da draußen" gekämpft und gesiegt haben und beziehen sich vorrangig auf die ersten Kriegsjahre. Kriegsbeginn und "Fronterlebnis" sind für Männer - bis heute - faszinierender Höhepunkt und Wendemarke ihrer Biographie, unabhängig davon, ob sie gegen ihren Willen oder mit Begeisterung, ob sie wenige Monate oder viele Jahre eingezogen waren und/oder in Gefangenschaft gerieten.[243]

Für Frauen steht dagegen die Zeit der existentiellen Lebensbedrohungen, der Bombardierungen ab 1942, der Evakuierung und Flucht, der Angst vor Vergewaltigung und der Nöte in den kalten Wintern nach 1945 im Mittelpunkt der Erlebnisse, die mit dem Zweiten Weltkrieg verbunden werden.[244] Die Berichte von Frauen kreisen um den Lebens- und Überlebenskampf "zu Hause, in der Heimat",[245] der mit dem Einsetzen von Fluchtbewegungen "schlimm" wurde.[246] Ab 1942/43 beginnen für sie die "ganz schrecklichen Jahre", die nicht enden wollen und sich im Rückblick zu grausamen Zuständen verdichten. Brennpunkte sind die Städtebombardements, deren Folgen für das bis dahin "normale Leben" von Frauen, Kindern und Älteren verheerend sind.[247] Die "gute Zeit" von Frauen, die seit Mitte der 30er Jahre darin besteht, endlich auch außerhalb der Enge von Haus und Familie tätig zu sein und Anerkennung zu finden, endet abrupt.[248]

Meinungsumfragen: Die meisten Befragten, Männer wie Frauen, äußern sich abweisend, zurückhaltend, gleichgültig, allenfalls taktisch und opportunistisch zur Frage, ob es sich bei Kriegsbeginn 1939 um einen Angriffs- oder Verteidigungsakt gehandelt habe. Ähnlich wird auf die Frage, ob 1945 die Befreiung oder Niederlage stattgefunden habe, reagiert.

242 Niethammer/Plato 1985:9.

243 Vgl. Herbert 1984:67f.

244 Vgl. Hoerning 1985:327.

245 Vgl. Herbert 1984:67f.

246 Vgl. Ruhl 1985; Rosenthal 1990; Thurnwald 1948.

247 Vgl. Grebing 1989:276.

248 Vgl. Frevert 1986:242f. - Die Frauen der mittleren und jüngeren Generation profitieren in den 30er und beginnenden 40er Jahren von sozialpolitischen Modernisierungsmaßnahmen, die nicht nur in Deutschland eingeführt werden, wie z.B. Mutterschutz und Kindergeld, Familiengesetzgebung und Erwerbsmöglichkeiten. Dabei handelt es sich um Maßnahmen, die das NS-Regime aus den Schubladen der Weimarer Zeit nimmt, um lange Versäumtes nachzuholen. Die ungewohnte Anerkennung als erwerbstätige Frau und als politische "Volksgenossin", die bei öffentlichen Veranstaltungen und Massenauftritten, freilich auf den unteren Hierarchieebenen, eingesetzt wird, stärkt das weibliche Selbstbewußtsein und ihre soziale Identität.

Mit Kriegsbeginn und für mehr als 6 Jahre driften die ohnehin disparaten Erfahrungsräume und Betätigungsfelder von erwachsenen Frauen und Männern dann auseinander. Die einen ziehen ins Feld, die anderen besorgen all das, was das "Vaterland" braucht, um den Krieg ausweiten und das Leben hinter der Front so normal wie möglich fortführen zu können. Nach und nach übernehmen Frauen die Alltagslasten, verbleiben aber noch lange in ihrer gewohnten Umgebung und im Kreis ihrer engeren und weiteren Sozialbezüge. Für Frauen ereignen sich erst im Zuge strengerer Lebensmittel-Rationierungen Einbrüche und Veränderungen, die ihre gesamte Kraft beanspruchen. Zunächst stehen sie diese tapfer durch, helfen sich und anderen gegenseitig über immer wieder neu geknüpfte familiäre und nachbarschaftliche Versorgungsnetze und haben angesichts der weitgehend hilflosen Kinder und Alten, für die sie verantwortlich sind, überhaupt keine Alternative zur aufreibenden Überlebensarbeit.

Erst als sich der Luftkrieg verstärkt und die Alliierten mit der massiven Flächenbombardierung von Großstädten, Produktionsanlagen und dicht besiedelten Gebieten beginnen, wird der Kampf ums Dasein unerträglich und zur Qual. Kinder müssen aufs Land verschickt und in Sicherheit gebracht werden, Heim und Heimat müssen aufgegeben werden, Versorgungsnetze und vertraute Sozialbezüge brechen auseinander. Die soeben ausstaffierten Unterkünfte werden wieder und wieder verwüstet, die Katastrophenmeldungen überschlagen sich, Krankheit und Tod werden zum Regelfall des Alltags und die Berichte über Niederlagen an der Front wollen nicht abreißen.[249] Als all diese Angriffe und Eingriffe ins Alltagsleben in immer rascherer Folge kumulieren, bricht die Durchhaltebereitschaft der Bevölkerung, insbesondere der Frauen, zusammen. Etwa ab 1942/43 erwarten sie in Verbindung mit der älteren Generation und deren Erfahrungen über aussichtslose Endkampfhandlungen des Ersten Weltkrieges das Aus.[250] Viele fürchten es, viele hoffen darauf, die meisten wollen das Ende und rechnen damit. Das verwandelt ihr Alltagshandeln und ihre Bewältigungsstrategien. Ein Ende des Schreckens, das schreckliche Ende, wird einkalkuliert und zur einzig verbleibenden Perspektive.[251]

249 Thurnwald 1948:152ff., 132ff.; Kuhn 1986.

250 Vgl. insbesondere den Beitrag von Woesler de Panafieu/Germain 1982, der zeigt, wie bedeutsam diese Parallelisierung zwischen dem Ersten und Zweiten Weltkrieg war.

251 Es gibt wenige Untersuchungen, die uns heute detaillierte Einblicke in das verschaffen, was in den Endkriegsmonaten den Frauen widerfuhr. Der Film "Befreier und Befreite" von Helke Sander (1992), der über Vergewaltigungsexzesse berichtet, ist ein Novum. Lediglich Möding hat dieses Thema bislang aufgearbeitet. Vgl. auch Hoerning 1985.

Daß es nicht zu einer machtvollen Verbindung und Formulierung dieses Frauenprotestes kommt, hat, wie Freier zeigt, vor allem mit der Zerschlagung aller eigenständigen Organisationsmöglichkeiten zu tun, die besonders die Frauenverbände trifft. Es sei daher unzulässig, so Freier, aus heutiger Sicht und Politikauffassung den Frauen in der Phase vor und nach 1945 jegliches politische Bewußtsein abzusprechen.[252] Ein wesentliches Hindernis für das Lautwerden des Unmuts liege in der Angst und Anpassungsbereitschaft der meisten. Die über Epochen kultivierte Haltung von Frauen, abzuwarten, stillzuhalten und "die Dinge" fatalistisch über sich ergehen zu lassen, dominiert.[253] Die spezifisch weibliche Teilhabe der Duldung und Anerkennung von männlicher Kriegsbegeisterung und Eroberungsmentalität schwinde zwar zum Kriegsende, ändere aber bei den meisten nichts an der nahezu religiösen Verehrung für die autoritär-patriarchalische Führerfigur.[254] Kritik und Auseinandersetzungen spielen sich unterhalb dieser Ebene, in Konfrontationen im Nahbereich und mit den eigenen Männern und Söhnen ab.[255]

Die Beiträge zur "Heimkehrerproblematik" und zum geschlechtsspezifischen Kriegserleben zeigen, daß sich das Kräfteverhältnis zugunsten von Frauen verschoben haben.

252 Vgl. Freier 1986:43, 45 u. 48ff.; vgl. Schubert 1984:51, 64, 67. 108ff. Bei Schubert wird ein enger Politikbegriff zugrundegelegt und den Frauen, auch jenen, die sich kritisch zum System äußerten, opportunistisches Verhalten vorgeworfen. Freier plädiert dagegen für ein erweitertes Verständnis von Politik, das - ausgehend von der jeweiligen Arbeitstätigkeit in der Produktion oder Reproduktion - Auseinandersetzungen mit übergreifenden Rahmenbedingungen der eigenen Tätigkeit als politisch begreift, sobald sie im öffentlichen Raum stattfindet. - In der Tat: Wenn, wie vielfach überliefert, in den Arbeitspausen und Kantinen der Protest und Widerstand von Arbeitern sich formieren konnte und als politischer qualifiziert wird, wieso ist dann ein Aufbegehren und "Zetern" von Frauen an den Orten, an denen sie ihre Versorgungsarbeit bewältigen, nicht politisch zu nennen? - Ohne die minderheitlichen Widerstandsaktivität von Frauen hochstilisieren zu wollen, verweise ich auf die eindrucksvollen Berichte eines mutigen Vorgehens von Frauen im politischen Wirrwarr der End- und Nachkriegsjahre, z.B. bei Andreas-Friedrich 1986a+b, v. Krockow 1988, und v. Maltzan 1988.

253 Das zeigen die Deutungsraster, die Rosenthal bei Frauen findet, die sich noch heute als Opfer inszenieren; vgl. Rosenthal 1990:229f.

254 Auf diesen Anteil von Frauen am Kriegsgeschehen, der auch ihre spezifische Mitschuld umreißt, wird erst heute in der verspäteten Vergangenheitsbewältigung eingegangen; vgl. Rosenthal 1990 und Gravenhorst 1990.

255 Freier 1986:163 (Quellenmaterial).

3.6. Würdigung und Deutungskritik - Neue Geschlechteranordnung

In der unmittelbaren Nachkriegszeit konzentrieren sich die Beiträge zum Frauenbewußtsein auf die Frage nach dem weiblichen Rollenverständnis im Prozeß der Restrukturierung von Familie: Am konkreten Handeln und Denken über praktische Fragen der Alltagsbewältigung versuchen sie abzulesen, wo die Schwerpunkte der weiblichen Orientierung liegen und wie es um ihre Bereitschaft zur Herstellung bzw. Aufrechterhaltung der familiären Kohärenz beschaffen ist. Das methodische Instrumentarium der Annäherung ans Frauenbewußtsein ist überwiegend unmittelbar erfahrungsbezogen und greift direkt auf Erlebtes zu. Die Auseinandersetzungen zwischen den Geschlechtern, die sich aufgrund ihrer unterschiedlichen Wirkungsbereiche während des Krieges ergeben, kommen auf diese Weise recht unverstellt zum Vorschein, werden aber eher als vorübergehende Dissonanzen eingeordnet.

Mit einem weitgehend an der vorgefundenen Empirie orientierten Emanzipationsverständnis tragen König wie Thurnwald dem Bewußtsein von Frauen Rechnung, das sich relativ früh auf den Zusammenbruch einstellt und in der unmittelbaren Nachkriegszeit Ansprüche an die Neuordnung herkömmlicher Strukturen, insbesondere des Geschlechterverhältnisses in der ehelichen Machtbalance, richtet. Ihren familiären Ausgleichsbestrebungen wird beigepflichtet; König und Thurnwald begreifen sie als überfällig und bekräftigen auf Basis einer pragmatischen Egalität den Nachholbedarf, den Frauen reklamieren. Sie greifen damit auf ein Deutungsschema zurück, das der Erwerbsarbeit eine zentrale emanzipative Rolle zuweist: Weil Frauen bereits jahrelang durch die Übernahme der familiären Existenzsicherung in wichtigen Funktionen des Produktionsbereichs tätig gewesen seien, so die Erklärung, gewinne ihre Selbst- und Fremdeinschätzung ein stabiles Fundament. Die darüber gewonnene Eigenständigkeit finde auch in der Reproduktionssphäre ihren Niederschlag und zeige sich in einem auf mehr Parität bezogenen Denken und Verhalten gegenüber den Männern, dem nachzukommen sei.

Thurnwald versucht, den Aufbruchsanspruch und Neuordnungswillen zu zügeln und Frauen zu einem zurückhaltenden Auftreten gegenüber ihren Männern zu bewegen. Damit zeigt sie deutlich Grenzen der Egalitätsbestrebungen auf. Stärker als König besteht sie auf der Einhaltung geschlechtsspezifisch zugewiesener Räume: Die Alleinzuständigkeit bzw. exklusive Befähigung der Frau für die häusliche Arbeit und Pflege des familialen Zusammenhalts wird betont.

Das empirische Material legt die These nahe, daß sich bereits während des Krieges fundamentale Verschiebungen innerhalb des gesellschaftlichen und folglich auch "privaten" Geschlechterverhältnisses auf quantitativer wie qualitativer Ebene vollziehen, die konventionelle Norm- und Wertorientierungen ins Wanken bringen und auf zwischenmenschlicher Ebene Krisen und Brüche hervorrufen. Frauen beantworten diese "Anfechtungen" mit Verwerfungen und Veränderungen der für sie vorgesehenen Rolle und "Normalbiographie in der Familie". Sie entwickeln bereits ab 1942/43 aufgrund ihrer spezifischen Kriegserfahrungen im Unterschied zu Männern begründete Zusammenbruchserwartungen und stellen auf das baldige Ende der Kämpfe ab. Diese Haltung bezieht jenes Wissen ein, das von der älteren Generation aus dem Ersten Weltkrieg überliefert wird.[256]

In den ersten Jahren nach 1945 können die als Soldaten besiegten Männer den "Sinneswandel" ihrer Frauen nicht in seiner Tragweite und Bedeutung ermessen. Als sie aus der Gefangenschaft zurückkommen, finden sie eine "verkehrte Welt" vor, mit der sie sich nur schwer arrangieren können. Die Vorstellung von trauter Heimat und Familie hat sich im Gefangenenlager als Palliativ stabilisiert und entpuppt sich nach der Rückkehr als Imagination. Die Wiedereingliederung des Ehemannes und Vaters in den Familienverband gestaltet sich außerordentlich hürdenreich, schmerzhaft und widersprüchlich.

Daß Egalität durch die vermehrte Beteiligung am Erwerbsleben erreicht wird, akzeptiert auch König, er übersieht in seinen pauschalen Voten aber, wie sehr Frauen durch die selbstverständliche Zuweisung von Haus- und Sorgearbeit an herkömmliche Verhältnisse gebunden sind. Diese Fesselung wird insoweit reproduziert, als das Bewußtsein von Frauen umstandslos mit dem von Männern verglichen wird und als angleichbar gilt. Ohne auf die spezifischen Lebensumstände und Erfahrungshorizonte von Frauen einzugehen, wird ihre Gleichheit konstatiert, ihr Gleichwerden postuliert. So zeigt Thurnwald, daß der politische Informationsstand (einfache historische Daten/institutionelle Kenntnisse/politische Sachverhalte) von Frauen geringer ist als der von Männern. Die Folgerung ist, daß sie uninformiert, indifferent, desinteressiert seien; nach Hintergründen und nach dem "anderen Wissen" von Frauen wird damals nicht gefragt.[257] Frauen sollen sich den Standards von Männern anpassen.

Heute ist eine vorsichtige Kritik und Umdeutung der These von politischem Desinteresse, Uninformiertheit und Apathie bei Frauen nach 1945

256 Vgl. zur Grundstimmung, die am Ende des Ersten Weltkrieges eine Kapitulation "beschwor" und erwartete, Niethammer/Plato 1985 und Niethammer 1983 mit dem bezeichnenden Titel: "Hinterher merkt man, daß es richtig war, daß es schief gegangen ist.".

257 Vgl. Thurnwald 1948:169ff.

auf Basis der Beiträge von Freier[258] möglich: Unter Berufung auf sozialhistorische Quellen, die die Überlebensarbeit als Frauenhandeln mit explizit politischem Inhalt dokumentieren, zeigt Freier, daß das Wirtschaften und Organisieren, Tauschen und Transportieren in der Nachkriegskrisenzeit die Politik des Alltags war. Diese leisteten Frauen kontinuierlich und legten damit erst das Fundament für die elementare Versorgung. Auf die Verknappung der Lebensmittelrationen wie auf den Kältewinter 1946/47 reagierten sie mit der Mobilisierung aller verfügbaren materiellen und immateriellen Ressourcen. Nach dem know-how, das sie hier einsetzten und erwarben, werden sie nicht gefragt. Dieses spezifische Frauenwissen wird nie Gegenstand von Befragungen und Vergleichen mit dem Informationsstand von Männern, es genießt so wenig Anerkennung wie die Tätigkeit des Ver- und Umsorgens selbst.

Freier zeigt in dichten Schilderungen, daß Politik nach 1945 in erster Linie eine "Magenfrage" und keinesfalls eine "Verfassungsfrage"war, wie demoskopische Meinungsumfragen glauben machen wollen.[259] Das in diesem Kontext zitierte Bild vom "mangelnden politischen Bewußtsein von Frauen" ignoriere, daß diese die alltägliche Überlebensfrage im Kopf und in den Händen hatten, ohne je nach den Details gefragt zu werden.[260] Der faktische Beitrag von Frauen wurde nach 1945 respektiert, aber nicht heroisiert, eher unsichtbar und bedeutungslos gemacht, obwohl "die Reproduktion der Bevölkerung in den Nachkriegsjahren zum öffentlichen Problem (avancierte)".[261] Selbsthilfe und unbezahlte Arbeit von Frauen halfen, das wirtschaftliche Chaos zu überbrücken. Sie kompensierten den Nahrungs- und Wohnungsmangel und sparten nicht mit z.T. lautstarker öffentlicher Kritik an Fehlplanungen, Bewirtschaftungsmaßnahmen, Korruption und Verteilungsmißständen. Frauen entwickelten subjektiv ein Bewußtsein für ihre Leistung und deren politische Bedeutung, hatten aber keine Gelegenheit, dies kundzutun. Die Soziologie stützte ihre Egalisierungsansprüche nur begrenzt. Sie sah und thematisierte die geschlechtsspezifische Ungleichheit der "Startchancen" von Frauen und Männern nach 1945 nicht und begriff Hausarbeit trotz ihrer immensen Erweiterungen nach wie vor als private Tätigkeit, als persönliche Angelegenheit, als individuelles Problem, das mit Geschick zu bewältigen sei.[262]

In den kollektiven Deutungen und Berichten über Frauenschicksale nach 1945 spielt dieses Überlebenswissen eine große Rolle. Frauen selbst erinnern sich als realistischer und sicherer, tüchtig, praktisch und zupackend.

258 Vgl. Freier 1986:39-93.
259 Vgl. Freier 1986:43-45.
260 Freier 1986:45.
261 Freier 1986:53.
262 Vgl. Freier 1986:74,76,86.

Zumindest heute deuten sie ihr damaliges Leben als schwere Arbeit, in der sie voll gefordert waren. Sie beschreiben stolz, "wie wir das alles geschafft haben"[263] und daß es alleine "schwieriger und einfacher zugleich" war.[264] Diejenigen, die ihre Toten betrauerten, hatten es schwer, aber auch leicht: zermürbende eheliche Auseinandersetzungen blieben ihnen erspart. Die materiellen und immateriellen Versorgungsleistungen von Frauen, ihre tiefe Skepsis gegen den Krieg, ihre Zusammenbruchserwartung und die Desillusionierung über die "niedergeschlagenen" Männer machen sie nach 1945 mutig und bereit, den Wiederaufbau anzugehen und Neuordnungsanstrengungen zu unternehmen. Sie haben nicht alle zielgerichtet und eindeutig so gedacht, aber die Ängste und Zweifel geteilt und sich den bohrenden Fragen nach dem Sinn von Krieg und Zerstörung gestellt. Sie wissen nun um ihre Doppellast, um die Nötigung zur Erwerbsarbeit, aber auch darum, daß diese ihnen eine soziale und ökonomische Sicherheit und Selbständigkeit verschafft. Sie verlassen sich nicht mehr auf die Männer, praktizieren Egalität, äußern sich verbal gleichwohl moderat und z.T. normgerecht und zurückhaltend in Bezug auf ihre eigenen Interessen, die sich im Rahmen einer Zwischenorientierung bewegen.[265] Die neue Qualität dieser weiblichen Grundorientierung, die gleichwohl in vielen Schattierungen auftritt, besteht in der Relativierung der Männerdominanz, im tatkräftigen Ausbruch aus alten Abhängigkeiten, in der Entscheidung, das eigene Schicksal selbst in die Hand zu nehmen.

Die meisten Vertreterinnen eines Lebensentwurfs der Zwischenorientierung und Ausbruchstendenzen stammen aus der Altersgruppe der 30- bis 40jährigen Frauen. Sie bringen berufliche Erfahrungen und ein positiv besetztes Arbeitsbewußtsein mit. Die demographische Verschiebung, die in den 40er Jahren durch (männliche) Kriegstote zu einer weiblichen Bevölkerungsmehrheit in den mittleren Altersgruppen führt, reißt Lücken in den Arbeitsmarkt. Qualifizierte Frauenarbeit ist gefragt und wird gefördert. Wer schon in den 30er Jahren eine Ausbildung absolvierte, ist schnell integriert. Das gilt auch für diejenigen, die einer Erwerbstätigkeit während des Krieges nachgingen und jene, die nun beschließen, in eine Berufsausbildung einzusteigen. Alle drei Gruppen entscheiden sich für eine Verlängerung ihrer Lebensarbeitszeit in der Form des Wiedereinstiegs nach der Familienphase.[266] Diese Frauen etablieren ein neues

263 Das ist der Titel eines Aufsatzes von Meyer/Schulze 1984:348ff.

264 Vgl. Meyer/Schulze 1988; Diese Deutung trifft sich mit der nach 1945 typischen Haltung, "an die Arbeit" und "durch die schlimme Zeit" zu müssen; vgl. Kolbe/Rode/Sommerkorn 1988, die titeln: "An die Arbeit, Berge, Steine! Orden allerdings gibt's keine!".

265 Vgl. Krüger 1989:1,37f.; Sommerkorn 1988:121.

266 Neuere Untersuchungen haben gezeigt, daß Frauen, die der Kohorte der

Erwerbsmuster und eine selbstbewußtere Haltung gegenüber der Überlappung von Familien- und Berufstätigkeit und werden damit zu den Vorreiterinnen einer Lebensgestaltung, die beide Bereiche dauerhaft kombiniert.

4. Die 50er Jahre - Wiederaufbauleistungen und Umbruchshoffnungen

In diesem Teil geht es um die Frage, wie das empirische Frauenbewußtsein in der Dekade des ökonomischen und sozialen Wiederaufbaus von der Soziologie, die inzwischen als Fach etabliert ist, aufgegriffen, begriffen und abgebildet wird. Im **Kapitel 4.1.** zeigt sich die traditionell enge Verknüpfung der wissenschaftlichen Thematisierung von Frau und Familie als Hindernis für einen Zugang zum empirischen Frauenbewußtsein. Bei der Überwindung der katastrophalen Folgen von Krieg und Niederlage steht die Wiederherstellung zentraler Sozialformen, insbesondere der Familienverbände, im Mittelpunkt soziologischer Erörterungen. Daraus entstehen "wie von selbst" Funktionsanforderungen und Normen, die sich an Frauen richten und deren Spielraum einengen. - Das zugrundeliegende Untersuchungsmaterial, das sich zeitlich und inhaltlich in drei Gruppen anordnen läßt, wird hier charakterisiert. Im **Kapitel 4.2.** werden die Konzepte und Vorstellungen von Emanzipation, die die Soziologie "zuläßt", auf den Begriff der "modifizierten Komplementarität" zugespitzt. Dem der Pragmatismus der 40er Jahre, der begrenzte Egalisierungsbestrebungen zuläßt, gilt wegen seiner inzwischen erfolgten grundgesetzlichen Garantie als erledigt.

Der gesellschaftspolitische Konsens wird von der Soziologie recht unreflektiert als Anforderungskatalog übernommen. Er weist Frauen das Haus als Ort der Selbstverwirklichung zu, sieht hier den "machbaren" und "angemessenen" Rahmen für Emanzipation, dem das Ideal der Familie mit geschlossener Solidarität und Fürsorglichkeit implementiert wird. Weibliche Berufstätigkeit wird nur unter außerordentlich restriktiven Bedingungen der existentiellen Bedrohung akzeptiert: Die Sorgearbeit muß von der

---

Jahrgänge 1911 - 1920 angehören, "Protagonistinnen der Rückkehr ins Erwerbsleben nach Abschluß der 'Kinderphase'" sind. Willms-Herget 1985:100; vgl. auch Krüger/Born/Kelle 1989:12f.,36ff. Hier wuchern "wildere" Phasierungen, die auf berufsspezifische Flexibilitätsstrukturen zurückgeführt werden. Schon die Ende der zwanziger Jahre geborenen Frauen probieren demnach verschiedenste Parallelisierungsmodelle seit 1945 und neigen zur Kontinuisierung ihres Erwerbslebens, wenn der Beruf familienfreundliche Zeiten bietet.

Mutter/Ehefrau erledigt und kontinuierlich gewährleistet sein. Im **Kapitel 4.3.** geht es um die Fragestellungen, die die Erhebungen dieser Dekade entwickeln. Das sind relativ breit streuende Fragen nach dem Ausmaß und der Intensität der weiblichen Familienanbindung und der Bereitschaft zur Funktionsübernahme im Rahmen von Familie, nach Erwerbsmotiven, nach dem Selbstverständnis und nach den "anderen" Interessen, die Frauen jenseits ihrer familiären Orientierungen haben.

Im **Kapitel 4.4.** werden die methodischen Verfahren der Beobachtung und Befragung skizziert, die diesen Gegenstand "innen und außen" abtasten. Um gesellschaftliche Normierungen und ihren subjektiven Niederschlag zu erfassen, geht die Soziologie der 50er Jahre noch recht unkonventionell und z.T. in ähnlicher Weise deskriptiv, fallbezogen und problemfocussierend vor wie in den 40er Jahren. Die Befunde, die im **Kapitel 4.5.** vorgestellt werden, registrieren schließlich überwiegend eine Rückkehr zum disziplinierten deutschen Frauenfamilienbewußtsein. Sie deuten dies hermetisch als Bereitschaft, sich in deren Zentrum zu verorten und in die dafür vorgesehenen Orientierungen auf ein "Dasein für andere" einzupassen. Aktive Außenengagements von Frauen im politischen Feld um 1950 und vermehrte Erwerbsbeteiligungen zum Ende der 50er Jahre werden dokumentiert, aber überdeckt, übergangen, unsichtbar gemacht und in der wissenschaftlichen Wahrnehmung marginalisiert. In der Würdigung und Deutungskritik des **Kapitels 4.6.** wird der Versuch gemacht, die Deutungsmacht der Familienorientierung mit dem "vergessenen" Material zu konfrontieren. Hier zeigen sich differenzierte Zwischenorientierungen und Bestrebungen von Frauen, über den für sie vorgesehenen Rahmen der Komplementarität hinauszugehen und mit den schrittweisen Modifikationen keineswegs zufrieden zu sein. Umbruchshoffnungen, die sich aus dem "Geist" der 40er Jahre speisen, bleiben virulent: Frauen wollen in Familie und Gesellschaft eine stärkere Mitsprache und Gleichstellung.

4.1. Soziologie und Restauration

Die Soziologie der 50er Jahre steht im Spannungsfeld von Restauration und Innovation. Ansprüche an einen Neuanfang und eine Neuordnung bleiben virulent, während die normative Konstruktion von Orientierungen für das Denken und Handeln weitgehend unter konservativen Vorzeichen und mit unreflektierten Rückgriffen auf vermeintlich bewährte Strukturen vollzogen wird. Eine "Vergangenheitsbewältigung" findet nicht statt, die personellen Kontinuitäten in Wirtschaft und Politik, im Richterstand und im Schul- und Erziehungswesen sowie in Wissenschaft und Forschung garantieren eine bruchlose Übernahme der Vorkriegstraditionen und der alten Werte und Gewohnheiten, die um Ordnung und Autorität, Hierarchie und Disziplin kreisen. Angesichts des "Kalten Krieges" und der ideologischen Verhärtungen der Systemkonkurrenz gerät die Bundesrepublik zum "Bollwerk" des Westens in Form eines "Schaufensters", das durch seinen raschen Aufbau und Aufstieg zu einer hochindustrialisierten Nation weltweit beeindruckt. Leistung und Konsum scheinen für große Massen der arbeitenden Bevölkerung in einem ausgewogenen Verhältnis zu stehen und eine "nivellierte Mittelstandsgesellschaft" zu begründen, in der alte Widerstreite und krasse Ungleichheiten befriedet und aufgehoben sind.

Die gesellschaftlichen Integrationsprobleme und sozialen Neu- und Umgestaltungsaufgaben der Nachkriegszeit prägen das Themenspektrum der Soziologie um 1950. Die Instabilität von sozialen Beziehungen, die vor allem durch die Entwurzelung großer Bevölkerungsteile entsteht, gehört zu den zentralsten Problemen. Alle drei "Schulen" bzw. großen Richtungen der Soziologie, die sich um Adorno in Frankfurt, um König[267] in Köln und Schelsky in Hamburg bilden, befassen sich mit der Balance des nötigen Wandels und der möglichen Kontinuität und richten ihre Forschungsinteressen im Gleichklang auf die Familie. Sie unterscheiden sich hinsichtlich der Intensität ihres Praxisbezugs, ihrer Problemorientierung und der Reichweite ihrer Forschungsfragen, weisen der Empirie differierende Stellenwerte zu und legen folglich die theoretische und methodologische Anlage ihrer Beiträge unterschiedlich an: Gemeinsam betreiben sie die Auseinandersetzung

> "... mit den in ihrer jeweiligen Zeit öffentlich diskutierten Prophezeihungen über Zerrüttungs oder Auflösungserscheinungen von Ehe und Familie sowie mit der Isolationsproblematik der modernen Kleinfamilie".[268]

Die Zugangsweise des Frankfurter Instituts für Sozialforschung besteht im wesentlichen darin, die politische Ökonomie bzw. das gesellschaftliche Produktionsverhältnis als objektive Basis der theoretischen und empirischen Untersuchungen zu thematisieren. Die Psychoanalyse dient als Basis für die Entwicklung von Erhebungsinstrumenten zur Erforschung von subjektiven Aktivitäten. Empirische Sozialforschung hat die Funktion, soziale Tatbestände als Resultate eines komplizierten und in sich widersprüchlichen gesellschaftlichen Spannungsverhältnisses aufzuschließen. Auf der Suche nach dem Subjekt solcher Prozesse geht es um die Auflösung von Autoritätsstrukturen, insbesondere um die Figur der Vaterautorität.[269] Das

267 Der Ansatz von König wird in den Kapiteln 3.4. und 3.5. umrissen.
268 Nave-Herz 1988:6.

heißt auch, daß es um die Frage geht, welche Söhne und Männer unter welchen Bedingungen welche Widerständigkeiten gegen traditionelle Zumutungen des Gehorsams und der Unterwerfung entwickeln könnten. Frauen spielen in diesem Denkmodell eher eine hemmende denn fördernde Rolle, solange ihre Integration in den Erwerbsbereich nicht erfolgt.[270] Das Verständnis der Kritischen Theorie über den Einfluß gesellschaftlicher Prozesse und Konstitutionsbedingungen auf die Entwicklungsmöglichkeiten von Individuen in der Familie wird recht eindimensional und deterministisch gedacht: Der "private" Bewegungs- und Gestaltungsraum gilt als abhängig von äußeren Faktoren, z.B. der Arbeitswelt und dem Berufsfeld. Da dieses an Bedeutung gewinne, verliere die Familie proportional an Gewicht, ebenso die Vaterautorität und entsprechend die restriktive Prägung der Kinder.

Die Neu- und Reorientierung, die Schelsky zusammen mit Wurzbacher, Gehlen und Freunden vornimmt, grenzt sich kritisch von abstraktphilosophischen und schwärmerisch-idealistischen Denkweisen ab. Schelsky selbst hatte aber im Kontext der nationalsozialistischen Euphorie und im romantischen Glauben an die Kraft der Volksgemeinschaft eine Sozialphilosophie begründet, die er tunlichst ignoriert und pauschal diskreditiert.[271] Der Abschied von den großen Weltanschauungen und ein "bodenständig"-pragmatischer Funktionalismus ist Ausgangspunkt für Schelskys Problemzugriff: So sensibel seine Empirie und so weitsichtig seine Prognosen auch sein mögen, sie basieren stets auf einem Menschenbild, das Unvollkommenheit, Unzuverlässigkeit und Unzurechnungsfähigkeit unterstellt. Der "Masse" wird pauschal und implizit die Schuld für das nationalsozialistische Verbrechen, für Krieg und Katastrophe zugeschrieben. Teils verächtlich, teils diskriminierend, teils besorgt und fürsorglich wird dementsprechend eine "Reduktion von Komplexität" vorgenommen, um "die Menschen" nicht zu überfordern. Das gilt für Frauen wie Männer, trifft erstere aber besonders und unverstellt. Dem Gefährdungspotential, dem die Familie nach Ansicht von Schelsky unterliegt, sei nur adäquat zu begegnen, wenn ihre verbleibenden Funktionen im "Nur-Privaten" stabilisiert würden.[272] Dazu aber müsse das binnenfamiliäre Leben von Ansprüchen und Einwirkungen der "industriell-bürokratischen Gesellschaft" geschützt werden. In diesem Zusammenhang warnt Schelsky ausdrücklich davor, die

269 Vgl. Horkheimer (1936) 1978 zur verhängnisvollen Erziehungsleistung der bürgerlichen Familie mit der hierarchischen Anordnung von Mann und Frau, Außen und Innen, Autorität und Unterwerfung.

270 Vgl. Adorno 1954 und Becker-Schmidt 1987:187ff. als grundlegende feministische Kritik an der kritischen Theorie.

271 Vgl. Schelsky 1934.

272 Vgl. Schelsky 1951:284,286.

"familienväterliche Gewalt" allzusehr der Kritik zu unterziehen: In der "primär-personengebundenen intimen Gruppe" habe die Autorität nach wie vor ihre Berechtigung: Die "familienungebundensten Jugendlichen" seien in der Vergangenheit nämlich "am organisationshörigsten" gewesen.[273] Und: Unter Hinweis auf die NS-Vergangenheit wird das "Hinausstreben" der Frau aus dem familiären Zuständigkeitsfeld perhorresziert: Die Forderung nach Gleichberechtigung sei durch "Arbeitszwang und Kriegsdienst" ins Gegenteil verkehrt worden. Es zeige sich, daß Emanzipation durch Erwerbsarbeit nicht zu realisieren sei. Denn:

> "In dem Maße, wie auch die Frauen anderer sozialer Schichten an der Arbeit in individualitätsarmen Berufen teilnehmen müssen, wird sich die menschliche Unergiebigkeit und Familienfeindlichkeit dieses Emanzipationserfolges immer mehr verdeutlichen."[274]

Schelsky sucht nach Faktoren der Stabilität und Chancen der Restabilisierung von Familie und Gesellschaft und versucht demnach bereits auf der Ebene der Theorie eine Antwort, die er später weitgehend aufrechterhält: Die kriegsbedingten Wandlungserscheinungen deuteten nicht auf Auflösungstendenzen, eher auf neue soziale Potentiale. Die Kräfte der Frauen seien nach den schlechten Erfahrungen mit der Außenorientierung in der Vergangenheit umlenkbar.[275]

Das Material, das im folgenden für die Untersuchung des Umgangs mit dem Frauenbewußtsein in dieser Dekade ausgewählt wird, beschreibt einen großen Bogen und verschiedene Facetten der Annäherung. Es läßt sich drei jeweils selbständigen Gruppen zuordnen. Sie bilden zeitlich aufeinanderfolgende Schwerpunkte der sozialwissenschaftlichen Empirie zum Frauenbewußtsein in den 50er Jahren.

I. Die erste Materialgruppe von Beiträgen aus der Zeit um 1950 setzt sich aus kleineren Arbeiten zusammen, die dem frühen Erkundungsstil von König ähneln. Es handelt sich um zwei empirische Beiträge von Amerikanerinnen über Arbeit und Bewußtsein von Frauen und zwei Stellungnahmen von deutschen Wissenschaftlerinnen für die gewerkschaftliche Frauenpolitik. Die empirischen Erhebungen von Southall/Newman (1949) und Maxson (1952) werden kurz vor und nach 1950 durchgeführt. Das sozialstatistische Verfahren, das hier zur Anwendung kommt, ist damals eine Ausnahmeerscheinung in der Soziologie. Beide Expertisen dokumentieren ihr Datenmaterial zur weiblichen Arbeitsorientierung, das für politisch interessierte Auftraggeber[276] erhoben wird, recht ausführlich,

273 Schelsky 1951:293.
274 Schelsky 1951:293.
275 Vgl. dazu besonders die Ausführungen bei Schelsky 1950:295, Anm. 11.

sind in der Kommentierung und Interpretation aber eher zurückhaltend. Das ist bei den beiden Beiträgen von Feuerstack und Harmuth umgekehrt: Hier werden für die ersten gewerkschaftlichen Frauenkonferenzen von Wissenschaftlerinnen Materialien zur Frauenarbeit und zum Frauenbewußtsein zusammengestellt. Beide Beiträge enthalten sowohl kurze Passagen, die Primärmaterial vorstellen, als auch solche, in denen ausführliche Einschätzungen von gesellschaftlich engagierten Wissenschaftlerinnen und Praktikerinnen über das Bewußtsein von Frauen präsentiert werden, unter Rückgriff auf die Vorkriegsempirie, z.B. auf Franzen-Hellersberg (1932). Die Problemdifferenzierung, Aktivität und starke Orientierung auf Neuordnung und Umbruch, die sich hier zeigt,[277] greift die Bereitschaft von Frauen zum Aufbruch und zur Innovation aus der unmittelbaren Nachkriegszeit auf und versucht, sie zu bewahren.

II. Die zweite Materialgruppe besteht aus den großen Familienstudien von Wurzbacher, Schelsky und Baumert, in denen der Funktionswandel von Familie auf das Bewußtsein und Verhalten von Frauen bezogen wird. Beide Werke lassen erkennen, daß die etablierte Soziologie sich dem Frauenbewußtsein empirisch außerordentlich reserviert annähert, um es im nächsten Schritt recht global und "freihändig" zu interpretieren.

III. Die dritte Materialgruppe besteht aus Untersuchungen von Bremme, Herrmann und Hinze. Das sind Autorinnen, die am Ende der 50er Jahre z.T. kritisch auf das Theorem vom Frauen-Familienbewußtsein zielen und die Einschätzungen von Frauen zur Beteiligung an politischen Entscheidungen und zur Berufstätigkeit von Müttern bewußt differenzierter erheben und auswerten.[278]

276 Vgl. Southall/Newman 1949, die als Sachverständige der amerikanischen Militärregierung tätig sind. Rhea Maxson führt ihre Untersuchung ebenfalls für die Militärregierung durch, erstellt die Daten aber in Zusammenarbeit mit dem DGB und für dessen Belange und Fragestellung nach der Organisationsbereitschaft von Frauen.

277 Bei dieser "Avantgarde" von Frauen, die es als ihre "Bildungsaufgabe" begreift, weitere Frauenkreise zu überzeugen, besteht gleichwohl die Befürchtung, viel zu viel sei in der Vergangenheit versäumt worden und nicht mehr aufzuholen. Diese Resignation hat Tradition und fatale Folgen: Frauenthemen sind in den 50er Jahren von einer Aura des An- und Beklagens umgeben.

278 Zur Ergänzung, Diskussion und Illustration dieser empirischen Beiträge werden für alle drei Gruppen weitere kleine zeitgenössische Untersuchungen herangezogen.

4.2. Zum Emanzipationsverständnis - Modifizierte Komplementarität

Soziale Benachteiligungen von Frauen werden in dieser Dekade nur vereinzelt thematisiert und unter dem Stichwort "Gleichstellung" zum Programm für die Umsetzung des inzwischen gesetzlich garantierten Gleichheitsgrundsatzes erklärt. Die Appelle setzen darauf, daß sich mit der Zeit und ohne Zwang eine Gleichberechtigung ergeben werde. Der diskriminierende Unterton, den die Gleichstellungsforderungen dieser Zeit implizieren, ist bis heute mit diesem Begriff verbunden: Frauen sollen sich, das ist Konsens, auf ihre gleichen Rechte besinnen, diese nutzen und "mit Leben füllen", sich ihrer würdig erweisen, den Standard von Männern aufholen, mit ihnen gleichziehen, bevor sie mehr fordern und weitere Ansprüche erheben. Ihre Aufgabe sei es, sich in das Gefüge von politischen Institutionen einzuordnen, dann sei der Weg geebnet für weitere Ziele. Diese "Restforderungen" der Frauenbewegung, denen es im wesentlichen um familien- und arbeitsrechtliche Regelungen geht, rühren eine alte Debatte sowie Ressentiments wieder auf: Zwei konkurrierende Leitbilder aus der Emanzipationsdebatte der 20er Jahre tauchen auf. Zum einen wird das Ziel verfolgt, die spezifische Qualität der Mütterlichkeit gesellschaftlich und politisch zu fördern und auf den "wesenseigenen Beitrag" abzustellen.[279] Zum anderen geht es um die Durchsetzung von gleicher Qualifikation, die mit dem Gleichwerden, Sich-Gleichstellen und der Aufhebung von Geschlechtsspezifika negativ konnotiert wird.

> "Das eine Leitbild ist aus der ... qualifizierenden Berufstätigkeit abgeleitet und birgt, wie bereits gesagt, die Gefahr in sich, durch Absehen von der Wesenseigenart der Frau ihrer Ersetzung durch den Mann wieder den Weg zu ebnen und so ihren eigenen Anspruch ad absurdum zu führen. - Dieser Gefahr unterliegt das zweite Leitbild nicht, das gerade aus der Besonderheit der Frau seinen Anspruch ableitet und damit vielleicht eine Begrenzung ihrer Mitarbeit auf bestimmte Gebiete und in bestimmtem Umfang Vorschub leistet, ohne dabei jedoch im Prinzip ihren Gleichberechtigungsanspruch aufzuheben oder zu verlieren."[280]

Zugestanden wird eine außerhäusliche Beschäftigung der Frau, wenn sie die Hierarchie und Priorität nicht verschiebt, sich also im Rahmen einer ergänzenden Tätigkeit der Geschlechter bewegt. Nur ein auf Gegenseitigkeit beruhendes Wirken, das miteinander stattfindet, ineinandergreift, in unterschiedlichen Bereichen, die aufeinander angewiesen sind, aber jeweils

279 Vgl. Bremme 1956: Vorwort, 100ff., 217ff., 227f.
280 Bremme 1956:228.

Selbständigkeit zulassen, sei Emanzipation. Diese modifizierte Komplementarität ist ein gemäßigter Weg der Emanzipation, der beides, Familie und Beruf, zuläßt, dem Primärbereich aber eindeutig das Übergewicht zuweist.

Mit der Vorstellung, die Emanzipation finde in der Familie statt, versuchen vor allem Schelsky und Wurzbacher zu Beginn der 50er Jahre ein deutliches Gegengewicht zu den Egalisierungsbestrebungen der 40er Jahre zu setzen. Sie vertreten explizit ein Konzept der Ergänzung. Dieser Komplementaritätsgedanke findet sich auch bei Baumert (1954). Der Gedanke der arbeitsteiligen Ergänzung ist hier aber modifiziert und flexibler, konstatiert zwar Komplementarität als gegenwärtigen Zustand, verfolgt aber implizit ein Konzept der Emanzipation durch Erwerbsarbeit, das ein Modell für die Zukunft sei. Eine Kombination von Egalität und Ergänzung findet sich auch bei den frühen Expertisen zum Frauenarbeitsbewußtsein: Die Erwerbstätigkeit gilt als Weg für Frauen, gesellschaftlich relevante Felder zu besetzen; erst auf dieser Basis gebe es eine politische Partizipation. Die späten Beiträge der 50er Jahre entsprechen den real beobachteten Brüchigkeiten in der als harmonisch idealisierten Zweigeschlechtlichkeit mit dem Konzept einer modifizierten Komplementarität, die die geschlechtsspezifische Trennung von Zuständigkeitsbereichen für Frauen relativiert.

4.3. Intensität der weiblichen Familienanbindung?

Das folgende Kapitel fragt zunächst nach dem Hintergrund und erkenntnisleitenden Interesse der Untersuchungen zum Bewußtsein von Frauen in den 50er Jahren: Es geht der Soziologie um einen Beitrag zur Bewältigung der nach wie vor virulenten Kriegsfolgen und anstehenden Aufgaben der gesellschaftlichen Reorganisation und Rekonstruktion. Die sozialen Verwerfungen und ideellen Orientierungsverluste, die als Folgen von Zerstörung, Niederlage und "Flüchtlingsströmen" große Integrationsprobleme aufwerfen, verlangen nach Konzepten und Leitideen. Die zentrale Aufgabenstellung der Soziologie besteht nach ihrem eigenen Bekunden darin, das soziale Chaos ordnen zu helfen. Der Blick auf das Frauenbewußtsein ist durch dieses Anliegen geprägt und richtet sich indirekt an Frauen als Trägerinnen wichtiger Funktionen einer sozialen Re-Integration. Es geht um die Familie als vorrangige Konfiguration des Soziallebens. Die Sorge um den Bestand dieser Institution wächst aufgrund steigender

Scheidungsziffern, sinkender Geburtenquoten und einer auffälligen Verkleinerung von Familien auf ihren Kern. Da scheint es geboten, eine bewährte Anordnung zu empfehlen:

Die Überantwortung der Versorgung und Betreuung der nachwachsenden Generation wird in die Hände von Frauen gelegt, Vätern/Männern wird der Part der materiellen Existenzsicherung zugeschrieben. Die Frage nach der Familienbindung und den innen- und außenbezogenen Einstellungen und Haltungen von Frauen gewinnt von daher an Bedeutung; das Forschungsinteresse richtet sich auf das Frauenbewußtsein, um zu erkunden, wie stabil bzw. labil die Bindung an und Orientierung auf die Privatsphäre sind.

In diesem Zusammenhang gewinnt die Frage nach der Emanzipation, nach der Erwerbsorientierung und nach dem angestrebten Status an Bedeutung. Die ohnehin als bedroht geltende Kleinfamilie verlange den ungeteilten Einsatz der Mutter, meinen die einen. Andere vertreten die Position, berufliche Erfahrungen machten Hausfrauen organisatorisch tüchtiger und sozial kompetenter, Kinder zu erziehen und Ehekrisen zu bewältigen. Die Haltung von Frauen gewinnt an Brisanz: Werden und wollen sie ihre wichtigen Schlüsselfunktionen im Rahmen der Reproduktion und Regeneration von Familien dauerhaft wahrnehmen, das heißt, Kinder gebären und aufziehen, Familien gründen, versorgen und die Solidarität zwischen den Generationen aus- und einüben? Oder streben sie hinaus, in die Politik und Erwerbstätigkeit?

I. Die erste Gruppe der vier kleineren Untersuchungen stellt die Frage nach wesentlichen Grundzügen des Frauenbewußtseins in den 50er Jahren direkt "vor Ort", im Betrieb: Frauen selbst äußern sich zu Fragen des Frauenarbeitsbewußtseins und zu ihrem Einsatz in der Industrie. So soll das demokratische Potential der weiblichen Beschäftigtengruppe, ihr wirtschaftliches und gesellschaftliches Gestaltungsziel, erkundet werden.[281] Die Autorinnen sind mit der auftraggebenden amerikanischen Militärregierung einig über "die Bedeutung der Frau im Wiederaufbau des Nachkriegsdeutschlands"[282] und teilen deren makroperspektivischen Blick auf das wirtschaftliche Wachstum und die politische Demokratisierung.

281 "In fast allen Ländern findet mit Bezug auf die Stellung der Frau in der Wirtschaft, der Arbeiterbewegung, der Verwaltung und der Gemeinden wieder eine große Veränderung statt. Eine kluge amerikanische Frau bemerkte kürzlich: 'Das Volk, das es versteht, die vorhandene Arbeitskraft der Frau voll auszunutzen, wird das stärkste Volk der Welt sein.' Die Russen sagen immer wieder: 'Gebt uns die Frauen und die Jugend und ihr könnt die Männer behalten.'" Southall/Newman 1949:1.

282 Southall/Newman 1949:1.

II. Die zweite Materialgruppe mit den beiden großen Untersuchungen zur deutschen Familie nähert sich dem Frauenbewußtsein indirekt und auf Umwegen. Schelsky und Wurzbacher erschließen sich über die Fragen nach den De- und Restabilisierungsvorgängen in Familienverbänden Zugänge zum Verhalten und Denken von Frauen. Baumert will vorrangig der Dynamik von Auflösungserscheinungen der Familie als Folge äußerer Einflüsse nachgehen und dabei die internen Funktionsverschiebungen untersuchen. Er interessiert sich nur in diesem Rahmen, ähnlich wie Schelsky und Wurzbacher, für das Bewußtsein von Frauen als Mütter, Haus- und Ehefrauen und fragt insbesondere nach Veränderungen des Selbstverständnisses und der tradierten Rollenzuweisungen. Seine Aufmerksamkeit zielt auf den Wandel, auf Innovationen, auf eine Öffnung bzw. Auflösung von Familienrollen. Baumert will Lockerungs- und Abkehrtendenzen von autoritär strukturierten sozialen Gebilden aufspüren, um das Potential für eine liberale Gesellschaft zu prüfen. Schelsky und Wurzbacher geht es eher um die Identifizierung von Anknüpfungspunkten für Stabilisierungsmöglichkeiten im Frauenbewußtsein.

III. Die dritte Materialgruppe fragt facettenreicher und direkter: Frauen selbst werden mit differenzierten Instrumentarien "in Gespräche verwikkelt". Gabriele Bremme geht es um ihr politisches Interesse, die Art und den Grad ihrer Teilhabebereitschaft. Daß Frauen für die Familie hauptverantwortlich sind, ist unstreitige Basis, ihre Beschränkung auf diesen Bereich wird jedoch zum Problem und Thema der Forschung gemacht: Hedwig Herrmann fragt deshalb nach der Vielschichtigkeit von Erwerbsmotiven und nach dem Interesse an außerhäuslicher Tätigkeit, das auch Mütter jenseits der "Notmotive" haben. Damit ist eine neue und zunächst umstrittene Aufmerksamkeitsrichtung eingeschlagen, die von Edith Hinze fortgesetzt wird. Sie thematisiert ausführlich den Zwiespalt, in den Frauen geraten, die neben der Familienarbeit beruflich tätig sind und erkundet Formen der Vereinbarkeit.

Die Fragestellungen der 50er Jahre sind damit erheblich breiter ausgefächert, sie scheinen viel von dem nachzuholen, was in der Nachkriegszeit nicht thematisiert werden konnte. Auf Basis einer Ergänzungsvorstellung, die zunehmend relativiert wird, differenzieren sich die Fragen, die zunächst vor allem auf das gesellschaftspolitische Partizipationsinteresse zielen, langsam aus: Während Schelsky und Wurzbacher das Frauenbewußtsein in der familiären Binnenstruktur detailliert erkunden, sucht Baumert nach den wechselseitigen Dynamiken von Außen und Innen, insbesondere nach den Folgen für das Selbstverständnis der Frauen. Diese Optik wird von nachfolgenden Untersuchungen vertieft: Bremme, Herrmann und

Hinze nehmen sich der lange vernachlässigten Frage nach den "anderen" Interessen an, nämlich jenen, die Frauen neben der Familie haben und verfolgen (möchten). Gleichzeitig befassen sie sich eingehender als alle vorhergehenden Untersuchungen mit den psychischen Zwiespältigkeiten und organisatorischen Alltagsprobleme von Müttern, beide Bereiche zu kombinieren. Die Vereinbarkeitsfrage tritt damit auf den Plan: Sie avanciert langsam zu einem sozialwissenschaftlichen Thema.

4.4. Monographien und Befragungen

Die hier einbezogenen Untersuchungen bieten einen Einblick ins Frauenbewußtsein als Arbeits-/Familienbewußtsein und als Interesse an gesamtgesellschaftlicher Partizipation. Es handelt sich um Beiträge, die methodologisch dem damals üblichen Standard im Hinblick auf eine Nachvollziehbarkeit unterschiedlich gut entsprechen. Die Untersuchungsdesigns beziehen sowohl qualitative als auch quantitative Erhebungsebenen ein und ermöglichen eine Auswertung, die relativ komplex angelegt ist. Auffallend ist, daß bei allen AutorInnen das Element einer Methodenkombination einen hohen Stellenwert hat. Überwiegend haben sie das Verständnis, daß die Realität nur dann halbwegs zutreffend abgebildet werden kann, wenn gleichzeitig "mehrere Fenster" geöffnet und die Themengegenstände aus unterschiedlicher Blickrichtung erschlossen werden.

I. Kennzeichnend für die Forschungsmethoden der ersten Materialgruppe in dieser Zeit sind Erhebungen, die nicht nur Frauen, sondern auch ExpertInnen befragen, die beruflich mit Müttern, Erwerbstätigen, jungen Mädchen zu tun haben. Sie beschreiben aus dem professionalisierten Blickwinkel einer politischen oder gewerkschaftlichen Interessenvertretung, welche Einstellungen Familienfrauen, Mütter und Alleinstehende zum Thema "Familie oder/und Erwerb" entwickeln. Das ist in den 50er Jahren in Anlehnung an die Vorkriegszeit noch ebenso üblich wie die relativ distanzlose und unkritische (Über-)Bewertung von ExpertInnenmeinungen. Deren Aussagekraft ist retrospektiv betrachtet begrenzt und dokumentiert weitgehend den gesellschaftlich konsentierten Diskurs übers Frauenbewußtsein. Typisch für dieses Vorgehen ist die in weitere Erkundungen eingebettete Gesprächsreihe, die Southall/Newman (1949) als Sachverständige über die Chancen bzw. Barrieren für Frauen in der deutschen Wirtschaft durchführen. Sie trennen in ihrem Bericht nicht durchgängig die Einschätzungen, die Frauen selbst abgeben von jenen, die andere über sie äußern.[283]

Rhea Maxson (1952) erreicht mit ihrer schriftlichen Umfrage 1951 immerhin cirka 1000 Frauen in Betrieben mit einer überwiegend weiblichen Belegschaft, läßt aber in ihrem Fragebogen nur geschlossene Antwortmöglichkeiten zu.[284] Sie sind streng auf das damals akzeptable Soll zugeschnitten, erheben die Normgerechtigkeit und lassen nur vorsichtige Rückschlüsse auf das tatsächliche Frauenbewußtsein zu.[285] Die beiden anderen Beiträge von Käthe Feuerstack (1952) und Thea Harmuth (1955) bewegen sich protokollierend und dokumentierend in Weiterbildungsseminaren und Gewerkschaftskreisen, präsentieren ihre Eindrücke und Erfahrungen weitgehend assoziativ, binden sie aber in eine außerordentlich differenzierte Theoriedebatte ein. Diese greift streckenweise ausführlich referierend auf den Erkenntnis- und Diskussionsstand der 30er Jahre zurück und präsentiert damit einen Diskurs über das Frauenbewußtsein zwischen Wissenschaftlerinnen und Praktikerinnen in der wiederentstehenden Gewerkschaftsbewegung. Die unterschiedlichen methodischen Zugänge dieser ersten Materialgruppe erlauben nur in ihrer Querschau vorsichtige Rückschlüsse auf das Frauenbewußtsein um 1950.[286]

II. Die zweite Materialgruppe mit den großen Familienuntersuchungen von Wurzbacher (1951) und Schelsky (1953) sowie Baumert (1954) enthält ebenfalls völlig verschiedene methodische Verfahren und begriffliche Annäherungen ans Frauenbewußtsein. Die empirische Basis der Familienstudie von Schelsky besteht aus 167 Monographien über Familien, die von 120 Studierenden ab 1949/50 über einen längeren Zeitraum beobachtet

283 Southall/Newman befragen in Einzel- und Gruppengesprächen mehr als 150 ExpertInnen, darunter cirka 100 "führende Frauen". Flankierendes Material wird durch Betriebsbesichtigungen, Beobachtungen und Sondierungen auf verschiedenen Ebenen gewonnen. Die Untersuchung wird in 7 größeren Städten und insgesamt cirka 100 Betrieben des amerikanischen Sektors durchgeführt; vgl. Southall/Newman 1949:8ff.

284 Vgl. den ausführlichen Bericht bei Herrmann 1957:22-29 und die kritische Diskussion dieser Resultate bei Sommerkorn 1988:124.

285 Zum Beispiel wird die Aussagekraft der Befragung eines großen Samples durch rigide Vorgaben beeinträchtigt: 807 ledige, 131 verheiratete und 125 alleinlebende Frauen können als Gründe für ihre Erwerbsarbeit alternativ nur angeben, daß sie entweder a) für den eigenen Lebensunterhalt oder b) für den eigenen Lebensunterhalt und den der Angehörigen oder c) aus besonderen Gründen erfolgt; vgl. Herrmann 1957:23.

286 Feuerstack hat keine Möglichkeit bzw. verzichtet ebenso wie Harmuth, Schanzenbach u.a. darauf, Vorträge als wissenschaftliche Veröffentlichungen zu präsentieren. Ihre Materialbasis ist relativ schmal, aber nicht weniger akzidentiell zusammengesetzt wie die von Schelsky 1953 und Wurzbacher 1951.

werden.[287] Sie setzen in ihrem Bekanntenkreis "verschiedenste Methoden der sozialen Bestandsaufnahme" ein.[288] Mit Instrumenten der Soziographie werden z.B. De- und Restabilisierungsvorgänge in Flüchtlingsfamilien erkundet, um die Wirkungen des Vertreibungsschicksals auf die Familienverfassung festzustellen.[289] Das Material wird von beiden Autoren intensiv im Hinblick auf die innerfamiliäre Situation und Stellung der Frau ausgewertet, ohne daß die differenzierten Erhebungsmethoden deutlich gemacht werden. Während Wurzbacher zumindest in seinen Berichtspassagen zitiert, wertet Schelsky pointiert aus, ohne daß er seine weitreichenden Schlußfolgerungen empirisch belegt.[290] Die Familienmonographien werden pauschal als Belege für umfassende Schlußfolgerungen über das Frauenbewußtsein herangezogen, die Vorstellungen, die Frauen tatsächlich haben, bleiben eher verstellt.[291]

---

287 Vgl. Schelsky 1953:44f. Die Methode und Durchführung dieser empirisch-monographischen Untersuchung wird bei Wurzbacher 1951 beschrieben. Dort findet sich dasselbe Material bereits ausführlicher dokumentiert und nach anderen Aspekten ausgewertet. Die Autoren gewinnen ihre Daten aus Unterlagen, die unerfahrene Studierende aus cirka vier verschiedenen Übungen zu empirischen Methoden zusammentragen. So berichtet z.B. Gerhard Völker von der Beliebigkeit der Auswahl von Familien für seine Monographien: Er beschrieb sein Elternhaus und die Familie seines Onkels. Die Monographien, die er mir zur Verfügung stellte, enthalten über lange Passagen Versuche, die Ordentlichkeit, Geregeltheit und gemeinsame Anstrengungsbereitschaft der Gatten zu dokumentieren. Das "Bild der Interessenverteilung" ordnet die relevanten Lebensentscheidungen und Politikinteressen beim Mann, den "Kleinkram" bei der Frau an und kommentiert alle Konstellationen wohlwollend, die die Hierarchie der Geschlechter wahren; vgl. Völker 1949. (Eigene Recherchen im Archiv der heutigen Hochschule für Wirtschaft und Politik und Gespräche mit Teilnehmern dieser Erhebung.)

288 Schelsky 1953:45 nennt hier z.B. Fragebogen, Schedulesystem, soziometrische Wertungen, offene Interviews, Erlebnisbeschreibungen, strukturelle Analysen.

289 Vgl. Schelsky 1953:46.

290 Zur Methode der Auswertung vgl. Schelsky 1953:53-55, insbesondere die Rolle des "repräsentativen Zitats" (54) und der Deutung (55) im Unterschied zu Auswertungsverfahren.

291 Völker (Jg. 1925) notiert unter der Rubrik "Einstellung und Verhalten zu Politik und Staat", daß der Mann interessiert am politischen Leben sei. Der außenpolitischen Entwicklung gelte seine Aufmerksamkeit. Er hoffe auf eine friedliche Bereinigung der politischen Gegensätze und eine Aufhebung aller Zonenschranken innerhalb Deutschlands. Parteipolitisch sei er nie gebunden gewesen, aber "die Nachkriegszeit hat aus der Abwehrstellung gegen die alliierten Maßnahmen heraus nationale Gedankengänge gefördert." Seine politische Grundeinstellung sei sozialistisch, er gehöre der Gewerkschaftsbewegung an. "Frau Schmidt teilt die Einstellung ihres Gatten im wesentlichen, ist aber nur im geringeren Maße interessiert." Es gehörte nicht

Baumert geht erheblich systematischer und so vor, daß das Kriterium der Nachvollziehbarkeit erfüllt ist. Die Untersuchung erschließt sich über vielfältige Zugänge einen Überblick über die äußeren Entstehungs- und Entwicklungsbedingungen von familialen Strukturen. Das Untersuchungssample ist - bezogen auf die Auswahlkriterien - für die Region repräsentativ, insgesamt sind weit mehr als 1000 im städtischen und ländlichen Bereich wohnende Familien der Region in die Erhebungen einbezogen. Je cirka 500 Fragebögen aus der Stadt und aus dem Umland gehen in die Auswertung ein.[292] Die quantifizierenden Oberflächenerhebungen werden bewußt durch qualitativ orientierte Recherchen ergänzt, z.B. durch Familienberichte und Niederschriften von Kindern und Jugendlichen über ihr Elternhaus, Schilderungen über das Familienklima und Zusatzberichte der Mitarbeiter, die die Befragung durchführen.[293] Das vielgestaltige Material bietet Einblick in Wechselbeziehungen zwischen Bevölkerungsbewegung, wirtschaftlicher und politischer Struktur, Institution und Geschichte der regionalen Entwicklung. So wird eine sorgfältige Vorbereitung der repräsentativen Auswahl von Stadt- und Landfamilien für die Befragung möglich.[294] Die Antworten auf Verhaltens- und Einstellungsfragen bleiben nach Baumert notwendig der Oberfläche verhaften.[295] Sie werden daher z.B. durch Familienberichte, "die zwar im Gegensatz zur repräsentativen Befragung keine Quantifizierung, dafür aber eine sehr tiefreichende qualitative Analyse erlaubten"[296], ergänzt.

Die Kombination von "objektiver" und "subjektiver" Untersuchungsebene, von qualitativer und quantitativer Analyse, wird systematisch durchgehalten. Die Untersuchung der Regionalstruktur, die gesamtgesellschaftliche wie sozialstatistische Faktoren einbezieht, dient als vorbereitende "Rahmenhandlung". Die Befragungen, Familienberichte und detaillierten Einschätzungen der Mitarbeiter des Projektes über die Lebensweise, Haushaltung, Wohnkultur und häuslichen Klimata vermitteln einen differenzierten Einblick in damalige Verhältnisse. Insbesondere die Auswertung des umfangreichen objektiven und subjektiven Datenmaterials ist prototypisch für eine theoriegeleitete Empirie, die partikulare Erkenntnisse systematisch in den Gesamtzusammenhang stellt. Der Übergang von Daten

zu den Aufgaben der Studenten, die Frauen nach ihrem eigentlichen Interesse an Politik und Staat zu fragen.

292 Vgl. Baumert 1954:221ff.

293 Vgl. Baumert 1954:XII.

294 Zum Erhebungsbogen für die Befragung von Familien vgl. Baumert 1954:223ff. Er besteht aus 40 Fragen, die z.T. sozialstatistische Daten erkunden, größtenteils aber auf individuelle und soziale Befindlichkeiten und Umgangsweisen abheben.

295 Vgl. Baumert 1954:XII.

296 Baumert 1954:XII.

zum Frauenbewußtsein zur "großen" Emanzipationstheorie "Egalität" erfolgt allerdings recht unvermittelt.

III. Die dritte Materialgruppe[297] setzt sich aus empirischen Erhebungen von Autorinnen zusammen, die z.T. an die Standards von Baumert anknüpfen und z.T. die Repräsentativbefragung aufnehmen und fortführen, die zu Beginn der 50er Jahre begonnen wurde.[298]

Die Erhebungen von Bremme finden auf fünf verschiedenen Ebenen statt: Ihre Materialsammlung bei Parteien, die damals im Bundestag vertreten sind, ergänzt sie durch Gespräche mit "61 Schlüsselpersonen"[299], politisch aktive Frauen in Bonn. Die "gelenkten Gespräche", durchgeplante, gleichzeitig aber elastische Befragungen, erkunden Fakten, Einstellungs- und Verhaltensweisen auf Basis von Biographien. Sie enthalten Einschätzungen zum Frauenbewußtsein und beleuchten anhand der politischen Laufbahn jene Motive, die zur Ausübung einer politischen Tätigkeit führten und dazu beitrugen, Krisenphasen durchzustehen.[300] Als weitere Materialienquelle benutzt Bremme Hand- und Jahrbücher der politischen Parteien und des Bundestags, Sitzungsberichte, Parteitagsprotokolle und alle sonstigen Veröffentlichungen, welche sich einschlägig zur Frage des politischen Bewußtseins und der politischen Beteiligung von Frauen äußern. Als letzte Erhebungsebene wird schließlich auf die schriftlichen und mündlichen Informationen verwiesen, die sie durch teilnehmende Beobachtungen (Besuch von Bundestagssitzungen, Verbandstagungen) und solche Veranstaltungen gewonnen hat, in denen es um die politische Stellung und "Bewußtheit" der Frauen in der Bundesrepublik geht.

Herrmann präsentiert ihre Auswertung einer schriftlichen Befragung von erwerbstätigen Frauen mit folgenden Worten:

> "Zu einem Verständnis für das Leben dieser erwerbstätigen Frauen ist es notwendig, nicht nur über diese Probleme zu diskutieren, sondern auch mit den 'Betroffenen' selbst ins Gespräch zu kommen. Um dieses Ziel zu erreichen und - bei voller Wahrung der Anonymität des einzelnen - ein möglichst wahrheitsgetreues Bild von der gegenwärtigen Situation zu erhalten, habe ich im Winterhalbjahr 1954/55 unter Mitwirkung der Betriebe eine schriftliche Befragung durchgeführt, deren Ergebnisse im Nachfolgenden gesondert aufgezeigt werden sollen."[301]

---

297 Die einzelnen Titel finden sich im Kapitel 4.4. zu den Methoden aufgeführt.

298 Vgl. Herrmann 1957:23, die die Ergebnisse von Maxson "mit den verschiedenartigsten Kreisen von Frauen" diskutiert und dabei zu neuen Interpretationen kommt.

299 Bremme 1956:17f.

300 Vgl. Bremme 1956:18.

301 Herrmann 1957:105.

Darin drückt sich ein bewußt naher und direkter Zugang zum Frauenbewußtsein aus. Herrmann will ähnlich wie Bremme und Hinze von den erwerbstätigen Frauen selbst erfahren, wie ihr Leben in der Doppelbelastung aussieht.[302] Parallel führt sie eine Befragung von Männern zu deren Ansichten über die Erwerbstätigkeit von verheirateten Frauen durch.[303] Hinze geht den Einstellungen und Einschätzungen noch erheblich detaillierter nach. 1955/56 befragt sie schriftlich cirka 1000 erwerbstätige Berliner Mütter, die überwiegend zwei und mehr Kinder haben, nach den Vor- und Nachteilen ihrer Lebensweise.

Damit ist im Laufe der Dekade eine Methodenentwicklung erfolgt, die sich über die bevorzugten Erhebungsfelder beschreiben läßt: Um 1950 stehen der Betrieb und das Frauen-Arbeitsbewußtsein im Zentrum, danach konzentrieren sich die großen Familienstudien bis zur Mitte des Jahrzehnts auf die Privatsphäre, und schließlich wird zum Ende der fünfziger Jahre beiden Bereichen und der doppelten Anbindung von Frauen Rechnung getragen.

4.5. Zurück zum "deutschen" Frauenfamilienbewußtsein?

Das Frauenbewußtsein dieser Dekade macht, lesen wir es auf der Folie der empirisch festgehaltenen Zustandsbeschreibungen, erhebliche Schwankungen durch:

Die frühen Untersuchungen um 1950 zeigen, daß Frauen sich in einer aktiven Umbruchsstimmung befinden, Neuordnungshoffnungen hegen und im beruflichen und familiären Bereich materielle und immaterielle Anstrengungen unternehmen, um den Wiederaufbau zu bewerkstelligen. Sie tun das, obwohl ihnen viele Behinderungen in den Weg gelegt werden. Die großen Familienstudien, die Mitte der 50er Jahre erscheinen, beschreiben die objektiven Funktionskreise und subjektiven Selbstverortungen von Frauen. Sie stellen beide eine intensive Verflechtung von weiblichen Identitäten mit dem familiären Nahbereich fest. Schelsky sieht darin die Restabilisierung einer bewährten Haltung. Baumert interpretiert dieses Phänomen als eine noch wirksame, aber im Abbau befindliche Orientierung, die

302 In die Auswertung gehen 773 Fragebögen ein. Der Fragebogen befindet sich bei Hinze 1960:150ff. (Anhang).

303 In die Auswertung gehen 325 Fragebögen ein. Der Fragebogen befindet sich bei Hinze 1960:153ff. (Anhang).

sich mit der Zeit insbesondere durch das zunehmende Außen- und Erwerbsinteresse sowie die ansteigende Erwerbsbeteiligung von Frauen auflösen werde. Ende der 50er Jahre reflektieren die kleineren Untersuchungen die Lebensbereiche von Frauen umfassender und entdecken Tendenzen zu einer Zwischenorientierung. Die bisher weitgehend tabuisierte Freude von Frauen am Beruf wird dokumentiert und in einem spannungsreichen Verhältnis zu ihren Familieninteressen gesehen. Frauen selbst lassen Ausschließlichkeitsansprüche der einen oder anderen Seite weniger gelten und versuchen, zunächst nacheinander, dann gleichzeitig, familiäre und berufliche Belange zu vereinbaren.

I. Alle Beiträge der ersten Materialgruppe konstatieren, daß erwerbstätige Frauen sich im Betrieb mit erheblichen Hindernissen konfrontiert sehen: Southall/Newman hören wiederholt, daß zwar der weibliche Anteil an den Wiederaufbauleistungen anerkannt, der Anspruch von Frauen auf gute Arbeitsplätze aber streitig gemacht werde. Ein wichtiges Einzelergebnis lautet, daß Frauen, besonders jene, die in qualifizierten und verantwortungsvollen Positionen tätig sind, von männlichen Kollegen und Vorgesetzten behindert werden; ähnlich wird ihnen bei politischen Aktivitäten in der Gemeinde begegnet. Aktive weibliche Gewerkschaftsmitglieder hätten die schwierigste Aufgabe zu lösen, weil sie an mehreren Fronten gleichzeitig agierten. Es falle ihnen besonders schwer, neben der familiären Versorgungs- und Berufstätigkeit auch noch ihre eigene Emanzipation und die ihrer Kolleginnen voranzubringen.[304] Weder in der Ausbildung und Beschäftigung noch in der Politik und Öffentlichkeit ("Gemeinde") werde Frauen ein gebührender Platz eingeräumt, der es ihnen erlaube, gleichberechtigt an den Entscheidungen im Rahmen des Wiederaufbaus teilzuhaben und die neue Gesellschaft kreativ mitzugestalten. Dem dringenden Wunsch von Frauen, dieses zu tun, stünden scheinbar unüberwindliche materielle und vor allem ideologische Hindernisse entgegen. Allein und einzeln könnten sie diese nicht überwinden, stützende Organisationen für Frauen gebe es aber nicht: Frauenverbände, wie sie in den USA üblich seien, existierten nicht, die Schulen bereiteten Frauen in keiner Weise auf "gelernte und verantwortungsvolle Arbeit" vor und Politiker wie Arbeitgeber verhielten sich ebenso väterlich-wohlwollend wie distanziert. Dabei würden Frauen nach eigenem Bekunden gerne erheblich aktiver sein.[305] Alte Traditionen eines autoritären Führungsstils hierarchischer und patriarchaler Organisationen seien dringend zu revidieren: Offenbar werde in diesem "Old Germany" nur die "nackte Not" als ein legitimer Grund für die

304 Vgl. Southall/Newman 1949:20.
305 Vgl. Southall/Newman 1949:19ff.,25.

Erwerbstätigkeit von Frauen anerkannt; Frauen hätten zwar dieses Motiv, aber auch eine Reihe weitergehender Ansprüche, Interessen und Kompetenzen, auf deren Realisation die neue Gesellschaft nicht verzichten könne und dürfe.

Um weibliche Erwerbs- und Gestaltungsmotive geht es auch in der Untersuchung von Rhea Maxson. Von den 1063 befragten Frauen sind 294 Mütter; neben allgemein akzeptierten Existenzsicherungs- und Notmotiven werden von ihnen weitere Beweggründe genannt, die auf Unabhängigkeitsbestrebungen verweisen.[306] Wie Southall/Newman streitet Maxson um mehr Akzeptanz und persönlichen Spielraum für Frauen. Angesichts der ökonomischen und sozialen Unsicherheit verlangten und benötigten Frauen mehr Freiraum für ihre berufliche Entwicklung und Qualifizierung. Die Untersuchung zeigt insgesamt, auch wenn sie sich hinsichtlich ihrer empirischen Belege zum Frauenbewußtsein nur schwer entziffern läßt, daß die Orientierung von Frauen auf einen Umbruch der Verhältnisse, auf mehr ökonomische Selbständigkeit und auf eine Erweiterung ihrer Entscheidungsspielräume gerichtet ist.

Ihre Ergebnisse bestätigen die massiven Barrieren, die Frauen in den Weg gelegt werden: In den Betrieben und am Arbeitsplatz, von Seiten der Gewerkschaften, des Betriebsrats, der Geschäftsleitung, der Kollegen und z.T. auch der jüngeren Kolleginnen wird den "gestandenen" Frauen die Selbstbehauptung als Erwerbstätige erschwert, obwohl mehr als 50% von ihnen die einzigen Einkommensträgerinnen ihrer Familien sind.[307] Allein 40% der Verheirateten nennen "besondere Gründe" für ihre Erwerbstätigkeit und halten sich mit präziseren Angaben zurück.[308] Tatsächlich finden sich, obwohl noch Mangelwirtschaft herrscht, zahlreiche Hinweise auf gesellschaftliche Diskriminierungen der erwerbstätigen Frauen.[309] Sie hätten darunter zu leiden, wenn das Haushaltseinkommen nicht ausreiche, aber auch darunter, daß sie - insbesondere als Mütter - außerhäuslich tätig seien. Weder von den Befragten noch von der Autorin wird das Leitbild der Familienmutter hinterfragt, aber vorsichtig relativiert.[310]

306 Vgl. Maxson 1952:20ff.

307 Vgl. Maxson 1952: 20ff.

308 Diese Daten sind, obwohl sie noch eine recht global auswertende Aufteilung vornehmen, häufig herangezogen worden, um eine zunehmende Selbständigkeit von Frauen in ökonomischer u.a. Hinsicht zu belegen: Baumert sieht z.B. in der steigenden Erwerbsbeteiligung von Frauen eine grundsätzliche Wandlung ihrer ökonomischen Stellung und Ansätze für mehr Selbstbewußtsein; vgl. Baumert 1954:61f.,181f.

309 Die Untersuchung ist in ihrer Zeit wenig beachtet und berücksichtigt worden. Sie wird z.B. ausgewertet bei Baumert 1954:61; Herrmann 1957:22f.; Ulshoefer 1969:20; Prokop 1976; Sommerkorn 1988:124f.; Milz 1989.

310 Herrmann geht den "besonderen Gründen" kritisch nach, weil sie vermutet,

Auf den ersten gewerkschaftlichen Frauenkonferenzen werden diese Befunde aufgenommen und in die Debatte um Wiederaufbau und Emanzipation integriert. Käthe Feuerstack, Thea Harmuth und Martha Schanzenbach greifen das Akzeptanzproblem auf, verweisen auf Diskriminierungsvorgänge und eine zu große "Bescheidenheit und Zurückhaltung" von Frauen. Sie arbeiten deren Bedarf an Aus- und Weiterbildung heraus: Käthe Feuerstacks Beitrag enthält einen historischen Rückblick auf das "alte Frauenbewußtsein", der vergleichende Einschätzungen zum aktuellen Frauenbewußtsein vornimmt, das sie aus Erfahrungen in der Bildungsarbeit kennt. Daraus entwickelt sie Überlegungen für eine "Theorie" der Bewußtseinsentwicklung, die die "Wandlung der Arbeitsmethoden" durch Rationalisierungsmaßnahmen in der Industrie, aber auch im durchorganisierten Alltagshandeln, als Ausgangspunkt neuartiger Erfahrungen und Bewußtseinsprozesse begreift.

Feuerstack sieht die Familienanbindung der Frau als "erste Pflicht", hält es aber für unverantwortlich, ihre Kraft lediglich im privaten und familiären Feld zu binden. Das "Zeitenschicksal" gebiete und ermögliche es, ihrem "Drang nach Lebensfülle" zu entsprechen. Einerseits gebe es zwar starke Beharrungstendenzen, sich als "kleines Rädchen im Getriebe" oder "Objekt der Verhältnisse" zu begreifen und "geduldige Leidensfähigkeit" und Schicksalsergebenheit an den Tag zu legen. Andererseits existiere aber ein stabiles "berufsbegründetes Selbstbewußtsein", das auf dem Wissen um die besondere Eignung und Befähigung beruhe.[311] Diese Tendenzen gelte es gegen die Kleinmütigkeit und Geringschätzung auszubauen, denn: Weibliche Kompetenzen, wie z.B. die Kraft, gemeinschaftsbildend zu wirken, Gleichrangigkeit zu praktizieren, selbstlos zu hegen und zu pflegen, formend und gestaltend tätig und ruhender Pol zu sein, seien von großer Berufsrelevanz. Die technische Entwicklung befördere eine "moderne Arbeitsvorgangsverteilung", ein "Ineinanderarbeiten" und "Voneinanderabhängen", ein "gemeinsames Interesse am sachlichen Gelingen" und "neue Gemeinschaftskräfte".[312] Da Frauen über diese Fähigkeiten bereits verfügten und sie produktiv einsetzen wollten[313], sei die Gesellschaft auf sie angewiesen, müsse aber auch eine entsprechende "Geburtshilfe" durch Schule und Bildung vornehmen.[314]

daß vor allem verheiratete Frauen unter dem normativen Druck, primär für die Familie zur Verfügung stehen zu sollen, Legitimationsprobleme haben; vgl. Herrmann 1957:23.

311 Vgl. Feuerstack 1952:10ff.,15,17.

312 Feuerstack 1952:15ff.,21.

313 Unstreitige Voraussetzung ist, daß die Erledigung der häuslichen Pflichten gewährleistet ist!

314 Feuerstack 1952:15.

Auch Thea Harmuth und Martha Schanzenbach bekräftigen 1955 auf der 2. Frauenkonferenz des DGB, auf der es in Vorträgen und Debatten vorrangig um die Ledigen, Alleinstehenden und Kriegerwitwen geht, daß Erwerbsarbeit zentraler Lebensinhalt für Frauen und insbesondere dann als selbstverständliche Tatsache zu akzeptieren sei, wenn ihnen der "Mutterberuf" und ein "erfülltes Dasein" als Hausfrau aufgrund des "Männermangels" versagt seien. Aus den Protokollen zu den Frauenkonferenzen der Einzelgewerkschaften, insbesondere der IG Metall und ÖTV sowie des DGB geht hervor, daß die Forderungen nach gleichem Lohn und zeitlichen Entlastungen überhört bzw. diskreditiert werden, aber dennoch der Neuordnungsanspruch und die Umbruchshoffnungen von Frauen zu Beginn der 50er Jahre noch kraftvoll und optimistisch sind. Die heftigen Debatten um die Festschreibung der Gleichberechtigung würden zugunsten von Frauen ausgehen, meinten die politisch Aktiven damals. Sie gaben allerdings nicht die Vorstellungen vom "Mutterberuf" als der eigentlich weiblichen Hauptverantwortung auf, modifizierten die Komplementaritätskonzepte zwar erheblich, negierten sie aber nicht. Nicht nur privat, auch beruflich und gesellschaftlich sollten Mann und Frau auf ihren je spezifischen Feldern tätig sein. Das hat letztlich dazu beigetragen, Frauen in Bereiche abzudrängen, die als "weiblich", also minderwertig und nachrangig, gelten. Der "Anspruch auf verantwortlichen Dienst", den qualifizierte Frauen anmelden, weil sie

> "nicht immer nur die ewige Sekretärin bleiben (wollen), die ewige Laborantin, die ewige Operationsschwester, also die als unentbehrlich geschätzte, aber niemals in letzter Instanz verantwortliche Zuarbeiterin des Mannes",[315]

ließ sich unter dieser Prämisse, die prinzipielle Trennung weiblicher und männlicher Arbeitsfelder anzuerkennen, nicht einlösen.

II. Die zweite Materialgruppe der großen Studien über die deutsche Familie erhebt zwar das Frauenbewußtsein nur am Rande, zieht aber weitreichende Schlüsse über dessen Zustand, die Emanzipationsbestrebungen und -grenzen. Das gilt insbesondere für Schelskys Analysen, die den Diskussionsprozeß in der Soziologie der 50er Jahre und in der Familiensoziologie nachhaltig prägten. Die "Darstellung und Deutung" der "empirisch-soziologischen Tatbestandsaufnahme" von den "Wandlungen der deutschen Familie in der Gegenwart" wird als zeitlich begrenzte Realitätsbeschreibung gewürdigt.[316] Seine Ausführungen zum Frauenbewußtsein, das er vorrangig auf die Hege und Aufrechterhaltung primärer Sozialbeziehungen bezogen

315 Feuerstack 1952:22.
316 Vgl. die Kritik von Baumert 1954:166f.,184ff.

beschreibt, sollen hier wegen der großen Bedeutung, die sie erlangten, vorgestellt werden:

Die Emanzipation der Frau solle, so Schelsky, in der Familie stattfinden. Steigende Anforderungen an die Ausbildung der Kinder und die berufliche Behauptung des Ehemannes machten im Inneren ein solidarisches Zusammenstehen erforderlich. Das führe zu kooperativen Beziehungen und einem Bedeutungszuwachs von Frauen. Im "Gattenverhältnis" setze sich eine Statusnivellierung im Zuge einer schichtenübergreifenden Angleichung von "Familienverfassungen" durch:

> "Erhebungen der gegenwärtigen deutschen Verhältnisse (weisen) ein annähernd gleiches und weitaus überwiegendes Vorhandensein partnerschaftlicher Familienverfassungen in allen Schichten (mit Ausnahme des Bauerntums) nach: Wie fast alle der gekennzeichneten Wandlungen der deutschen Familie können wir auch den Abbau der institutionalisierten väterlichen Autorität und seine Folgen bei den Arbeitern, Angestellten, Beamten aller Schichten, bei den Gewerbetreibenden genauso wie bei den akademischen Berufen gleichmäßig feststellen. Der Zug zur sozialen Nivellierung unserer Gesellschaft zeigt sich also auch in der Vereinheitlichung der Autoritätsstruktur der Familie."[317]

Schelsky begreift diese Konstellation als ein Ergebnis des allgemeinen sozialen Aufstiegsstrebens von Familien in der mittelstandsorientierten Gesellschaft, in der Frauen eine neue Aufgabe und Bedeutung entwickeln. Kompetenz und Autorität verbleiben in der Familie. Sie haben sich nicht nach außen verlagert. Nun fragt sich, wer über sie verfügt. Die extrahierten Strukturtypen von Familie, die Schelsky und Wurzbacher übereinstimmend auf Basis ihrer Erhebungsmaterialien als überwiegend partnerschaftlich bezeichnen, sprechen der Frau im Binnenraum einen entscheidenden Statuszuwachs zu. Es könne überhaupt keinen Zweifel darüber geben, daß alle Wandlungen

> "auf eine Verselbständigung, eine Gleichberechtigung und eine Erhöhung des sozialen Gewichts der familiären und gesellschaftlichen Rolle der Frau hinausgelaufen sind".[318]

Entscheidend sei, daß diese "natürliche Familienautorität" gestärkt werde, wenngleich sie sich real neu verteile und eine Verselbständigung der Frau bzw. eine allgemeine Steigerung ihres sozialen Gewichts bedeute, die teilweise zu Problemen ehelicher Machtverteilung führe.[319]

In diesem Modell stört nur ein Faktor: das Bestreben von Frauen nach immer mehr Eigenständigkeit. Es bedrohe in dem Moment, wo es sich außerhäuslich zu realisieren versuche, die Regenerationsfunktion der

317 Schelsky 1953:334f.
318 Schelsky 1953:335.
319 Vgl. Schelsky 1953:336; Wurzbacher 1951.

Familie. Zum einen, so Schelsky in kluger Abwägung, die auf Kompromisse zielt, sei den Ansprüchen von Frauen im Binnenraum von Ehe und Familie großzügig entgegenzukommen. Dies sei der Ort für weibliche Belange der Selbstverwirklichung, hier müßten daher in Anlehnung an die "Kameradschaftsehe" gleichrangige Binnenbeziehungen praktiziert werden. Er nennt diese - orientiert an dem von Wurzbacher entdeckten Leitbild - eine "gleichrangige Gefährtenschaft" oder "Partnerschaftsehe".[320] Unter Rückgriff auf Emanzipationskonzepte der 20er Jahre versucht er zu belegen, daß die repressiven Lebensbedingungen von Frauen nicht mehr existierten. Emanzipation heute bestehe in der Ausweitung des weiblichen Einfluß- und Machtbereichs in der Familie, die das Wirken des Mannes im Außenfeld und des Vaters im Inneren ergänze, partnerschaftlich flankiere und kooperativ begleite. Wichtig ist für Schelsky die Feststellung, daß diese Familienverfassung eine gemäßigte Form der Vaterfamilie bleibe. Die Relativierung und Neuverteilung der innerehelichen Machtverhältnisse habe der Ehefrau und Mutter eine Autoritätsposition neben dem Vater verschafft:[321]

> "Sie repräsentiert heute in höherem Maße als früher das für die Familie vorbildliche und vollkommene Gemeinschaftsverhalten, sie hat schwerere und umfangreichere Aufgaben und Leistungen für die Familie übernehmen müssen als früher, und schließlich ist sie heute vielfach deutlicher und einsichtiger die Wahrerin der familiären Gesamtinteressen als der sozial entwurzelte Mann. Daß diese Autoritätsverschiebung zwischen den Gatten häufig konfliktlos vor sich gegangen ist und in den meisten Fällen keineswegs aus einem individuellen Emanzipationsstreben der Frau stammt, diese stillschweigende und konsolidierende Anerkennung der gewandelten Autoritätsgewichte, ist das beste Anzeichen für ihren natürlichen Ursprung aus der Intimität der Gruppe und sichert ihre Fruchtbarkeit für die Selbstbehauptung der Familie."[322]

Aus diesen Gründen wendet Schelsky sich gegen "außerhäusige" Emanzipationsansprüche. Unter dem Titel "das soziale Dilemma der Frau"[323] versteht er die Widersprüchlichkeit im Bewußtsein und Handeln, sowohl "hinausstrebende" als auch häuslich angebundene Interessen zu haben. Das ist nach Schelsky aus vielerlei Gründen gefährlich und verhängnisvoll: Vor allem für die Familienangehörigen, aber auch für "die Frau selbst", wie Schelsky zu sagen pflegt, entstünden daraus "nicht nur physische, sondern auch seelische Überbelastung und Erschöpfung".[324] Das spezifisch Weibliche drohe so zu verschleißen.

---

320 Schelsky 1953:332, vgl. auch 1951:150f. Hier wird der "problematische Vorranganspruch der Frau" als unumkehrbar angesehen.

321 Vgl. Schelsky 1953:307.

322 Schelsky 1953:333.

323 Schelsky 1953:335ff.

324 Schelsky 1953:345.

Folgen wir Schelsky, dann ist zumindest für die Frau das Leben in der "Intimität der kleinen Gruppe", also der Familie, gegenüber dem "individualitätsarmen, modernen Berufsschicksal" jenes Rückzugsgebiet, das einzig und allein ihrer Persönlichkeitsgestaltung verbleibt. Wiederholt bezieht er bei seinen Bemühungen, den Emanzipationsbestrebungen zu widersprechen, eine empirische Untersuchung von Gottschalk ein, die anhand von Erhebungen in Dänemark zeige,

> "daß die Frau in die Ehe und Familie hineinstrebt, weil sie in ihrem rein häuslichen Dasein mehr Spielraum für ihre Individualität und die Entlastung von der Disziplin industrieller Berufstätigkeit erwarten kann".[325]

Weil die Tätigkeit der Hausfrau und Mutter eher vorindustriellen Produktionsweisen angehöre, insoweit universaler und weniger normativ durchstrukturiert sei, stehe die Frau hier in einem Raum voller Emanzipationsmöglichkeiten, der Gestaltung und Entscheidung biete. Also gibt er warnend zu bedenken:

> "Weitere Versuche, soziale Unterschiede zwischen Männern und Frauen abzubauen, könnten die Wurzeln unserer Zivilisation erschüttern."[326]

Frauen fühlten sich einerseits angezogen, andererseits abgestoßen von den Strapazen.[327] Daher sei ihre Konzentration auf die Familie geboten, zumindest vorerst und mittelfristig. Langfristig werde sich der Trend, Frauen, Kinder und alle gewachsenen sozialen Beziehungen der äußeren "Rastlosigkeit abstrakter Organisationen"[328] zu unterwerfen, nicht aufhalten lassen. Bis dahin gelte es, die besonderen Qualitäten des Weiblichen für Wärme und Solidarität im familiären Binnenraum zu nutzen.

Ähnlich wie in der etwas später veröffentlichten Darmstädter Gemeindestudie erweist sich hier die den Frauen zugeschriebene Familienorientierung als Ausgangspunkt und Resultat einer empirischen Untersuchung, die mehr oder weniger legitimatorisch zum Zweck der Illustration von ohnehin gefestigten Überzeugungen über das, was Frauen wollen sollen, herangezogen wird. Möglicherweise beruht darauf ihre Zugkraft: Sie knüpft an verbreitete Deutungsmuster und Denkstrukturen im Zusammenhang mit den Kämpfen um und gegen die Emanzipation an und hat es nicht schwer, eingängige Leitmotive zur Rolle der Frau als "Heimbewahrerin" und Mutter in der feindseligen Welt einer "modernen industrialisierten Gesellschaft" zu formulieren. Diese sozialwissenschaftliche Funktionsbestimmung dünkt sich deckungsgleich mit dem Interesse von Frauen, die, so die Behauptung,

---

325 Schelsky 1953:343.
326 Schelsky 1953:344.
327 Vgl. Schelsky 1953:345.
328 Schelsky 1953:335f.

der gesetzten Norm gerne entsprächen und z.B. die "frauliche Gleichberechtigung" innerhalb der Familie anstrebten, weil sie hier ihre "mütterliche Fürsorglichkeit" ungestört von äußerlichen Zweckbestimmungen der bürokratisch-industrialisierten Organisationen entfalten könnten. Mit dem pragmatischen Geschick funktionalistischer Theorie wird der Statuszuwachs von Frauen festgeschrieben und in alte ideologische Gebäude "eingemauert", um die hermetischen Trennungen zwischen männlichen und weiblichen Sphären aufrechtzuerhalten. Bis heute wird diese ins Korsett des Funktionalismus gepreßte Empirie als Beleg für ein Familienbewußtsein und den "Rückzug von Frauen in die Familie" der 50er Jahre zitiert.[329] Die Wirkung dieses Komplementaritätskonzeptes verdankt sich wesentlich einem Denken in der Strukturkategorie des Geschlechts und deren Differenzierung nach gesellschaftlichen Aufgabenfeldern, Funktionen und Verhaltensweisen, Fähigkeiten und Eigenschaften. Das sich ergänzende Rollenspiel von Frau und Mann entwickelt ideologische Zugkraft in einer Zeit, in der die sozialen Verhältnisse durch äußere Einflüsse bedroht, zerrissen und strapaziert sind. Insbesondere die langandauernde Abwesenheit von Männern, deren Kriegsgefangenschaft und Invalidität, politische Belastung, Evakuierung und Flucht sowie Ansiedlung in einer sozial und kulturell völlig fremden Umgebung führen zu materiellen Problemen und ideellen Irritationen, die nach normativem Halt drängen. Die Suche nach Orientierungsleistungen und Handlungsanleitungen, die die herkömmlichen Gewohnheiten im Denken und Handeln für die Gegenwart reformulieren, ist groß. Da die Emanzipationsbestrebungen der Frauenbewegungen nach damaligem Verständnis immer eine potentielle Infragestellung der Institution Familie sind, werden sie diffamiert.

Baumert stellt wie Schelsky eine Festigung des familiären Zusammenhalts fest, beurteilt diese jedoch als temporäre Erscheinung. Die grundsätzliche Tendenz einer Relativierung familiärer Bande werde durch die besonderen Nachkriegsbedingungen und Aufbauerfordernisse in Familien überdeckt. Familie als gesellschaftliche Institution verliere bzw. relativiere ihre Verbindlichkeit und Bedeutung für Männer, Frauen und Kinder. Ihr hoher Status, den sie durch die staatliche Instrumentalisierung, die etatistischen Eingriffe und Steuerungsversuche der Diktatur sowie in der Phase des Zusammenbruchs und nachfolgenden Elends um und nach 1945 eingenommen habe, sei von vorübergehender Natur und vergänglich. Baumert rechnet damit, daß sich die normative Verbindlichkeit von Familie, Ehe, Elternschaft, Rolle der Generationen im Reproduktionsprozeß lockern werde. Dem Druck, neuartigen und intensiveren Ausbildungsanstrengungen und Bildungsnachweisen genügen zu müssen, welcher sich insbesondere im

329 Vgl. Modelmog 1989:231ff.

Rahmen der Einführung und Durchsetzung neuer Technologien ergebe, wollten die Familien bewußt entsprechen. Unübersehbar sei zudem, daß sich zunehmend auch junge Frauen auf diese Bildungsansprüche einstellten.[330]

Baumert und Hünniger unternehmen wir Schelsky den Versuch, ihre Daten über innerfamiliale Beziehungen mit Hilfe von sozialpsychologischen Kategorien auszuwerten und drei verschiedene Familientypen zu fixieren. Dabei ordnen sie nahezu die Hälfte der beobachteten Einheiten in die Gruppierung "Familien mit wenig ausgeprägten Merkmalen der einen oder der anderen Art" (184 Fälle). Schwächer vertreten ist die Gruppierung "Familien mit .. Merkmalen einer Tendenz zur Gleichrangigkeit der Ehepartner" (99 Familien) sowie die mit der Kennzeichnung "Familien mit Merkmalen einer starken Dominanz des Mannes" (104 Familien). Die Typisierung bezieht sich auf Stadtfamilien und faßt Angaben zur Entscheidung über das Einkommen, über die Kindererziehung und deren Ausbildung, über die Beteiligung des Ehemannes an der Hausarbeit, über den Einsatz von Prügel als Erziehungsinstrument und die Anteilnahme von Frauen am Beruf oder an den Interessen des Ehemannes zusammen.[331] Vorsichtig wird verallgemeinert, daß die väterliche Vorrangstellung inzwischen weitgehend eingeschränkt sei. Zwar präge männliche Entscheidungsdominanz nach wie vor den Umgang mit dem Einkommen und der schulischen Laufbahn der Kinder, sie werde aber von Frauen in diesen Punkten anerkannt. Die Tendenzen zur "Gleichrangigkeit" der Ehepartner seien unverkennbar gestärkt. Baumert läßt die wenigen Fälle einer eindeutigen Dominanz von Müttern in die Gruppierung mit einer Gleichrangigkeit eingehen. Interessant ist die Aufschlüsselung dieser Fälle: Die Merkmalsausprägung "Dominanz des Mannes" scheint deutlich mit dem Einkommen zu steigen. Die Erwerbstätigkeit der Frau aber durchbricht diesen Status:

> "Unabhängig von der Höhe des Einkommens des Mannes oder von der Höhe des Familieneinkommens zeichnen sich Familien, in denen die Frau berufstätig ist, stets durch Merkmale einer Tendenz zur Gleichrangigkeit aus."[332]

Baumert sieht Egalität durch Erwerbsarbeit als Möglichkeit, konstatiert für die Gegenwart aber ein Beharrungsvermögen traditioneller Orientierungen.

330 In diesem Punkt unterscheiden sich das Ergebnis und die Einschätzung von Baumert und Schelsky aufgrund der Differenzierung, die die sozialstatistische Aufbereitung der Daten im Darmstädter Institut erlaubt. Schelsky nimmt keine Auffächerung der Altersklassen vor und scheint überwiegend Familien, also auch Frauen, der mittleren und älteren Generation in seine Untersuchungen einbezogen zu haben.

331 Vgl. Baumert 1954:161f.

332 Baumert 1954:164.

Um die Tendenz zum Bewahren und um einen spezifischen "Konservativismus" im Frauenbewußtsein weiß Adorno schon in seiner Einleitung zu Baumert (1954). Obwohl die Auswertung nur in wenigen Fällen explizit darauf hinweist, welche Unterschiede zwischen den Einstellungen von Männern und Frauen bestehen, hebt Baumert z.B. "lobend" hervor, daß Männer zur Frage, ob Ehescheidungen und "freie Ehen" sowie uneheliche Mutterschaft erleichtert und gesellschaftlich akzeptiert werden sollten, eine recht unbefangene positive Einstellung hätten, die auf eine liberale Haltung schließen lasse. Frauen wichen davon ab, hielten sich zurück und priorisierten "klare Verhältnisse", hegten wenig Sympathie für ein freies Zusammenleben, es sei denn, die Legalisierung der Beziehung führe zu Einbußen materieller Art.[333] Diese Zurückhaltung wird als Indiz für eine konservativere Einstellung gewertet. Daß Frauen im Unterschied zu Männern existentielle Gründe haben, mit Unsicherheit und Angst auf Scheidung und ledige Mutterschaft zu reagieren, wird nicht bedacht.[334] Die Kommentierung dieser Daten zeigt, daß jedes geschlechtsspezifisch differenzierte Verständnis fehlt.[335] Eine der relevantesten Differenzierungen, die Baumert zur Präzisierung seiner Einschätzung über Frauen und das Frauenbewußtsein vornimmt, ist die Unterscheidung nach verschiedenen Altersgruppen.[336]

Da Familienverbände ihre Stabilität aus dem gemeinsamen Aufstiegsstreben und der Orientierung auf ökonomische Sicherheit gründeten, spiele die Erwerbstätigkeit von Frauen zunehmend eine große Rolle. Insbesondere die weiblichen Jugendlichen konzipierten ihre Berufstätigkeit bereits als Selbstverständlichkeit, die vor, aber auch während der ersten Jahre der Ehe ausgeübt werden solle. Die jungen und jüngeren Frauen äußern sich durchweg kritischer zu herkömmlichen Konventionen, haben vor, einen Beruf zu erlernen, wollen ökonomische Selbständigkeit für sich und entwickeln Vorstellungen der Parität über das Verhältnis der Ehepartner und die gegenseitige Aufgabenteilung.[337]

Die Untersuchung dokumentiert insofern, daß Frauen der jüngeren und mittleren Altersklassen aktiv sind, um ihre Gleichberechtigung voranzutreiben. Sie tun dies weniger öffentlich bzw. öffentlichkeitswirksam, mehr

333 Die sog. Onkelehe war ein Resultat der Regelung, daß Kriegerwitwen ihre Rente einbüßten, wenn sie die Verbindung legalisierten

334 Obwohl: Das Heiratsverhalten der Altersgruppen ändert sich: Jüngere Männer und ältere Frauen gehen Ehen ein; die Scheidungsziffern, die nach 1945 in die Höhe schnellen, liegen Anfang der 50er Jahre immer noch weit über dem Vorkriegsstand; vgl. Baumert 1954:29, 31.

335 Baumert 1954:177.

336 Sie geht in der Rezeption der Untersuchung weitgehend verloren, obwohl sie ausgesprochen aussagekräftig ist.

337 Vgl. Baumert 1954:181,153

im Privatbereich. Um in ihrem Hauptarbeitsfeld von Haus und Familie ihre Position zu verbessern, setzen sie sich mit Männern, Kindern und der älteren Generation auseinander: Das innerfamiliale Machtgefüge ändert sich im Verlauf dieses Ringens um Einfluß. Bei einer bemerkenswerten Anzahl von Frauen zeigt sich eine Alltagspraxis, in der das Dominanzstreben des Ehegatten/Vaters offen oder verdeckt unterlaufen wird, Hausarbeitsverpflichtungen entschieden reduziert und so die Möglichkeiten erweitert werden, als Familienfrau berufstätig zu sein.[338] Denn, so der Originalton von Adorno im Vorwort:

> "Wichtig ist jedenfalls auch der Anteil der Frauen an der materiellen Versorgung der Familie. Je mehr sie zu dieser als selbständige, vom Mann unabhängige Wirtschaftssubjekte beitragen, desto mehr schrumpft die Basis ihrer traditionellen Einordnung in die patriarchal orientierte Familie."[339]

Die theoretische Prognose der Auflösung bzw. des "Zerfalls traditionaler Formen des gesellschaftlichen Seins und Bewußtseins"[340] generalisiert stark. Die einzelnen Phasen des behaupteten Wandels weisen weit über die 50er Jahre hinaus. Adorno greift z.B. auf einige Daten zurück, um den Umbruch zu einem zunehmend zweckorientierten Verhalten auch bei Frauen zu illustrieren: Hohe Scheidungsziffern, verändertes (zögerliches) Heiratsverhalten, Beschränkungen auf die kleine Kernfamilie seien Anzeichen dafür, daß die Familie keineswegs eine "naturhaft-beständige" Einheit sei.[341] Familie entwickele sich von der Solidargemeinschaft weg zu einem Zweckverband. Das entspreche den von außen gesetzten Anforderungen, Lebensentwürfe eher auf Basis von eigennützigen rationalen Erwägungen zu planen als sich auf traditionale Vorgaben zu verlassen. Die Vormachtstellung der Männer, so der Grundtenor von Adorno, bröckelt, - ohne irgendein Zutun der Frauen:

> "Der Rückgang der Vaterautorität wird dabei keineswegs durch den bewußten Willen der Frauen veranlaßt. Diese wirken vielmehr, wie es sozialpsychologisch nicht überraschen kann, eher retardierend, während die stets noch aufgrund ihrer

338 Daß Frauen sehr aufwendige Arbeit tun, um ein angemessenes häusliches Milieu zu garantieren, ist bei der Auflistung und Kommentierung des sozialstatistischen Materials dokumentiert; vgl. Baumert 1954:81,86ff. (3 Beispiele der Lebenshaltung); die minimale technische Ausstattung der Haushalte mit Kühlschrank und Waschmaschine führt dazu, daß Frauen sich dringend eine "amerikanische" bzw. moderne Einbauküche wünschen (115 u. 117). Hier zeigen sie ein großes Interesse, von der Mühsal der Hausarbeit und der Anbindung loszukommen, um sich andere Lebenskreise zu erschließen.

339 Adorno 1954:VII.

340 Adorno 1954:VI.

341 Vgl. Adorno 1954:VI.

Stellung im Produktionsprozeß weniger 'irrationalen' Männer eben darum auch weniger zäh an den Begriff der Autorität sich klammern."[342]

Frauen kommen dieser Untersuchung zufolge als Akteurinnen, welche den Prozeß des Umbruchs vorantreiben, kaum vor. Ihr Anteil wird eher als klein bzw. retardierend und hinderlich begriffen: Die Schwächung der väterlichen Vormachtposition in der Familie, die Trennungsaktivität von Frauen, ihre abnehmende Gebärbereitschaft, ihre in der Untersuchung auf vielfältige Weise dokumentierte erweiterte, umfangreiche Hausarbeitsleistung, mit der sie eine optimale materielle Versorgung der Familie bewerkstelligen, zählt nicht als Beitrag zur Veränderung. Weder Baumert noch Adorno mögen darin eine bedeutsame Aktivität von Frauen erkennen. Für sie ist jeder Familien- bzw. Hausfrauen- und Hausarbeitsbezug verdächtig, rückwärtsgewandt, konservativ und potentiell restaurativ. Dagegen setzen sie übereinstimmend ihre progressiven Hoffnungen auf eine weibliche Erwerbsbeteiligung in der Zukunft.

Die frühe Familienstudie von Baumert überzeugt durch diese begründete Prognosen, die allerdings erst in den nachfolgenden Jahrzehnten, kaum in den 50er Jahren greifen. Das gilt auch für das Frauenbewußtsein in seiner Perspektive auf Emanzipation: Nicht hier und heute wird nach Anknüpfungspunkten gesucht, sondern in der (fernen) Zukunft; der Prozeß wird nicht konkret angeschoben, sondern als Vorgang, der sich "im Laufe der Zeit", im Zuge der Entwicklung wie von selbst ergeben werde. Frauen selbst gelten nicht als die Subjekte dieser Bewegung. Hintergrund dieser Sichtweise ist ein Egalisierungsbegriff, der die Emanzipation der Frau durch Erwerbstätigkeit quasi automatisch kommen sieht. Frauen werden als Objekte gesetzt, für die die ökonomische Selbständigkeit und Teilhabe an der materiellen Versorgung der Familie die Voraussetzung einer gleichen Rangstellung ist. Diese Instrumentalisierung paßt eigentlich nicht ins Konzept der Kritischen Theorie, die den Menschen mit widersprüchlichen, widerspenstigen, lebendigen und kreativen, produktiven Potenzen ausgestattet begreift und dies frühzeitig, was ihr Verdienst ist, bei der Umsetzung von Befreiungsperspektiven mitdenkt. Vor der Kategorie Geschlecht und den Differenzierungen, die diese nötig macht, kapituliert jedoch auch sie, obwohl sie über das "Handwerkszeug" verfügte, Emanzipation als vielgestaltigen Weg zu denken und nicht stur dem revolutionären Pathos des Produktionsarbeitsbezugs unterzuordnen.[343]

---

342 Adorno 1954:VII.

343 Vgl. z.B. Negt/Kluge 1982. Becker-Schmidt 1987:187 setzt sich kritisch mit der Thematisierung bzw. Nichtthematisierung von Geschlechterdifferenzen in der Kritischen Theorie auseinander.

III. Es gibt neben diesen groß angelegten Untersuchungen, die über Jahre erstaunlich einhellig und unkritisch referiert werden und die familiensoziologische Debatte z.T. lange dominieren, mehrere kleine, meistens von Frauen durchgeführte Studien, die weitgehend unbeachtet bleiben oder nur am Rande notiert werden. Diese Veröffentlichungen enthalten Einsprüche, Kritiken und Differenzierungsversuche zum aktuell befestigten Leitbild der "Familienfrau", Gattin und Mutter, aber auch zur Festlegung der Frau auf das andere Extrem, unbedingt erwerbstätig zu sein, um sich zu emanzipieren.

Diese Untersuchungen zeigen, daß jede eindeutige Zuordnung der Bewußtseinslage die Realität verfehlt.[344] Jenseits aller Geradlinigkeiten bei Mehrheiten und normgerecht familienbezogenen Haltungen, die überwiegen, verweisen sie auf Modifikationen. Das Frauenbewußtsein trägt, das zeigt sich auch hier, generell Merkmale einer Doppel- bzw. Zwischenorientierung und richtet sich gleichzeitig auf Beruf und Familie. Bei den meisten Frauen entwickelt sich diese Gleichzeitigkeit in einer ungleichartigen Gewichtung. Erwerbstätigkeit ist relevant, aber Familie bedeutet in der Regel mehr, hat zumindest über lange Phasen das größere Gewicht. Sie genießt Priorität und kann darauf rechnen, von den Frauen als der Bereich angesehen zu werden, in dem sie die Hauptverantwortung übernehmen, zumindest dann, wenn prekäre Situationen durch ihre Sorgearbeit aufgefangen werden können. Und: Frauen sind mit ihrer Lage meistens unzufrieden, kritisch, auch selbstkritisch und enttäuscht, daß "man" es immer noch so schwer hat.

Gabriele Bremme, die ab 1954 empirische Erhebungen zur aktiven und passiven politischen Partizipation von Frauen unternimmt, zeigt detailliert auf, daß das Alltagsgeschäft der Politik sich der Belange der hier tätigen Frauen nicht oder nur peripher annimmt. Darum gebe es so wenig Politikerinnen. Bremme sieht die Ursachen der subjektiven und objektiven Hindernisse für eine faktisch gleichberechtigte politische Mitwirkung von Frauen vor allem darin, daß ihnen erst relativ spät das Recht auf freie Koalition und politische Partizipation eingeräumt wurde. Jetzt seien alle Themen und Plätze von Männern besetzt. Eine Folge sei, daß Frauen von ihrem Wahlrecht weniger Gebrauch machten als Männer, daß die Wahlbeteiligung von Frauen größeren Schwankungen unterworfen sei und daß ihre Wahlfreudigkeit oder Wahlmüdigkeit jeweils extremer ausfalle als bei Männern.[345] Bremme schließt daraus, daß Frauen "wählerischer" sind[346] und

344 Vgl. Prokop 1976:12ff. und Bovenschen 1979:60f.

345 Im untersuchten Zeitraum (1919-1953) sind solche Ausschläge weiblicher Wahlbeteiligung für die Wahlgänge nach 1918, 1919, 1932/33 und für die ersten Wahlgänge nach 1946 feststellbar; vgl. Bremme 1956:65, 37f.

"daß der turnusmäßig wiederkehrende politische Machtkampf der Parteien .. das Interesse der weiblichen Wahlberechtigten findet, wenn es sich um wesentliche politische Entscheidungen handelt, die an Grundfragen der staatlichen und gesellschaftlichen Ordnung und damit auch des persönlichen Schicksals der Frauen rühren".[347]

Inzwischen habe sich eine "generelle Annäherung der weiblichen Wahlbeteiligung an die der männlichen Wahlberechtigten" ergeben.[348] Bremme schließt auf einen "politischen Reifungsprozeß"[349], der sich als allmählicher Gebrauch und als Durchsetzung des Frauenstimmrechts in den nachwachsenden Frauengenerationen manifestiere[350],

"so daß mit fortschreitender beruflicher Integration der Frauen eine weitere Angleichung im Sinne einer Steigerung ihrer Wahlbeteiligung zu erwarten ist".[351]

Die Berufstätigkeit ist die entscheidende Variable: Je qualifizierter die Ausbildung und Tätigkeit von Frauen, desto intensiver seien sie aktiv und passiv politisch tätig.[352] Berufstätige Frauen seien weniger "organisationsscheu" als Familienfrauen. Insbesondere hohe Bildungs- und Qualifikationsgrade erleichterten die Entscheidung, politisch aktiv zu werden.[353] Berufstätigkeit hat für Bremme die Funktion, Frauen den Schritt von der "Primärgruppe Familie" in Sekundäreinheiten zu erleichtern.

Der Frauenanteil auf den verschiedenen Stufen der politischen Machtpyramide nehme auf dem Weg nach oben dramatisch ab. Die volle Integration von Frauen in die politische Gesamtverantwortung sei also weder quantitativ noch qualitiativ gelungen.[354] Die Formen der politischen Mitarbeit von Frauen, ihre Arbeits- und Einflußgebiete, lägen nämlich vorrangig auf dem Feld der Kultur- und Sozialpolitik. Auf dieses Gleis wollten aber viele Frauen sich nicht schieben lassen.[355] Die verordnete Spezialisierung

346 Vgl. auch ihren Hinweis auf Lazarsfeld: "Men are better citizens, but women are more reasonned; they are not interested, they do not vote." Zit. nach Bremme 1956:39.

347 Bremme 1956:65.

348 Die Wahlbeteiligungsdifferenz ist seit Mitte der 50er Jahre insbesondere bei den jüngeren Altersgruppen beiderlei Geschlechts kleiner geworden. Die ältere Generation weist nach wie vor erhebliche Unterschiede in der Beteiligung von Männern und Frauen auf.

349 Vgl. Bremme 1956:44 u. 66.

350 Ein Hinweis auf Hamburg sagt, daß hier die Wahlbeteiligung von Frauen durchgängig auffallend hoch ist; vgl. Bremme 1956:42, Fn. 17.

351 Bremme 1956:66.

352 Vgl. Bremme 1956:64f.,220f.

353 Zur politischen Übereinstimmung mit dem Ehemann vgl. Bremme 1956:99,101,176, 37f. Der höchste weibliche Mitgliederanteil ist bei der SPD zu verzeichnen.

354 Vgl. Bremme 1956:217ff.

widerstrebe dem Anspruch auf Gleichheit in Beruf und Politik. Andererseits existiere der Anspruch, eine zeitlich begrenzte Mitarbeit auf selbst gewählten Gebieten und in einem Umfang zu leisten, welcher parallel die Versorgung der Familie erlaubt.[356] Bremme hält beide Wege für passabel, registriert sie als Leitideen mit unterschiedlichen Prioritätssetzungen, sympathisiert aber deutlich mit dem Weg der kontinuierlichen Vereinbarung von Familie und Politikberuf.[357]

Um die Überwindung der Kluft zwischen dem Nahbereich und der Öffentlichkeit geht es auch in den folgenden Untersuchungen von Herrmann, Hinze u.a.. Das Aus-dem-Haus-Gehen wird als emanzipativer Schritt begriffen.

Hedwig Herrmann stellt 1957 teils defensive, teils offensive Behauptungsversuche von Frauen fest, die erwerbstätig sind und gleichzeitig Familienaufgaben wahrnehmen. Sie fragt Frauen zum Für und Wider ihrer Erwerbstätigkeit und findet in und neben wirtschaftlichen Motiven eine Reihe von individuellen Beweggründen, die mehr oder weniger offen benannt werden und um die Unzufriedenheit mit dem häuslichen Dasein kreisen. Frauen begreifen es zwar als eine Beschränkung, ein Leben lang auf Haushalt und Familie festgelegt zu sein, trauen sich aber offenbar nicht, dies laut zu sagen. Vor allem die jüngeren und mittleren Generationen drängen darauf, zumindest zeitweise erwerbstätig zu sein. Dafür nehmen sie Anstrengungen und Überlastungen in Kauf, die angesichts damaliger Wochenarbeitszeiten und Verkehrsnetze, Hausarbeits- und Versorgungstätigkeiten erheblich sind.[358] Bedeutsam ist, daß Herrmann die Probleme, die daraus entstehen, als Aufgaben der Gesellschaft, nicht der Männer begreift, also nicht allein den Müttern anlastet.[359] Nach Meinung der befragten Frauen liegen die Vorteile ihrer außerhäuslichen Erwerb-

355 Vgl. auch die kritischen Anmerkungen zu Schelskys Konzeption der Ausdifferenzierung von Interessen und der Entwicklung von Interessensgegensätzen unter Frauen; vgl. Bremme 1956:43 u. 55.

356 Vgl. Bremme 156:150,228.

357 Vgl. Bremme 1956:110. Öffentliches politisches Profil gewinnt das spezifisch weibliche Unzufriedenheitspotential in den 50er Jahren auch aus folgendem Grunde nicht: Frauenpolitik ist mittlerweile weitgehend ausgebootet worden. AnsprechpartnerInnen sind rar. Die große Masse der Wählerinnen verhält sich nach dem "Weimarer Muster", wählt christlich-konservativ und damit just jene Parteien, die gegen das passive und aktive Wahlrecht für Frauen eintraten und sich jetzt gegen den Gleichberechtigungsgrundsatz und gegen die höhere Erwerbsbeteiligung von Frauen aussprechen. Dieser "Treppenwitz" der Geschichte ist bisher in der wissenschaftlichen Literatur kaum analysiert worden.

358 Vgl. Herrmann 1957.

359 Vgl. die Typisierung bei Herrmann 1957:20ff. und ihre Ergänzungsvorstellungen 1957:1f.

stätigkeit im Gehalt, mit dem sich die Lebensbedingungen verbessern. Als Nachteil werden körperliche Anstrengungen und die abendliche Beanspruchung im Haushalt sowie Probleme in der Familie, insbesondere hinsichtlich der Betreuung der Kinder genannt.[360] Das ruft Unzufriedenheiten hervor.

Herrmann beobachtet das Bestreben von Frauen nach Anerkennung außerhalb ihrer "vier Wände", obwohl sie im Zweifelsfall immer an erster Stelle die Verantwortung für die Familie wahrnehmen würden. Gleichzeitig votiert sie aber unter Hinweis auf die Befragten energisch dafür, die Erwerbstätigkeit von Frauen zu akzeptieren und nicht als Gefährdung von Ehe und Familie zu stilisieren. Eine Beschränkung auf das häusliche Wirken sei nicht zu vertreten, alle Fähigkeiten von Frauen müßten das Recht auf freie Entfaltung haben.[361] Da der Arbeitsmarkt auf Ehefrauen und Mütter zunehmend angewiesen sei, könne sich die Gesellschaft auch sozialpolitisch nicht aus der Verantwortung stehlen.[362] Herrmann plädiert für die doppelte Aufgabenstellung als Schritt der Erweiterung weiblicher Handlungs- und Entwicklungsmöglichkeiten und befürwortet energisch flankierende Maßnahmen zur Erleichterung der Vereinbarkeitsproblematik.

Sehr viel einseitiger und eindeutiger verfahren dagegen Hofmann/Kersten. Obwohl ihre Ergebnisse strukturelle Regelungen nahelegen, verorten sie die Probleme der Kinderbetreuung konsequent bei der ohnehin belasteten Mutter. Ihre schriftliche Umfrage eruiert weibliche Erwerbsmotive, deren Folgen für die Familie und die Zufriedenheit von erwerbstätigen Frauen im Vergleich zu Voll-Hausfrauen. Berufstätige Mütter gelten hier als Frauen, die ihre eigentliche Verantwortung nicht wahrnehmen.[363] Das widerspräche dem "Wesen der Frau", das nur über Mütterlichkeit zu realisieren sei. Der individuelle und gesellschaftliche Schaden, der mit dem Müttererwerb verbunden sei, werde sich verheerend sowohl auf die Gesundheit der Frau als auch auf das Familienklima auswirken. Erwerbstätigen und berufsorientierten Frauen wird Eigennützigkeit vorgehalten.[364] Hofmann/Kersten gehen der Antwort, Frauen arbeiteten aus Existenzgründen, nach: Finanzielle Not wird in 182 von 773 Fällen angegeben. Die Verbesserung der Lebensbedingungen ist für 417 Frauen vorrangig, für 33 geht es um die Ausbildung der Kinder, 124 Frauen machen keine Angaben. Die Motive Existenznot und materielle Absicherung seien daher überwiegend vorgeschoben, folgern die Autoren. Nach dem Interesse oder der Freude

360 Vgl. Herrmann 1957:111, 113.
361 Vgl. Herrmann 1957:18,28.
362 Vgl. den Bericht über die Befragung der Männer bei Herrmann 1957:123-130.
363 Vgl. Hofmann/Kersten 1958:51.
364 Vgl. Hofmann/Kersten 1958:98,138ff.,190.

am Beruf wird nicht gefragt. Die Untersuchung operiert mit sehr einfachen Legitimationszwängen und moralischen Appellen, eine außerhäusliche Erwerbstätigkeit von Müttern nur dann zu "gewähren" und gesellschaftlich zu dulden, wenn diese wegen unmittelbarer Notzustände erfolge und für den Bestand der Familie und des Haushalts zwingend erforderlich sei. Dieser Dienst an der Familie sei anerkennenswert, alles andere egoistisch.[365]

Edith Hinze analysiert im Unterschied dazu praktizierte Wege der Vereinbarkeit von Familie und Beruf aus der Sicht von Frauen und betont die Krisen und Brüche, mit denen sie sich laufend herumschlagen. Zunehmend mehr Frauen wollten die Zweigleisigkeit, wählten bewußt diesen Weg, möchten auf Ehe und Familie so wenig verzichten wie auf den Arbeitsplatz und die Kontakte mit KollegInnen. Sie tragen die daraus resultierende Zwiespältigkeit aus, indem sie unentwegt nach neuen, besseren Lösungen Ausschau hielten.[366] Hinze interessiert sich für die Arbeits- und Lebenssituation der Frauen aus deren Sicht und übt eine für die damalige Zeit ungewohnt heftige Kritik an Schelsky. Vor- und Nachteile, Gewinn und Verlust, Belastung und Entlastung werden unter Rückgriff auf die Aussagen der Mütter abgewogen. Die Vereinbarkeit der häuslichen und außerhäuslichen "Pflichtenkreise" wird von einem Drittel der Befragten umstandslos bejaht.[367] Ebenfalls bei cirka 30% liegen die überwiegend positiven Angaben zur Berufstätigkeit. Angesichts der hohen Belastungen, die an die damals berufstätige Frau gestellt werden, ist es nicht überraschend, daß etwa 1/3 mit ihrer Bewältigung der Doppelarbeit nicht zufrieden sind. Die Intensität ihrer Unzufriedenheit variiert jedoch mit den Arbeitsbedingungen, den Anfahrtswegen, den überlangen Arbeitszeiten, die in der Regel mit jenen Tageszeiten kollidieren, in denen die Kinder zuhause sind. Aber trotz des hohen Aufwands, den Hausarbeit damals verlangt, weil sie zu einem großen Teil noch in körperlich schwerer Arbeit besteht, ist das Interesse von Frauen an der Berufstätigkeit ausgeprägt. So arbeitet Hinze denn auch das Hin- und Hergerissensein der Mütter deutlich heraus. Sie betont die inneren Konflikte von Frauen, die ihren Beruf aufgeben sollen, und verweist auf das Recht und die Notwendigkeit einer "Doppelgleisigkeit der Lebensplanung"[368]. Sie macht deutlich, daß die Lebensbilanz von Frauen nicht in der Familie aufgeht, daß der Zwiespalt, den Frauen zwischen Beruf und Familie erleben und persönlich überwinden müssen, aus den Nachteilen des Familienengagements resultiert. Hinze sieht, daß Frauen Freude an ihrer Arbeit haben und nicht selten außerordentlich widerstrebend und nur unter Druck für die Familie Chancen der Entfaltung

365 Vgl. Hofmann/Kersten 1958:104,110ff.,190.

366 Vgl. Hinze 1960; Sommerkorn 1988:122ff.; Pfeil 1961.

367 Vgl. Hinze 1960:245f.,254.

368 Hinze 1960:244.

ihrer Persönlichkeit im Berufsfeld opfern.[369]

Das Verdienst dieser Studie ist, bereits für die Mitte der 50er Jahre die faktischen Ambivalenzen des Frauenbewußtseins mit einer klaren Priorität für die Familie und dem gleichzeitigen Interesse am Beruf derart intensiv herausgearbeitet zu haben. Die Studie wird gleichwohl wegen ihrer Beschränkung auf West-Berlin und der fehlenden Repräsentativität fürs das Bundesgebiet zu wenig beachtet. Sie paßt zudem nicht ins damalige Argumentationsdesign, zeigt sie doch, daß Not keineswegs das dominierende weibliche Erwerbsmotiv ist.[370]

4.6. Würdigung und Deutungskritik - Hoffnungen auf Umbruch

Die Soziologie tut sich in diesem Jahrzehnt dadurch hervor, das erstarkte Selbstbewußtsein von Frauen zu bändigen. Das "Gegeneinander" der Ehegatten und das Auseinanderbrechen von Familien soll gemildert und beruhigt werden, um zu retten, was an einem früher selbstverständlichen Zusammenhalt verlorenzugehen droht. Frauen werden zu diesem Zweck in die Pflicht genommen. Die weitgehend ideologischen Offensiven sind begrenzt erfolgreich, weil sie die Emanzipationsbestrebungen von Frauen abdrängen und in die Warteposition verschieben. Gleichwohl hegen Frauen in dieser Phase deutlich Umbruchshoffnungen: Sie akzeptieren die Vertröstungen nur auf Zeit. Das Spektrum der Motive, sich ausschließlich dem "häuslichen Aufgabenbereich" zu widmen, enthält vorübergehende Umorientierungen. Es wird leicht über- und häufig fehlinterpretiert, z.B. unzulässig zugespitzt auf die These, Frauen hätten sich in den 50er Jahren aus ihren Arbeitsverhältnissen verdrängen lassen.[371] Frauen haben anderes zu tun. Sie leisten in großem Umfang kraft- und zeitraubende Überlebensarbeit, "erweiterte Hausarbeit" (Kuhn) und alles, was zu den Besonderheiten der Reproduktion zur Überwindung von Notzeiten gehört.[372] Da, wo

369 Vgl. Hinze 1960:46f.,247.

370 Vgl. Sommerkorn 1988:126ff.

371 Die Erwerbsbeteiligung sinkt nicht, sie verändert ihre Struktur: Frauen nehmen die Arbeitsplätze in den sog. Frauenindustrien und solchen Branchen/Produktionssektoren wieder auf, in denen sie auch früher stark vertreten waren. Das sind die Bereiche Nahrung und Genuß, Textil- und Feinmechanik sowie die Tätigkeiten im öffentlichen und privaten Dienstleistungsgewerbe, die zum Ende der 50er Jahre erheblich ausgebaut werden; vgl. Willms-Herget 1985:88 (Tab. 2.1.).

Frauen ihre Arbeitsplätze aufgeben bzw. den zurückkehrenden Männern überlassen, tun sie es auf Zeit, um voll in die Bewältigung der häuslichen/familiären Aufgaben einzusteigen.[373] Oft geht es in dieser Zeit darum, selbst Hand an die (Wieder-)Errichtung der Wohnung bzw. des Hauses zu legen, Gartenarbeit und Kleintierhaltung für die unmittelbare Versorgung zu betreiben. Frauen äußern in den 50er Jahren in den meisten Untersuchungen Unzufriedenheiten über das beengte häusliche Dasein, über die Arbeitsbedingungen im Betrieb und über die Schwierigkeiten, beides zu verbinden. Gleichzeitig sind ihr Selbstbewußtsein und ihr Selbstwertgefühl kollektiv und invididuell gestärkt. Beide basieren auf dem Wissen, daß Frauen sich in den beiden vergangenen Jahrzehnten als ausgesprochen tüchtig für die Bewahrung von Leben und die Aufrechterhaltung von überlebenswichtigen Strukturen erwiesen haben. Diese Leistungen sind die Grundlage für eine Zwischenorientierung, die sich nicht (mehr) nach der einen oder anderen Seite auflösen läßt: Viele Frauen praktizieren und wollen keine ausschließliche Berufs- oder Familientätigkeit, sie möchten in beiden Bereichen tätig sein, neben- oder nacheinander. Das gilt für jüngere Frauen, aber auch für jene, die in den 30er und 40er Jahren eine berufliche Ausbildung und Praxis absolvierten.[374]

Die Untersuchungen, die von den Amerikanerinnen und Gewerkschafterinnen erstellt werden, zeigen, daß erwerbstätige Frauen trotz erheblicher Belastungen diese Doppelaufgabe bewältigen und ausbauen möchten. Ihre Hoffnungen auf einen Umbruch der Verhältnisse zielen auf Verbesserungen der Einkommens- und Arbeitsbedingungen, aber auch der Reproduktionserfordernisse. Das durchzusetzen ist für sie weder organisatorisch noch im Hinblick auf die moralische Legitimation einfach: Einerseits äußern sie unverhohlen ihren Stolz darüber, daß sie in den Nachkriegsjahren und "beim Aufbauen ihren Mann standen". Andererseits dominiert in ihren Äußerungen zum Lebensentwurf und zum eigentlichen Daseinsinhalt als wichtigstes Anliegen das Wohl der Kinder und Familienmitglieder. Zufriedenheit existiert bzw. besteht, wenn sie das Gefühl haben, hinreichend für ihre Angehörigen zu sorgen und gleichzeitig für sich und die materielle Besserstellung der Familie beruflich tätig sein zu können. Diese Balance

372 Annette Kuhn u.a. weisen für die unmittelbare Nachkriegszeit des Ersten und Zweiten Weltkrieges diese besonderen Belastungen nach, die auf spezifische Potenzen des "weiblichen Arbeitsvermögens" hindeuten. Die Alliierten legen es jahrelang darauf an, dieses Reservoir zu nutzen; vgl. Freier/Kuhn 1984:177, 185, 197.

373 Das gilt freilich nicht für alle. Gerade die qualifizierteren Frauen litten unter der Sogwirkung des ideologischen Drucks, die Folgen der Berufstätigkeit für ihre Kinder zu legitimieren.

374 Um 1950 sind Frauen bereits wieder auf dem recht hohen Niveau von 1939 beruflich tätig; vgl. Willms-Herget 1985:88.

nehmen sie sehr ernst, sie gestatten sich und anderen Frauen kaum eine Abweichung von dieser Norm.

Das Bewußtsein von Frauen wird in den 50er Jahren über weite Strecken außerordentlich undifferenziert als Familienorientierung beschrieben und interpretiert. Eine führende Rolle spielen dabei die großen Familienstudien von Schelsky und Baumert. Für Schelsky ist das Frauenbewußtsein familienzentriert; Fraueninteressen, die sich nach außen und auf eine Berufstätigkeit richten, stuft er als familiengefährdend, bedrohlich und zudem "nicht wesensgemäß" ein. Baumert dagegen findet, Frauen seien noch zu sehr aufs Familiäre, Nahe und Unmittelbare bezogen, wenig progressiv und nicht hinreichend erwerbsorientiert.

Daß das Bewußtsein von Frauen sich faktisch immer seltener auf den einen oder anderen Pol festlegen läßt, zeigt sich in vielen kleineren Untersuchungen am Ende der 50er Jahre (Bremme, Herrmann, Hinze). Die hier beschriebene Doppel- oder Zwischenorientierung ist ein - unterschiedlich gewichtendes - "going-between" von Frauen, ein kompliziertes Arrangement ihres Interesses, beides zu wollen, produktives und reproduktives Tätigsein. Daß es neben der Nahbereichsbindung gleichzeitig Neugier und ein ausgeprägtes Interesse an weitergehenden Erfahrungen gibt, wird hier nachdrücklich festgestellt und auch in späteren Sekundäranalysen bestätigt.[375] Frauen bewegen sich im Rahmen von stark modifizierten und variierenden Ergänzungsvorstellungen, die Beruf und Familie, "das eine, wie das andere" zulassen[376] und werden zum Ende der 50er Jahre als offensiv berufsorientiert wahrgenommen. Die Realisationschancen einer befriedigenden Vermittlung der widerstreitenden Interessen und Tätigkeiten variieren freilich. Je nach Lage- und Schichtzugehörigkeit, Ausbildung, Kinderzahl und Familienstand, vor allem aber nach Alter und Generationszugehörigkeit differieren die Möglichkeiten, sich so einzurichten, daß "beides geht" und für alle Seiten zufriedenstellend zu vereinbaren ist. Daß ihnen diese Lebensform durch äußere Bedingungen erschwert wird, registrieren Frauen mit Resignation, Bedauern und Ärger. Das entmutigt und erschöpft sie immer wieder, durchbricht ihre Absichten aber nicht. Dieses elementare Interesse bleibt als Anknüpfungspunkt für eine Mobilisierung und Politisierung in dieser Zeit weitgehend ungenutzt.[377]

Für die 50er Jahre zeigen sich anhand des Überblicks über die sozialwissenschaftliche Forschung zur Familien- und Erwerbsorientierung von Frauen in der Spannung von Selbstbewußtsein und Unzufriedenheit über

375 Vgl. Schmidtchen 1984:94ff.,113ff. Nachuntersuchungen zeigen, daß dieses doppelte Interesse von Frauen wegen der unspezifischen Fragepraxis lange übersehen wurde.

376 Vgl. Herrmann 1957:Einleitung.

377 Vgl. Southall/Newman 1949.

die Teilhabechancen Umbruchshoffnungen. Die für Frauen typischerweise dominierende, auch das gesellschaftliche und politische Bewußtsein prägende Zwischenorientierung wird ausgefächert und in unterschiedlichen Schattierungen sichtbar. Die Frauen der jüngeren und mittleren Generation behaupten sich vorsichtig und probieren Wege der Vereinbarkeit. Sie fungieren als die Vorreiterinnen einer Praxis und optimistischen Haltung zu den daraus entstehenden Bewältigungsproblemen und thematisieren das "Doppelengagement" offensiv als ihre Angelegenheit. Gemäß dem Kohortenparadigma, das den nachwachsenden Generationen je neue Funktionen im Prozeß des sozialen Wandels zuweist, übernehmen in den 50er Jahren vor allem die Frauen der mittleren Jahrgänge mit einer dramatisch ansteigenden Ehefrauen- und Müttererwerbstätigkeit die Hauptrolle im Wandel der weiblichen Normalbiographie, die sich um Familie dreht.[378] Sie etablieren und verbreiten damit ein neues weibliches Lebensmuster gegen die gesellschaftliche Konvention, bauen private Verhältnisse und Geschlechtshierarchien um und handeln auf diese Weise implizit politisch. Sie wollen den Umbruch, praktizieren ihn im Privaten und drängen auf den Abbau von Barrieren für ihre Doppelengagement.

Daß sie sich nicht explizit bzw. nur partiell in der öffentlichen Diskussion durchsetzen, hat seine Gründe in der Tradition des Ausschlusses von Frauen aus der politischen Entscheidungsfindung und Organisierung und ist mit Desinteresse nicht zu verwechseln. Es gibt in den 50er Jahren keine Organisationen, die dem spezifisch weiblichen Lebenszusammenhang eine übergreifende Verortung bieten. Alle Versuche, "Frauenausschüsse" und Zusammenschlüsse von Frauenverbänden über ideologische Grenzen hinweg zu konstituieren, sind um 1950 gescheitert. Frauen haben überhaupt kein gesellschaftspolitisches Forum. Es gibt keine Gruppen, die mächtig genug wären, in den redundanten Diskurs über das Leitbild der Familien-Frau einzugreifen. Hier kann erst die nachfolgende Generation der Töchter mit neuen Impulsen ansetzen, weil sie selbst die Frustrationen der Mütter erleben und sich von diesem Schicksal mit deren Unterstützung abgrenzen.[379]

Trotz des öffentlichen Interesses und der beschworenen politischen Bedeutung, die dem familiären Zusammenhalt, der emotionalen Stabilisierung, Hege und Beziehungspflege zugemessen wird, behandelt die Soziologie das Familiäre als "Privatsache", als Sphäre, die es zu schützen und vor

378 Die Arbeitsmarktchancen für Frauen steigen, die jüngeren Frauen befinden sich in der Ausbildung. Damit kommen die mittleren Jahrgänge zum Zuge.

379 Vgl. zur Frage des Versagens oder Unterschlagens von nachfaschistischer Frauenpolitik und deren Hilflosigkeit: Kuhn 1986:12ff. Zur Modifikation von weiblichen Erwerbsmustern in den Lebenszyklen von verschiedenen Alterskohorten vgl. Willms-Herget 1985:94, 98ff.; Frevert 1986:275.

dem öffentlichen Zugriff zu bewahren gilt und vor allem als ein Verantwortungs- und Arbeitsfeld der Frauen.

Das Frauenbewußtsein wird in den 50er Jahren überwiegend instrumentalisiert, in den Dienst einer allgemeinen Familienorientierung gestellt und teilweise umstandslos mit dieser identifiziert. Das Deutungsmuster der Komplementarität aus Innen- und Außenaufgaben für Frauen und Männer erweist sich trotz verschiedener Modifikationen und Widersprüche als dominierend. Auch Frauen versuchen, ihm zu entsprechen, suchen jedoch gleichzeitig nach Möglichkeiten, die restriktiven Bahnen, die ihnen zugewiesen werden, aufzubrechen. Je qualifizierter sie sind, desto selbstbewußter und unzufriedener äußern sie sich über die begrenzten Selbstentfaltungsmöglichkeiten. Wegen der familiären Verpflichtungen ist ihr beruflicher Bewegungsspielraum eingeschränkt. Mit den Problemen der Vereinbarkeit stehen sie allein da. Eine wissenschaftliche Bearbeitung dieser gesellschaftspolitisch brisanten Fragestellung passiert nicht. Im Gegenteil: Die Soziologie beteiligt sich überwiegend an der Fixierung von "Frau und Familie" und einer diskreten Verurteilung aller abweichenden Orientierungen, die das Bewußtsein von Frauen aufweist. Ihr geht es darum, Frauen für den Part des Generationenvertrags in die Pflicht zu nehmen, der die Sozialisation der Kinder und Jugendlichen betrifft. Deren Entwicklungsbedingungen werden angesichts kleiner und unvollständiger (vaterloser) familiärer Verbände allgemein als problematisch eingeschätzt. Über die Lösungsmöglichkeiten gibt es unterschiedliche Einschätzungen, alle wollen aber im Kern die Rolle und Funktion von Frauen für das interne Familienleben erstmal sichern.

In den Untersuchungen zeigt sich, daß generell versucht wird, Frauen für die Behebung der diagnostizierten Defizite in die Pflicht zu nehmen und zu prüfen, ob sie diese ernst genug nehmen. Darum wird Müttern mit großer Selbstverständlichkeit der Ausgleich von prekären und stabilisierungsbedürftigen Sozialisationsbedingungen überantwortet und implizit zugemutet, auf jede außerhäusliche Tätigkeit zu verzichten, um Kindern wie Jugendlichen einen emotional sicheren Hort zu bieten. Unter welchen Bedingungen weibliche Erwerbstätigkeit als akzeptabel erscheint bzw. unbedingte Ablehnung erfährt, wird in diesem Jahrzehnt in ideologischen Streiten neu ausgehandelt.[380] Es ist die Zeit der Familienbekenntnisse, nicht die der Familie, wie oft behauptet wird. An diesem Vorgang ist die Soziologie zentral beteiligt.

Alle Untersuchungen verfolgen den Gedanken der Komplementarität und das Ziel, Frauen und Müttern die Hauptverantwortung für die Familie

380 Die älteren und ledigen Frauen sollen, so Feuerstack 1952, Harmuth 1954 u.v.a. die Möglichkeit haben, im Beruf den Sinn ihres Lebens zu entdecken, junge und verheiratete Frauen müßten demgegenüber zurückstecken.

zuzuschreiben. Schelsky arbeitet dieses Soll als Ist-Zustand heraus, Baumert betont den Soll-Zustand und möchte eine stärkere Berufsorientierung erreichen, ohne die familiären Aufgaben von Frauen und die innerfamiliäre Arbeitsteilung in Frage zu stellen. Beide Studien instrumentalisieren Frauen mehr oder weniger für ihre eigene gesellschaftspolitische Zielsetzung der Stabilisierung von Familie bzw. der erforderlichen Auflösung von autoritativen und hierarchischen Strukturen im unmittelbaren Nahbereich und Sozialisationsmilieu der nachwachsenden Generationen. Auch die Autorinnen der ersten und dritten Materialgruppe stellen familiäre Funktionen von Frauen nicht grundsätzlich in Frage, erkennen und anerkennen aber zunehmend die Erwerbsmotive, die jenseits der nackten Not angesiedelt sind und ökonomische Unabhängigkeit vom Mann anstreben. Sie gestehen dieses Interesse den Frauen zu, weil sie eine modifizierte Komplementarität vertreten, die die Ergänzungsfunktionen von Frauen und Männern weniger hierarchisch begreift und fixiert als Schelsky und Baumert.

In nahezu allen Untersuchungen zeigt sich, daß Frauen immer auch aus anderen Gründen erwerbstätig sind als denen, Hunger und Elend der Kinder und Angehörigen, also der Not und Verelendung abzuhelfen oder vorzubeugen. Die Begründung der weiblichen Erwerbsmotive mit Existenzsicherungsabsichten ist eine Deutung auf Basis der Überzeugung, daß Frauen eigentlich und ausschließlich Familienaufgaben wahrnehmen wollten und sollten. Die Argumentation entpuppt sich als Implikat eines Deutungsmusters, das den Weg zur Emanzipation der Frau nicht freigeben will, sondern in kontrollierten Grenzen vorsieht. Die Modifikationen von Komplementarität sind Konzessionen, sie reichen allerdings nicht aus, um das Spektrum der Vorstellungen und Haltungen von Frauen hinreichend abzubilden. Das Deutungsmuster führt dazu, daß wesentliche Ausdifferenzierungen der weiblichen Berufs- und Außenorientierung unsichtbar bleiben bzw. marginalisiert werden.

5. Die 60er Jahre - "Wirtschaftswunder" und Aufbruchshaltungen

Im Mittelpunkt der Soziologie zum Frauenbewußtsein der 60er Jahre stehen zwei große empirische Untersuchungen, die die Dekade einrahmen; sie gelten inzwischen als Standardwerke, entstanden aber eher "neben" oder am Rande einer Soziologie, deren expansiver "Zeitgeist" im **Kapitel 5.1.** beschrieben wird. Im **Kapitel 5.2.** geht es um das neue bzw. erneuerte

Emanzipationsverständnis einer "relativierten Egalität", die für Frauen, weniger für Mütter, Geltung erlangen soll. Damit wird der zunehmenden Erwerbsneigung und -beteiligung in der Phase des Aufschwungs und "Wirtschaftswunders" Rechnung getragen. Im **Kapitel 5.3.** werden die typischen Fragestellungen nach Familie oder Beruf als Orte, für die Frauen sich alternativ entscheiden (sollen), beschrieben. Das **Kapitel 5.4.** charakterisiert die methodologische Umsetzung in eine z.T. oberflächliche schriftliche Umfragungspraxis, z.T. aber sehr differenzierte Motivforschung mit den Instrumenten des ausführlichen Interviews und biographischen Gesprächs. Die zentralen Befunde, die das Frauenbewußtsein als eine "bewegliche" Zwischenorientierung begreifen, werden im **Kapitel 5.5.** vorgestellt. Im **Kapitel 5.6.** erfolgt eine Würdigung und Deutungskritik, die der These von einer Aufbruchshaltung als Kennzeichen des Frauenbewußtseins in den 60er Jahren nachgeht.

5.1. Zum soziologischen "Zeitgeist" - Auf- und Ausbau

Nach Abschluß der "Gründungsdekade" tritt die Soziologie in den 60er Jahren in ein "Ausbaujahrzehnt".[381] Die Errichtung zahlreicher Reformuniversitäten führt zu einer institutionellen Expansion und personellen "Verdreifachung" der Professorenschaft. Damit vollzieht sich ein Generationen- und Paradigmenwechsel. Die Soziologie wird grundlegenden methodologischen und wissenschaftstheoretischen Innovationsprozessen unterzogen und konsolidiert sich als Fachdisziplin.[382] Die Erneuerung der Methoden der empirischen Sozialforschung erfolgt unter Rückgriff auf die aktuelle Debatte in den Sozialwissenschaften der USA; hier absolvierten viele Angehörige der zweiten Professorengeneration ihre soziologische Fachausbildung. Der Strukturfunktionalismus setzt sich als dominierende Theorierichtung durch, zentrale Themenfelder werden: Schichtung, Mobilität, Konflikt und Probleme der inneren Verfassung des Industriebetriebes.[383] Die Bildungs- und Sozialisationsforschung sowie die Wahlforschung werden ab Mitte der 60er Jahre vorangetrieben. Das führt zur Verfeinerung der Erhebungstechniken und zur Intensivierung von Theoriereflektionen.

Die neuen Schwerpunkte sparen Fragen der Situation und des Bewußtseins von Frauen gänzlich aus. Die expandierende Forschung über den

381 Lepsius 1979:50.
382 Vgl. Lepsius 1979:50 und Kern 1982:230f.
383 Vgl. Lepsius 1979:51.

Industriebetrieb fragt die Arbeiter, nicht die Arbeiterinnen, nach ihren Lagebedingungen, Einstellungen und Erwartungen an die Arbeit.[384] Frauen werden lediglich im Rahmen sozialpsychologischer und familiensoziologischer Forschungen hinsichtlich ihrer Einstellung zu Ehe und Familie sowie erzieherischen Postulaten und Verhaltensweisen wahrgenommen. Ihre Erwerbsneigung interessiert vorrangig unter dem Aspekt des Engagements für die Funktionsübernahme in der Familie und jener Sozialisationswirkungen, die aus der erwerbsbedingten Abwesenheit der Mutter resultieren.

Der 1. Familienbericht der Bundesregierung von 1965, in den diese Sichtweise der Sozialisationstheorie eingeht, zeigt, daß sich die Politik in der Klemme befindet: Das Familienministerium fürchtet um den Bestand von Ehe und Familie, um Kindeswohl und die "Keimzelle Familie" als institutioneller Grundeinheit von gesellschaftlicher Ordnung. Das Bundesministerium für Arbeit und Sozialordnung macht eine andere Rechnung auf. Die große Gruppe qualifizierter und berufserfahrener Frauen sei gegenwärtig für den Arbeitsmarkt unverzichtbar.[385] Die schulische Bildung und betriebliche Ausbildung bzw. akademische Qualifikation von Mädchen rentiere sich nur, wenn diese kontinuierlich im Arbeitsprozeß stünden. Sowohl unter quantitativen als auch unter qualitativen Aspekten sei eine Berufsunterbrechung nur begrenzt zu befürworten. Aufgrund des Qualifikationsverfalls seien Wiedereinstiegsprobleme zu befürchten, welche unüberwindliche Barrieren (Kostengründe und persönliche Erwägungen) darstellen könnten.

Diese arbeits- und sozialpolitischen Erwägungen beeinflussen den soziologischen Diskurs über neue Formen von Frauenarbeit und mögliche Folgen für das Frauenbewußtsein. Begriffen wird, daß die Erwerbstätigkeit von Frauen jenseits von Not, Zwang und Existenzsicherung eine soziale Tatsache sowie ein Bedürfnis von Frauen ist. Die Reflexion über die Rolle von Frauen wird in den einschlägigen sozialwissenschaftlichen Disziplinen der Arbeitsmarkt- und Berufsforschung nachhaltig angestoßen. Insbesondere in den Disziplinen, die mit der Aus- und Weiterbildung sowie mit der Personalplanung und dem Personaleinsatz befaßt sind, fallen die Barrieren gegen die Einstellung von Frauen, als der Bau der Mauer den Zustrom von "qualifizierten Werktätigen" aus der DDR beendet. Ein Teil dieses Problems wird mit der Beschäftigung von ausländischen "Gastarbeitern" bewältigt. Das rasch expandierende Dienstleistungsgewerbe ist aber zwingend auf Frauen angewiesen, um die vielen neuen Arbeitsplätze für Angestellte und Beamtinnen besetzen zu können. Die infrastrukturellen Voraussetzungen für eine weibliche Lebensplanung, die Beruf und Familie stärker

384 Vgl. z.B. Friedeburg 1963 und die Forschungen zum Angestelltenbewußtsein aus dieser Dekade.

385 Vgl. Tritz 1961:18ff.

integriert, werden durch die forcierte Einrichtung von Kindergartenplätzen verbessert. Parallel werden mehr Teilzeitbeschäftigungen angeboten. Betriebe und Unternehmen, Verwaltungen und Behörden gehen widerstrebend dazu über, Frauen diese Kombinationsmöglichkeit anzubieten. Der Teilzeit-Arbeitsplatz ist um 1960 noch eine für den Übergang gedachte Maßnahme, die von seiten der Unternehmen höchst kritisch beurteilt wird. Für die Familiensoziologie steht alternativ das schwedische Modell von Myrdal/Klein, das mit dem Drei-Phasen-Schema ein Nacheinander von Beruf - Familie - Beruf vorsieht, im Vordergrund. Es wird nur bedingt akzeptiert.[386] Immer mehr Frauen unterbrechen mehrfach und kurzzeitig oder verbleiben in allen Familienzyklen auf Teilzeitbasis im Beruf. Der hohe Arbeitskräftebedarf und die offensichtlich steigende Erwerbsbereitschaft von Frauen läßt sich nur realisieren, wenn in größerem Maßstab ein Nebeneinander von Familie und Beruf durch Arbeitszeitreduktionen möglich wird.[387]

Das Material an empirischen Untersuchungen zum Frauenbewußtsein in dieser Dekade, das ich im folgenden zugrundelege, ist recht überschaubar und begrenzt kompatibel: Die beiden umfangreichen Forschungsbeiträge von Elisabeth Pfeil und Ursula Lehr[388] rahmen die 60er Jahre ein; Pfeil leitet 1961 mit ihrer großen "Müttererwerbsstudie" einen vorsichtigen Umdenkungsprozeß ein, den Lehr 1969 mit ihrer subjektzentrierten Wirkungsanalyse der weiblichen Berufstätigkeit "vollendet". In den 60er Jahren erscheinen zudem zahlreiche kleinere Untersuchungen zum Familienbewußtsein von Mädchen und Frauen; einige werden stellvertretend vorgestellt: Walter Jaides zahlreichen Beiträge über junge Arbeiterinnen tradieren den wissenschaftlichen Diskurs über "die frauenspezifische Mentalität" und ihre "Trägheit" nachhaltig.[389] Seine zahlreichen Erhebungen führen 1963/64 zu einem Ergebnisbericht, der über die Resultate von Franzen-Hellersberg (1932) nicht hinausreicht. Weniger Popularität erlangen dagegen jene Untersuchungen, welche von positiven Wirkungen der weiblichen Erwerbs-

---

386 Vgl. BMBW 1977:28. Danach arbeiten 1974 bereits 30 % aller Frauen kontinuierlich, 30 % bleiben nach der Familienpause zuhause und 30 % steigen wieder ein.

387 Vgl. Pross u.a. 1981 sowie Nave-Herz 1988:6f., die beide darauf verweisen, daß die Forschung zum familialen Wandel stagniert, obwohl ab cirka 1960 erhebliche strukturelle Verschiebungen stattfinden. In dieser Latenzphase wird das Frauenbewußtsein unter dem Primat der Familienfunktion angeordnet.

388 Vgl. Lehr 1969. Dieses große Werk hat erst spät Eingang in sozialpsychologische und arbeitssoziologische Debatten gefunden. Es reicht über den Diskussionsstand seiner Zeit theoretisch und methodisch weit hinaus.

389 Vgl. Jaide 1957; 1965; 1968; 1969. Im Unterschied zu Lehr erfährt Jaide eine kontinuierliche Rezeption; seine Ergebnisse werden kaum kritisiert.

tätigkeit auf die Bewußtseinsentwicklung berichten. Die Arbeit von Elke Maria Kätsch (1965) dient hier als Beispiel. Der Infas-Report "Frau und Öffentlichkeit" (1965) wird stellvertretend für jene demoskopischen Umfragen herangezogen, die in dieser Dekade die sozialwissenschaftlichen Debatten über das "Beharrliche" und "Bewahrende" im Frauenbewußtsein maßgeblich beeinflussen.[390] Andere AutorInnen beschäftigen sich in kleinen Untersuchungen mit einzelnen Variablen und wollen die Wirkung der Frauenerwerbstätigkeit für das Frauenbewußtsein, z.B. "Konsumzwang", Unabhängigkeitsstreben, Bildung, abprüfen: Henning Dunkelmann (1961), Irmtraut Schnappauf (1961), Hildegard Schräder (1963), Elfriede Höhn (1964), Reinhold Junker (1965), Norbert Schmidt-Relenberg (1965). Auf ihre Arbeiten wird kurz eingegangen, um das Spektrum des damaligen Diskurses zum Frauenbewußtsein vorzustellen.

5.2. Zum Emanzipationsverständnis - Relativierte Egalität

Im Zuge der in den 60er Jahren anlaufenden "Bildungsoffensive" ergreifen viele Mädchen und junge Frauen ihre Chance. Die "Feminisierung der Bildung"[391] setzt ein. Auch die weiblichen Außenaktivitäten, darunter die in Verbänden und Vereinen, werden vielfältiger, zahlreicher und öffentlichkeitswirksamer.[392] Im Erwerbssystem suchen und finden insbesondere Frauen um 40 in großer Zahl Arbeitsplätze auf mittlerem Niveau in ehemaligen Männerdomänen.[393] Sowohl auf der Ebene des quantitativ vermehrten Zugangs als auch auf der Ebene einer qualitativ verbesserten Integration erreichen sie eine neue Position.[394]

390 Bei Schmidtchen 1984:14,20 finden sich zahlreiche Beispiele für eine hermetische Dichotomisierung von Frauen in berufs- versus familienorientierte Typen.

391 Beck 1986:166.

392 Vgl. Raschke 1985, der zeigt, daß die ersten Bürgerinitiativen von Frauen getragen wurden und als Interessenverbände im Wohnumfeld und Nahbereich bereits Ende der 60er Jahre wirksam werden.

393 Diese Arbeitsplätze wurden wegen verlockender Aufstiegschancen verlassen; vgl. Willms-Herget 1985:184f.

394 Das gilt für die begrenzte Zeit, in der expandierende Branchen ihr Arbeitsplatzangebot aufstocken, umstrukturieren und vermehrt ungelernte, angelernte, aber auch hochqualifizierte Arbeitskräfte suchen. Im Produktionssektor, der technologische Umstrukturierungen vornimmt, besetzen die weniger Qualifizierten häufig jene Abteilungen, die bald als "Mechanisierungslük-

Parallel dazu schrumpfen die Kernfamilien: Der Übergang von der Drei- zur Zwei-Kind-Familie wird in allen Bevölkerungsschichten populär. Außerdem verlangen haushaltsbezogene Aufgaben weniger Kraft und Zeit, weil die Nahrungszubereitung vereinfacht wird und Frauen sich die erforderlichen Mehrausgaben wegen des eigenen Verdienstes leisten können.[395] Insgesamt reduzieren sie den Zeitaufwand für die Haushaltsführung und die Betreuung ihrer Kinder.[396] Auch die Lebensentwürfe von Mädchen und Frauen differenzieren sich neu aus. Phasen der Ausbildung und Erwerbsarbeit werden länger und überschneiden sich mit Erziehungs- und Familientätigkeiten. Das weltweit populäre Modell eines Drei-Phasen-Schemas (Berufsausbildung und kurze Praxis, Familienphase, Berufstätigkeit) gerät in Konkurrenz zu einer Lebensform, in der beides gleichzeitig und nebeneinander läuft: Teilzeitarbeit ermöglicht Frauen, die Familienpause stark zu verkürzen.

Das Emanzipationsverständnis der familiensoziologischen und sozialpsychologischen Untersuchungen, die sich mit Fragen des Frauenbewußtseins und -verhaltens beschäftigen,[397] löst sich infolgedessen in dieser Dekade von Ergänzungsvorstellungen und entwickelt sich in die Richtung einer stärkeren Akzeptanz von weiblicher Erwerbsarbeit und Egalität, die allerdings relativiert wird: Frauen wird zwar das Recht zugestanden, sich gleichartig und gleichrangig beruflich zu betätigen. Ihre Egalität wird aber als Angleichung an die männliche Berufsrolle gedacht und Mütter erhalten "Auflagen": Sie tragen die Verantwortung für das Kindeswohl.[398] Die Debatte um den Grad der Relativierung von Egalität wird zu Beginn der 60er

ken" gelten, wegen drohender Rationalisierungsmaßnahmen von Männern verlassen werden und von einer hohen Fluktationsrate betroffen sind. Auch im tertiären Sektor entstehen die durchschnittlich qualifizierteren und weniger fragilen Arbeitsverhältnisse für Frauen häufig auf den Stellen, die Männer wegen neuartiger Aufstiegsmöglichkeiten aufgeben. Für Frauen ist es subjektiv und objektiv von Vorteil, denn in Relation zu früher stehen ihnen nun erheblich mehr Möglichkeiten offen, auch wenn sich eine deutliche Polarisierung ihrer Qualifikationen beobachten läßt; vgl. Gottschall 1989:11ff. Willms-Herget 1985:167,194ff.; BMBW 1977.

395 Vgl. von Schweitzer 1992:77ff.(Tab. 1).

396 Vgl. Frevert 1986:269.

397 Vgl. das umfangreiche theoretische Rahmenkapitel über Emanzipation, Familie und Erwerbsarbeit bei Pfeil 1961:9-72; bemerkenswert ist insbesondere die Diskussion zu Simone de Beauvoirs Werk und den polarisierten Thesen "Unterschiede in der Gleichheit" versus "Gleichheit in der Verschiedenheit" (62).

398 Die Vorstellungen über eine intensive Betreuung und unbedingte häusliche Anwesenheit der Mutter variieren, beschränken sich aber auf die ersten sechs Lebensjahre. Die Debatten über die Eignung einer Fremdbetreuung verlaufen dogmatisch entlang dem Kindesalter.

Jahre noch streng und gebieterisch am Kriterium des Kindesalters orientiert. Im Verlauf der Dekade äußern sich die AutorInnen zurückhaltender und vorsichtiger. Dennoch bleiben auch sie implizit dem Denk- und Deutungsrahmen verhaftet, daß Frauen sich wie Männer betätigen sollten und "nebenbei" und ohne viel Aufhebens die Hauptverantwortung für das Kind und ein geordnetes Familiendasein hätten. Erst wenn dies gewährleistet sei, sollten sie sich zusätzlich der Berufsrolle annähern und mitverdienen.

5.3. Familie oder Beruf?

Die Fragestellungen dieser Dekade bewegen sich analog zum Emanzipationsverständnis und suchen nach Folgewirkungen der Egalisierung. Sie sind parteilich um den Bestand und die Funktionsweise von Familie bemüht. Das Frauenbewußtsein wird besorgt beforscht, um angesichts der steigenden weiblichen Erwerbsbeteiligung herauszufinden, wie es der Familie dabei geht. Pfeil spezifiziert ihre Fragestellung daher auf Mütter:

> "Das Interesse galt nicht der sozialpolitischen Problematik der Berufsausübung von alleinstehenden Müttern, sondern den Wandlungen der Normalfamilie, wie sie mit der zunehmenden Berufsausübung von Müttern einhergehen. Es geht also um die Auseinandersetzung zwischen dieser Grundgruppe der Gesellschaft und einer Wirtschaft und Öffentlichkeit, welche die Mütter zunehmend aus dem Hause rufen."[399]

Nicht die Berufsarbeit Alleinerziehender, sondern die von Müttern aus vollständigen Familien überrascht die damalige Öffentlichkeit und beunruhigt Pfeil zutiefst. 1960 sind bereits cirka 1 Mio. Mütter mit betreuungsbedürftigen Kindern erwerbstätig, obwohl sie verheiratet sind und ein "Familienernährer" existiert. Pfeil forscht nach ihren Erwerbsmotiven, Familienbindungen, Einstellungen zur Doppelaufgabe und zum generellen Problembewußtsein von mütterlicher Abwesenheit.[400]

Die kleineren Untersuchungen fragen nach einzelnen Variablen, die die Zuordnung des Frauenbewußtseins zu und zwischen den "Polen" Familie oder Beruf ermöglichen sollen.[401] Dunkelmann, Schnappauf und z.T. auch Schräder wissen um die Nachteile mütterlicher Abwesenheit und suchen

399 Pfeil 1961:VII.

400 Der umfangreiche Fragebogen ist nicht vollständig abgedruckt. Thematisch gegliedert tauchen die Fragen in Auszügen als Einleitung der Auswertungskapitel auf.

401 Vgl. Infas-Report 1965 und Schmidt-Relenberg 1965.

nach Gründen der Abkehr sowie nach Möglichkeiten der stärkeren Reorientierung auf Familie. Andere akzeptieren den Tatbestand steigender weiblicher Erwerbsbeteiligung und interessieren sich für die Haltung von Frauen zu Erziehungsfragen (Junker), für neue Formen der Bewältigung von Betreuungsaufgaben (Schräder), für Widersprüche zwischen Leitbild und Lebenspraxis (Infas, Kätsch) und für mögliche Umdefinitionen der ehelichen Partnerschaft (Schmidt-Relenberg). Höhn will keine eindeutige Zuschreibung zu den Kategorien Familien- oder Berufsorientierung vornehmen und sucht nach Verknüpfungen, um z.B. den "Heiratswunsch" junger Industriearbeiterinnen aus den Arbeitserfahrungen zu erklären. Damit fragen die kleinen Untersuchungen noch vertiefend und kontrollierend Einzelaspekte ab, die Pfeil in ihrer Studie bereits abhandelt und integriert.

Jaide untersucht die Mentalität von weiblichen Ungelernten, um zu prüfen, ob deren "Passivität und Indifferenz"[402] fortbestehe. Da sich früher festgestellte Arbeitsbelastungen für die Mädchen zwischenzeitlich verbessert hätten, will er Verhaltens- und Einstellungsmuster unter den neuen und günstigeren Arbeits- und Sozialbedingungen untersuchen.[403] Ihn interessiert zudem, ob es sich bei dem wiederholt vorgefundenen Phänomen der Apathie um eine "Spezifität oder Universalität"[404] handelt, ob also Passivität und Indifferenz bei jungen Arbeiterinnen geschlechtsspezifisch begründet sind oder allgemeinen generationstypischen Zügen der Jugend entsprechen.

Die Forschungsarbeit von Lehr ist globaler angelegt. Sie fragt nach subjektiven Einschätzungen über die Wirkungen von Berufstätigkeit auf die eigene Biographie und zentriert vor allem die Persönlichkeit der Frau, nicht nur ihre Funktionstüchtigkeit im Beruf bzw. in der Familie. Sie konzentriert sich auf die Auseinandersetzung mit der Berufsrolle in der Gegenwart, im Vergangenheits- und Zukunftsbezug, um den Einfluß von drei Sozialisationsvariablen überprüfbar zu machen: Geschlecht, sozioökonomischer Status und Alter. Am Rande verfolgt sie männliche und weibliche Berufsverläufe, um geschlechtstypische Einstellungen und Verhaltensweisen zu konturieren.

Mit diesem Spektrum an Fragestellungen wird eine Umorientierung der Forschungsrichtung vorgenommen: Pfeil fragt gezielt nach den Anteilen und graduellen Ausprägungen von Erwerbs- und Familienbindungen, wägt

402 Vgl. Jaide 1969.

403 Jaide geht davon aus, daß die persönliche Passivität der Arbeiterin, ihre geistige und politische Indifferenz und kulturelle Desintegration nach wie vor existent und typisch seien, nur besser begründet werden müßten als in der ersten Studie, die heftigst angegriffen wurde; vgl. Jaide 1957:7f. und 1969:7.

404 Jaide 1957:9.

einschlägige Variablen ab und geht den Egalisierungsbestrebungen von Frauen teils offen, teils restringierend nach. Die kleineren Untersuchungen prüfen überwiegend die Zuordnungsmöglichkeit von Frauen zu Familie oder Beruf auf Basis einzelner Aspekte ab und schwanken zwischen stark bzw. schwach relativierten Konzepten der Egalität.[405] Lehr verfolgt im Verhältnis dazu ein relativ offenes Konzept, das das Frauenbewußtsein weniger rigide typisiert und als prozessierend begreift.

5.4. Motiv- und Biographieforschung

Neue methodische Zugänge zum Frauenbewußtsein erschließen sich vor allem Pfeil und Lehr: Sie betreiben eine intensive Motivforschung und fragen dezidiert nach den Gründen für die Entscheidung, erwerbstätig zu sein und zu bleiben. Beide verstehen subjektive Situationseinschätzungen und Einstellungen zu einzelnen Problemaspekten als Elemente der Bewußtseinslage, setzen sich eingehend mit einschlägigen theoretischen Konzepten auseinander, die zur Debatte der Mütterarbeit bzw. zur Sozialpsychologie der weiblichen Berufsrolle vorliegen und stecken so auf klassische Weise ihr empirisches Feld ab.[406]

Pfeil will "die arbeitenden Mütter selbst ... zu Wort kommen" lassen.[407] Ihre repräsentative Erhebung erfolgt Ende der 50er Jahre und konzentriert sich auf die städtische Wohnbevölkerung.[408] Sie umfaßt 1040 Befragungen mit normierten Interviewbögen,[409] von denen 872 für die Auswertung geeignet sind; alle Angaben stammen von berufstätigen Müttern aus vollständigen Familien mit Kindern im Alter bis zu 15 Jahren. Das Alter der Frauen liegt zwischen 30 und 40 Jahren. Cirka 50% haben ein Kind, knapp

---

405 Dunkelmann, Schnappauf, Infas und Jaide relativieren den "Anspruch" von Frauen auf Erwerbstätigkeit stark; Pfeil differenziert nach Qualifikation und Ressourcen, Kätsch, Junker, Höhn gestehen Frauen das Recht auf Erwerbsinteressen zu. Lehr löst sich mit ihrer subjektzentrierten Optik von den herkömmlichen Pflichtenkatalogen und sucht "optimistisch" nach neuen Potentialen für Frauen, die, so ihre These, direkt und indirekt der Familie nützen.

406 Vgl. Pfeil 1961:76ff.,155ff.; Lehr 1969:59ff.,181ff.; vgl. Pfeils Ausführungen über die Mütterarbeit um 1900 und das Bild der Mutter heute (1961:3-72) und Lehrs Übersicht zu Studien über die Geschlechtsspezifik des Verhaltens und der Berufswahl (1969:8-90).

407 Pfeil 1961:69.

408 Pfeil 1961:56f.,430ff.

409 Die normierten Ergebnisse lassen begrenzt Raum für Erläuterungen und spontane Zusatzerklärungen; vgl. Pfeil 1961:435ff.

30% zwei, 15% haben drei und mehr Kinder.[410] Alle sind im betreuungsbedürftigen Alter und werden täglich von der Mutter "bekocht" und umsorgt, auch dann, wenn sie sich von Verwandten entlasten läßt.

Die nach dem Zufallsprinzip ausgewählten Befragten verteilen sich ungefähr gleichmäßig auf drei Berufsgruppen bzw. Sozialschichten: Arbeiterinnen, Angestellte und Frauen in gehobenen Berufen.[411] Die "gehobene Schicht" ist mit insgesamt 215 Frauen leicht überrepräsentiert.[412] Die Befragten der "breiten Bevölkerungsschichten" stellen mit 657 Fällen den größten Anteil. Pfeil differenziert nach ungelernten Arbeiterinnen (151 Befragte), angelernten Arbeiterinnen (189 Befr.), Angestellten und Beamtinnen (317 Befr.). Die "durchschnittliche Kinderzahl" ist hier mit einem Kind außerordentlich niedrig. Mütter, die als Selbständige bzw. in freien Berufen tätig sind, haben dagegen durchschnittlich 2 und mehr Kinder.[413] Pfeil erforscht die Erwerbsmotive, nachdem sie in "mißtrauischen" und grundsätzlich kritischen Überlegungen ein vierstufiges Verfahren entwikkelt hat, das Haupt-, Neben-, Anfangsmotive und aktuell geltende Motive abfragt. Sie "hakt" also mehrfach mit einem Fragekatalog nach:

> "Er bedeutete nach der spontanen Nennung von Arbeitsmotiven, wenn sie, wie meist, in der materiellen Sphäre lagen, und ebenso gewichtig wie handgreiflich waren, ein Zur-Erwägung-Stellen weiterer, vielleicht für unwichtig gehaltener Antriebe, ein Ins-Gedächtnis-Rufen vergessener, ein Ins-Bewußtsein-Rufen verdrängter, nur halb bewußter Beweggründe, eine Aufforderung, nicht gern eingestandene Motive noch nachträglich zuzugeben."[414]

Pfeil hat die Männer nicht explizit befragt, kann aber auf ihre Äußerungen zurückgreifen, weil bei cirka jedem dritten Gespräch der Ehemann anwesend war.[415] Ihren Aussagen mißt sie eine wichtige Kontrollfunktion zu. Dies gilt z.B. bei der Frage nach Vor- bzw. Nachteilen der Erwerbstätigkeit der eigenen Ehefrau.[416] Nach Ansicht Pfeils bewirke die Anwesenheit des Ehemannes,

---

410 Vgl. Pfeil 1961:73.

411 Vgl. Pfeil 1961:75.

412 Aus heutiger Sicht verlängert das eher die Aussagekraft der Studie, weil jene Berufe besonders stark vertreten sind, in die Frauen im folgenden Jahrzehnt vermehrt strömen. Es handelt sich um Akademikerinnen (Lehrerinnen, Medizinerinnen, Journalistinnen), aber auch um Frauen in qualifizierten Angestelltenpositionen.

413 Vgl. Pfeil 1961:75.

414 Pfeil 1961:Anhang II.

415 Vgl. Pfeil 1961:74.

416 Offensichtlich kam es häufig vor, daß Männer auf die Frage, wie sie zur Berufstätigkeit ihrer Frau stünden, entschieden negativer votierten, während die Frauen eine positive Einstellung ihrer Ehemänner annahmen und angaben; vgl. Pfeil 1961:234f. Merkwürdig ist, daß Pfeil hier Frauen korrigiert:

"daß die Antworten der Frauen modifiziert wurden und näher an der Wahrheit lagen. In seiner Gegenwart ließ sich nicht so leicht behaupten, daß er mit allem einverstanden sei".[417]

Bei den kleineren Untersuchungen werden z.T. Ehepaare befragt und Eltern oder Väter um Einschätzungen gebeten, die als ergänzende Informationen gewertet werden.[418] Im Unterschied zu den beiden großen Untersuchungen von Pfeil und Lehr beschränken sich die kleinen Arbeiten darauf, Statements oder alternative Motivlagen, Polaritätsprofile, Rangfolgen oder einen strikten Kanon standardisierter Positionen (zu Familie und Beruf) abzufragen und das Material alternativ nach dem Gewicht der Familien- oder Berufsorientierung auszuwerten.[419]

Walter Jaide erhebt seine Daten über eine Meinungsumfrage bei jungen Arbeiterinnen und kombiniert sie mit einer Querschnittsbefragung von Jugendlichen in der BRD, die er einige Jahre zuvor (1961) durchgeführt hat. Er verfügt so über ein Material, mit dem er seines Erachtens "gültige und aufschlußreiche Vergleiche zwischen jungen Arbeiterinnen und der weiblichen Jugend insgesamt in der Bundesrepublik" vornehmen kann. Zusätzlich befragt er einige Klassenlehrerinnen, führt Testinterviews durch, wertet Monographien mit einer Polaritätsskala aus und bezieht sich auf sozialstatistische Materialien der Schulbehörde Hamburg von 1963.[420]

Ursula Lehr führt ab 1955 in mehreren Intervallen Lebensverlaufsforschungen durch, die zunächst vorwiegend an Männern erprobt werden und auf der Basis von längsschnittartigen Untersuchungen der Biographie Einblicke in die berufliche Entwicklung und den Lebensentwurf geben. Diese Methode der entwicklungspsychologischen Verlaufsforschung läßt sie in empirische Untersuchungen mit 500 Frauen aus der sozialen Mittelschicht und 160 Männern (Kontrollgruppe) einmünden, die zwischen 1958 und 1964 befragt werden. Das ist die Basis für ihre Aussagen über geschlechtsspezifische Lebensmuster und Verarbeitungsweisen. - Das Berufsgeschehen der verschiedenen Lebensaltersgruppen wird im Querschnitt untersucht und durch eine Längsschnittbetrachtung der gesamten Berufsentwicklung ergänzt. Die Exploration erfolgt mit biographischen Gesprächen

Der Gedanke, daß Männer sich hinter der gesellschaftlich gültigen Norm verstecken könnten, kommt ihr offenbar nicht in den Sinn.

417 Pfeil 1961:234.

418 Vgl. Kätsch, Junker und Jaide.

419 Vgl. Schmidt-Relenberg 1965; Infas-Report 1965; Höhn 1964.

420 Vgl. Jaide 1969:173ff.; 11ff. Jaide selbst schätzt die Aussagekraft seines Materials trotz der Beschränkung auf das Hamburger Gebiet als recht weitreichend ein. Eine vorsichtige Generalisierung seiner Ergebnisse zu den Einstellungen von jungen Arbeiterinnen auf das gesamte Bundesgebiet, in dem damals rund 20% eines weiblichen Schulentlassungs-Jahrganges in ungelernte Arbeit eintritt, hält er für möglich.

anhand eines Leitfadens, der ausführliche Schilderungen ermöglicht. Die Gespräche werden bei einer kleinen Gruppe mehrfach wiederholt, so daß über einen Zeitraum von cirka 10 Jahren Berufsbiographien intensiv erfaßt werden.[421] Die biographischen Angaben haben vor allem eine Aussagekraft für 30 - 50jährige Frauen der sozialen Mittelschicht mit relativ qualifizierten Ausbildungsgängen und Berufstätigkeiten. So sind cirka 250 der in die Untersuchung einbezogenen Frauen als kaufmännische Angestellte, mittlere Beamtinnen, Volksschullehrerinnen tätig, cirka 120 sind ungelernt bzw. Facharbeiterinnen, cirka 140 haben eine höhere Qualifikation. Unter den 500 Probandinnen sind 171 Mütter mit schulpflichtigen Kindern.[422] Die statistischen Auswertungsverfahren durch Rating-Skalen praktizieren einen quantifizierenden Zugriff, der das Material z.T. arg zerstückelt und unter soziologischen Gesichtspunkten wenig ergiebig erscheinen läßt.

Das methodologische Instrumentarium dieser Dekade ist einerseits konsequenter als zuvor auf die umfassende Erhebung von Bewußtseinslagen zu Familie und Erwerb gerichtet, läßt Frauen selbst zu Wort kommen und focussiert gezielt ihre Persönlichkeitsentwicklung. Daneben bleiben aber recht oberflächliche Befragungen mit der Absicht schneller Zuordnungen zu positiven bzw. negativen Beurteilungen der Erwerbstätigkeit für die Familie üblich. Sie erfahren in der wissenschaftlichen Rezeption z.T. mehr Aufmerksamkeit als die großen Studien, die mit gründlichen Erhebungen operieren. Das mag dazu geführt haben, daß im Hinblick auf die 60er Jahre häufig auf die "Einfältigkeit" von Methoden der Erforschung weiblicher Bewußtseinslagen verwiesen wird.[423] Es sind aber, lassen wir die Vielfalt der hier beschriebenen Methoden, die allein bei dieser kleinen Auswahl von Untersuchungen zum Zuge kommen, Revue passieren, weniger die Erhebungsmethoden als die Auswertungsverfahren, die dazu führen, daß redundante Ergebnisse erzielt werden: Das Deutungsmuster der relativierten Egalität führt dazu, daß zwar einerseits ein Bekenntnis zu Gleichheitspostulaten und weiblichen Erwerbsaktivitäten erfolgt, diese andererseits aber sogleich kritischen Prüfungen der Familienverträglichkeit unterzogen werden.

421 Vgl. Lehr 1969:97ff., 102.

422 Vgl. Lehr 1969:111f. Zur Verteilung über die Altersgruppen und sozialen Schichten vgl. Lehr 1969:105. Auswahlkriterien sind: mittlere Schichtzugehörigkeit (2/3), mittlere bis gehobene Qualifikation (cirka 75 %), mittlere Altersstufen.

423 Vgl. Becker-Schmidt 1982:297ff.

5.5. Differenzierungen des Familienbezugs

Die empirischen Ergebnisse zum Frauenbewußtsein zeigen in den 60er Jahren eine Verschiebung: Die Familienorientierung wird zugunsten von Erwerbsinteressen relativiert. Dieser Prozeß wird von Pfeil und Lehr einer gründlichen Analyse unterzogen. Beide differenzieren den Familienbezug erheblich aus und beschreiben einen "unaufhaltsamen" Trend zum stärkeren Berufs- und Außenbezug. Sichtbar werden Zwischenorientierungen und wechselnde Schwerpunktsetzungen im Verlauf der Familienzyklen. Kleinere Untersuchungen testen einzelne Variablen für diese als schwankend erscheinenden Verortungen ab und versuchen eine eindeutige Zuordnung zu den Polen Familienbezug oder "Berufszentrismus".

Elisabeth Pfeil präsentiert ihre Ergebnisse in der Form einer "Zusammenschau" von drei "Typen" weiblichen Bewußtseins und ordnet diese als graduell variierende Familienorientierungen an. Sie unterscheidet drei Ausprägungen: eine extreme und eine modifizierte Form des Hausmutter-Typus mit eindeutiger Familienorientierung (1), einen Zwischen-Typus (2) und einen Berufsfrauen-Typus (3), der wiederum nach einer extremen und modifizierten Form der Berufsorientierung unterschieden wird. Zwei Drittel aller befragten Frauen werden den Varianten der Familienorientierung, das verbleibende Drittel dem Zwischen-Typus und den berufsorientierten Typen zugeordnet. Die Intensität der Familienbindung nimmt danach mit einer weiterführenden Schulbildung, einer längeren Berufsqualifikation und einer höheren Schichtzugehörigkeit ab. Die Erwerbsmotivation von Frauen steigt, je niedriger das Haushaltseinkommen ist, je weniger Kinder zu versorgen sind, je älter die Kinder sind, je besser das Bildungsniveau und je jünger die Frauen sind. Die Selbstbehauptung von Frauen und das bewußte Eintreten für eigene Belange der Teilhabe am gesellschaftspolitischen Leben sind um so deutlicher konturiert, je höher das Bildungsniveau und je länger die Berufserfahrung sind.[424] Das Frauenbewußtsein ist demnach zwischen Familie und Beruf zu verorten. Die Suche nach den subjektiven Gründen für die Erwerbstätigkeit ergibt zunächst, daß fast alle Befragten auf existentielle oder Notmotive verweisen. Diese Erklärung läßt Pfeil jedoch nicht ungeprüft gelten. Nachkriegsbedingte Notmotive, die das Einspringen für den Ehemann zwingend verlangten, seien inzwischen weitgehend entfallen.[425] Not- und Existenzsicherungsgründe seien

424 Frauen mittleren Alters mit einer guten schulischen und beruflichen Qualifikation haben die sprachliche Kompetenz und Courage, ihre beruflichen Interessen selbstbewußt zu vertreten und damit zu begründen, daß sie sich nicht auf den häuslichen Bereich beschränken, sondern am gesellschaftspolitischen Leben beteiligen möchten.

"beliebte" und vorgeschobene Erklärungen, die erheblich an Gültigkeit eingebüßt hätten.[426] Also schichtet sie die Begründungen Punkt für Punkt ab und entdeckt, daß sich hinter dem Hauptmotiv weitere Beweggründe verstecken, die offensichtlich, weil sie legitimationsbedürftig erscheinen, ungern offen und offensiv benannt werden. So zeigt sich eine "Motivfülle" und ein "Motivwandel bei Notmotiven"[427], der vor allem von der Qualifikation der Frauen abhängig ist. Frauen aus allen sozialen Schichten schätzen die Unabhängigkeit in der Form der Verfügung über das eigene Geld.[428] Bei den Höherqualifizierten spielen die Aufrechterhaltung der beruflichen Basis durch die Praxis und die "Liebe zum Beruf", die Anerkennung eigener Leistung und das Streben nach Abwechslung eine zentrale Rolle und zwar sowohl für die Anfangsmotivation wie für die spätere Entscheidung, trotz Mutterschaft erwerbsstätig zu bleiben.[429] Gut ausgebildete Frauen haben offensichtlich weniger Hemmungen und mehr sprachliche Kompetenz, ihr Interesse am Berufsleben zu äußern. Frauen mit mittlerer Qualifikation nennen in zweiter Linie Aufbaumotive, z.B. die Schulbildung der Kinder, die Weiterbildung des Ehemannes sowie die Erweiterung und Ausstattung des Wohnraums. Bei weniger qualifizierten Arbeiterinnen bleiben auch nach detaillierteren Nachfragen Existenznöte als Anfangs- und Verbleibmotiv bestehen. Aber auch hier kommen Aufbaumotive und Unabhängigkeitsbestrebungen hinzu.[430] Neben diesen "sortierten" Motiven nennt Pfeil eine Rubrik, die "sonstige Beweggründe" aufnimmt. Hier zeigt sich, daß der Kommunikations-Aspekt eine große Rolle spielt. Frauen wollen "dabei sein" und finden: "Zuhause versäumt man soviel vom Leben. Bei einer berufstätigen Frau ist das ganz anders."[431] Das sind für Pfeil Beweggründe, die dicht unter der Oberfläche der dominierenden Familienorientierung liegen und diese bei veränderten Außenreizen allzu leicht gefährden könnten.

Die Berufstätigkeit von Müttern führe dazu, daß diese ständig in Hetze und mit Gewissensbissen lebten, Ambivalenzen aushalten und auf dem Sprung sein müßten, weil der Alltag immer neue und unvorhergesehene Anforderungen stelle. Diese zu erfüllen und den individuellen Belangen

425 Vgl. ihre kritischen Überlegungen zur Motivforschung 435ff.

426 Vgl. Pfeil 1961:81ff.

427 Pfeil 1961:83.

428 "Der Wunsch nach Unabhängigkeit tritt sowohl als Begleitmotiv wie später (nachdem Motivwechsel eingetreten ist) als Hauptmotiv überdurchschnittlich oft auf - es ist einmal das Sicherheitsbedürfnis nach jahrelanger Erfahrung einer ungesicherten Existenz, aber auch die gewonnene Selbständigkeit". Pfeil 1961:82f.

429 Vgl. Pfeil 1961:78f. Sie faßt diese Begründungen als "psychologische Motive" zusammen und fächert sie nicht quantitativ auf.

430 Vgl. Pfeil 1961:78f.

431 Pfeil 1961:133.

der einzelnen Familienmitglieder, insbesondere der Kinder, optimal zu genügen, sei den erwerbstätigen Müttern unbedingtes Gebot. Der Zwiespalt zwischen den verinnerlichten Vorstellungen über eine "gute Mutter" und das zeitlich konkurrierende Interesse am Beruf erzeuge nachhaltige Schuldgefühle, die teilweise mit einer Überversorgung kompensiert würden.[432]

Pfeil macht es sich mit diesen Ambivalenzen nicht leicht. Sie schlägt nicht schlicht vor, den Widerstreit nach einer Seite aufzulösen und, wie das Vorgänger und Nachfolger tun, eine Kinderlosigkeit oder das "Hausfrauendasein" schwärmend oder gebieterisch zu empfehlen. Sie prüft, was Frauen vom häuslichen Dasein halten und findet neben Zustimmung auch sehr viel Abwehr, die sie jedoch nur punktuell ernst nimmt. Ihre Suche nach den Gründen ergibt, daß die soziale Isolierung und eine "Oikophobie" besonders die qualifizierteren Frauen in die Berufswelt treibe. Den Hege- und Sorgearbeit werde mehrheitlich eine zwar belastende, meist aber ausgleichende Wirkung zugewiesen, die generell neben der Erwerbstätigkeit erledigbar sei.[433] Das "Hausfrauentum"[434] habe seinen schlechten Ruf vor allem der Erfahrung zu verdanken, daß die eigene Mutter sehr unzufrieden war.[435] Das verblüfft Pfeil umso mehr, als sie erwartet hatte, daß ein Abschreckungseffekt vom selbst erlebten Alleinsein als Kind ausgehen müsse. Dies werde aber erfolgreich verdrängt und von den positiven Erfahrungen überdeckt, die der gegenwärtige Berufsalltag biete. Vor allem Mütter ab 30 neigten zur Abwertung des "Hausfrauentuns". Ihre Berufsbindung sei oft aufgrund einer längeren Ausbildung und Tätigkeit vor der späten Heirat und Mutterschaft intensiv. Mit der Qualifikation und dem Berufsprestige nehme das Desinteresse an Hausarbeit bis zur offensichtlichen Vernachlässigung zu.[436] Das treffe besonders den Ehemann.

Pfeil macht sich Sorgen über die Eigendynamik, die die Motivationskette für eine Berufstätigkeit bei Frauen entwickelt. Bei Ehefrauen und selbst bei Müttern mit kleinen bzw. schulpflichtigen Kindern häufen sich "psychologische" bzw. gar "egoistische" Motive, die mehr Raum für eine "Selbstverwirklichung" beanspruchen. Das zeigt sich sowohl um 1960 als auch in den Nachuntersuchungen von Pfeil 1964 und 1968.[437] Selbst in den

432 Vgl. Pfeil 1961:267ff.
433 Vgl. Pfeil 1961:209ff.,217f.,225ff.
434 Pfeil 1961:207.
435 Vgl. Pfeil 1961:159. Die Anbindung ans Haus wurde den Kindern versteckt oder offen angelastet.
436 Vgl. Pfeil 1961:156f.,161f.,209ff.,222,230.
437 Vgl. Pfeil 1964 und 1968; vgl. Frevert 1986:257f.,359, die allerdings eine eher durch objektive Zwänge begründete zunehmende Erwerbstätigkeit bei Frauen annimmt. Die Konjunkturentwicklung der 60er Jahre förderte den Trend zur zunehmenden Erwerbsarbeit von verheirateten Frauen und Müt-

Fällen, in denen das Haushaltseinkommen hoch liegt, besteht und steigt das Verlangen von Frauen, regelmäßige, arbeitsbezogene Kontakt- und Kooperationsmöglichkeiten wahrzunehmen, materiell unabhängig zu sein und die eigenen beruflichen Fähigkeiten einzusetzen und weiterzuentwikkeln.[438] Grundsätzlich billigt Pfeil diesen Drang, aber sie dämmt den Aufbruchswillen:

> "Frauen, die einfachhin annehmen, daß, wenn sie sich das Leben so gestalten, wie es ihnen am besten paßt, auch die anderen glücklich sind"[439],

verhielten sich unverantwortlich. Sie übersähen die Schwierigkeiten einer Vereinbarkeit von Beruf und Familie.

> "Die Frau, die voll berufstätig bleibt, trifft eine Wahl und muß die Konsequenzen auf sich nehmen."[440]

Ihre Entscheidung müsse sie vorrangig vor den Kindern verantworten. Sie habe die Aufgabe, ihnen ein herzliches und inniges Familienleben zu garantieren. Die mütterliche Betreuung sei ein unbedingtes Muß, alles andere stelle einen "Erziehungsnotstand" dar.[441] Die "Oma-Erziehung" oder der Kindergarten seien nichts als "zweite Wahl".[442] Deshalb verlangt Pfeil von Müttern, verantwortlich und sorgsam zu überlegen, ob und wie lange sie den Kindern ihre häusliche Abwesenheit zumuten können. Aber auch unter dieser Prämisse akzeptiert sie eine mütterliche Erwerbstätigkeit prinzipiell in nur zwei Fällen: Erstens, wenn die Entscheidung im Hinblick auf das Kindeswohl getroffen werde und existentielle Gründe habe, zweitens

---

tern durch relativ attraktive Angebote hinsichtlich des Arbeitsinhalts und der Arbeitszeitregelungen.

438 Pfeil sieht, daß dies Streben nach Anerkennung im Beruf eine Triebfeder ist, die gesellschaftlich und sozial bei Müttern nicht gebilligt wird. Bei den Fragen, die darauf abzielen, ein "eventuell vorhandenes Streben nach Eigenständigkeit an den Tag zu bringen, Fragen von emanzipatorischem Charakter, wenn man so will" (124), stellt sich heraus, daß die Reaktionen der befragten Mütter sehr entschieden und verschieden ausfallen: Heftige Zurückweisungen, eine Ablehnung aller angebotenen Antwortmöglichkeiten, offensichtliche Gleichgültigkeiten, ein verschämtes Zugeben und eine nachdrückliche Bejahung beschreiben das Antwortrepertoire; vgl. Pfeil 1961:124.

439 Pfeil 1961:401.

440 Pfeil 1961:397.

441 Vgl. Pfeil 1961:363f. Dieser Begriff wird als Gegenpol zur "Existenznot" kreiert.

442 Vgl. Pfeil 1961:339,258. Hintergrund ist die These und Annahme, daß ein Frauenleben erst erfüllt sei, wenn mütterliche Funktionen wahrgenommen werden. Das ist die gravierendste Prämisse, die Pfeil setzt, ohne sie theoretisch zu begründen. Es erscheint ihr plausibel, weil praktisch bewährt.

bei einer "Liebe zum Beruf", die bei Akademikerinnen legitimerweise existiere, welche entweder selbst viel zu Hause sein können oder über Verwandte oder Fremde die ganztägige Betreuung ihrer Kinder sicherstellen könnten. Ihr obliege die Hauptverantwortung. Sie, nicht der Vater, habe kontinuierlich die Frage abzuprüfen, ob ihre Erwerbstätigkeit (noch) mit ihrer "eigentlichen" Verpflichtung vereinbar sei.

Diese Rollenzuweisung entspricht einerseits der Egalitätsvorstellung von Emanzipation durch qualifizierte Berufsarbeit, andererseits einer Relativierung dieses Wegs durch strenge Normierungen von Mutterschaft in den 60er Jahren. Ungewöhnlich und mutig ist dagegen das Plädoyer von Pfeil, die tägliche Versorgung des Ehemannes zur "Nebensache" zu erklären; die Kinderbetreuung sei wesentlicher.[443] Ihre kindzentrierte Blickrichtung dehnt sie auch auf das Klima zwischen den Eltern aus.[444] Zwar sei ein erfülltes Eheleben von Vorteil fürs Kind, aber nicht unabdingbar für dessen Wohlergehen.[445] Andererseits findet sie, das Kind gehöre zwingend zur Ehe, sonst mangele es an inniger Verbundenheit der Partner.[446]

Obwohl Pfeil mit ihrer großen repräsentativen Müttererwerbsstudie und einer Auswertungsmethode, die Frauen ausführlich zu Wort kommen läßt, grundlegende Erkenntnisse über die Ambivalenzen von Frauen zwischen Berufsmotivation und Familienorientierung niederlegt, wird weiterhin in vielen kleineren Studien zu ergründen versucht, warum Frauen eigentlich arbeiten, warum Verheiratete und insbesondere Mütter einer Erwerbstätigkeit nachgehen.

Norbert Schmidt-Relenberg führt eine solche Untersuchung zur dominierenden Orientierung bei cirka 100 Abiturientinnen durch. Die Bestimmung der Frau wird von mehr als 80% der Befragten in Ehe und Familie gesehen. Die Mädchen äußern sich primär familienbezogen, kaum "individualistisch" und selbstbezogen, aber durchschnittlich gesellschaftlich interessiert. Zwar findet Schmidt-Relenberg, daß eine Berufstätigkeit zur Intensivierung des Ehelebens führen könne, weil das gegenseitige Verständnis und die Aussprachefähigkeit zunehme, wenn "beide beides" täten,[447] aber für die befragten Abiturientinnen habe das keine Bedeutung:

---

443 Vgl. Pfeil 1961:379ff. und 178f.: Mütter wünschen ihren Söhnen keine berufstätige Frau und ihren Töchtern einen Beruf. Sie soll nicht nur zuhause sitzen, und ihm soll die "Ungemütlichkeit des hausfrauenlosen Heims" erspart bleiben.

444 Pfeil 1961:374.

445 Vgl. Pfeil 1961:369f.

446 Pfeil 1961:369ff.

447 Vgl. Schmidt 1959:138, der die Ergebnisse seiner Dissertation als Schmidt-Relenberg 1965 noch einmal auswertet.

"Die Familie wird als der für die Frau zentrale Lebenswert erkannt. Alle anderen Gesichtspunkte stehen dahinter zurück. Eine positive Wirkung der weiblichen Berufstätigkeit auf die gesamte Struktur wird praktisch nicht gesehen."[448]

Eine weiterführende Schulbildung führe keineswegs zur Abkehr von der Familie:

"Das Leitbild vom Beruf wird vom Leitbild der Familie überschattet. Die Familie wird als der für die Frau zentrale Lebenswert schlechthin herausgestellt: alle anderen Ziele und Werte, auch die des Berufs, stehen dahinter zurück. Gesamtgesellschaftliche Aspekte der Berufstätigkeit der Frau werden nicht gesehen. Sie werden zwar nicht ausdrücklich negiert, aber sie treten auch nicht ins Bewußtsein. Die gesamten öffentlichen und politischen Belange interessieren nur am Rande, zumindest hält man sie nicht einer lebenslänglichen Hingabe im Beruf für wert."[449]

Das enttäuscht den Autor, hatte er doch vermutet, bei den angehenden Akademikerinnen geschicktere Legitimationen anzutreffen. Seine Fragestellungen, die nicht an die differenzierten Erhebungsmethoden von Pfeil anknüpfen, ergeben nur ein pauschales Antwortmaterial, das lediglich plakative Schlußfolgerungen erlaubt.

Reinhold Junker bestätigt dagegen das Ergebnis von Pfeil, daß mit steigendem Bildungsniveau die Erwerbstätigkeit von Müttern zunehme: Dem Statement "Das Reich der Frau ist der Haushalt" stimmten Befragte mit mittlerer und höherer Bildung nicht mehr uneingeschränkt zu. Erwerbstätige Mütter legten deutlich mehr Wert auf eine bessere Schulbildung ihrer Kinder und verfolgten als Erziehungsziel demgemäß eher Ehrgeiz und Leistung als Gehorsam und Folgebereitschaft,[450] - und zwar auch für ihre Töchter. Für Henning Dunkelmann, der empirische Materialien von Pfeil erneut auswertet, stellt die "Jagd" nach Konsum und höherem Lebensstandard das entscheidende Problem dar.[451] Dunkelmann unterscheidet den "häuslichen Typ" und den "berufsverbundenen Typ", sieht eine überwiegende Familienorientierung, vor allem aber Gefährdungen: Die unablässige Steigerung des Anspruchsniveaus in der Konsumsphäre dränge Frauen, den Beruf auch dann nicht aufzugeben, wenn dies aus familialen, insbesondere erzieherischen Gründen geboten erscheine. Noch betreffe dies wenige, aber der Druck werde steigen und die dominierende Familienorientierung verdrängen. Hildegard Schräder[452], die Schulerfolg und Schulversagen von Kindern im Urteil erwerbstätiger Mütter untersucht, bestätigt das hohe mütterliche Pflichtbewußtsein, das Pfeil herausarbeitet: Ihre Frage nach

448 Vgl. Schmidt 1959:215.
449 Schmidt-Relenberg 1965:149f.
450 Vgl. Junker 1965:428-480 (Tab.), insbes. 435f.
451 Vgl. Dunkelmann 1961:173.
452 Vgl. Schräder 1963.

dem Verhältnis der häuslichen und institutionellen Kinderbetreuung, nach Intensität und Flexibilität der erwerbstätigen Mütter in akuten Bedarfssituationen ergibt, daß eine kontinuierliche Versorgung und Betreuung der Kinder in ihrem Zuhause durch viel Organisationsgeschick gewährleistet wird. Großmütter springen bevorzugt ein; das verwandtschaftliche Netzwerk von Frauen funktioniert also selbst in der Großstadtfamilie und ermöglicht die Müttererwerbstätigkeit.

Das verbreitete Familienbewußtsein erhält durch diesen Verweis auf das Verwandtschaftsnetz als eine wesentliche Stütze weiblicher Erwerbstätigkeit eine völlig andere Nuancierung und Konnotation, die jenseits von Enge und Isoliertheit anzusiedeln ist. Es bezieht sich nicht nur auf die Kernfamilie, sondern auch auf den weiteren Verwandtenkreis, in dem Hilfen und Erfahrungen ausgetauscht werden.

Die Frage von Irmtraud Schnappauf, warum Frauen auch nach der Geburt des ersten Kindes erwerbstätig bleiben, ergibt wie bei Dunkelmann als Hauptmotiv den Ausbau des Lebensstandards.[453] Elke Maria Kätsch findet auch in ihrer Sekundäranalyse zahlreicher Beiträge und in eigenen Befragungen "soziales Aufstiegsstreben" als zentrales Erwerbsmotiv. Ehefrauen sähen für sich und ihre Familien vor allem materielle Vorteile aufgrund ihrer Erwerbstätigkeit. Interessant ist, daß die befragten Frauen zwar bekunden, eine Frau solle nach der Geburt ihres ersten Kindes die Erwerbstätigkeit aufgeben, nach eigenen Angaben aber selbst nicht nach diesem Leitbild handelten. Ihr tatsächliches Rollenverhalten als Mutter ändere sich bereits, ihr Bewußtsein verharre aber noch in herkömmlichen Denkweisen, folgert Kätsch.[454]

Daß die einseitige Familienorientierung bei Frauen eine fragwürdige Zuschreibung sei, betont Elfriede Höhn (1964) und verleiht dieser Kategorie eine weitere Nuancierung. Sie entdeckt vor allem bei jungen Industriearbeiterinnen mit niedriger Arbeitszufriedenheit und negativ beurteilten Arbeitsbedingungen den ausdrücklichen Wunsch, rasch zu heiraten und eine eigene Familie zu gründen. Diese Absicht verstärke sich bei anspruchslosen Tätigkeiten: Je länger diese ausgeübt würden, desto intensiver werde der Heiratswunsch.[455] Ehe und Familie fungieren hier als Zuflucht.[456] Eine

453 Vgl. Schnappauf 1961. Daß in dieser Dekade so oft vom Übermaß und Konsuminteresse die Rede ist, entspricht dem Zeitgeist, der Askese und "prothestantische Ethik" noch nicht aufgeben will. Daß Frauen mit dem Vorwurf konfrontiert werden, sie arbeiteten nur für Konsumartikel, ist bezeichnend für ein unreflektiertes Forschen in der Soziologie.

454 Vgl. Kätsch 1965:90f. - Diese Vermutung hegt Pfeil bereits: Bekenntnisse zur Familienbindung sind normgerecht und werden daher oft übertrieben bzw. ohne Reflektion und Relativierung geäußert; vgl. Pfeil 1961:435ff.

455 Vgl. Höhn 1964:16ff.

456 Vgl. z.B. Infas-Report 1965:32f.

brüchige Berufsorientierung wird damit auf schlechte Arbeitsbedingungen zurückgeführt; sie läßt Frauen alternativ auf ein tief verankertes Kulturmuster zurückgreifen. Frauenbewußtsein zentriere generell den Alltag im Nahbereich und respektiere Kirche und Religion als Deutungsmacht:

> "Das vergleichsweise enge Verhältnis von Frauen zu ihrem religiösen Glauben rührt noch heute daher, daß die Erscheinungen der häuslichen Sphäre: der tägliche Hunger, die tägliche Müdigkeit, der tägliche Dreck, Ehen, Geburten, Krankheiten, Gebrechen, Todesfälle, nicht von Politik und Arbeitswelt, sondern nur von der Kirche her eine sinnhafte Deutung erfahren. Politik und Religion haben für die meisten Frauen eine ganz ungleiche Bedeutung."[457]

Je geringer die Schulbildung und je höher das Alter der befragten Frau sei, desto stärker, so der Infas-Report von 1965, wirke die kirchlich-religiöse Weltdeutung mit traditionellen und konservativen Ordnungsvorstellungen über Frau und Familie. Daß diese Tendenzen quantitativ nur schwach überwiegen, mit 50-60% anderen Einstellungen, z.B. denen gut ausgebildeter Frauen Raum lassen, wird in der Rezeption von Umfragen der 60er Jahre zum Frauenbewußtsein kaum beachtet. Betont wird der Mehrheitstrend, der den traditionellen Charakter weiblicher Einstellungen belegt, die Bindung an die Religion beschreibt, Einfältigkeit und Borniertheit hervorhebt.[458]

Ein besonders eindrucksvolles Beispiel für die generell beobachtbare Tendenz der sozialwissenschaftlichen Forschung zur Fixierung des Frauenbewußtseins auf Familie, die hinter den Erkenntnisstand von Pfeil u.a. zurückfällt, ist die Untersuchung von Walter Jaide über junge Arbeiterinnen. Jaide entdeckt bei jungen Frauen Materialismus, Oberflächlichkeit, Desinteresse und Orientierungslosigkeit gepaart mit einer starken Uniformität der überwiegend starr konservativen Meinungen und Wertungen. Mädchen und junge Frauen seien müde, schul-, lern- und wahlmüde, gleichgültig und unentschieden, zuhause und im Betrieb:

> "Die relativ hohe Entlohnung vernebelt diesen Mädchen zusätzlich eine angemessene sozioökonomische Ortung und Progression innerhalb der Arbeitswelt und der Gesellschaft. Im Freizeitverhalten scheinen sich die Arbeiterinnen insgesamt in besonderem Maße einer bloß rezeptiven, wahllosen, apathischen Nutzung anheim zu geben."[459]

Junge Arbeiterinnen präferierten einen Antwortstil der Unentschiedenheit, ihre Meinungsbildung leide unter "Mängeln der Intelligenz und Vorbildung, unter Neurotizismen und Intoleranzen".[460] Sie träfen

457 Infas-Report 1965:39.

458 Das geschieht mit dem Pathos der Referenz an "die Mehrheit", ohne deren Dominanz für das öffentliche Meinen je hergeleitet zu haben.

459 Jaide 1969:97.

überwiegend eine "ahnungslose Berufswahl", hätten eine "bloße Zweck-Mittel-Einstellung zur Arbeit", ein "inhaltsarmes Familienleben", verhielten sich "wahllos auf dem kommerzialisierten Freizeitmarkt" und indifferent gegenüber relevanten Lebensfragen.[461] Jaide registriert und konstatiert letztlich nur ein einziges Interessensgebiet, das u.U. als nach vorne gerichtetes Ziel gedeutet werden könne:

> "Eine Besonderheit der Lebenspläne besteht eventuell in der ausschließlichen Hinwendung zu sehr frühzeitigen, undifferenzierten Heiratsabsichten und deren Vorspielen."[462]

Zur Frage, ob dieses breite Spektrum von Desinteresse im Jungarbeiterinnenbewußtsein frauenspezifisch oder jugendtypisch sei, äußert er sich ohne Zögern:

> "Wahrscheinlich gibt es auch in anderen Sozialzonen der Jugend Lebensweisen, denen es gleichermaßen an jugendlicher Dynamik und Kontaktfülle, an weltoffenem Fortschritt und stabilisierender Sinnerfüllung fehlt. Es gibt wohl nicht nur ein proletarisches, sondern auch ein bourgeoises Vergammeln des Lebens zwischen Arbeiten, Verdienen, Ausgeben, den Tag herumbringen, körperliche Bedürfnisse befriedigen und übers Wochenende faulenzen - besonders auf seiten der Mädchen. Immerhin dürften die aufgewiesene Monotonie und unansprechbare Indifferenz, die besprochenen Mängel an Offenheit und Fortentwicklung, das Maß an Frustration, Hilflosigkeit und Isolierung, die wechselseitige Verfestigung und Verschlimmerung ungünstiger Merkmale und Verhaltensweisen so nur den jüngeren Arbeiterinnen zukommen."[463]

Das sind also dem weiblichen Wesen zuzuordnende Merkmale: Orientierungsmangel und Informationsdistanz, Desinteresse und vordergründige materielle Fixierungen werden zwar als Besonderheiten der jungen Arbeiterin angesehen, gleichzeitig jedoch mit kleinen Abstrichen der Gesamtheit der 15- bis 18jährigen Mädchen in der BRD zugeschrieben. Jaide versucht zwar, diese "Tendenzen der Entlastung und Einigelung" zu verstehen und als Rückzug, Selbstbeschränkung und Schutzmechanismus zu begreifen, verstellt sich aber selbst den Blick für die Geschlechtsspezifik durch pauschale Behauptungen und diskriminierende Zuschreibungen.

Jaide übersieht die kulturellen Grenzen, die die Mädchen und Jungensozialisation im Jugendalter trennt und nach "Drinnen und Draußen" spaltet. Seine methodologischen Maßstäbe verbauen ihm die Sicht auf Eigenarten des Frauen- und Arbeiterinnenbewußtseins, die z.B. Höhn (1964) bereits herausarbeitete. Daß hier geschlechtsspezifische Ausgrenzungsmecha-

460 Jaide 1969:97.
461 Vgl. Jaide 1969:199.
462 Jaide 1969:196.
463 Jaide 1969:100.

nismen wirksam werden und eine durchaus eigene bzw. eigenwillige Identität der jungen Arbeiterinnen existieren könnte ("Heiratswut"), entgeht ihm. Die Dramatisierung der normalen "Subnormalität" des untersuchten Samples, das für junge ungelernte Arbeiterinnen in Hamburg und im Bundesgebiet stehen soll, lautet:

"In diesem Sinne sind die jungen Arbeiterinnen unser 'Negerproblem'."[464]

Mädchen seien auf der ganzen Linie mit Defiziten bestückt. Ohne Intervention und Unterstützung sei zu fürchten, daß sie am gesellschaftlichen Leben vorbeilebten und in "geistiger Apathie und Sterilität" verbiederten.[465]

Die Untersuchung ist ein Fundus für alle, die am Beispiel des Themas Frauenbewußtsein den Sprachschatz der Frauenverachtung in geballter, aber nicht elaborierter Form kennenlernen möchten. Die massive Aufhäufung von herrschenden Vorurteilen über das Frauenbewußtsein ist verblüffend unverstellt und schamlos-unschuldig. Die jungen ungelernten Arbeiterinnen werden unverblümt als Randgruppe tituliert, welche ein "verkrochenes Dahinleben" mit "Illusionen und Nervenschauern" führe.[466] Mitleid und Abscheu, Verachtung und Überheblichkeit kennzeichnen den Duktus der Argumentation, die einen Einblick in die vorurteilsgeladene Forscheroptik gibt. - Der Diskurs über das Bewußtsein von Frauen ist durch die zahlreichen Beiträge von Jaide stark beeinflußt worden. Die drastischen Sprachschöpfungen prägten sich gut ein.[467]

Nahezu zeitgleich mit Jaide veröffentlicht Ursula Lehr ihre große Studie über die Frau im Beruf und zeigt mit ihren Ergebnissen, daß sich die berufliche Motivation bei Frauen im Vergleich mit den männlichen Probanden als vielschichtiger und flexibler, komplexer und prozessierender erweist, weil vielfache Brechungen durch den Familienbezug erfolgen. Lehr warnt vor Verallgemeinerungen und Festschreibungen und hebt dennoch einige "Geschlechtsspezifitäten" hervor, die das Berufsleben von Frauen "normalerweise" begleiten.

Das "weibliche Rollenbewußtsein" determiniere die Berufswahl[468], ein Arbeitsplatz- und Tätigkeitswechsel erfolge überwiegend aus "familialen Gründen"[469] und die Berufswelt werde als bereichernde Ergänzung

464 Jaide 1969:101.
465 Vgl. Jaide 1969:101.
466 Vgl. Jaide 1969:101.
467 Das gilt zumindest für die Soziologie/Industrie und Betrieb sowie die Sozialpsychologie an Hamburger Hochschulen in den 60er und 70er Jahren. Jaide war wissenschaftlicher Zeuge für die "tumbe Arbeiterin".
468 Vgl. Lehr 1969:179.
469 Lehr 1969:264.

gegenüber den einengenden Haushaltspflichten erfahren und gesucht. - Über das Bewußtsein von Frauen hinsichtlich der Berufs- bzw. Familienorientierung finden sich bei Lehr viele Hinweise, die darauf schließen lassen, daß der Ausbildungsweg, die Karriere und die Selbstbehauptung in der Arbeitswelt bei den Frauen jüngerer und mittlerer Altersklassen zunehmend an Bedeutung gewinnt.[470]

Für Frauen sind soziale Kontakte relevant.[471] Im beruflichen Alltag mit vielen Menschen zusammenzutreffen, Anteil zu nehmen, persönliche und familiäre Probleme zu erörtern und Lösungsmöglichkeiten auszutauschen, ist für Frauen von großer Bedeutung. Für den Verbleib oder Ausstieg aus der Berufstätigkeit sind im Unterschied zu Männern die ersten Berufsjahre entscheidend. Eher positiv bzw. negativ verbuchte Erfahrungen in dieser Phase bleiben prägend für das gesamte Berufsleben. Ein zentraler Unterschied zwischen den Geschlechtern besteht in der Arbeitsmotivation. Unter dem Einfluß der häuslich-familiären Sphäre[472] verschieben sich die Motivationslagen bei Frauen stärker als bei Männern von intrinsischen zu extrinsischen Beweggründen.[473]

Lehr kann auf Basis ihrer Forschung mit vielen Vorurteilen aufräumen. Zur Bekräftigung ihrer Thesen zieht sie Material aus der angelsächsischen Literatur hinzu. Ein Ergebnis ist z.B., daß berufstätigen Frauen das Hausarbeiten rascher von der Hand geht als Voll-Hausfrauen, daß die "Partnerbeziehung" aktiver ausgestaltet ist und die Erziehungs- und Betreuungsintensität größer ist als bei Nichtberufstätigen. Die Zuwendung zu den Kindern ist zwar zeitlich begrenzt und quantitativ geringer, aber qualitativ "dichter", Freizeitgestaltungen werden vielfältiger und Zukunftsentwürfe lebendiger und flexibler.[474]

Lehr entdeckt bei Frauen sowohl einen hohen Grad an Berufsbindung als auch die stabile Basis einer Familienorientiertheit, die den Erwerbsverlauf und die Erwerbserfahrung prägten. Frauen erlebten die berufliche Sphäre als "Ausweitung", als eine "zusätzliche Form der Selbstverwirklichung" in einer "anderen Welt". Die Wiederaufnahme der Berufstätigkeit erfolge häufig schon nach kurzer Unterbrechung, weil das Hausfrauendasein als einengend empfunden werde.[475] Bemerkenswert sei, daß diese "Einbettung

470 Vgl. Lehr 1969:272,325.

471 Vgl. Lehr 1969:240.

472 Lehr arbeitet hier dem früher von Franzen-Hellersberg, später von Prokop vertretenen Theorem zu, daß Frauen sich durchgängig auf ihren gesamten Lebenshintergrund beziehen. Männer sektoralisieren stärker; vgl. Lehr 1969: 266ff.,276f.,350f.,384.

473 Vgl. Lehr 1969:396.

474 Vgl. Lehr 1969:71-81 und 384ff. zur Kinderbetreuung; 67-70 und 383ff. zur Partnerbeziehung; 380ff. zur Hausarbeit; 385ff. zur Freizeitgestaltung.

475 Vgl. Lehr 1969:303ff.,397.

der Berufstätigkeit in die gesamte Erlebnissphäre" bei Frauen zu einer "Wandlung und Veränderung der Berufsrolle" führe:

> "Fast könnte man die Behauptung wagen, daß die Berufsrolle hier so etwas wie einen 'Spielcharakter' enthält, das heißt, daß der Frau ein gewisses Maß an 'Freiheit' im 'Durchspielen' dieser Rolle gewährt wird, wie es dem Mann aus kulturellen, materiellen oder auch existentiellen Gründen unmöglich erscheint."[476]

Die gesellschaftlichen Rollenfixierungen, so Lehr, ließen Frauen offenbar mehr Möglichkeiten, den Erwerbsverlauf zu modifizieren, den Berufseintritt hinauszuschieben, mehrfach zu unterbrechen und zeitlich zu reduzieren. Das gelte zwar nur für jene Frauen mit mittleren bzw. höheren Qualifikationen, sei aber im Unterschied zu der durchschnittlich hermetischeren Arbeitsbiographie von Männern von Bedeutung: Das "Streben nach Selbstverwirklichung" setze bei Frauen erheblich früher ein. Ihr Verhalten und ihre Reflexion seien auf "Unabhängigkeit" (jüngere Frauen) ausgerichtet, auf eine Einbindung der Tätigkeit in einen "Sinnhorizont" (ältere Frauen) und darauf, den Beruf als Lebensaufgabe zu begreifen und zu bewältigen.[477] Die grundsätzlich ungünstigeren Ausgangs- und Rahmenbedingungen von Frauen führten zwar zu "Unstetigkeiten"[478] und punktuell evasiven Reaktionen auf Belastungssituationen, gleichzeitig aber auch dazu, mit der Zeit versierter auf diese Probleme zu antworten und souveräner zu werden. Das gelte jedoch nur unter der Voraussetzung, daß die "unmittelbare Existenzsicherung" gewährleistet sei.[479] Not mache auch Frauen nicht erfinderisch, wenn es um die Lebensgestaltung ginge.

Lehr entwickelt mit dieser großen Studie am Ende der 60er Jahre eine Sicht auf das Frauenbewußtsein, die das Interesse an Entfaltung von Individualität und Selbstverwirklichung, Eigenständigkeit und Durchsetzung "weiblicher" Besonderheiten in der Berufswelt dokumentiert. Die frauenspezifischen Prägungen einer Familienorientierung werden hier aufgefächert und in ihrer Verknüpfung mit einem Beruf als Wunsch bzw. Notwendigkeit analysiert. Hohe Qualifikationen und längere Berufserfahrungen prägen ausbalancierte Zwischenorientierungen aus; bei niedrigem Ausbildungsstatus, schlechteren Arbeitsbedingungen schiebt sich die familiäre Sorgearbeit in den Vordergrund.

---

476 Lehr 1969:397.
477 Vgl. Lehr 1969:345ff.,397.
478 Lehr 1969:239.
479 Vgl. Lehr 1969:243f.,396.

5.6. Würdigung und Deutungskritik - Aufbruchsabsichten

In den 60er Jahren zeigt sich eine Aufbruchsstimmung und Aufbruchshaltung von Frauen, die einzeln oder in kleinen Gruppen erste Schritte in Männerdomänen tun. Eine Relativierung der Familienbindung ist zu beobachten: Im Rahmen der Zwischenorientierung findet eine Umgewichtung statt. Frauen brechen normative Muster auf und begeben sich in gesellschaftliche Bereiche, die ihnen bislang vorenthalten blieben. Sie wünschen und hoffen nicht mehr nur, daß Veränderungen eintreten, sie vollziehen den Wandel selbst, werden tätig und nehmen eine offensive Haltung gegenüber den "Fesselungsversuchen" ein. Ein höherer Aktivitätsgrad bei Frauen wird in verschiedenen Bereichen festgestellt, so daß vielerorts überrascht konstatiert wird: "Frauen legen zu und Männer lassen nach".[480] Diese Entwicklung und Angleichung an das Verhalten von Männern tritt vor allem bei jungen Frauen (bis 25) und jenen auf, die "in den besten Jahren" (bis/um 40) sind.

Das Emanzipationskonzept einer relativen Egalität "versteht" diese Aufbruchshaltung und offensive Stimmung von Frauen nur begrenzt. Der Zwischenorientierung, die sie trotz aller Neu- und Umgewichtung bleibt, wird insoweit nicht Rechnung getragen, als sie überwiegend mit Familiennähe konnotiert wird. Zwischenorientierungen liegen aber auch vor, wenn der Beruf zur Hauptsache erklärt und der Haushalt "nebenbei" erledigt wird. Die meisten AutorInnen versuchen, wie zuvor Schelsky und Baumert, eindeutige Fixierungen und Zuordnungen des Frauenbewußtseins vorzunehmen und es entweder in der Familie oder aber im Beruf zu verorten. Berufliche Orientierungen werden als emanzipativ, familiäre als nicht zeitgerecht und zurückgeblieben eingestuft. Solche Raster verdecken die kreative Vielfalt der "Mittelwege", die Frauen gehen und werden ihren tatsächlichen Leistungen und Haltungen nicht gerecht.

Das Emanzipationsverständnis einer zunächst stark (bei Pfeil), später schwächer (bei Lehr) relativierten Egalität wird als Deutungsmuster in den Studien unterlegt und läßt die Aufbruchshaltungen von Frauen in den 60er Jahren nur begrenzt, gleichwohl mit zunehmender Tendenz, sichtbar werden. Pfeil begegnet dem außerhäuslichen Engagement von Müttern mit Vorbehalten, die sich auf Kindeswohlerwägungen berufen. Hier sieht und setzt sie Grenzen, reklamiert Fürsorglichkeit und Rücksichtnahme und versieht ihre Ergebnispräsentation mit deutlichen Appellen an das Verantwortungsbewußtsein von Frauen. Ihre Deutungen zum Frauenbewußtsein

480 Noelle-Neumann 1985:11; Schmidtchen 1984:17,24,114f.

verlassen den Bezugsrahmen der Prüfung von außerhäuslichen Orientierungen der Mütter auf ihre Familienverträglichkeit nicht. Aber Pfeil konstatiert bereits energisch: Frauen sollen und müssen ihre Entscheidung selbst treffen und verantworten. Sie sind allerdings gründlichst in die Legitimationspflicht zu nehmen. Grundsätzlich versteht und respektiert Pfeil das weibliche Unabhängigkeitsstreben. Sie prognostiziert eine zunehmende Tendenz der Außenorientierung und sieht die Notwendigkeit einer gesellschaftlichen Unterstützung und Entlastung der mütterlichen Alleinverantwortung. Also widerspricht sie den Interessen von Frauen nicht, versucht aber, sie dort zu bremsen und zu "bändigen", wo ihr ein "Zuviel", ein "Egoismus" und eine Unausgewogenheit, zu entstehen scheint. Wenn die Familienbindung wegen der Berufsorientierung ins Hintertreffen gerät, relativiert sie die Gleichheitsansprüche von Frauen erheblich: Aufbruchshaltungen erfahren eher eine Zurückweisung als eine Ermutigung.

Nahezu zehn Jahre später blickt Lehr mit einem deutlich offeneren Emanzipationsverständnis auf die Ergebnisse zur Selbsteinschätzung weiblicher Berufstätigkeit. Die Ausweitung und Bereicherung ihrer Lebens- und Erfahrungsmöglichkeiten, die Frauen ihrer Erwerbstätigkeit zuschreiben, wird von ihr in aller Breite dokumentiert und uneingeschränkt positiv bewertet. Ihr Konzept der Gleichheit und Angleichung von (noch) geschlechtstypisch verschiedenen Aufgaben enthält theoretische Relativierungen, nimmt diese aber bei der Auswertung der Empirie zurück: Sie sieht und betont die Aktivitätsschübe von Frauen mittlerer und jüngerer Altersgruppen, hebt das Interesse am Aufbruch und beruflichen Aufstieg bei den qualifizierten Frauen und die vermehrten Bildungsaktivitäten bei jüngeren hervor, bezieht diese außerordentlich günstigen, weil die Zufriedenheit steigernden Faktoren aber auch auf Ehe und Familie. Hier seien nach Einschätzung der befragten Frauen durch ihre Berufstätigkeit und größere Lebensfreude überwiegend günstige Auswirkungen zu verzeichnen.

Bei Lehr wird dezidiert als bei Pfeil herausgearbeitet, daß Frauen durchgängig ein Bewußtsein zwischen Beruf und Familie entwickeln und im Verlauf ihrer Berufsbiographie wiederholt Umschichtungen der Priorität vornehmen. Ein weiterer Unterschied zeigt sich in der Sichtweise zur Handlungsmacht bzw. -ohnmacht der Frauen im Hinblick auf ihre Prägung durch die Berufsphase. Lehr sieht Frauen als Subjekte und aktive Trägerinnen eines spannungsreichen gesellschaftlichen Wandlungsprozesses, der Arbeitsleistung und Disziplin umdefiniert.[481] Pfeil weist Frauen dagegen eher einen Opferstatus zu. Sie befürchtet, daß sie quasi passiv den "Versuchungen" des Konsums, des Geltungs- und Darstellungsinteresses, der Entfremdung und Entpflichtung vom Intimbereich Familie erliegen könnten,

481 Vgl. Lehr 1969:397.

ohne aktiv Einfluß auf ihre Lebensgestaltung zu nehmen.[482] Sie verlören dadurch ihren Wirkungsbereich und Kinder nähmen Schaden.

Die beiden Studien von Pfeil und Lehr sind begrenzt vergleichbar, befragen sie doch in einem ungefähr deckungsgleichen Zeitraum erwerbstätige Frauen mittlerer Altersstufen mit durchschnittlicher bis guter Qualifikation zur Einschätzung ihrer Berufsarbeit.[483] Die Ergebnisse stimmen in vielen Punkten überein, nur die Präsentation weicht z.T. erheblich ab. Das recht strenge Denkschema einer stark relativierten Egalität bei Pfeil führt zu zahlreichen Ein- und Beschränkungen der Wiedergabe und Kommentierung von vorgefundenen Erwerbsneigungen. Lehr nimmt diese Grenzsetzungen nicht so stark vor, setzt Kontrapunkte, bezieht sich aber dennoch systematisch wie ihre Vorgängerin auf die Folgewirkungen der weiblichen Berufstätigkeit fürs Familiale. Aber sie publiziert in einer Zeit, in der die Debatte um Ungleichheit vorangetrieben wird und die Selbstverständlichkeit der engen Rollenzuweisung qua Geschlecht fragwürdig erscheint.

Die kleineren Untersuchungen dieser Dekade pendeln mit ihrem Emanzipationsverständnis und Zugriff auf das Material und die Ergebnisse zum Frauenbewußtsein zwischen einer starken und einer zurückhaltenden Relativierung von Egalität. Ihre Erhebungen sind weniger umfassend und lassen zumeist nur recht oberflächliche Zuordnungen zu. Erwerbsorientierungen werden auf ihre Familienfunktion hin überprüft und zu entsprechenden Aussagen über das Frauenbewußtsein verdichtet. Dieses sei eher zu sehr als zu wenig erwerbsorientiert - oder ein "Nichts"[484]. Nur wenige Beiträge tragen dem Aufbruchsverhalten von Frauen Rechnung, obwohl sie Hinweise dokumentieren. Typisch ist, daß Frauen Eindeutigkeit abverlangt und nach "klaren" Entscheidungen für das berufliche oder familiäre Leben gesucht wird, das heißt auch, daß ein rechtzeitiges Abwägen des Pro und Contra in Sachen Mutterschaft erwartet wird, inclusive der Bereitschaft, alle Implikationen und Komplikationen auf sich zu nehmen, wenn das Kind da ist.

Erst zum Ende der 60er Jahre setzt sich mit sozialpsychologischen Analysen der weiblichen Berufsrolle eine neue Sichtweise durch: Die positiven Funktionen der Doppelrolle, also einer gleichzeitigen Tätigkeit in Familie und Beruf, werden herausgearbeitet. Sie stabilisierten die finanzielle Basis der Ehegemeinschaft und verbesserten die Funktion der Familie als "psychologische Agentur" der Gesellschaft.[485] Vorteile einer Erwerbsneigung und -orientierung von Frauen werden in den Vordergrund gerückt und

482 Vgl. Pfeil 1961:149ff.

483 Lehr beginnt ihre empirischen Langzeiterhebungen bereits Mitte der 50er Jahre; vgl. Lehr 1969:95f.

484 Jaide 1969:87

485 Vgl. Kätsch 1965.

sogleich hypostasiert: Emanzipation wird mit Erwerbsarbeit konnotiert und zum neuen Maßstab für die Beurteilung des Frauenbewußtseins erhoben. Gleichwohl bleibt auch diese Sicht noch in einem Deutungsmuster gefangen, das Familie als den primären Ort von Frauen unterstellt. Egalität ist nur in dieser Relativierung akzeptabel und vorstellbar.

Der am Frauenbewußtsein ablesbare Wandlungsprozeß, der von vielen Autorinnen als "Ausbruch" aus der Enge und Isolation von Haus und Familie beschrieben wird, ist von sozialwissenschaftlicher Seite nicht erwartet worden. Er wird daher zunächst für eine vorübergehende Erscheinung gehalten, z.T. begrüßt, z.T. bedauert. Auffallend ist, daß den Frauen wenig Durchhaltevermögen und Einsatzbereitschaft zugetraut wird.[486] Demoskopische Trendvergleiche von sozialen Kohorten und Segmenten zwischen 1953 und 1979 zeigen heute im Rückblick, daß dieser Wandel schon erheblich früher einsetzt, langsam, aber kontinuierlich fortschreitet und sehr vielschichtig ist, vor allem generell mehr Bewegungsraum für Frauen verlangt.[487]

Das Frauenbewußtsein in dieser Dekade zeigt Aufbruchshaltungen und -absichten, die im Rahmen der Zwischenorientierung auf eine Umgewichtung verweisen: Die Bedeutung von Erwerb auf der einen und Familie auf der anderen Seite verschiebt sich zugunsten einer Außenorientierung. Das Unabhängigkeitsstreben, die Suche nach Anerkennung und Bestätigung der eigenen Leistung werden wichtiger, weil das Hausfrauendasein zunehmend als isoliert, entleert und unterfordernd empfunden wird. Das quantitative Überwiegen der Familienorientierung, das Pfeil "errechnet", ist unstreitig vorhanden. Die eingehende Prüfung ihrer Tabellen und Kommentierungen zeigt jedoch, daß sie an vielen Punkten gegenläufigen Tendenzen, die verstreut auftreten, keine adäquate Geltung zumißt. So gibt es z.B. viele Hinweise auf ein Leiden an der häuslichen Isolation, das direkt und indirekt ausgedrückt wird[488] und der eigentliche Motor des "Hinausstrebens" zu sein scheint. Die Abschichtung von Motivationslagen zeigt z.B. bei näherer Betrachtung ihrer Kommentierungen, daß das Arbeitsmotiv "Aufbau und Erweiterung der häuslichen Basis" bei allen Befragten sowohl für die frühere als auch die gegenwärtige Phase von großer Bedeutung ist.[489] Bei Frauen aus gehobenen Schichten rangieren sog. psychologische

486 Vgl. Familienbericht II/1975; insbesondere Wissenschaftlerinnen trauen Frauen wenig zu.

487 Vgl. Frevert 1986:253ff.

488 Pfeils "Zusammenschau zu Typen" die sie z.T. auf Basis der Einstufungen vornimmt, die die Interviewer notieren, wird von ihr selbst mit zahlreichen kritischen und relativierenden Anmerkungen versehen; vgl. Pfeil 1961:251ff., 253, 436.

489 Vgl. Pfeil 1961:78f., Tabelle 2a u. b.

und qualifikationsbewahrende Motive an erster und zweiter Stelle. Alle Motivlagen korrespondieren stark mit dem Interesse an Leistungsanerkennung, an Teilhabe am betrieblichen Geschehen, an Kommunikation und Abwechslung. Das sind Erfahrungen, die die Kernfamilie und der kleine Haushalt nicht bieten.[490]

Pfeil interpretiert das Weiterarbeiten, indem sie zunächst auf die materiellen Vorteile der Erwerbsarbeit abhebt und dann eine Eigendynamik unterstellt, die auf Frauen Zwänge ausübe, aus Statusgründen erwerbstätig zu bleiben:

> "Man muß sich noch einmal klarmachen, daß alle diese Frauen, die aus Not oder für die Grundausstattung des Haushalts mitarbeiten, in ein Kräftefeld eingetreten sind, in dem ihnen neue Wertungen entgegentreten wie: Das Ansehen der Person gründe auf dem, was man ausgibt; das Leben zu Hause sei langweilig; wer nicht arbeite, sei faul."[491]

Auch der Befund, daß Mütter einer quälenden Zwiespältigkeit ausgesetzt sind, wenn sie zwischen dem eigenen Interesse und dem des Kindes entscheiden müssen und dann nach neuen Formen teilzeitiger Beschäftigung und jeweils besser geeigneten Kombinationschancen suchen,[492] wird von Pfeil durchgängig als quälendes Los der Erwerbsarbeit interpretiert. Das Weiterarbeiten trotz Erreichen der materiellen Ziele und trotz der Geburt eines Kindes kann, obwohl dies rückwirkend nicht quantitativ errechenbar ist, auch mit dem Phänomen der "Oikophobie" begründet werden. Das Leiden an der offensichtlich als redundant empfundenen Alltagsversorgung und Hausarbeit ist groß. Dies erscheint plausibel, weil die Abwehr und Abkehr vom Häuslichen als Lebenszentrum mit höheren Qualifikationen und kleineren Haushaltseinheiten (Personenzahl/Wohnraum) steigt.[493]

Auch die bei Lehr dokumentierten Ergebnisse verweisen auf neugierige Aufbruchshaltungen von Frauen und eine Suche nach erweiterten Erfahrungsmöglichkeiten durch Berufstätigkeit. So äußern sich, je nach Altersgruppe, nur 6-9% der befragten berufstätigen Frauen unzufrieden darüber, daß ihre Familie aufgrund ihrer Erwerbstätigkeit "zu kurz" komme, obwohl 13-20% der Befragten das "zeitliche Angebundensein" als "unangenehm" erleben.[494] Frauen schätzen demnach ein höheres Maß an Freizeit, wollen diese aber nicht allein der Familienarbeit widmen. Des weiteren

490 Auch der größere und großfamiliär organisierte Haushalt gewährt nur einer einzigen, meist der ältesten Frau und nicht mehreren Frauen einen vergleichbaren Status des "Schaltens und Waltens", also der Gestaltungsfreiheit und Würde.

491 Pfeil 1961:150.

492 Vgl. Pfeil 1961:153f.

493 Vgl. Pfeil 1961:207.

494 Lehr 1969:341.

berichtet Lehr von Frauen, die berufstätig sind, weil sie "unerfüllt gebliebene Wünsche im privaten Bereich" (immaterieller Art) kompensieren wollten.[495] Andere möchten selbständig und unabhängig sein:

"Berufstätigsein bedeutet für sie, von keinem anderen Menschen - seien es Eltern, Geschwister, Freunde oder Partner - abhängig zu sein. Man will über sich selbst, seine Zeit, sein Tun und Lassen allein bestimmen können. Hierbei steht weniger der finanzielle Aspekt im Vordergrund als stärker das Gefühl, 'frei zu sein', zu dem einem die Berufstätigkeit verhilft."[496]

Auch hier zeigt sich implizit das Bestreben, der Enge zu entgehen, ohne sie völlig zu negieren: Erwerbsarbeit macht Familienpflichten erträglicher. Das zeigt sich zum Beispiel bei Frauen mittlerer und höherer Sozialschichten, die "nach größeren Unterbrechungen der Berufstätigkeit" ihre Beschäftigung wiederaufnehmen.[497] Dort

"...findet sich die Form des Erlebens der Wiederaufnahme der Berufstätigkeit als "Therapeutikum", als etwas, was über Kummer und Sorge hinweghilft...".[498]

In den kleineren Untersuchungen zeigen sich ebenfalls Indikatoren für eine "Hausflucht": Ob es die "Versuchungen" des modernen Konsums[499], das "endlose Streben" nach Verbesserung des Lebensstandards[500], die aktive Organisation von häuslicher Fremdhilfe und der Freiraum für eigene außerhäusliche Aktivitäten[501] sind oder auch die Umdefinition von Erziehungspostulaten[502], stets zeigt sich eine Tendenz aktiver Außenorientierung, die insbesondere nach Kätsch und Schräder für ein Abkehr- und Abwehrverhalten gegenüber Hausarbeitsverpflichtungen als dominierendem Lebensinhalt sprechen.[503]

Insgesamt lassen sich damit in allen Untersuchungen Anzeichen für Aufbruchshaltungen von Frauen finden. Frauen orientieren sich nicht ausschließlich auf das Familienleben, sondern würdigen trotz aller Belastungen ihre Erwerbsarbeit nahezu gleichermaßen. Während Pfeil diese Tendenzen zu Beginn der 60er Jahre nur zaghaft benennt und die kleineren Untersuchungen Mitte der 60er Jahre in dieser Hinsicht keinen deutlichen Erkenntnisfortschritt bringen, vollzieht Lehr am Ende der 60er Jahre einen

495 Vgl. Lehr 1969:387.
496 Lehr 1969:321.
497 Vgl. Lehr 1969:312f.
498 Lehr 1969:313.
499 Vgl. Dunkelmann 1961.
500 Vgl. Schnappauf 1961.
501 Vgl. Schräder 1963.
502 Vgl. Junker 1965.
503 Vgl. Kätsch 1965:90ff. und Schräder 1963:92ff., die sich beide auf ein Sample mit Müttern beziehen.

Wandel, indem sie den restriktiven Vorstellungen ihrer VorgängerInnen eine offenere Variante gegenüberstellt.

Eine mögliche Erklärung für diese Öffnung liegt in der Umschichtung der aktiven weiblichen Erwerbsbevölkerung. Die Bildungsexpansion verschiebt das Berufseintrittsalter bei jüngeren Frauen. Mittlere Altersgruppen nutzen die vermehrte Nachfrage nach Arbeitskräften. Sie verändern die Erwerbsmuster, verengen die Periode der intensiven Betreuung und Versorgung und etablieren ein neues soziales Verhaltensmuster.[504] Die Erwerbsbeteiligung verheirateter Frauen mittleren und höheren Alters steigt im Laufe der 60er Jahre im Anschluß an die Erhebungen Pfeils erheblich an.[505] Die Kohorte der 40-jährigen etabliert neue Verhaltensstandards: Sie praktiziert trotz Kollision mit den Normen der Mutterpflicht den Wiedereinstieg ins Erwerbsleben nach Abschluß einer meist extrem verkürzten "Kinderphase".[506] Diese neuen Verhaltensmuster verweisen auf Aufbruchshaltungen und -stimmungen, aber auch auf das Dilemma, sich letztlich zwischen zwei Polen vermittelnd betätigen zu müssen. Das bildet sich in den Untersuchungen z.T. in ihrer partiellen Unzufriedenheit und Resignation über die unbefriedigenden Wege der Vereinbarkeit ab.

6. Die 70er Jahre - Aufbruchshaltungen und Durchbruchsversuche

Die westdeutsche Soziologie erfährt in den 70er Jahren im Gefolge der 68er Revolte eine Phase des Umdenkens. Ihr Theoriegefüge erodiert aufgrund massiver Infragestellungen von innen und außen. Die Kritik an "Elfenbeinthemen" erfolgt schubartig, wird ungleichzeitig und ungleichartig beantwortet und hat eine Umorientierung und Differenzierung der Methodologie der Bewußtseinsforschung zur Folge: Die Subjektperspektive gewinnt an Bedeutung.

Das **Kapitel 6.1.** dient der Kennzeichnung dieser Ausgangslage für die 70er und 80er Jahre. Die Debatten um die sozialen Folgen von

504 Vgl. Willms-Herget 1985:85f.,98.

505 "Trotz der entmutigenden Erfahrungen in der Nachkriegszeit führte so die Kohorte der 1911 bis 1920 geborenen Frauen als erste das neue Erwerbsmuster verstärkter Erwerbsbeteiligung der über Vierzigjährigen ein. Nachdem sie schon als junge Frauen Zutritt zu den modernisierten Wirtschaftsbereichen gefunden hatten, wirkten sie in ihren mittleren Jahren am deutschen 'Wirtschaftswunder' mit." Willms-Herget 1985:98.

506 Vgl. Willms-Herget 1985:100.

technologischen Innovationen, um Bewußtsein und Interesse und um die Anfänge der neuen sozialen Bewegungen führen zu einem Paradigmenwechsel der Definition von Praxisrelevanz, Entstehungs- und Verwertungszusammenhängen zentraler Forschungsthemen. In diesem Kontext bleiben Frauenthemen lange ausgespart. Chancen für Forschungen zur weiblichen Lebenslage und Bewußtseinsverfassung entstehen erst, als sie von Wissenschaftlerinnen aufgegriffen und vorangetrieben werden. Das **Kapitel 6.2.** enthält eine Skizze zum konsequent egalitären Emanzipationsverständnis, das in den 70er Jahren die soziologischen Arbeiten zum Frauenbewußtsein leitet.

In **Kapitel 6.3.** wird das Werk von Helge Pross vorgestellt, die im Anschluß an die großen Einzelstudien von Pfeil und Lehr die "Frauenfrage" aus der verengten familien- und sozialpsychologischen Betrachtung löst und in die Schwerpunkte Bildung, soziale Schichtung und politische Partizipation integriert. Dazu werden die Studie über die Bildungschancen von Mädchen[507], die empirische Erhebung zum Thema "Gleichberechtigung im Beruf?"[508], die Repräsentativbefragung zur "Wirklichkeit der Hausfrau"[509] und die Untersuchung zum Thema "Männer"[510] herangezogen und im Hinblick auf ihre Fragestellungen (6.3.1.), Methoden (6.3.2.), Befunde und Interpretationen (6.3.3.) analysiert sowie einer kritischen Würdigung (6.3.4.) unterzogen.

Die Auseinandersetzung mit den von Pross präferierten funktionalistischen und rollentheoretischen Ansätzen mündet Mitte der 70er Jahre in drei arbeits- und industriesoziologische Forschungsprojekte ein, die insbesondere das Arbeitsbewußtsein von Frauen als "doppelt und dreifach" Benachteiligte untersuchen. Es handelt sich um das Göttinger RKW-Projekt von Lappe/Schöll-Schwinghammer u.a.[511], die Frankfurter Untersuchungen von Eckart u.a.[512] und das Projekt der Hannoveranerinnen von Becker-Schmidt u.a.[513]. Sie werden im **Kapitel 6.4.** gemeinsam vorgestellt,

507 Pross 1969; im folgenden zitiert als Mädchenstudie.

508 Pross 1973; im folgenden zitiert als Erwerbstätigen-Untersuchung.

509 Pross 1976; im folgenden zitiert als Hausfrauenstudie.

510 Pross 1978; im folgenden zitiert als Männerstudie. Ich beziehe diese Untersuchung ein, weil sie für Pross eine Ergänzung der Erhebungen zum Frauenbewußtsein bedeutet. Sie vertritt nämlich die Auffassung, daß die Position von Männern wichtige Rahmenbedingungen für das Bewußtsein und die subjektiven und objektiven Möglichkeiten von Frauen darstellt; vgl. Pross 1978:9ff.

511 Vgl. Lappe/Schöll-Schwinghammer 1978.

512 Vgl. Eckart/Jaerisch/Kramer 1979.

513 Vgl. Becker-Schmidt/Brandes-Erlhoff/Lühring/Schmidt 1981, Becker-Schmidt/Knapp/Rumpf 1981, Becker-Schmidt/ Knapp/Schmidt 1984, Bekker-Schmidt u.a. 1982.

bezüglich ihrer Fragestellungen (6.4.1.), Forschungsmethoden (6.4.2.) und Ergebnisse wie Interpretationen (6.4.3.) beschrieben und schließlich ebenfalls kritisch gewürdigt (6.4.4.). Im **Kapitel 6.5.** wird abschließend eine Deutungskritik am gesamten Untersuchungsmaterial dieser Dekade vorgenommen.

6.1. Die westdeutsche Soziologie denkt um

Die folgenden Ausführungen zu den Umdenkprozessen in der Soziologie, die sich mit Bildung, Arbeit und sozialer Ungleichheit befaßt, berühren zunächst kaum Frauenthemen, sind aber konstitutiv für die später entstehende Frauenforschung. Die Öffnung für konkrete gesellschaftspolitische Problemfelder schafft ein Klima, in dem auch die geschlechtsspezifische Benachteiligung von Frauen, wenngleich als Dimension neben anderen Ungleichheitsfaktoren, thematisiert werden kann. Die spätere Frauenforschung kann auf viele Aspekte, die im Zuge dieser theoretischen und methodischen Neuorientierung bearbeitet werden, zurückgreifen. Dabei wiederholt sie z.T. auch den Fehler, auf Modernismen und Zuspitzungen zu rekurrieren, die im Zuge einseitiger Technikkritik und überzogener "Ableitungsversuche" bereits vorexerziert wurden.

Mit einer deutlichen Verschiebung ihrer Aufmerksamkeitsrichtung reagiert die Soziologie, vor allem die Industrie- und Betriebssoziologie,[514] auf die Prozesse der technischen und sozialen Modernisierung von Arbeitsorganisation und Produktionsverfahren. Dazu tragen neben den Denkanstößen, die die Studentenrevolte gab, mehrere Faktoren bei. Bereits in den 60er Jahren wirft die Automationsdebatte, die von seiten der Gewerkschaften wie der Unternehmensverbände intensiv angeschoben wird, Fragen nach den sozialen Folgen anstehender Umstrukturierungen auf. Düstere Prognosen über die Folgen des Technikeinsatzes, bevorstehende Rationalisierungsprozesse und organisatorische Umgestaltungen bewegen die Gemüter ebenso wie öffentliche Debatten um das Verständnis von demokratischer Mitwirkung und die Ausgestaltung der sozialen Marktwirtschaft, der Mitbestimmung, gewerkschaftlichen Willensbildung und Interessensvertretung.[515]

514 Vgl. Beckenbach 1991, der auf diese Vorreiterrolle der IBS verweist; Brunkhorst 1991.

515 Vgl. Dahrendorf 1965 zum Nachholbedarf der deutschen Demokratie.

Gleichzeitig werden Forderungen und Vorstellungen laut, die sich an die Institutionen der Wissenschaft richten. Deren gesellschaftliche Verpflichtung zur Unterstützung von Benachteiligten, z.B. Arbeitnehmern, wird reklamiert. Unter Sozialwissenschaftlern entstehen heftige Debatten darüber, welche praktischen Problemfelder Gegenstand von Forschung und Lehre sein sollen, ohne die Unabhängigkeit von Wissenschaft zu gefährden. Bevor sich die Kontrahenten einigen, schafft die Initiative des staatlich eingerichteten Rationalisierungs-Kuratoriums der Deutschen Wirtschaft (RKW)[516] neue Fakten: Wirtschaftliche und soziale Aspekte des technologischen Wandels in der BRD werden in großangelegten Forschungsvorhaben untersucht.[517] Hier geht es vorrangig um Akzeptanzprobleme bei der Nutzung und Anwendung von technologischen Innovationen. Die umfangreichen durchgreifenden Rationalisierungsmaßnahmen in den Produktionssektoren großer Firmen, deren soziale Folgen der De-/Requalifikation, der Um- und Freisetzung von Arbeitskräften, führen zu Kritik, Angst und Unruhe bei den betroffenen Belegschaften, für die die Forschungsteams ein ungewöhnlich lebhaftes Interesse haben.

Die Fragestellungen und Anlagen der Untersuchungen differieren; auffällig ist, daß mit bisher ungewöhnlich sensiblen Methoden Annäherungen an die reale Situation der Arbeitenden versucht werden. So knüpfen z.B. Kern/Schumann erstmals wieder an methodologische Überlegungen und qualitative Erhebungsmethoden von Popitz/Bahrdt u.a aus den 50er Jahren an, die differenzierte Erkenntnisse über das Arbeiterbewußtsein erbrachten.[518]

Die Studie von Kern/Schumann (1970a+b) bekräftigt die These von der befriedeten westdeutschen Arbeiterschaft, begründet sie aber neu mit den zwischenzeitlich erfolgten Prozessen der teilweise gegenläufigen qualifikatorischen Ausdifferenzierungen. Alte Fachkenntnisse verlieren an Wert, neue Spezialisierungen setzen sich durch. Die Prognose lautet: Die Differenzierung der Belegschaften wird über Arbeitsplatzanforderungen hergestellt und durch Personaleinsatzstrategien vertieft; das läßt neuartige

516 Das RKW ist eine Einrichtung, die unter der Beteiligung der Tarifparteien in "unparitätischer Parität" wissenschaftlich fundierte Beratung im Rahmen der "konzertierten Aktion" zur Bewältigung von sozialen Folgen des technischen Wandels bereitstellt.

517 Das umfangreiche Material, das nun erhoben wird und zur Auswertung gelangt, ist ergiebig. Es gewinnt nicht nur für die Industrie- und Betriebssoziologie an Bedeutung, sondern auch für benachbarten sozialwissenschaftlichen Disziplinen, die sich auf die Empirie und Theorie des Qualifikationswandels in Produktion und Verwaltung beziehen; vgl. Kern/Schumann 1970a; 1970b:Klappentext; Mergner/Osterland/Pelte 1975; Sieben Berichte 1970; Kern/Schumann 1972 zum Umstellungsprozeß.

518 Vgl. Popitz/Bahrdt u.a. 1957; Friedeburg 1955; Milz 1972.

Polarisierungen entstehen, die sich für Solidarisierungen hinderlich erweisen.[519] Für das Arbeiterbewußtsein wird jene Formel von der "instrumentellen Orientierung" als Charakterisierung geprägt, die Goldthorpe u.a. bereits in den 60er Jahren für große Teile der traditionellen Industriearbeiterschaft Großbritanniens festhalten.[520] Kern/Schumann ziehen den definitiven Schluß, daß das klassische Arbeiterbewußtsein sich angesichts materieller Befriedungen und sozialer Differenzierungs- bzw. Spaltungsprozesse im Zerfall befinde, zumal es sich immer weniger auf Arbeitsinhalte und fachliche Identifikationen beziehen könne.[521]

Das tatsächliche Verhalten großer Teile der westdeutschen Industriearbeiterschaft entspricht diesen Prognosen nicht. Mit den 69er Streikbewegungen sind die methodologischen Prämissen bisheriger Bewußtseinsforschungen grundlegend tangiert und in Frage gestellt. Ein Überdenken der Kategorien steht an.[522] Der "Spiegel" gibt eine Analyse der Septemberstreiks beim Göttinger Forschungsinstitut in Auftrag. Im Zentrum steht die Frage, ob die Streikbewegungen entgegen allen bisherigen Vermutungen eine "Rekonstruktionsperiode der Arbeiterklasse" einleiten.[523] Die Antwort, die schon 1970 vorliegt, ist eindeutig: Bei den Streikanlässen habe es sich um eine außergewöhnliche, einmalige, also künftig vermeidbare Situationskonstellation gehandelt. Die Schere zwischen dem viel zu niedrigen Niveau der Tarifabschlüsse, der extrem guten Auftragslage der Wirtschaft habe angesichts der hohen Inflationsrate die Forderungen nach Teuerungszulagen geradezu provoziert. Ausgleichszahlungen hätten die verrutschte Balance jedoch schnell wiederhergestellt.

---

519 Die letzte ausführliche Fußnote der 1970 veröffentlichten Fassung von "Industriearbeit und Arbeiterbewußtsein" ist den Ereignissen des Septemberstreiks von 1969 gewidmet. Ihre Deutung wird im Sinne des obigen Resümees vorgenommen. Danach verweisen die sogenannten "wilden" Streiks nicht auf eine selbstbewußte und repolitisierte Arbeiterschaft, vielmehr auf ein letztes Aufbäumen jener Gruppierungen mit traditionelle Qualifikationen, "... deren Bedeutung gerade im Zuge der aktuellen technischen Entwicklung vermindert wird"; Kern/Schumann 1970b:46f., Fn. 20; vgl. dazu Milz 1972.

520 Die Nivellierung der Statusunterschiede zu den ehemals privilegierteren Angestellten führe dazu, daß sich das Selbstwertgefühl der Arbeiterschaft stabilisiere; vgl. Goldthorpe u.a. 1968.

521 Vgl. Kern/Schumann 1970a:278ff.

522 Die Kategorie des Handelns als Gegenstand empirischer Forschungen rückt in den Vordergrund methodologischer Überlegungen. Als adäquate Erhebungsinstrumente erscheinen teilnehmende Beobachtungen, Einzelfallanalysen und vor allem kombinierte Verfahren; vgl. Beckenbach 1991; Voß 1980.

523 Vgl. Schumann u.a. 1971:159ff.

Die "Gedankenwelt" der Industrie- und Betriebssoziologie scheint damit wieder im Lot. Varianten der "Verbürgerlichungsthese" und eines verborgenen bzw. verbogenen Klassenbewußtseins werden wiederbelebt.[524] Das Arbeiterbewußtsein wird zum wohlfeilen Objekt der Kritik, weil es sich nicht mit diesen Projektionen deckt.[525]

Der implizite Vorwurf der politischen Abstinenz, der sich an die Diagnose eines defizitären gesellschaftlichen Bewußtseins von Arbeitern knüpft, ist damals bei Vertretern wie Gegnern der "Verbürgerlichungsthese" nicht methodologisch abgedeckt.[526] Die Deutung "politische Indifferenz" verfestigt sich, beansprucht Plausibilität, wird aber bald durch die realen Ereignisse blamiert. Der Tatbestand einer durchgängigen Aktivierung von Arbeitenden läßt sich nicht wegleugnen: Immer wieder brechen hier und da kleinere und größere Streiks aus, die übliche Stile der Stellvertretung aufbrechen und das Kräfteverhältnis in Bewegung bringen.[527]

Die Kritik von Mitgliedern an der Verbürokratisierung der Gewerkschaften greift.[528] Die staatliche Politikvermittlung verliert an Kompetenz, die "Konzertierte Aktion" scheitert und verweist die zentralistische Institution der Ausbalancierung deutlich in ihre Grenzen. Das fortschrittsgläubige Konzept der "formierten Gesellschaft"[529] erfüllt sich ebensowenig wie die kulturpessimistische Prognose von der "Gesellschaft bedingter Reflexe"[530].

524 Beide Positionen wirken aus heutiger Sicht selbstgefällig, anmaßend, besserwisserisch und elitär. Sie messen die Haltung der Arbeitenden an von außen herangetragenen Normen der liberal-reformistischen oder radikal-revolutionären Politikbeteiligung. Sowohl diejenigen, die an eine fortschreitende Integration glauben als auch diejenigen, die Umsturz- und Wandlungsprozesse sehen, werfen dem untersuchten Klientel vor, sich nicht klar und präzise genug zu artikulieren und zu verhalten.

525 Beispiele für ein derart normatives Vorgehen und wissenschaftliches Instrumentalisieren von Befragten und Gesprächspartnern lassen sich für diese Zeit in großer Zahl aufführen: vgl. insbes. die Kritiken dazu von Holzkamp-Osterkamp 1980 und Markard 1980.

526 Die Annahme, daß ein mittleres oder hohes Niveau an kollektiv vertretenen Interessen vorhanden sein müßte, um politisch wirksam zu werden, entbehrt jeder Voraussetzung. In der Geschichte, so auch im Septemberstreik, zeigte sich, daß kleine avantgardistische Gruppierungen politische Initialzündungen vornehmen und Bewegungen in Gang setzen können, - eher und wirkungsvoller als Massenorganisationen mit groß angelegten (Generalstreik-) Plänen.

527 Vgl. Bosch u.a. 1977.

528 Dabei spielen erstmals Frauen eine bemerkenswerte Rolle. Sie treten in dieser Zeit vermehrt in die gewerkschaftlichen Organisationen ein und sind die einzige Gruppierung, deren Anteil steigt. HBV und ÖTV profitieren davon erheblich; vgl. Müller 1989:635ff.

529 Schäfer/Nedelmann 1969.

530 Narr 1979:489ff.

Vielmehr verschieben die ungewohnten Machtproben das Kräfteverhältnis. Die Stile der Austarierung werden flexibler, weil der Unruhe nachgegeben und den Betroffenen mehr Spielraum zugestanden wird.

Wilke Thomssen formuliert ein energisches Plädoyer für den Abschied vom liebgewordenen Denken in den Kategorien des Klassenbewußtseins und der Revolution.[531] Der "Klassenkampftiefschlaf" rechtfertige keine binäre Dialektik mehr. Die auffällig konsequenten Aktivitäten von erwerbstätigen Frauen seien z.B. völlig übersehen worden. Jäggi "entdeckt" Frauen als neue Hoffnungsträgerinnen.[532] Ihre Beteiligung an Streiks, ihre Aktivitäten in Bürgerinitiativen, ihr Engagement in der neuen Frauenbewegung, das Vordringen in traditionell männliche Ausbildungssektoren und Berufsbereiche dränge nach einer wissenschaftlichen Forschung, die sich jener Gruppierungen annehme, die bisher vernachlässigt worden seien.[533]

Der herkömmliche Wissenschaftsbetrieb bildet weder die Belange von Arbeitenden noch die von Frauen oder anderen "randständigen Gruppierungen" in seinem Forschungsfeld und Themenkanon ab. Die Appelle für mehr Offenheit richten sich an die "68er Generation". Sie hätte zwischenzeitlich Eingang in die Forschungsinstitutionen gefunden und müsse ihre Denkblockaden aufgeben, um den Wissenschaftsdiskurs voranzubringen.[534] Das Nachdenken über neue Wege der Untersuchung von Bewußtseinslagen ist selbstquälerisch und überschreitet nur zaghaft die traditionellen Fachgrenzen.[535] Der Deutungsmusteransatz gilt zunächst interdisziplinär als pragmatischer Zugang. Er entwickelt sich zu einem neuen Paradigma der Bewußtseinsforschung.[536] Gesucht wird nach der Eigendynamik und dem Eigensinn kulturbedingter Deutungen in überschaubaren Milieus; quer zu den Klassen- und Schichtungsdebatten der damaligen Zeit etabliert sich damit eine subjektzentrierte Perspektive, auf die die Frauenforschung später zurückgreift.

Schon Goldthorpe u.a. legen mit Hinweisen auf den Instrumentalismus und dessen Kehrseite, nämlich die Freizeit- und Familienorientierung, nahe, von einer "Klassenperspektive" und Suche nach traditionellen proletarischen Identitäten (produktive Arbeit) abzurücken, weil das Freizeitin-

531 Vgl. Braczyk/Knesebeck/Schmidt 1982 und Schmidt 1982.

532 Vgl. Thomssen 1982:445,456; Jäggi 1979:443ff.,456.

533 Zur Reflexion der Methoden vgl. Thomssen 1982:2,45,321; vgl. Jäggi 1979:472f.

534 Vgl. Narr 1979:522f.

535 Vgl. Thomssen 1982:316-320: Psychologie und Politikwissenschaft beteiligen sich bei der Untersuchung von Bewußtsein, um Anwendungsbezüge herzustellen. Der Deutungsmusteransatz von Neuendorff (1980) als Zugeständnis an eigene und eigensinnige kulturelle Welten in den einzelnen Milieus gewinnt an Plausibilität.

536 Vgl. Neuendorff 1980:27ff.

teresse schichtübergreifende Orientierungen entstehen lasse. Diese Implikation des instrumentellen Bewußtseins war bis dahin nicht reflektiert worden. Die Rezeption hatte sich darauf fixiert, daß Goldthorpe u.a. Freizeit statt Arbeit als Hauptbezugspunkt für die Erklärung von proletarischen Bewußtseinslagen heranzogen. Dies stellt sich als Fehlinterpretation heraus.[537] Die These vom Instrumentalismus sollte vor allem deutlich machen, daß sich das Gewicht von Arbeit und Freizeit verschoben, daß die Relevanzstrukturen beider Bereiche sich aus- und angeglichen und daß der Freizeit- und Privatbereich zu Lasten der Arbeitssphäre an Bedeutung gewonnen hat.

Das Frauenbewußtsein interessiert in diesen Untersuchungen zu den industriellen Arbeitserfahrungen, Arbeitsbedingungen und deren Veränderungen nicht. Frauen kommen als Gruppe oder Sozialkategorie nur peripher oder gar nicht vor. Ihre besondere Situation der Doppelbelastung durch Familien- und Erwerbsarbeit findet in der These von der Differenzierung der Arbeitenden keine Berücksichtigung, obwohl sie "ins Bild" gepaßt und dies vervollständigt hätte. Mehrheitlich gilt der männliche Mensch und Lebenslauf als Maßstab von Untersuchungsdesigns, Fragestellungen und Theoriekonzeptionen. Dieses Modell wird unhinterfragt herangezogen und als Raster der Interpretation den empirischen Materialien unterlegt. Das macht die Kritik am Androzentrismus der Wissenschaften, die jetzt in der Soziologie einsetzt, deutlich.[538] Sie führt zu tiefgreifenden Kontroversen und Infragestellungen von bisher gültigen Prämissen.[539] Aktuelle Erhebungen, die die gesellschaftliche Strukturvorgabe der doppelten Verantwortung von Frauen als den für sie spezifischen Lebenszusammenhang berücksichtigen, werden gefordert.[540]

Es sind nicht zuletzt die Aktivitäten der Frauenbewegung, insbesondere aktiver Erwerbstätiger, die sich vermehrt an Streik- und Tarifauseinandersetzungen beteiligen sowie kritische Studentinnen/Akademikerinnen, die die internen Überlegungen über die institutionelle Etablierung von

---

537 Vgl. Thomssen 1982:321f.

538 Vgl. z.B. den methodenkritischen Beitrag von Ulla Müller auf dem Soziologentag in Dortmund über die Arbeits- und industriesoziologische Perspektive von Frauenarbeit, bei der Frauen in der Tendenz als "defizitäre" Männer begriffen würden. Müller 1985:76ff.

539 Vgl. den Hinweis von Helge Pross 1984:198ff. auf die Klassifikation und Zuordnung von Frauen gemäß dem Einkommen und Status des Ehemannes oder Vaters.

540 Vgl. Becker-Schmidt 1982:297ff. Sie entdeckt in den heftigen Methodenstreiten Möglichkeiten eines Zusammenwirkens. Das Klima der wissenschaftlichen Auseinandersetzungen über die unbedachten Prämissen vorliegender Forschungen zu Frauenthemen ist in den Anfängen von Neugier und Skepsis, Bitterkeit und Boshaftigkeit gekennzeichnet.

"Frauenforschung" beschleunigen. Auf diesem Hintergrund festigt sich das Vorhaben von Wissenschaftlerinnen, frauenbezogene Themenschwerpunkte zu bearbeiten.[541] Sie fordern eine "Umkehrung der Perspektive", weg von "männlichen" Maßstäben, hin zu spezifisch weiblichen Optiken. Unter der Maßgabe, daß die weibliche Erwerbsarbeit ein Feld der Frauenemanzipation sei, fordern sie Mittel zur Untersuchung dieses spezifischen Arbeits- und Lebenszusammenhangs. Die geschlechtstypische Arbeitsteilung, die Entwertung von Frauenarbeit und spezifische Verarbeitungs-, Deutungs- und Handlungsmuster rücken in den Mittelpunkt. Diese werden jetzt mit unterschiedlichen Methoden eruiert und analysiert. Dabei wird auf die soziologischen Umdenkprozesse, auf die Methodenkritik und das erweiterte Spektrum der Subjektorientierung zurückgegriffen.

6.2. Zum Emanzipationsverständnis - Egalität als Angleichung durch Bildung und Erwerb

Das Emanzipationsverständnis der Soziologie verschiebt sich in den 70er Jahren unter dem Einfluß von Studentenrevolte, Außerparlamentarischer Opposition und ersten Ansätzen der neuen Frauenbewegung zu einer konsequenten Egalisierungskonzeption: Im Unterschied zur vorhergehenden Dekade wird die Gleichberechtigung und Gleichrangigkeit der Geschlechter nicht mehr nur als rechtliche Gleich- und relative Besserstellung, sondern als Nivellierung und Angleichung von Frauen- und Männerrollen verstanden. Die geschlechtsspezifische Arbeitsteilung (im Haus) wird als eine wesentliche Ursache für Benachteiligungen von Frauen in Betrieb und Gesellschaft identifiziert. Von Männern wird Beteiligung im Haushalt gefordert, von Frauen die Teilnahme am Bildungs- und Erwerbsprozeß.[542] Egalität im Hinblick auf Kompetenz und Einfluß findet sich bei Pross mit Bildung, in den drei industriesoziologischen Projekten mit Erwerb konnotiert.

Helge Pross entwickelt bereits in den 60er Jahren in Abgrenzung zum konservativen Emanzipationsverständnis Vorstellungen einer Gleichstellung und Angleichung, die Maßnahmen für eine konsequente Umsetzung der grundgesetzlich garantierten Rechte vorsehen. Konservative

541 Vgl. hierzu die Darstellung bei Brück u.a. 1992:266 und Gravenhorst 1985:104ff.

542 Die vermehrte Bildungsbeteiligung von Frauen, eine alte Forderung der frühen Frauenbewegung, legt nach diesem Verständnis die Grundlage für eine in jeder Hinsicht mit Männern vergleichbare und gleiche Teilhabe an Arbeit und Leistung, Anerkennung und Entgelt.

Emanzipationsmodelle, meint sie, beließen es bei der formal-rechtlichen Gleichheit auf dem Papier, ohne sich um den Fortbestand von gesellschaftlicher Ungleichheit und faktischer Unfreiheit zu kümmern; die halbierte Emanzipation müsse vervollständigt werden.[543] Auf der Basis eines radikalen Postulats für die Erforschung der Ursachen resistenter Ungleichheit zwischen den Geschlechtern entfaltet Pross ihr Forschungsprogramm, das "Tatsachenbeschreibung" und Analyse aktueller Behinderungen von Emanzipation sein will und sucht bei der "breiten Masse" von Frauen nach dem Ausmaß der individuellen Bereitschaft, es den Männern gleichzutun.

Das Emanzipationsverständnis, das sich auf dieser Basis bis zum Ende der 70er Jahre entwickelt, ist im Unterschied dazu teils enger an den Erwerb gebunden, teils konsequenter in der Kritik und Infragestellung von "struktureller Gewalt" der Arbeitsteilung. Deren Wirkung entfalte sich nicht nur in der Privatsphäre, sondern setze sich im Betrieb fort und könne nur hier wirkungsvoll angegangen werden. Demgemäß wird nach der Erkenntnis von geschlechtsspezifischen Ungleichheiten, nach Diskriminierungserfahrungen, kritischem Potential und Widerständigkeiten im "kollektiven" Bewußtsein von Frauen gesucht.

Sowohl die demokratietheoretisch fundierte Emanzipationskonzeption der Angleichung von Pross als auch die "basisorientierte" Vorstellung der industriesoziologischen Forschungen zum "widerständigen" Frauenbewußtsein am Ende der 70er Jahre gehen mit gezielten Fragestellungen und Gestaltungsabsichten auf ihren Themengegenstand zu. Sie erschließen neue Dimensionen und Erkenntnisse, verschließen sich aber gleichwohl auch Zugänge zu einem Verstehen kleinerer Schritte auf dem Weg zur Emanzipation, die jenseits ihrer normativen Raster von Angleichung und Widerständigkeit liegen.

6.3. Integration von Frauenthemen in die Soziologie - Helge Pross

Bereits Ende der 50er Jahre meldet sich Helge Pross mit einem Beitrag über "Die Frau in der heutigen Leistungsgesellschaft" zu Wort und prangert die Tatsache an, daß die im Grundgesetz proklamierte Gleichberechtigung nicht vom Parlament umgesetzt und von der Regierung eingelöst wird. Seither kommentiert sie die öffentlichen und parlamentarischen Debatten um rechtliche Angleichungsversuche und nimmt - im Namen von

543 Vgl. Pross 1963 nach Theis 1989:160ff.

Frauen aus den Gewerkschaften und anderen Verbänden - kritisch Stellung zu den Berichten der Bundesregierung über die Lage der Frau in Familie und Beruf. Ihr Bemühen ist kontinuierlich auf die Popularisierung und Umsetzung der Gleichberechtigungsnormen als ein unabdingbares Element der Demokratisierung gerichtet. Sie publiziert und streitet zunehmend pointierter für intervenierende Maßnahmen. Quer zu den politischen Lagern agiert sie zusammen mit all jenen Kräften, die diesen Punkt in ihr Programm aufgenommen haben und vorantreiben.

Ihr Ziel ist schnell abgesteckt: Sie will eine hohe Bildungsbeteiligung von Frauen als Voraussetzung für die Entwicklung von Selbstbewußtsein und die gleichberechtigte Teilhabe an relevanten beruflichen und gesellschaftlichen Entscheidungen in allen maßgeblichen Positionen befördern.[544] Hierfür setzt sie sich auf verschiedenen Ebenen und in unterschiedlichen Funktionen aktiv ein: Als politisch aktive Staatsbürgerin, Wissenschaftlerin und Intellektuelle nimmt sie die Aufgabe wahr, mit der verständlichen Übermittlung ihrer Forschungsergebnisse und Stellungnahmen zu brisanten gesellschaftspolitischen Fragen, wie z.B. der Abtreibungsproblematik, BürgerInnen aus der "Unmündigkeit und Unwissenheit" herauszuführen.[545] Als Professorin sorgt sie dafür, daß das Bildungssystem durchlässiger und effizienter gestaltet wird. Hier setzt sie systematisch den Hebel an: Sie konzentriert sich auf die Suche nach Wegen für einen demokratischen und sozialen Umbau, der Frauen einschließt.[546] Als Angehörige der zweiten Generation von Wissenschaftlerinnen nimmt Pross die Rolle einer Pionierin wahr.[547] Sie entfaltet ihre Anstrengungen in einer Zeit, in der es

544 Vgl. Pross 1969; über den Zusammenhang von Bildung und Status der Frau vgl. Pross 1958; zudem Theis 1989:15f.

545 Ihr erklärtes Ziel ist die Breitenwirkung. Dabei macht Pross Zugeständnisse, die hohe "Kosten" verursachen: Sie nähert sich dem Alltagsdenken an. Um ihrem Anliegen und der "Sache" Gehör zu verschaffen, operiert sie mit Überzeichnungen, Vereinseitigungen und Überspitzungen, die populär und populistisch, gleichwohl auch verzerrend sind und einer vertieften Erkenntnis im Wege stehen. Ein plastisches Beispiel für ihre Art, Soziologie zu praktizieren, ist die Beschäftigung mit der Abtreibungsfrage. Theis 1989:47ff. beschreibt diesen Theorie-Praxis-Bezug für alle Schwerpunktthemen.

546 Vgl. das Kapitel "Die 'männliche Prägung' der Universität" von Peisert 1967:14ff.; in der Sicherung und Förderung des weiblichen Nachwuchses sieht bereits Peisert eine der wichtigsten Aufgaben.

547 Pross hat u.a. während ihres Studiums in Heidelberg prominente Frauen der ersten Akademikerinnengeneration und der bürgerlichen Frauenbewegung, wie z.B. Marianne Weber und Marie Baum, persönlich kennengelernt. 1981 kommentiert sie diese Begegnung so: "Sie waren für mich zu alt und zu fern, unvorstellbar, sich mit ihnen zu vergleichen. Heute glaube ich allerdings, daß sie doch ermutigend wirkten." Zit.n. Theis 1989:22.

keineswegs zur wissenschaftlichen Reputation beiträgt, sich auf dieses Gebiet zu begeben, das als "Nebengleis der Soziologie" firmiert. Weitgehend allein und ohne die Chance einer Unterstützung durch Kolleginnen agiert sie schreibend, lehrend, forschend, öffentlich debattierend und in institutionellen Auseinandersetzungen als Einzelkämpferin. Ihre Arbeitsweise überspringt mit fachübergreifenden Problematisierungen und populären Darstellungen interne Hindernisse und Grenzziehungen des etablierten Wissenschafts- und Fachdenkens einzelner Spezialdisziplinen. Sie erweist sich rasch als nahezu einzige Expertin - nicht nur zu Frauenthemen - mit öffentlichem Einfluß.[548] Konsequent eruiert sie zentrale Felder der verhinderten Emanzipation, zeigt eklatante rechtliche Defizite auf und schlägt auf individueller wie gesellschaftlicher Ebene Interventionsmöglichkeiten vor.

Ausgangspunkt ist die These, daß Schichtdifferenzen unterschiedliche Partizipationschancen hervorrufen, die den Prozeß der Demokratisierung hemmen. Unter Hinweis auf die geringe Bildungsbeteiligung von Frauen ergänzt Pross die einseitige Konzentration auf schichtspezifische Ungleichheiten durch den Blick auf geschlechtsspezifische Ungleichheiten. Als Soziologin der bundesdeutschen Nachkriegszeit[549] bezieht sie sich teils zustimmend, teils kritisch auf das Erklärungsmodell, das Soziales aus Sozialem herleitet und in der Beschreibung von bestehenden Strukturen und ihrer Eigendynamik verharrt. Die Wirksamkeit, Durchsetzungs- und Tragfähigkeit ihrer Arbeiten beruht weitgehend auf der gesellschafts- und bildungstheoretischen Einbettung und Fundierung ihrer Einzelergebnisse.[550] Pross zielt mit ihren Vorstellungen zur Verbesserung der Chancengleichheit sowohl auf strukturelle Faktoren als auch auf individuelle Gestaltungsmöglichkeiten.[551]

548 1981 gibt sie mit zwei weiteren Frauen die bis dahin weitgehend unbekannt sind, gesellschaftspolitisch und wissenschaftlich "hinter den Kulissen " wirken, einen Band über Emanzipation und Familie heraus, der ihre Dominanz - auch in diesem Frauentrio - dokumentiert. Vgl. Pross/Lehr/Süßmuth 1981.

549 Prägend für ihre Denkweise ist die Bewältigung der deutschen NS-Vergangenheit. Während eines Amerika-Aufenthalts befaßt sie sich erstmals auf wissenschaftlicher Basis mit ihrem späteren Forschungsschwerpunkt. Die Beschäftigung mit diesem Thema ist aber nicht auf den von Theis immer wieder betonten Einfluß von Neumann auf Pross zurückzuführen, sondern auf den Diskussionskreis der Emigranten, in dem sie, Franz Neumann und andere, sich in den USA bewegen; vgl. dazu Wiggershaus 1986:324f.

550 Vgl. dazu Theis 1989:25ff. Hier wird die zeitlebens systematisch betriebene gesellschaftspolitische Einbindung von Analysen und Empirie auf die "Frankfurt/M.er Zeit" und Verbindung zur Kritischen Theorie zurückgeführt.

551 Vgl. dazu z.B. Pross 1976:10; vgl. auch Theis 1989:25f.

Helge Pross entwirft im Verlauf ihrer Erhebungen ein fundiertes theoretisches Rollenkonzept zum Geschlechterverhältnis und ergänzt dies durch eine Empirie der subjektiven Spiegelungen. Sie verschafft damit der Geschlechterfrage einen systematischen Ort im Wissenschaftsgefüge der Allgemeinen Soziologie jenseits der herkömmlichen Thematisierung der Frau als Gattin und Mutter in der Familiensoziologie und Sozialisationstheorie.[552] Für nachfolgende Generationen von studierenden, lehrenden und forschenden Frauen entsteht so ein Fundament, von dem aus die Analyse vielfältiger Emanzipationsbarrieren vorangetrieben wird. Noch heute profitieren die Arbeiten zur Frauenforschung kontinuierlich von ihrem Werk.[553]

In den folgenden Abschnitten werden die empirischen Untersuchungen von Helge Pross nach ausgewählten Aspekten beschrieben. Dabei interessiert besonders, welche Fragestellungen (1), Methoden (2), Ergebnisse (3) sowie Interpretationen und Deutungen (4) kennzeichnend für ihren Beitrag zum Frauenbewußtsein sind.

6.3.1. Angleichungs- und Bildungsinteresse?

Umfangreiche empirische Untersuchungen der 50er und 60er Jahre zeigen auffällige regionale Differenzierungen der Bildungsdichte zwischen Stadt und Land, Norden und Süden, Industrieregionen und Agrargebieten, Dienstleistungsmetropolen und Randgemeinden. Die Forschungen zur regionalen Ungleichverteilung von Zugangsmöglichkeiten erweisen sich nach den intensiven Bildungsuntersuchungen aus Tübingen als eher schichtspezifische Disparitäten.[554]

Im Rahmen von bildungssoziologischen Debatten um Demokratie und Partizipation[555] konzentriert Pross die Aufmerksamkeitsrichtung auf frauenspezifische Benachteiligungsmuster. In ihrer ersten Untersuchung stellt sie die Frage nach der Beteiligung von Mädchen am Bildungssystem. Sie

552 Hier spielt die Kategorie der geschlechtsspezifischen Arbeitsteilung und Polarisierung eine zentrale Rolle für die Erklärung von Emanzipationsdefiziten; vgl. die Ausführungen zum normativen und utopischen Gehalt der Gleichstellungsforderung bei Pross/Lehr/Süßmuth 1981:14.

553 Das gilt z.B für die Hausfrauenstudie, die nach wie vor die einzige gründliche Studie über Lage und Bewußtsein von deutschen Hausfrauen ist und ebenso für die Männerstudie, die die Basis für die Nachfolgestudie "Der Mann" von Metz-Göckel/Müller 1985 ist.

554 Vgl. Peisert 1967: Anhang, insbes. die graphische Darstellung der regionalen Bildungsdichte als Landkarte.

555 Vgl. die Beiträge von Carnap/Edding 1962, referiert bei Peisert 1967:11ff.

fragt nach Art und Umfang der Benachteiligung, nach der individuellen und gesellschaftspolitischen Verantwortung für Defizite und die subjektiven Einstellungen zum Bildungsverhalten. Dabei legt sie den Schwerpunkt auf jene jungen Frauen, die aufgrund ihrer Schichtzugehörigkeit mehrfach benachteiligt sind, auf Arbeitertöchter.[556]

Die Forschungsfrage in der zweiten großen empirischen Untersuchung über erwerbstätige Frauen, die 1971 durchgeführt wird, nimmt diesen Bezug zur Unterschicht auf und nähert sich dem Frauenbewußtsein globaler: Es geht um Diskriminierungserfahrungen angesichts des Status von Frauen in den unteren Bereichen der Arbeitshierarchie. Pross will den Stellenwert, den Frauen in Europa der Erwerbstätigkeit in ihrem Leben zuweisen, erkunden und vergleichen, wie sie die Probleme der Vereinbarkeit von Familie und Beruf sehen und bewältigen. Eine zentrale Vermutung lautet, daß weibliche Erwerbstätigkeit auch im Bewußtsein von Frauen mit mittleren und geringeren Qualifikationen mehr bedeutet als der Zwang und die Notwendigkeit, das Haushaltseinkommen durch "Zuarbeit" und "Hinzuverdienen" zu erhöhen. Für die breite Masse der Frauen, die als Angestellte und Arbeiterinnen beschäftigt sind, will Pross in der Perspektive eines Ländervergleiches prüfen, inwieweit das Interesse an Erwerbstätigkeit und gleichrangiger Teilhabe am System der Entlohnung, Leistung und Anerkennung von Belang ist.[557]

Das Bild über die Lage und das Bewußtsein von Frauen wird im Anschluß daran mit einer Untersuchung vervollständigt, die sich der subjektiven und objektiven "Wirklichkeit der Hausfrau" zuwendet. Pross befragt jetzt nichterwerbstätige Ehefrauen, um zu erkunden, wie sie leben, denken und sich selbst sehen. Hausarbeit soll den Status einer professionalisierten Tätigkeit erhalten. Im Namen der verunsicherten Hausfrauen streitet sie

556 Peisert brachte bereits 1967 die Frage nach dem geringen Anteil von Mädchen (Arbeiterkinder, Katholiken, Landbewohner) in eine bildungssoziologische Untersuchung ein und betonte die massiven strukturellen Barrieren. Es werde Frauen immer noch extrem schwer gemacht, an den Universitäten zu studieren und ein Examen zu bestehen. Das habe mit dem Wesen von Frauen weniger zu tun als mit den universitären Strukturen und dem Wesen dieser Institution. Peisert erkennt die Spezifik der Zugangs- und Durchhalteproblematik eindrucksvoll, ohne damit allerdings viel Resonanz zu erzielen. Vgl. dazu insbes. das Kapitel zur Typisierung des weiblichen Studier- und Abbruchverhaltens. - Pross faßt diese Untersuchung zusammen und akzentuiert die Ergebnisse in einem wesentlichen Punkt: Notwendigkeit des Studiums für Frauen und Eliminierung aller Ansätze, Geschlechtsunterschiede als biologische Tatsachen herzuleiten. Die Gebär- und Hegefunktion von Frauen will Peisert immerhin noch zum Teil als Erklärungsfaktor für die geringere weibliche Bildungsteilhabe gelten lassen.

557 Vgl. Pross 1973:8.

gegen Positionen, die die "Berufstätigkeit umstandslos mit 'Emanzipation' und Familientätigkeit einfach mit Rückständigkeit (gleichsetzen)".[558]

1976 startet Pross mit den Erhebungen zur Untersuchung "Die Männer". Jetzt will sie die Vorstellungen, die Männer von der Frauenemanzipation haben, nachzeichnen. Auf dem Hintergrund einer elaborierten Rollentheorie entwickelt sie ihr Theorem einer Fixierung von Geschlechtsrollen: Die gesellschaftliche Tradition und deren Generierung durch alltägliche Lebensgewohnheiten schleppe diesen Anachronismus mit. Proß sucht nach den Spielräumen, die für eine Aufhebung der Stereotypen im Denken und Verhalten nutzbar sein könnten.

Das Spektrum der Fragestellungen, die Pross verfolgt, erschließt unterschiedliche Zugänge zum Frauenbewußtsein. Das Bildungsinteresse junger Frauen, die Diskriminierungserfahrungen Erwerbstätiger und die Selbsteinschätzungen von Hausfrauen liefern wichtige Mosaiksteine. Sie werden durch die "Frauenbilder" der Männer ergänzt bzw. gespiegelt. Pross fragt in allen Erhebungen implizit oder explizit nach dem Bewußtsein über Gleichheits-/Ungleichheitsbestrebungen. Ein entscheidender Indikator für das Interesse an Gleichberechtigung ist für sie die Bildungsaspiration und die Realisierung von Qualifikation in einer adäquaten Erwerbsbeteiligung.[559]

6.3.2. Repräsentativbefragungen

Dem Erkenntnisinteresse der Soziologie und Sozialforschung ihrer Zeit entspricht das Gewicht, das Helge Pross repräsentativen Erhebungen und Daten mit einem hohen Grad der Verallgemeinerbarkeit zumißt.[560] Ihr methodischer Ansatz ist daher stets auf breitflächige quantitative Erhebungen und auf weit aussagefähige Erhebungen ausgerichtet. Schriftliche Umfragen mit einem umfangreichen Fragekatalog und große Samples, die

558 Pross 1976:19. Das ist ein Seitenhieb gegen Stimmen aus der neuen Frauenbewegung.

559 Hausfrauentätigkeit gilt für sie als nicht marktbezogene Arbeit; vgl. Pross 1976:14ff.

560 Bei Pross wie bei anderen in den 50er Jahren in Frankfurt/M. wissenschaftlich Tätigen findet sich ein Bruch im Theorie-Empirie-Diskurs. Die intensive Theoriereflektion wird mit Erhebungsmethoden kombiniert, die nicht so recht "zu passen" scheinen. Diese Addition von Theorie und professioneller Befragung stand im Widerspruch zum Anspruch an qualitative Analysen; vgl. Wiggershaus 1986:534ff.

"durchschnittliche" Deutsche einbeziehen, also vor allem die Varianten der Mittelschichten, sind ein typisches Merkmal ihrer Operationalisierungsschritte. Die Erhebungsverfahren variieren das Instrument der Befragung. Eine Ausnahme stellt die Mädchenstudie dar, die als Sekundäranalyse zu den Tübinger Bildungsuntersuchungen von Hansgert Peisert (1967) und Hannelore Gerstein (1965) konzipiert ist. Hier werden grundlegende Aussagen zum Frauenbewußtsein getroffen, die erst später empirisch überprüft werden.[561] Im Rahmen der Studie über Erwerbstätige wird eine repräsentative schriftliche Umfrage mit 1300 deutschen Arbeiterinnen und Angestellten (plus 5700 aus der EWG) durchgeführt.[562]

Das Erhebungsverfahren für die Männerstudie ist grundsätzlich ähnlich, allerdings mit einem Vorlauf von Sondierungen durch Gruppendiskussionen und Einzelinterviews kombiniert.[563] Ausführliche Gruppendiskussionen, hier allerdings in Verbindung mit cirka 1200 mündlich geführten standardisierten Interviews mit geschlossenen Antwortvorgaben, werden auch in der Hausfrauenstudie eingesetzt[564] und erweisen sich als außerordentlich ergiebige Ergänzung der Materialgewinnung.[565]

Die überwiegend an der Meinungsoberfläche verharrenden schriftlichen oder mündlichen Befragungsmethoden werden kaum problematisiert. Das Kriterium der Repräsentativität hat unbedingte Priorität. Der Einsatz herkömmlicher Umfrage- und Interviewtechniken birgt ein Problem, das gewichtig wird: Umfangreiche standardisierte Fragebatterien mit geschlossenen Antwortmöglichkeiten, deren Beantwortung viel Zeit und Geduld verlangt, überfordert die Befragten leicht.[566] Insbesondere Arbeiterinnen können die Zeit kaum aufbringen. Die Rücklaufquote fällt entsprechend niedrig aus.[567] Das Erhebungverfahren wird nach der Erfahrung mit der hohen Verweigerungsquote bei der schriftlichen Befragung der berufstätigen

561 Vgl. Borris 1972:92-104. Hier wird der relativ negativen Einschätzung über das Frauenbewußtsein von Pross und Jaide vehement widerspochen. Die hohe Zufriedenheit der Mädchen mit ihrer Arbeit gründe auf "sozialen Kontakten", eigenem Geld und Anerkennung.

562 Vgl. Pross 1973:99f., zum Fragebogen 241f., zur Auswahl 11f.

563 Vgl. Pross 1978:183-187 zur Methode und Auswahl der 400 Teilnehmer an der standardisierten schriftlichen Befragung.

564 Vgl. Pross 1976:25-53 zum Fragebogen, zur Auswahl der repräsentativen Stichprobe von verheirateten Frauen zwischen 18 und 54 Jahren vgl. 260f.

565 Die Gruppendiskussion, die einen Grundreiz setzt, ist ein Erbe aus Frankfurt/M.er Zeiten und den Anfängen der qualitativen Sozialforschung.

566 Insgesamt werden knapp hundert Fragen an Arbeiterinnen (40%) und weibliche Angestellte (60%) deutscher Nationalität gerichtet; Beamtinnen der öffentlichen Verwaltung und Frauen, die in der Landwirtschaft tätig sind, werden wegen der Vorgaben des Auftraggebers nicht einbezogen.

567 Vgl. Pross 1976:216f. und Pross 1973.

Frauen für die Hausfrauen auf mündliche Befragungen umgestellt. Aber auch hier sagen die Hausfrauen der Unterschichten[568] überproportional ab: Der Einsatz professioneller Interviewer wirkt sich negativ aus, insbesondere, weil es sich überwiegend um Männer handelt. Pross macht diesen Frauen aus unteren Schichten wegen der "verpaßten Chance", sich zu äußern, leise Vorwürfe. Sie registriert aber auch, daß auf die besonderen "Inkompetenzen" von Arbeiterinnen eigentlich mit Modifikationen der Befragungstechniken reagiert werden müßte.[569] Solche Annäherungen erscheinen ihr jedoch gleichzeitig suspekt und wenig seriös zu sein. Sie fürchtet stets um die Validität ihres Materials und vermeidet streng spezifische Fragestellungen, weil sie die Antworten zurechtlegen und beeinflussen könnten.

Kennzeichnend für die von Pross gewählten Methoden ist die bewußte Distanz und geringe Einfühlung in die Lebenswelt und Denkweise von Frauen. Die Formulierung der Fragestellungen erfolgt nach allgemeinen Standards.[570] Obwohl das Leben, Arbeiten und Denken von Frauen dem der Männer keineswegs gleicht, sollen Frauen all das relevant und zentral finden, was den männlichen Durchschnittsmenschen interessiert. Was Frauen tatsächlich bewegt und beschäftigt, was sie vorrangig und gern besprechen, wird nicht gefragt, die besonderen Bedeutungsgehalte und Relevanzstrukturen des Nahbereichs bleiben beim Entwurf der Erhebungstechniken unberücksichtigt. An Frauen werden Fragen und Anforderungen gestellt wie an Männer.[571]

Das vorrangige Interesse von Pross an Mehrheits- und Durchschnittsmeinungen, an typisierungsfähigem Material über das alters- und schichtspezifisch geprägte Bewußtsein von (Männern und) Frauen präferiert Methodenstandards der quantitativen Sozialforschung, die sich bewährt haben. Sie geben Einblick in verbreitete Einstellungen und Meinungen und erlauben Vergleiche zwischen den Schichten, Statusgruppen, Geschlechts- und Generationszugehörigkeiten. Pross ist an Einschätzungen großer Bevölkerungsgruppen interessiert, weil sie das erreichte Gleich-

568 Pross verwendet den Begriff "Grundschicht" synonym.

569 Vgl. Pross 1973:7f.,12f.

570 Gefragt wird beispielsweise nach der Dauer und Qualität der erworbenen beruflichen Ausbildung, dem Status und der hierarchischen Stellung im Betrieb, den derzeit und früher ausgeübten Tätigkeiten, der durchschnittlichen Wege- und Arbeitszeit, der Organisation und dem Zeitaufwand von Haushalts- und Familienaufgaben, der Mithilfe von Mann, Kindern und anderen Familienangehörigen, den denkbaren Alternativen, dem Grad der Zustimmung von Ehemann und Kindern zur Erwerbstätigkeit der Mutter, den Träumen; vgl. Pross 1973: 241ff.

571 Auf der Tagung in Berlin sieht sie 1984, daß sie Fehler gemacht hat. Zur Kritik von Ulla Müller auf dem Berliner Symposium vgl. Müller 1984:41ff. und Pross 1984:168ff.

heitsniveau als subjektive Spiegelung erfassen will. Das Bewußtsein von Mädchen, Erwerbstätigen und Hausfrauen über ihren zufriedenstellenden oder defizitären Status ist für sie ein Indikator für den Grad der Angleichung von Frauen an die Positionen von Männern: Wollen und werden sie in großer Zahl an den Bildungsangeboten und Erwerbsmöglichkeiten quantitativ gleichgewichtig und qualitativ gleichrangig teilnehmen?[572]

6.3.3. Frauenbewußtsein als Bildungsbewußtsein

Pross bewegt sich bei den Versuchen, frauenbezogene Themen aus der Marginalisierung zu lösen, mit ihrem Emanzipationsbegriff und Egalisierungskonzept stets im Rahmen von bildungspolitischen Erwägungen: Die Emanzipation der Frau dient nach ihrer Vorstellung immer auch der Befähigung zur Teilhabe an der öffentlichen Willensbildung und insofern dem Prozeß der Demokratisierung der Gesellschaft.[573] Ihre Befunde und Interpretationen zum Frauenbewußtsein sind zunächst niederschmetternd und skeptisch, mißtrauisch und verächtlich, spezifizieren und differenzieren sich aber Zug um Zug mit jeder Studie. Ihr Verständnis für das vorgefundene Frauenbewußtsein wird in dem Maße größer, indem sie die empirische Relevanz struktureller Defizite erkennt und individuelle Versäumnisse und Rückständigkeiten relativiert.

Unter Rückgriff auf bildungspolitische Untersuchungen befindet Pross Ende der 60er Jahre in der Mädchenstudie, daß sich Frauen gegenüber gesellschaftlichen Themen extrem gleichgültig verhalten. Ihr Wissen weise fundamentale Defizite auf.[574] Dies gelte auch für Fragen, von denen sie selbst betroffen seien.[575] Frauen seien deshalb potentiell manipulierbar und politisch unmündig. Sie gefährdeten die freiheitliche Demokratie, weil sie als Wählerinnen restaurativen Kräften in die Arme laufen könnten.[576]

572 Pross will Emanzipation, um eine Aufhebung der Ungleichheit zwecks Erschließung der hier schlummernden Begabungs- und Partizipationsreserven zu erreichen.

573 Vgl. Theis 1989:155f. Hier werden die Verknüpfungen auf die Tradition von Simmels Geschlechtersoziologie zurückgeführt.

574 Sie wertet im Stil von Jaide 1969. Mädchen läsen nach eigenen Angaben nie oder selten die Tages- oder Wochenzeitungen. Auch wenn sie die "Tagesschau" sähen, würden sie die Nachrichten nicht dezidiert aufnehmen, weitgehend "ahnungslos" sein und bleiben, ohne darunter zu leiden - Männer wirkten dagegen wie ein "Kollektiv von Weisen"; vgl. Pross 1969:97.

575 Im Vergleich zu Männern seien sie katastrophal apolitisch und schlecht informiert; vgl. Pross 1969:96,98ff.

In der Mädchenstudie stellt Pross aber auch fest, daß die nachwachsende junge Frauengeneration über ein vergleichsweise ausgeprägtes Bildungsbewußtsein verfügt. Das gelte sowohl für die Erlangung von Basisqualifikationen als auch für den Besuch weiterführender Schulen. Mädchen würden im Schnitt ebenso gute oder auch bessere Leistungen als Jungen erbringen. Dennoch sei der Anteil junger Frauen an höherqualifizierenden, insbesondere akademischen Ausbildungen zu niedrig. Pross führt dies auf strukturelle Defizite der Gleichberechtigung im Bildungsangebot zurück, das weder quantitativ noch qualitativ hinreichend geeignet sei, Benachteiligungen aufzuheben und den verengten Wahlmöglichkeiten für Frauen entgegenzuwirken. Im Gegenteil: Gefördert würden relativ kurze Ausbildungswege und die Entscheidung für mittlere Qualifikations- und Berufsebenen.[577] Dem entsprächen die individuelle Bildungsabsichten von Mädchen weitgehend. Hinzu komme, daß es an Vorbildern fehle, weil Frauen mit akademischen Qualifikationen häufig keine hochrangigen beruflichen Positionen anstrebten. Mit "Passivität", "Indifferenz", "Bequemlichkeit" und "Fügsamkeit" befestigten sie so ihre nachrangige gesellschaftliche Stellung selbst. Frauen, die aufgrund ihrer sehr guten Bildungsvoraussetzungen in der Lage wären, gegen Strukturen und männliche Konkurrenten die "Mühe des Widerstands gegen den Widerstand"[578] auf sich zu nehmen, hätten die Aufgabe, die Emanzipation aller Frauen weiterzutreiben. Es sei nicht vertretbar, trotz eines Hochschulexamens und geringer Familienpflichten auf eine Berufstätigkeit zu verzichten, "... solange die Mittel für eine bessere Ausbildung von Töchtern der Unterschichten fehlen".[579] Arbeitertöchtern sei unbedingt ein Studium zu ermöglichen. Diese Frauen litten unter schicht- und geschlechtsspezifischer Diskriminierung und hätten deshalb ein großes Eigeninteresse an der Aufhebung von Ungleichheiten. Sie besäßen die Motivation, eine akademische Qualifikation adäquat zu nutzen und seien insofern zuverlässiger und durchhaltefähiger als Frauen aus höheren Schichten.[580]

Realempirische Anhaltspunkte für diese Prognose sieht sie in Ansätzen bei Peisert, der das Durchhaltevermögen von Pädagogikstudentinnen und

576 Das ist eine Anspielung auf die These, Frauen hätten Hitler an die Macht gebracht; vgl. Pross 1969:102.

577 Vgl. z.B. Krüger 1989: Hausarbeitsnahe Bereiche, mittlere Ebenen der Qualifizierung, mittlere zeitliche Dauer und begrenzte finanzielle Investitionen seien auch 20 Jahre später noch für den Ausbildungsweg von Mädchen typisch.

578 Pross 1969:109.

579 Pross 1969:109.

580 Vgl. Pross 1969:56ff.

die hohe Motivation von Arbeitertöchtern betont.[581] Pross nimmt dies als Indiz für ihre These vom besonders starken Aufstiegsinteresse der Mädchen aus der Arbeiterschaft, gibt aber zu bedenken, daß es sich möglicherweise um Töchter von "abgestiegenen" Mittelständlern handeln könnte. Die Erwartung, daß Mädchen aus Unterschichten gezieltere Aufstiegsinteressen verfolgten, gibt sie jedoch nicht auf. Dieser Aspekt durchzieht auch die folgende Erhebung.

Zu Beginn der 70er Jahre befragt Pross im Rahmen der umfangreichen Erhebungen für die Europäische Wirtschaftsgemeinschaft bundesrepublikanische Frauen über ihren Status im Betrieb. Im Ergebnis zeigt sich, daß die Arbeiterinnen und weiblichen Angestellten im europäischen Ländervergleich hinsichtlich der materiell-wirtschaftlichen Bedingungen recht gut abschneiden: Die Bezahlung, die Sozialleistungen, die Arbeitszeit- und Urlaubsregelungen sowie die gesetzliche Regelung der Arbeitsplatzgestaltung seien in Relation zu der Lage von Frauen in den meisten anderen europäischen Ländern besser. Aber: Im Durchschnitt seien die berufstätigen BRD-Frauen älter, größerem Zeitdruck und entsprechend intensiven Anstrengungen und Anspannungen am Arbeitsplatz ausgesetzt. In der Regel seien sie schlechter ausgebildet, durch ihre Familienaufgaben stärker organisatorisch belastet, weil adäquate außerhäusliche Unterbringungsmöglichkeiten für Kinder fehlten.[582]

Pross registriert enttäuscht, daß das Bewußtsein von erwerbstätigen Frauen aus unterprivilegierten Schichten mit wenigen oder geringen Qualifikationen und durchweg schlechten Arbeitsverhältnissen ("Hilfsarbeiterinnen") generell eher auf einen "Rückzug" setzt. Offensive Forderungen gäbe es von diesen Frauen im Unterschied zu ihren streitbaren Kollegen nur vereinzelt, obwohl ihre betriebliche Stellung und Entlohnung erheblich unter den Standards für Männer liege. Widerstand dagegen sei angesichts der Überanstrengung kaum zu verzeichnen. Der verbreitete Wunsch dieser Frauen, alle Kraft in die Bewältigung von Haus- und Familienaufgaben zu stecken und die Berufstätigkeit aufzugeben, sei insofern nachvollziehbar.[583]

Weibliche Angestellte seien demgegenüber materiell merklich besser gestellt. Die Gehaltsdifferenzen zwischen Männern und Frauen klafften hier weniger extrem auseinander. Aber auch diese Frauen hätten sich, wie alle

581 Vgl. Peisert 1967:118,131f.; Pross 1969:30f.,58ff.

582 Vgl. Pross 1973:113. Sie könnten sich am wenigsten mit ihrer Erwerbstätigkeit bzw. den schlechten Arbeitsplatzbedingungen identifizieren, verstünden die Erwerbsphase als zeitlich begrenzt und hofften darauf, daß sie bald beendet sei. Sie wünschten sich am stärksten, für immer Voll-Hausfrau sein zu können, insbesondere wenn sie Kleinkinder zu betreuen hätten.

583 Vgl. Pross 1973:111. Sie hält diese Absicht gleichwohl für unvertretbar und hinderlich für die Durchsetzung von Egalität.

anderen, zum einen aufgrund ihres geringen bzw. mittleren Ausbildungsniveaus, zum anderen wegen ihrer mehr oder weniger umfangreichen Familienpflichten mit Nachteilen im Vergleich zu Männern herumzuschlagen. Ihr Status sowie ihre Aufstiegs- und Weiterbildungsmöglichkeiten seien schlechter als die ihrer Kollegen, ihre Bereitschaft, sich kritisch zu äußern, Verbesserungsvorstellungen zu formulieren und sich zu behaupten, sei jedoch vorhanden und - aufgrund der längeren Schul- und Berufsbildung - im Vergleich zu Arbeiterinnen erheblich besser trainiert.

Diese relativ gut ausgebildeten Frauen bevorzugten wie die große Mehrheit der Befragten die Erwerbsarbeit bzw. die "Doppelexistenz", denn cirka 90% wollten keineswegs mit einer Voll-Hausfrau tauschen. Insbesondere die zwischen 21 und 35 Jahren alten Frauen und jene, die nur ein Kind versorgten, präferierten deutlich die Erwerbsarbeit.[584] Der Umfang der Familienaufgaben bestimme den Grad der Priorität. Den vollen Rückzug auf die Hausfrauenrolle wollten selbst zwei Drittel der Verheirateten nicht:

> "Für sie, also für die Mehrheit, dürfte die Erwerbsarbeit nicht nur Bürde, sondern ebenso sehr oder noch mehr Quelle von Befriedigungen sein, die das häusliche Dasein allein nicht zu bieten vermag."[585]

Selbst bei relativ anforderungsarmen Routinetätigkeiten werden mit dem eigenen Gelderwerb auch die Selbständigkeit und Teilhabe am gesellschaftlichen Leben, die soziale Kontakt- und Kommunikationsmöglichkeit verbunden.

Pross bezieht die unterschiedlichen Bewußtseinshaltungen, die sie vorfindet, zunächst auf das Kriterium der Bildung. Je länger die Verweildauer in Bildung und Ausbildung, desto unabhängiger äußerten und verhielten sich Frauen. Und: Je früher Frauen in das Schicksal des "Ehe- und Mutterdaseins" einwilligten, desto stärker seien sie objektiv wie subjektiv eindimensional festgelegt. Für Frauen gelte der Spruch vom frühen Freien, das nie bereut werde, demnach nicht. Je länger Frauen aber wegen einer Ausbildungs-/Berufstätigkeit den Eintritt in Ehe und Mutterschaft hinausschöben, desto offener seien sie für kritische Haltungen und offensive Schritte. Ihre "Wünsche an den Gesetzgeber" beträfen Kindergärten, Horte und Schularbeitsbetreuungen. Sie verlangten die Verwirklichung der Gleichberechtigung, nämlich bessere Bezahlung der Frauenarbeit generell, votierten aber kaum für mehr Aufstiegsmöglichkeiten.[586] Jenseits aller Gleichstellungsforderungen gehe es ihnen um "die gründlichere Berücksichtigung ihrer durch die Familienrolle geschaffenen Sondersituationen."[587] Ihre Vorstellungen richteten sich

584 Vgl. Pross 1973:112f.
585 Pross 1973:112.
586 Vgl. Pross 1973:115f.

"... weniger auf eine 'Befreiung von der Erwerbsarbeit' als auf deren Erleichterung und zwar in doppelter Manier: durch mehr Hilfen bei der Wahrnehmung der Familienaufgaben und durch Verminderung besonders strapaziöser Anforderungen am Arbeitsplatz. Überwiegend sehnt man sich nicht nach der Rolle eines Heimchens am Herd, sondern nach Bedingungen, die die Rollenkombination sowohl im Betrieb als auch in der häuslichen Sphäre leichter machen".[588]

Hier zeigt sich als Besonderheit des Frauenbewußtseins ein Denken im Lebenszusammenhang von Erwerbs- und Hausarbeit: Die Betonung liegt noch stark auf der Forderung nach einer Unterstützung bei der Reduktion häuslicher Verpflichtungen.

Die resümierende Feststellung von Pross zum Bewußtsein erwerbstätiger Frauen fallen weniger krass und abwertend aus als in der Mädchenstudie: Die Unzufriedenheit mit dem Beruf trage keine "revolutionären" Züge, das "prekäre" Arrangement mit den Gegebenheiten überwiege, aktiv oder gar explosiv werde die Kritik sicherlich nie werden, ein besonderes Engagement bzw. ein Interesse an durchgreifenden strukturellen Veränderungen im Betrieb sei nicht zu erkennen und der Informationsstand sei relativ niedrig.[589] Die Masse der Frauen sei "inaktiv, der eigenen Lage nicht bewußt".[590] Aber diejenigen, die auf Verbesserungen bestünden, würden mehr und äußerten sich nachdrücklicher.[591] Ihre moderate Kommentierung läßt eine Enttäuschung über die geringe Vehemenz und Offensivität der Egalitätsbestrebungen von erwerbstätigen Frauen erkennen. Deutlich wird dabei, daß Pross aufgrund ihrer erwerbszentrierten Sichtweise die Anstrengungen von Frauen, die Voraussetzungen für Egalität erst zu schaffen, indem sie ihre familiären Belastungen durch aktive Routinisierungsstrategien zu bewältigen suchen, nicht so recht erkennt und zu würdigen weiß.

Die Hausfrauen-Studie untersucht das weibliche Bewußtsein aus der Perspektive der Familienanbindung und stößt auch hier auf ein Denken, das Verknüpfungen von "Drinnen und Draußen" vornimmt. Die mehrheitlich geäußerte Zufriedenheit mit dem Dasein als Voll-Hausfrau trägt resignative Züge über die verpaßten Chancen, draußen am Leben nicht oder nur kaum teilnehmen zu können. Bei aller Unterschiedlichkeit der Ausprägungsgrade von Zufriedenheit/Unzufriedenheit folgert Pross:

"Charakteristisch für das Urteil, das die Hausfrau über ihr eigenes Dasein fällt, ist das Nebeneinander von Zufriedenheit und Ungenügen, von Bejahung und Melancholie."[592]

587 Pross 1973:116.
588 Pross 1973:116f.
589 Vgl. Pross 1973:120f.
590 Pross 1973:175.
591 Vgl. Pross 1973:176.
592 Pross 1976:247.

Pross versucht zunächst, eine Erklärung für die unterschiedlichen Ausprägungen des Hausfrauenbewußtseins zu finden. Die Generationszugehörigkeit sei die entscheidende Variable der Differenzierung, korreliere allerdings mit der Bildungsteilhabe. Durchgängig hätten die jüngeren Jahrgänge mehr Zertifikate erworben, weil sie als Kinder und Jugendliche günstigere Bildungsvoraussetzungen hatten. Die Frauen um 30 besuchten nicht mehr die "Zwergschule", sondern profitierten von der Grundschulreform der 50er Jahre und hätten so als Basis eine qualifiziertere Schulbildung[593] erworben:

> "Die wichtigsten Bildungsgrenzen verlaufen demnach nicht zwischen dem Lager der Hausfrauen und dem der berufstätigen Frauen, sondern zwischen den Frauen unter und über dreißig."[594]

Die so definierte Generationsgrenze wird als Raster für die Analyse von unterschiedlichen subjektiven Haltungen und Einschätzungen der Befragten über ihre Tätigkeit, den Zeitaufwand und die Belastungsanforderungen benutzt. Ältere Hausfrauen schätzen ihr vergleichsweise frei verfügbares Zeitbudget, halten ihre Tätigkeit für bedeutsam und empfinden auch die Eintönigkeit routinisierter Verrichtungen als erträglich und leidlich befriedigend.[595] Jüngere Hausfrauen äußern sich erheblich distanzierter. Während die Älteren ihre Leistung in der Erledigung körperlich anstrengender Tätigkeiten sehen und als Ziel den ruhigen Feierabend anstreben, sehen die Jüngeren sich als Betreuerinnen ihrer Kinder und Ehemänner. Ihr Ziel besteht darin, regelmäßig Sozialkontakte, "gute Gespräche" und Verständigungen mit anderen Müttern über ihre Alltagsprobleme zu führen.[596]

---

593 Gemeint ist die Mittlere Reife oder ein Äquivalent bzw. die qualifizierte Berufsausbildung an einer Fachschule.

594 Pross 1976:57.

595 Die älteren Frauen aus allen drei Schichten äußern sich über ihre Tätigkeit sehr viel homogener als die jüngeren. Sie neigen dazu, diese für sich selbst relativ rigide zu reglementieren; sie betreiben sie extensiv und tun das, "was getan werden muß", gerne. Auch da, wo Hausarbeitsverrichtungen von ihnen als einförmig und mühselig bezeichnet werden, empfinden sie sie dennoch als befriedigend, ja beglückend, weil ein Haushalt, "in dem es blinkt und blitzt" (Pross 1976:109), sie mit Stolz erfüllt. Über die Schichtgrenzen hinweg haben die älteren Hausfrauen Normen einer traditionell ausgestalteten Hausfrauenrolle verinnerlicht und akzeptiert, mit hohen Ansprüchen versehen und zeitlich straff durchstrukturiert. Ihr tägliches Bestreben ist darauf gerichtet, die körperlich belastenden Arbeiten wie Bügeln und Putzen zügig zu erledigen, um sich den geruhsameren Tätigkeiten, z.B. der Handarbeit, zuwenden zu können; vgl. Pross 1976:107ff.

596 Jüngere Frauen geben außerordentlich kontroverse Einschätzungen zur Hausarbeit ab. Die Unterschiede korrelieren deutlich mit ihrer Schichtzuge-

Unübersehbar sind die ablehnenden Tendenzen. Ein wichtiges Symptom ist die Aussage jeder zweiten Frau, daß sie, wenn sie sich jetzt entscheiden könnte, lieber berufstätig wäre. Dabei sind es vor allem die jüngeren Frauen, die sich sehr unzufrieden über die Hausarbeit äußern. Sie empfinden ihre Tätigkeit angesichts der regelmäßig und alltäglich zu wiederholenden Verrichtungen im Haushalt als außerordentlich öde, eintönig und langweilig.[597] Die jungen Frauen der Mittelschichten setzen etwas positivere Akzente, kritisieren aber auch die Selbstverständlichkeit, mit der ihnen die Sorgearbeit abverlangt wird:

> "Ein wichtiges Symptom dieses Unbehagens ist die Überzeugung, die Hausfrau müsse mehr geben, als ihr zurückerstattet werde, das Familienleben verlange von ihr am meisten Verzichte."[598]

Hausfrauen sind vor allem mit ihrer ausweglosen Langfristperspektive unzufrieden und fragen sich, was später sein wird, wenn sie als Hausfrau nicht mehr gebraucht werden. Die Älteren haben massive Zukunftsängste, die Jüngeren versuchen vorzubauen. Die Bereitschaft zur altruistischen Sorgearbeit läßt nach. Kritisiert wird die Qualität der sozialen Beziehungen: Die überwiegend kindzentrierte Kommunikation, die der Alltag bietet, unterfordert. Insgesamt erschwert die Hausarbeit die Befähigung zur Auseinandersetzung und zum Zusammenwirken mit anderen.[599] Lediglich

hörigkeit. Während die Frau der Grundschicht die Koch- und Putzarbeiten, das Bügeln und Einwecken sowie die Versorgung und Beaufsichtigung der Kinder Tag für Tag relativ klag- und kommentarlos bewerkstelligt, ist die Frau aus der Mittelschicht sowie die aus der oberen Mittelschicht erheblich kritischer und distanzierter. Sie ist bestrebt, sich von der wiederkehrenden Routinetätigkeit und Einförmigkeit der Hausarbeit möglichst unabhängig zu machen, vermeidet oder verabscheut vor allem das Putzen, legt viel Wert darauf, sich der Betreuung ihrer Kinder intensiv zu widmen und dafür frei disponible Stunden "herauszuwirtschaften". Diese nutzt sie u.a. zur eigenen Regeneration oder aber für das gesellige Beisammensein mit Freundinnen, Nachbarinnen und Verwandten; vgl. Pross 1976:108f.

597 Vgl. Pross 1976:104ff.,249.

598 Pross 1976:249.

599 Vgl. Pross 1976:205ff.,209: Die meisten Hausfrauen verharren nach Pross in Resignation und Skepsis und einem ebenso diffusen wie hilflosen Unbehagen. Die beruflichen Rückkehrabsichten bleiben mehr oder weniger vage und unverbindlich, die Vorbereitungen für den Wiedereinstieg sind halbherzig. Die Übergangsschwierigkeiten für eine Rückkehr in den alten Beruf sind groß. Eine Unterstützung gibt es nicht. Das trägt dazu bei, daß die älteren Frauen, deren Kinder dem Familienhaushalt entwachsen sind, unzufrieden und unglücklich sind. Eine Berufsrückkehr ist oder scheint ihnen verwehrt, eine sichere Zukunftsperspektive steht und fällt also mit der Gesundheit, Treue und Loyalität des Ehemannes. Eine Scheidung vom, eine Krankheit und der Tod des Alleinverdieners wären für sie die Katastrophe. Auch

ein kleiner Kreis weist eine höhere Aktivität auf und versucht, in der Schulpolitik und bei Gemeindefragen mitzuwirken.[600]

In den Selbstdeutungen der befragten Hausfrauen findet Pross unterschiedliche Modelle des Verzichts, der Entsagung und des Leidens an den besonderen Belastungen und lästigen Pflichten ihres Alltags. Gerade die älteren Frauen aller Schichten zögen die Bilanz, sich und ihr Leben weitgehend dem familiären Gedeihen aufgeopfert zu haben. Die Jüngeren kritisierten die Isolation, die geringe Anerkennung und den Verlust der sozialen und finanziellen Eigenständigkeit. Das Gefühl, lebenslang im Schatten des Ehemannes und der Kinder zu stehen und keine eigene Zukunftsperspektive zu haben, verdichte sich zu einer negativen Grundstimmung, die die Bewertung der Hausfrauenrolle grundlegend in den Minusbereich verschiebe.[601] Pross versucht eine Entzerrung:

> "Verzichtsglaube, Klageneigung und das Gefühl der Überstrapazierung sind negatives Gemeingut einer großen Zahl von Frauen und kennzeichnen nicht allein die Frauen ohne Erwerbsarbeit. Daher kann nicht die Hausfrauenrolle primär für sie verantwortlich sein. Das in Rechnung gestellt, bleibt allerdings ein erklärungsbedürftiger Überschuß an Klagen bei den Hausfrauen, ein Rest an Beschwertheit, die die berufstätigen Frauen nicht empfinden."[602]

Drei präzise Differenzierungen des Hausfrauenbewußtseins ergeben sich hinsichtlich der Schichtzugehörigkeit, des Selbstbildes, der häuslichen Arbeitsteilung und der Rolle des Ehemannes: Diese Typisierungen verweisen auf genauere Begründungen für die Zufriedenheiten bzw. Unzufriedenheiten mit dem häuslichen Dasein und erklären den "Überschuß an Klagen bei den Hausfrauen" durchweg mit ihrer Perspektivlosigkeit.[603]

(1) Hausfrauen der oberen Mittelschichten erlebten ihre Männer als tüchtige, finanzkräftige und intellektuell überlegene Ehepartner, weil sie für ein überdurchschnittlich hohes Einkommens- und Lebensniveau sorgten. Ein Rollentausch werde von ihnen als machbar, aber unerwünscht angesehen. - Pross nennt diese Position "aufgeklärt-konservativ", weil die Festlegung der Geschlechter auf den Innen- und Außenbereich nur fakultativ sei.[604]

(2) Hausfrauen aus den unteren Schichten würden die Aufrechterhaltung einer Arbeitsteilung zwischen den Geschlechtern rigider sehen. Pross

---

die Alternative zum Wiedereinstieg ist voll von latenten Bedrohungen.

600 Vgl. Pross 1976:136ff.

601 Vgl. Pross 1976:227ff.,252.

602 Pross 1976:250.

603 Pross 1976:250.

604 Vgl. Pross 1976:155,157.

bezeichnet diese Haltungen als "unaufgeklärt", weil sie an einer als natürlich verstandenen Fixierung qua Geschlecht festhielten:

> "Die Frauen der Grundschicht haben klare Vorstellungen von dem, was männlich und weiblich sei und sein solle: Zum Begriff des Männlichen gehört neben der Ernährerrolle die mangelnde Eignung für alles, was direkt mit Haushalt und Kindern zu tun hat. Es gehört dazu ferner die physische Überlegenheit. Vor allem die Arbeiterfrauen trauen sich keine der männlichen entsprechende Berufsleistung zu, weil ihre körperlichen Kräfte dazu nicht ausreichen würden. Sie machen einfache Gleichungen auf: der Mann hat die größeren Körperkräfte und gehört deshalb in einen Beruf; die Frau ist körperlich schwächer und aus diesem Grund für den Haushalt da. Die Hausarbeit wird damit von ihnen indirekt für geringerwertig ausgegeben."[605]

Mit Abstufungen nach dem Ausbildungsgrad der Ehemänner und abgesehen von wenigen Ausnahmen

> "... denkt der weibliche Teil der Grundschicht ungebrochen konservativ über das Verhältnis von Mann und Frau, über Familie und Beruf",[606]

folgert Pross, denn den Vorschlag eines Rollentausches von Männern und Frauen wiesen die Befragten aus Unterschichten empört von sich.[607] Auffällig sei, daß sie sich allein von der Vorstellung bedroht und in Frage gestellt fühlten.[608]

(3) Die älteren und jüngeren Frauen aus den mittleren Mittelschichten (insgesamt cirka 40% der Befragten), äußerten sich im Unterschied dazu sehr viel liberaler und flexibler über die "Bestimmung der Geschlechter". Verschiedene Modelle der Arbeitsteilung zwischen Mann und Frau erschienen ihnen nicht nur bedenkenswert, sondern auch machbar.[609] Offensichtlich entstehe das Konzept der Durchmischung am ehesten dort, wo die Arbeit "unter einem Dach" stattfinde und gemeinsam erledigt werde.

> "Durchweg bekunden die Frauen der Mittelschicht größeres Selbstbewußtsein gegenüber dem Mann. Sie sind es, die sich imstande fühlen, einen dem seinen entsprechenden Beruf auszuüben, wenn sie dafür ausgebildet würden und eine ausreichende Einarbeitungsfrist hätten. Sie sehen in ihm auch nicht den stärkeren Teil in der Ehe. Beide Gatten sind gleich stark, sagen sie."[610]

---

605 Pross 1976:159.

606 Pross 1976:160.

607 "(Sie) haben niemals eine Chance gehabt, die Geschlechterideologie in Frage zu stellen oder an der Deutung der bestehende Ordnung als prinzipiell unveränderbarer Naturordnung zu zweifeln. Kein Wunder, daß sie sich fast ausnahmslos zu konservativen Lehren bekennen." Pross 1976:160.

608 Vgl. Pross 1976:161.

609 Vgl. Pross 1976:164f.

610 Pross 1976:163. Trotz dieser an Schichtspezifika orientierten Differenzie-

Diesen Mittelschichtsfrauen mit dem höchsten Maß an Liberalität, 30- bis 40-jährig und im großstädtischen Milieu lebend, traut Pross noch am ehesten zu, für "... Emanzipationsideen ein offenes Ohr (zu haben)".[611] Um aber eine Lebensgestaltung unabhängig von der Geschlechtszugehörigkeit wählen zu können, müßten sich gesellschaftliche Strukturen ändern.[612]

Pross erkennt ähnlich wie Pfeil 1961, daß das Hausfrauendasein an Attraktivität verloren hat und sich vor allem deshalb eine Außen- und Berufsorientierung auch bei Hausfrauen ausbreitet.[613] Die Begründungen für die Unzufriedenheiten variieren zwar nach Alter, Bildungsteilhabe und Schichtzugehörigkeit, verstärken sich aber gegenseitig, weil es auch bei Hausfrauen die Kultur der Verständigung über ein "kollektives Arbeitsleid" gibt. Ein Wiedereinstieg in die Berufstätigkeit setzt allerdings voraus, daß Ehemänner bereit sind, sich stärker als bisher an häuslichen Aufgaben zu beteiligen. Pross fragt, wie Frauen die "Eignung" und Neigung ihrer Männer zur Rollenverschiebung, insbesondere zur Übernahme von mehr Hausarbeit, einschätzen. Dabei fallen viele Antworten durch herkömmliche Geschlechtsstereotypen und alte Klischeevorstellungen auf. Im Resümee macht Pross ihre Enttäuschung über den nach wie vor vorhandenen Traditionalismus im Bewußtsein von Frauen deutlich:

> "Die Arbeitsteilung zwischen den Geschlechtern ist so umfassend und allgemein, daß kaum zu erwarten steht, sie würde durch neuere Entwicklungen, etwa durch die Koedukation in den Schulen, demnächst aufgebrochen. Auch in der absehbaren Zukunft werden die Geschlechter, was ihre Arbeit betrifft, weitgehend nebeneinanderher leben."[614]

Das Bewußtsein von einem parallelen Wirken von Frauen und Männern in unterschiedlichen, sich ergänzenden Bereichen dominiert bei der Majorität von Frauen. Es hält an der herkömmlichen Vorstellung von der männlichen Überlegenheit fest, lehnt den Rollentausch wie jede durchgreifende Umstrukturierung des Geschlechterverhältnisses ab, bejaht die Institution der Ehe, die komplementäre Funktionsteilung der Gatten und erklärt sich mit dem so organisierten Dasein als Hausfrau und Mutter im großen und ganzen einverstanden. Dieses Dominieren konservativer Normen behindert die Emanzipation nach Auffassung von Pross nachhaltig.[615] Der Eindruck

---

rungen bleibt Pross bei der Methode, die Majoritätsmeinungen zu zentrieren und damit die quantitativ überwiegenden konservativen Normen aktuell wie perspektivisch als prägend anzusehen.

611 Pross 1976:168.

612 Vgl. Pross 1976:168, 251ff.

613 Vgl. Pross 1976:217.

614 Pross 1978:145.

615 Vgl. Pross 1978:146,166,168.

verstärkt sich noch, als sie die Erhebungen über das Frauenbild von Männern auswertet und feststellt, daß hier noch rigidere Vorstellungen über eine hierarchische Anordnung der Geschlechter in Familie und Gesellschaft vorherrschen.

In der Männerstudie untersucht Pross ausführlicher den männlichen Part im System der Deutung von Familienrollen. Sie identifiziert zunächst einen männlichen Grundtyp bzw. eine "Kennkarte", dessen "Titelheld" durchweg noch konservativer und traditionsgebundener als die Frauen auf das Geschlechterverhältnis blicke. Die heterogenen Positionen der Männer bringt sie auf folgenden Nenner:

Männer fühlten sich dominant und einig in ihrer Identität als Haupt-Ernährer der Familie. Sie wollten ihre beruflichen Kreise nicht durch weibliche Interventionen tangiert wissen, unter sich bleiben und uneingeschränkt der Erwerbsrolle nachgehen, - von Haus- und Familienarbeit befreit. Daß die Entlastungen durch die Ehefrau geschehen, werde selbstredend unterstellt, denn ihre Zufriedenheit mit der Familie hänge wesentlich davon ab, daß Frauen die Hauptverantwortung und Organisation der häuslichen Belange übernähmen.

Ihre Vaterrolle lebten Männer allerdings sehr unterschiedlich. Teilweise verstünden sie sich als Partner der Ehefrau und der Kinder, teilweise seien sie autoritär, teilweise distanziert und weitgehend abwesend. In jedem Fall äußerten sie sich aber selbst mit der Auskleidung ihrer Vaterrolle zufrieden. Gravierende Selbstzweifel, insbesondere vor dem Hintergrund der Priorisierung der Erwerbsarbeit gegenüber dem "Vatersein", seien ihnen im Unterschied zu den Frauen völlig fremd. Demgegenüber verlangten sie von ihren Ehefrauen, daß sie bei einer möglichen Kombination von Mutterrolle und Erwerbsberuf der familiären Aufgabenstellung generell den Vorrang einräumten. Für die Unzufriedenheit von Hausfrauen lasse sich bei ihnen nur bedingtes Verständnis erkennen.[616]

Das Bild der Frau, das diese Männer sich machten, sei zwar uneinheitlich, es gebe aber Regelannahmen über Wesenseigenschaften. Die Frau als Mutter, insbesondere aber die Frau mit ihrer zarten und empfindsamen weiblichen "Natur", werde präferiert. Die männliche Härte und Disziplin, die nötig sei, um den beruflichen Alltag durchzustehen, fehle den Frauen. Das werde als beruflicher Nachteil verbucht, privat hätten sie allerdings den Vorteil, weniger verbraucht und insofern befähigter fürs Emotionale zu bleiben. Eine paritätische Aufteilung der Hausarbeit oder gar ein Tausch der Aufgabenfelder mit ihrer Ehefrau erscheine ihnen als Zumutung. Das Selbstbild von Männern sei stets kombiniert mit der Vorstellung ihrer Überlegenheit über die Ehefrau. Daraus resultiere ein teilweise

616 Vgl. Pross 1978:119.

offensiver, teilweise moderater Führungsanspruch. Das bestehende Geschlechterverhältnis, das den Männern alltäglich Vorteile und generell bessere Karrierechancen zukommen lasse, werde von ihnen auf dem Hintergrund der Hauptverdienerrolle als gerecht angesehen.[617]

Ein reduzierter Begriff von Gleichberechtigung, der auf einer herkömmlichen Trennung männlicher und weiblicher Aufgabenfelder beharrt, wird auch von den Mittelschichtmännern, auf deren Ehefrauen Pross in der Hausfrauenstudie so viel Hoffnung setzt, vertreten. Zwar gebe es stattliche Abweichungen von den hierarchisierenden Positionen. Im Vergleich zu den entsprechenden Gruppierungen der Frauen seien Männer jedoch erheblich rigider eingestellt. Auch wenn Emanzipation verbal rückhaltlos befürwortet wird, schlägt sich das kaum in ihrer häuslichen Realität nieder. Beruflich gehen Männer eher auf Abstand, wenn sie in unmittelbaren Arbeitskontakt zu durchsetzungsfähigen Frauen geraten. Die starr polarisierte Trennung der Bilder und Rollenverständnisse, die Männer mit abwertendem Unterton über die funktionale Zuständigkeit von Frauen legen, ist durchgängig auffällig und signifikant. Also finden Frauen hier keinerlei Unterstützung.[618]

6.3.4. Kritische Würdigung

Pross thematisiert aus vier verschiedenen Blickwinkeln mit dezidierten empirischen Erkundungen die durchschnittlich schlechteren Chancen bzw. geringeren Optionen, über die Frauen im Vergleich zu Männern in der Alltagsorganisation und für ihre Lebensplanung verfügen. In der Mädchenstudie fragt sie noch offensiv-kritisch nach dem Bildungsbewußtsein und -interesse und ermutigt Frauen zu einer individuellen Nutzung aller weiterführenden Bildungswege. Gleichzeitig moniert sie, daß sich privilegierte Akademikerinnen nicht nachhaltig genug für eine qualifizierte Berufsausübung und Umsetzung ihrer Kompetenzen, für eigene und kollektive Emanzipationsschritte der Gleichstellung mit Männern interessierten. Von Arbeitertöchtern verspricht sie sich mehr Kontinuität im Hinblick auf ökonomische Motivation und Gleichberechtigungsbestrebungen. Diese Einschätzung spielt eine Rolle bei der Untersuchung über Berufstätige, die sie im Anschluß an die Mädchenstudie erstellt. Pross will hier erkunden, ob und wie sich Erwerbstätige aus unteren und mittleren Qualifika-

617 Vgl. Pross 1978:153ff.
618 Vgl. Pross 1978:165ff.

tionsschichten für die Angleichung ihrer Positionen und Aufstiegschancen im Betrieb einsetzen. Als sie, gemessen an ihrem erwerbszentrierten Emanzipationsverständnis, auch hier kaum aktive Trägerinnen für Gleichberechtigungsforderungen findet, untersucht sie das Bewußtsein von Hausfrauen und analysiert die Variablen der Ausdifferenzierung eines resignierten und relativ konservativ auf Familie bezogenen Frauenbewußtseins. Den Abschluß ihrer Forschungen zur Geschlechterfrage stellt die Männerstudie dar, in der die Frauenbilder der Männer, ihre Denkweise, ihre verbale Bereitschaft für Gleichberechtigungspraxen, faktischen Grenzsetzungen durch Abwesenheit und Ausgrenzung eruiert werden, denn:

> "Frauenfragen sind Männerfragen. Deshalb muß das Verhältnis der Geschlechter und nicht ein isoliert betrachteter Komplex von Frauenfragen Gegenstand der Erörterung werden."[619]

Die Berufs- und Hausfrauen mit relativ qualifizierten Schul- und Ausbildungswegen haben es alle mit Männern zu tun, die Gleichberechtigung nur verbal befürworten. Frauen stünden in der Regel in einem kontinuierlichen Gedankenaustausch. Ihre Meinungen zur Gleichberechtigung seien daher "beidseitig" zu erheben, um eine realistische Einschätzung über den Prozeß des gesellschaftlichen Bewußtseins Emanzipation zu gewinnen. Im Ergebnis zeigen sich bei Männern rigidere Bedenken hinsichtlich einer Rollenaufteilung und eindeutige Dominanzansprüche. Die "Humanisierung des Männerlebens", die Pross der Frauenemanzipation potentiell zuschreibt, weil sie Männern mehr Familienaktivitäten ermöglichen, wird also von den Männern nicht realisiert.[620]

So zutreffend Pross die große Masse der spontan geäußerten Positionen als durchschnittliche Meinungen und Einstellungen erfaßt und wiedergibt, so unzutreffend ist ihre Annahme und implizite Unterstellung, daß verallgemeinerbare Konturen des empirischen Frauenbewußtseins auf dieser Basis mit Begriffen wie "inaktiv", "konservativ", "desinteressiert" oder "bewußtlos" adäquat beschrieben sind. Die Konsequenz, mit der sie sich auf Daten aus repräsentativen Meinungsumfragen bezieht, um enttäuscht "Beharrungsvermögen", Traditionalismen und Bewußtlosigkeit zu konstatieren, verstellt ihr den Blick für relevante Minderheitspositionen und deren Wirkung im Prozeß der Meinungsbildung. Ihre Abbildung mehrheitlicher Positionen wirkt statisch. Ihre Zustandsbeschreibungen neigen zur Fixierung von zeitlich und räumlich gebundenen Ergebnissen.

Bei der Interpretation des Hausfrauenbewußtseins greift Pross zunächst auf ihre Grundannahme zurück, daß die Nivellierung der Schichten voranschreite und folgert auf dieser Basis, daß sich Mehrheitspositionen

619 Pross 1978:11.
620 Vgl. Pross u.a. 1981:17.

durchsetzen und ausbreiten werden. Nach und nach werde sich die "Schwerkraft", die der Rolle der Hausfrau zueigen sei, auch bei der jüngeren Generation, die sich jetzt noch sträube, bemerkbar machen und sie nolens volens zu einem höheren Akzeptanzgrad erziehen.[621] Sie übersieht dabei Ausweich- und Reduktionstendenzen, die jüngere Hausfrauen aus Mittelschichten zur raschen Erledigung und Entledigung von lästigen Tätigkeiten vornehmen. Das soziale Umfeld dränge unweigerlich zur Konformität. Die, so Pross, generationsbedingten Unterschiede der Bewußtseinshaltungen seien nicht so markant, daß sie sich über Jahre halten könnten.[622] Die allenthalben praktizierte und akzeptierte Bereitschaft zur Aufopferung der Hausfrau übe auf Dauer eine Sogwirkung aus, der sich die nachwachsende Generation kaum entziehen könnte.[623] Hier übersieht sie Bestrebungen, das häusliche Isoliert-Sein aufzubrechen. Marginalisiert werden Aufbruchstendenzen, nämlich kritische und distanzierte Positionen von Minderheitsgruppierungen unter den jüngeren Hausfrauen aus Mittelschichten, die ihre Tätigkeit entflechten, lästige Pflichten abbauen und personenzentrierte Anteile der Hausarbeit intensiveren, zurück in den Beruf wollen und sich keineswegs umstandslos einfügen. Ihr Bestreben ist es, bereits als Hausfrau außerhalb aktiv zu sein, sich draußen zu bewähren und zu erleben.

Auf einen begrenzten Anteil der weiblichen Erwerbsbevölkerung mit bestimmten sozialen Merkmalen verlegt Pross mit Abschluß ihrer empirischen Forschungen zum Geschlechterverhältnis ihre Hoffnungen. Potentielle Trägerinnen einer aktiven Emanzipation in den 70er Jahren seien am ehesten jene Frauen, die

- sich im mittleren Alter um 30 Jahre befänden;
- eine gute bzw. sehr gute Schul- und Berufsausbildung absolvierten;
- der unteren bzw. mittleren Mittelschicht angehörten und

621 Pross 1976:111ff.

622 Pross 1976:113.

623 Bei dieser Prognose bezieht Pross sich auf Prämissen, die fragwürdig sind. Das ist eine Beobachtung, die sich auf 20 Jahre Bundesrepublik und Hausfrauendasein beziehen kann, nun aber Brüche aufweist, die Pross in ihrer Fixierung auf die Mehrheitsmeinung übersieht. Unter dem Eindruck der "Mittelstandsgesellschaft" und ihrer Nivellierungstendenzen kann sie Mitte der 70er Jahre noch annehmen, daß die bis dahin prägenden Schichtspezifika abgetragen und nach und nach bedeutunglos werden. Das, vermutet sie, werde sich auch auf der Ebene der Bewußtseinshaltungen in einer Angleichung niederschlagen. Fragwürdig ist, ob und wie dieses Modell bei Hausfrauen wirkt: Bewegen sie sich in die Richtung der Schwerkraft "Gewohnheit" oder in die der "Sprengkraft" Unzufriedenheit? Vgl. Pross 1979:107ff.

- keine bzw. keine intensiven häuslichen oder privaten Verpflichtungen hätten, weil sie keine Kinder (mehr) zu betreuen hätten.

Wegen der zunehmenden Nivellierung der Schichtzugehörigkeit gilt also für Pross bereits in den 70er Jahren das Lebenslagenkonzept[624] als Basis für die Analyse von Bewußtsein. Sie betont die Bedeutung der erworbenen Ungleichheiten durch Bildungsrückstand und unqualifizierte Berufstätigkeit, die die "vormodernen" Zuweisungen aufheben könne.[625] Insbesondere die Zugehörigkeit zur Nachkriegskohorte führt zu einem deutlich veränderten biographischen Verlauf des Schulbesuchs und der Berufsausbildung.[626] Die übliche Zuordnung von Frauen zur Herkunftsschicht des Vaters oder Schichtzugehörigkeit des Ehemannes ist durch die besondere Beachtung dieses Merkmals erheblich relativiert. Quer zu den Schichten wirken sich jene Disparitäten, die regionale und generationsspezifische Ungleichheiten setzen, für die Lebenslage aus. Hier erfährt das Bewußtsein nach Pross entscheidende Prägungen.

Helge Pross unterlegt der Mädchenstudie 1969 noch einen Gleichheitsgedanken, der sich kritisch mit den Defiziten der Emanzipation auseinandersetzt und die Vervollständigung der "halbierten Emanzipation" fordert. Sie sucht nach Trägerinnen für diesen Prozeß, meint aber, Frauen riskierten zu wenig, beteiligten sich nicht adäquat an Wahlen und anderen gesellschaftspolitischen Gestaltungsmöglichkeiten. Insbesondere für Akademikerinnen, bei denen die höhere Bildung, wie sie zu sagen pflegt, zum "Selbstzweck" verkomme, weil sie nicht in eine Berufstätigkeit einmünde, hat Pross kein Verständnis. Stattdessen setzt sie große Hoffnungen auf die akademische Qualifizierung von Arbeitertöchtern. Das Motiv für emanzipative Schritte der Angleichung scheint ihr dort am ehesten gewährleistet, wo das Interesse an Eigenständigkeit und Gleichheit auch ökonomisch begründet ist. Für erwerbstätige Frauen der Unterschichten gilt das allerdings weniger als für die aus Mittelschichten.

Diese Vorstellung wird im Verlauf der beiden empirischen Beiträge über erwerbstätige Frauen und Hausfrauen ausgebaut und konkretisiert. Pross sucht nach dem Interesse von Frauen, den Männern in jeder Hinsicht gleichgestellt zu sein und prüft "im Gegenzug", ob sie entsprechende Anstrengungen und Aktivitäten an den Tag legen: Sie erwartet, daß Frauen sich an Männer angleichen, sieht aber, daß sich ihre Befunde zum Bewußtsein erwerbstätiger Frauen nicht in dieses Konzept fügen. Gleichberechtigungsansprüche haben mehrheitlich keine große Relevanz, Gleich-

624 Vgl. Hradil 1990:125-150; Geißler 1990:81-103.
625 Vgl. Hradil 1991:363f.
626 Die Geburtenjahrgänge ab cirka 1945 profitieren von der Reform des Grundschulwesens in den 50er Jahren.

gültigkeit und Skepsis überwiegen. Bildung führt bei Minderheiten zu emanzipativen Bestrebungen. Pross begreift die Emanzipationsdefizite nun in erster Linie als Ergebnis struktureller Bedingungen aufgrund der Ignoranz und Tatenlosigkeit von politischen Instanzen.

6.4. Das Frauenbewußtsein als Arbeitsbewußtsein

Im folgenden werden drei große Forschungsprojekte vorgestellt, die in den 70er Jahren z.T. zeitgleich mit Pross starten, z.T. parallel laufen, z.T. später durchgeführt werden. Es handelt sich um prominente Beiträge der frühen Frauenforschung, die dieser zum Durchbruch, zunächst in die damals dominierende Industriesoziologie, verhelfen und aus jenen neu eingerichteten Arbeitsschwerpunkten zur Frauenthematik stammen, an deren Initiierung auch Helge Pross maßgeblich beteiligt ist:

(1) das Göttinger RKW-Projekt von Lappe u.a., das bereits 1972 startet und 1977 abgeschlossen wird;
(2) die Frankfurter Untersuchungen von Eckart u.a., die zwischen 1975-1978 stattfinden;
(3) das Projekt der Hannoveranerinnen von Becker-Schmidt u.v.a., dessen empirische Phase 1978 beginnt.

Alle drei Studien sind als industriesoziologische und sozialpsychologische Vorhaben im Rahmen des Forschungsschwerpunkts "Integration der Frau in die Berufswelt" konzipiert, die "blinde Flecken" eruieren sollen. Es geht um objektive Bedingungen und subjektive Konturen eines eigenständigen Berufs- und Arbeitsbewußtsein von Frauen, das damals eine weitgehend unbekannte Größe ist. Probleme der beruflichen Identität von Frauen waren stets nur in Bezug auf die Familie thematisiert worden. Erst jetzt werden zwei wichtige Fragen gestellt, die sich auf die Ursachen dieser Dominanz richten. Sind Frauen primär auf die Familie fixiert und daher relativ gleichgültig gegenüber den Bedingungen am Arbeitsplatz oder ist es umgekehrt? Sind die Frauenarbeitsplätze so ausgestaltet, daß eine fundierte Erwerbsorientierung gar nicht entstehen kann? Und wie sehen die spezifischen Rezeptionsweisen von Frauen in der Erwerbssphäre aus?

Die Forschungsprojekte richten ihre Aufmerksamkeit vornehmlich auf die Situation und das Verhalten von Industriearbeiterinnen,[627] für deren

627 Sowohl in Köln, München, Dortmund, Hannover, Göttingen als auch in

Bewußtsein sich bis dahin kaum ein Forschungsinteresse zeigte.[628] Nun wird die Frage nach dem Protestpotential von Arbeiterinnen akut. Den eigentlichen Hintergrund der Suche nach Widerständigkeiten bilden Streikbewegungen, an denen Industriearbeiterinnen beteiligt sind.[629] Besonders die basisdemokratischen Streikauseinandersetzungen in Frankreich wecken wegen der radikalen Besetzungsformen, für die zum Teil Frauen verantwortlich gemacht werden, in Westdeutschland Hoffnungen auf ein Überspringen des Funkens.[630] Die französischen Kolleginnen werden zu Hoffnungsträgerinnen für neue Formen der Tarifauseinandersetzung. Diese Vision wird insbesondere von den Forscherinnen aus Frankfurt aufgegriffen.[631]

Die im folgenden vorgestellten Untersuchungen repräsentieren, unter theoretischen Aspekten betrachtet, eine neue Generation von Forschungs-

---

Frankfurt/M. werden in großen Forschungsprojekten Frauenthemen aufgenommen.

628 Insbesondere die in den 60er Jahren durchgeführte große Göttinger Studie von Kern und Schumann über Industriearbeit und Arbeiterbewußtsein, die die einschlägige Debatte über die Polarisierung der Arbeitsqualifikationen und die Differenzierung des Bewußtseins von Produktionsarbeitern in den 70er Jahren maßgeblich beeinflußt, läßt jeden Bezug auf Frauen vermissen. Das soll jetzt nachgetragen werden.
Michael Kern ist neben Pross die treibende Kraft bei der Durchsetzung der Projekte.

629 Zahlreiche Übersichten über Streikaktionen gegen Arbeitsplatzvernichtung weisen die Beteiligung von Frauen extra aus und interpretieren die punktuellen Aktionen als Durchbruch, eine Interpretation, die sich bald enttäuscht findet: Die Streikaktivitäten von Frauen breiten sich nicht aus. Was bleibt, ist die Überzeugung, daß Frauen zwar generell zurückhaltener sind, aber sich radikaler und nachhaltiger einmischen, wenn sie sich erstmal zum Protest entschieden haben; vgl. dazu Morawe 1974; Hautsch/Huffschmid/Schwarz/Wiener 1978.

630 Das Phänomen einer aktiven Beteiligung von Frauen an Streiks beschreibt Monique Peton (1976): In der Uhrenfabrik Lip in Besancon findet 1973 eine Besetzung des Betriebes statt. Diese wird bald zu einem Modellfall sozialer Auseinandersetzungen zwischen den Lohnabhängigen auf der einen und "dem" Kapital auf der anderen Seite, weil sich Intellektuelle beteiligen, die kontinuierlich Kontakte zu den Medien halten. Frauen übernehmen die tägliche Versorgung der Streikenden. Die Aktion dokumentiert, daß die Produzentendemokratie realistisch ist, wenn Autonomie in der Selbstverwaltung durch Autarkie in der wirtschaftlichen Versorgung ergänzt wird. Der Reproduktionsarbeit von Frauen kommt für die Erprobung dieses Modells eine große Bedeutung zu.

631 Vgl. Eckart/Jaerisch/Kramer 1979:3ff.,558ff.: "Im Streiken sind wir arg gut".

ansätzen zum Frauenbewußtsein. Die kritische Rezeption des vorliegenden Erkenntnisstandes, so auch der Forschungsergebnisse von Pross, kommt zu dem Ergebnis, daß sich die früheren Untersuchungen zum Frauenbewußtsein mit ihrer einseitigen Ausrichtung auf das Funktionieren von Frauen im Rahmen der Familie den Blick systematisch verstellen. Die neuen Ansätze zeichnen sich im wesentlichen dadurch aus, daß sie das Frauenbewußtsein als Erfahrung von betrieblicher Arbeit auf dem Hintergrund der Hausarbeitsverpflichtungen untersuchen. Ein wichtiges Unterscheidungsmerkmal im Vergleich zu den Studien von Pross besteht darin, daß sie mit einem engeren Verständnis von Egalität operieren: Emanzipation wird mit Erwerbsarbeit konnotiert und findet in gewerkschaftlichen und betrieblichen Auseinandersetzungen im Produktionsbereich statt.

6.4.1. Verschüttete Widerstandspotentiale?

Zu einer populären These und untersuchungsleitenden Fragestellung wird die Vorsctellung stilisiert, daß Frauen sich die Doppellast nicht widerstandslos aufbürden ließen; sie ertrügen sie keineswegs klaglos, ihre Kritik dringe nur nicht an die Öffentlichkeit. Konjunkturschwankungen und Krisenfolgen, die mit z.T. durchgreifenden Rationalisierungsmaßnahmen einhergingen, beträfen die Arbeitsplätze von Frauen besonders und erzeugten einen Druck, der sich "an der Basis" Luft mache. Die Frage nach spezifisch weiblichen Konflikterfahrungen, kritischen Haltungen und Widerständigkeiten, die verdeckt und verschüttet würden, drängt sich nun in den Vordergrund. Besonders die Frankfurter und Hannoveraner Projekte, die der Kritischen Theorie verpflichtet sind, begeben sich auf die Suche nach einem frauenspezifischen Protest- und Widerstandspotential gegen die doppelte Benachteiligung und Unterdrückung durch Kapital und Patriarchat.

Alle Studien plädieren dafür, das Paradigma einer Interpretation des empirischen Frauenbewußtseins auf der Folie der Familienbindung grundlegend zu modifizieren. Sie nehmen als Präjudiz eine gleichrangige Gewichtung der Bedeutung von außerhäuslichen und familiären Tätigkeiten vor und fragen nach den Ursachen für Defizite und schleppende Prozesse der Integration von Frauen im Erwerbsleben. Dabei geht es ihnen um die Problematisierung der These, daß Frauen ihre Interessen primär auf die Familie richteten und aus diesem Grunde nur begrenzt in Arbeitsmarkt und Betrieb integrierbar seien: Fehlt es ihnen in erster Linie subjektiv an der Bereitschaft, sich auf die betrieblichen Belange einzulassen, oder wird der

Integrationsmangel durch objektive Strukturen, z.B. Diskriminierungsmechanismen im Betrieb, erschwert?

Die Reflektion, Neu- bzw. Uminterpretation der Ergebnisse von Pross, insbesondere in der Bearbeitung von Prokop, die in das imaginationstheoretisch fundierte Theorem vom weiblichen Lebenszusammenhang einmündet, bilden Übergänge zu Fragestellungen, die jene herkömmlichen Denkkonstrukte überwinden, welche schematisch das Entweder-Oder von Familie und Beruf polarisieren und nach einer eindeutigen berufs- oder familienorientierten Ausrichtung des Bewußtseins und Lebensentwurfs fragen. Auf der Folie einer grundsätzlichen Bipolarität weiblichen und männlichen Tuns wird die Kategorie der Arbeit für die Frage nach dem Frauenbewußtsein fruchtbar gemacht und auf neuere Erkenntnisse zur Qualifikations- und Anforderungsentwicklung bezogen.[632] Die Verschränkungen von inhaltlich und zeitlich konträren Anforderungen aus der Produktion einerseits und Reproduktion andererseits ist für die drei Projekte der zentrale Untersuchungshintergrund für die Erforschung des Frauenbewußtseins.[633] Vermutet werden "doppelte Bewußtseinsstrukturen", die durch das Tätigsein im Betrieb und in der Familie relativ selbständig voneinander und z.T. gegeneinander gerichtet entwickelt werden, um sich tagtäglich zu verstricken.

Die Fragestellung der Göttinger Studie zentriert die besonderen psychischen und physischen Belastungen der Frauenerwerbsarbeit und nähert sich von dieser Warte dem weiblichen Arbeitsbewußtsein an. Geklärt werden soll, wie Arbeiterinnen und Angestellte die Bedingungen ihrer Erwerbsarbeit bewerten und gewichten, welche Unterschiede hier im Vergleich zu Männern bestehen. Diese, daran wird erinnert, seien vorrangig daran interessiert, daß bei einer stabilen Arbeitsplatzsicherung die Arbeitsbelastungen mit der Entlohnung in Einklang stünden. Ihre Arbeitszufriedenheit hänge wesentlich von Arbeitsinhalten, vom Ausmaß der Qualifikationsanforderungen, von der Vielfalt ausgeübter Tätigkeiten und von verfügbaren Dispositionsspielräumen ab.[634] Sind das auch die Fixpunkte

632 Vgl. Prokop 1976; Unterstellte Pross noch offensiv, Reproduktionstätigkeiten seien wie jede andere produktive Tätigkeit als Arbeit zu werten, so legen jetzt mehrere einschlägige Veröffentlichungen, insbesondere die Streitschrift von Bock/Duden 1977, aber auch die Hausarbeitsstudie von Kontos/Walser 1979 beide Aufgabenfelder auseinander und entdecken eher Unterschiedliches: Dem zeitlich strikt strukturierten Abwickeln von arbeitsteiligen Sach- und Funktionsabläufen im Betrieb stehen zuhause mehrschichtige sach- und personenzentrierte Aufgaben gegenüber, die parallel angeschoben und begleitet werden wollen.

633 Vgl. Eckart/Jaerisch/Kramer 1979:181ff. stellvertretend und richtungsweisend für den gesellschaftlichen Lebens- und Arbeitszusammenhang von Frauen.

und Verrechnungsmodi von Frauen? Wie bewerten und bilanzieren sie ihre Belastungserfahrungen?

Das AutorInnen-Team will, um dies zu erkunden, den besonderen durch Doppellast grundierten weiblichen Rezeptionsweisen nachgehen, um zu prüfen,

> "... wie sich die konkreten Bedingungen der Arbeitssituation einerseits und der außerberuflichen Lebenssituation andererseits auf das Urteil und die Einstellung erwerbstätiger Frauen auswirken. Es geht ... in erster Linie um die empirische Erfassung beruflicher und familialer Einflußfaktoren auf das Arbeitsbewußtsein von Frauen".[635]

So sollen zunächst gängige Vermutungen geprüft werden, z.B. jene, die ein durchschnittlich niedriges Anspruchsniveau von Frauen an ihre Arbeitsinhalte annehmen oder jene, die keinerlei Unterschiede im Hinblick auf die Arbeitszufriedenheit von Männern und Frauen feststellen.[636] Der Ansatz zeichnet sich dadurch aus, systematisch die Bedeutung der Erwerbstätigkeit für das Frauenbewußtsein zugrundezulegen und auf dieser Basis nach Bestimmungsgründen für dessen Ausdifferenzierungen zu suchen:

> "Uns geht es dabei um eine Problematisierung der These, daß Frauen ihre Interessen und Wünsche von vornherein auf die Familie ausrichten und ihre mangelnde Integration in die Berufswelt in erster Linie dieser subjektiven Einstellung zuzurechnen ist. Aus diesem Grund soll die Fragestellung zweierlei umfassen: ... Es ist anzunehmen, daß beide Bereiche, sowohl der häusliche, als auch der außerhäusliche, in einem komplexen Vermittlungszusammenhang stehen und sich gegenseitig bedingen und verstärken. Diesem Vermittlungszusammenhang wollen wir empirisch nachgehen."[637]

Die Untersuchungsanlage der Frankfurterinnen hebt besonders auf weibliche Streik- und Konflikterfahrungen ab. Sie operationalisiert drei Problembereiche für die Erhebungen, die vor allem Auskunft darüber geben sollen, wie Frauen ihre individuellen Erfahrungen verarbeiten, wie weit sie diese generalisieren und welche kollektiven Formen des Widerstandes in konfliktären Situationen daraus entstehen.[638] Die

---

634 Vgl. Lappe/Schöll-Schwinghammer 1978:4.

635 Lappe/Schöll-Schwinghammer 1978:4.

636 Vgl. Ulich/Groskurth/Bruggemann 1973:113 und Bunz/Jansen/Schacht 1973.

637 Lappe/Schöll-Schwinghammer 1978:7. Die Studie thematisiert die Zwischenlage und entsprechende Orientierung gemäß der Tradition des SOFI vor allem unter dem Gesichtspunkt einer Belastungsdimension, die mit produktionsbezogenen Kategorien operiert.

638 Folgende Schnittstellen für die Erfahrung, das Bewußtsein und mögliche Lernschritte werden anvisiert und in den Gesprächen zentriert:
1. Berufseintritt als biographischer Einschnitt;

Frankfurterinnen nehmen an, daß genau an dieser Schnittstelle kritische, solidarische und widerständige Haltungen entstehen könnten. Sie operieren mit einem umfassenderen Arbeitsbegriff auf Basis der Kategorie vom weiblichen Lebenszusammenhang, der eine hypothetische Gleichsetzung von produktions- und reproduktionsbezogener Arbeit vornimmt. Von den Befragten wollen sie wissen,

> "inwieweit sie erkennen, daß ihre Stellung im Produktionsprozess und die in der familialen Reproduktion notwendig aufeinander bezogen sind".[639]

Sie nehmen an:

> "Erwerbstätige Frauen werden in dem Maße zunehmend für ihre Interessen am Arbeitsplatz kämpfen, wie ihnen bewußt wird, daß das Motiv ihrer Unterwerfung unter die Erwerbsarbeit - für die Mehrzahl das Ehe- und Familienleben - kein privates ist, sondern selbst in einem funktionalen Zusammenhang zum kapitalistischen System steht."[640]

Die Hannoveranerinnen schließlich wollen genauer erkunden, wie sich die Vereinbarkeitsproblematik darstellt, wie Frauen sich in dem Hin und Her zwischen Familie und Beruf praktisch einrichten: Wie reflektieren sie ihre Situation, mit welchen Erklärungen und Deutungen legen sie sich ihre doppelte Anbindung zurecht? Welche unterschiedlichen Bewältigungsformen und Strategien entwickeln sie mit welchen Absichten?

In den Fragestellungen der Erhebung geht es darum, die gegenläufige Bedeutung von Hausarbeit im Widerstreit mit der außerhäuslichen Erwerbstätigkeit zu eruieren. Unter welchen Bedingungen scheiden junge Mütter aus dem Erwerbsleben aus, unter welchen kehren sie zurück? Haben Arbeiterinnen eine ausschließlich bzw. überwiegend instrumentelle Arbeitsorientierung? Welche Motive sind für die kontinuierliche/diskontinuierliche Integration von Frauen in den betrieblichen Arbeitszusammenhang verantwortlich? Warum geht ein Teil von Frauen zeitweise oder vollständig in die Familienphase, während ein anderer versucht, Fabrikarbeit kontinuierlich, selbst parallel zur Mutterschaft, auszuüben? Welche Rolle spielen die sehr unterschiedlichen Zeitanforderungen in Betrieb und Familie für das Belastungserleben? Welche divergierenden Anforderungen kommen alltäglich auf Frauen zu? Auf diese Weise werden spezifisch weibliche

---

2. Erfahrung der täglichen häuslichen Arbeitsanforderungen neben der Berufsarbeit;
3. Erfahrung der betrieblichen Anforderungen inclusive der Interessenvertretung von unqualifizierten und schlecht bezahlten Arbeitskräften, deren reproduktive Aufgaben ignoriert werden und deren betrieblichen Belange nicht bzw. schlecht vertreten werden; vgl. Eckart/Jaerisch/Kramer 1979:6.

639 Eckart/Jaerisch/Kramer 1979:6.
640 Eckart/Jaerisch/Kramer 1979:6.

Rezeptionsweisen als "doppelte" Arbeitserfahrung, als Widerständigkeiten und psychisch-physische Bewältigungsformen der Untersuchung zugeführt.

Alle drei Projekte neigen entsprechend ihrer Konnotation von Erwerbsarbeit mit Emanzipation dazu, recht einseitig den Blick auf die betrieblichen Zusammenhänge und das Arbeitsbewußtsein zu richten. Nach Potentialen der Befreiung und Eigeninitiative zur Verbesserung der weiblichen Lebenslage wird im Betrieb gesucht.

6.4.2. Qualitative Forschungsmethoden - "Perspektivewechsel"

In der Auseinandersetzung mit den streng quantifizierenden Erhebungsmethoden und Auswertungsverfahren wird in allen Forschungsprojekten die Notwendigkeit erkannt, alternative Verfahren einzusetzen. Sie entwickeln daher qualitative Untersuchungstechniken, mit denen sie detailliert den Facetten der Selbstverortung von Frauen nachspüren. Intensive Interviews und offene Leitfäden, problemzentrierte Gruppendiskussionen und Einzelgespräche werden bevorzugt. Es gilt als angemessen, nur einen relativ kleinen Kreis von Frauen intensiv zu befragen. Als bevorzugtes Untersuchungsfeld für die Rekrutierung des Samples werden Betriebe und Arbeitsbereiche ausgewählt, die vergleichsweise geringe mentale, aber hohe nervliche Anforderungen stellen. Es handelt sich meistens um einfach ausgestattete Arbeitsplätze, an denen niedrige Löhne gezahlt und restriktive Zeit- und Arbeitstakte vorgegeben werden. Diese Konstellationen gelten als typisch für Produktionsarbeiterinnen und Verwaltungsangestellte in Industriebetrieben.

Ein typisches Merkmal aller Studien ist, daß sie von mehreren AutorInnen entwickelt und durchgeführt werden. Das beeinflußt ihr Design und die theoretische Anlage: Sie decken das Forschungsthema intensiver ab als EinzelautorInnen. Die stärker ausdifferenzierten Fragestellungen führen zu umfangreicheren Auswertungsberichten und theoretischen Interpretationen, die allerdings viel Zeit brauchen. So erstrecken sich z.B. die Veröffentlichungen des Hannoveraner Projekts bis weit hinein in die 80er Jahre. Der Bezug zum Ursprungsmaterial und vor allem zum "Zeitkern" geht dadurch teilweise verloren, zumal dann, wenn der aktuelle Diskussionsstand des Veröffentlichungszeitpunkts aufgenommen wird und Fragen aus den späten 80er Jahren mit Befragungsmaterial beantwortet wird, das mehr als

10 Jahre alt ist.[641] Im folgenden werden kurz einige charakteristische Rahmendaten der drei Untersuchungen vorgestellt:

Die Erhebungen für die Göttinger Studie starten bereits 1972. Das Team wählt methodisch einen Mittelweg und entscheidet sich für eine Kombination zwischen herkömmlichen quantitativen und neueren qualitativen Erhebungsverfahren. Das Vorgehen umfaßt cirka 25 Betriebsbesichtigungen und 13 Betriebsuntersuchungen, Arbeitsplatzbeobachtungen, Expertengespräche und 500 Interviews mit Arbeiterinnen. Ihnen liegt ein Fragebogen mit 60 Positionen zugrunde, der Elemente eines halbstandardisierten und intensiven Interviews kombiniert.[642] Das relativ große Befragungssample konzentriert sich auf typische Frauenarbeitsplätze in der Industrie (Elektrotechnik, Nahrungsmittel- und Textilgewerbe) und ist relativ aussagekräftig und verallgemeinerbar für das Bewußtsein von Industriearbeiterinnen in der BRD.

Die Datenerhebung für die Frankfurter Studie erfolgt 1975-1977 ausschließlich mit qualitativen Methoden, insbesondere mit soziobiographisch orientierten Frage-, Gesprächs- und Diskussionsverfahren.[643] Gruppendiskussionen und Expertengespräche dienen der Ergänzung und Überprüfung des gewonnenen Interviewmaterials. Insgesamt werden 71 erwerbstätige Frauen zwischen 18 und 53 Jahren in durchschnittlich dreistündigen Treffen in ihren Privatwohnungen befragt. Als Pilot Study beansprucht sie keine Repräsentativität, möchte aber das Konflikterleben im Lebenslauf so grundlegend erfassen, daß Zusammenhänge zwischen widersprüchlichen Anforderungen und der Möglichkeit, sich einzeln oder kollektiv zu wehren, analysierbar werden.[644] Das soziobiographische Verfahren wird in ein ausführliches offenes Gespräch umgesetzt, um Verhaltensschilderungen zur Arbeits- und Privatspähre zu ermöglichen. Die Gespräche sind so flexibel angelegt, daß Frauen die Möglichkeit haben, ihre Sprache und narrative Gedankenführung zu entfalten: Als Interviewerinnen werden bewußt Frauen eingesetzt, die sich Zeit lassen und den Gesprächsfluß nicht unterbrechen.[645]

641 Vgl. die Publikationen von Becker-Schmidt/Knapp von 1987 bis heute.

642 Vgl. Lappe/Schöll-Schwinghammer 1978:57ff. (Anhang).

643 Vgl. Eckart/Jaerisch/Kramer 1979 zum standardisierten Fragebogen: 1-27 (Anhang), zum Leitfaden für das offene Interview: 28-50 (Anhang) und zur Vorlage für die Gruppendiskussion: 51 (Anhang) .

644 Die Befragten arbeiten in fünf verschiedenen Betrieben, von denen drei der Elektro- und je einer der Bekleidungs- und Textilindustrie angehören.

645 Vgl. Eckart/Jaerisch/Kramer 1979:7f.

Das Hannoveraner Projekt führt Ende der 70er Jahre ebenfalls intensive qualitative Erhebungen zur Situation von lohnabhängig arbeitenden Müttern, nämlich Akkordarbeiterinnen aus Arbeiterfamilien mit kleinen Kindern, durch. Hier sind noch 30 Arbeiterhausfrauen und 30 erwerbstätige Mütter (Fabrikarbeiterinnen) einbezogen. Sie werden in sehr ausführlichen offenen Gesprächen im Rahmen einer qualitativen Explorationsstudie interviewt. Weitere Umfelddaten werden einbezogen. Die Intensivinterviews wollen dezidierte Verknüpfungen ausloten, das heißt für die Hannoveraner Forscherinnengruppe, einen systematischen Perspektivewechsel vorzunehmen. Sie zeichnen nach, wie Frauen sich in und zwischen den beiden Welten mit den konträren Anforderungen auseinandersetzen, wie sie sich die Widersprüchlichkeiten zurechtlegen, um sich Orientierungen und gangbare Wege der Vereinbarkeit zu verschaffen.[646] Schließlich interessiert, an welchen Punkten Zufriedenheits- und Unzufriedenheitspotentiale festgemacht werden. Je später die Projekte starten bzw. enden, desto später richten sie ihr Augenmerk auf die qualitative Erfassung der Vermittlung von Erwerbs- und Familienorientierungen.

6.4.3. Zerreißproben und Gratwanderungen

Alle Studien gehen prinzipiell von einer im Rahmen der geschlechtsspezifischen Arbeitsteilung "vorgesehenen" Doppellast aus und konstatieren, daß Frauen die Hauptverantwortung für Familie übernehmen, gleichzeitig berufstätig sind und eine Doppelorientierung entwickeln. Dieses durchgängig beobachtbare Phänomen wird als die eigentliche Besonderheit des Arbeitsbewußtseins von Frauen herausgearbeitet. Es findet gleichwohl in sehr heterogenen Zwischenformen seinen Ausdruck. Gesucht wird nach Variablen, die ausschlaggebend dafür sind, daß sich die beiden Aufgabenfelder mit wechselndem Gewicht in den Lebensphasen durchsetzen und zu praktischen Fraktionierungen und differenzierten Interessenlagen im Betrieb führen. Familien- und Berufsorientierungen greifen ineinander und lassen sich kaum als getrennte Sphären auseinandersortieren und verfolgen. Frauen wollen beides und verfolgen Vereinbarkeitsstrategien der Reduktion materieller Hausarbeitsverpflichtungen und zeitlicher Belastungen im

646 Daß Beruf und Familie keineswegs Alternativen, sondern differenzierte und verzahnte Tätigkeitsfelder von Frauen sind, die mit dem Begriff und Problem der Doppelbelastung keineswegs adäquat erfaßt werden, zeigt der Aufsatz über die Familienarbeit im proletarischen Lebenszusammenhang: Bekker-Schmidt/Brandes-Erlhoff/Lühring/Schmidt 1981:75.

Betrieb. Klare Scheidungen und Sektoralisierungen fallen schwer. Ihre Präsenz im Betrieb ist immer mit Gedanken an zuhause verbunden; die Anwesenheit dort wird durch ihre gleichzeitige Ausgrenzung aus dem betrieblichen Alltagsgeschehen problematisch.

Bereits in den frühen Vorstudien der Göttinger wird betont, daß Frauen sich prinzipiell nicht nur über eine Seite, die Familie oder den Beruf, identifizierten, sondern beständig mit beiden Lebensbereichen befaßt seien und sich mal mehr auf die häusliche, mal mehr auf die berufliche Sphäre bezögen. Sie verorteten sich subjektiv kontinuierlich im Zwischenfeld. Ihr Status sei objektiv durch eine Interimslage und subjektiv dadurch gekennzeichnet, daß sie kontinuierlich die Verbindung und Vermittlung zwischen zwei Welten herstellten. Frauen stehen nach diesen Ergebnissen ihrem Arbeitsplatz und Betrieb anders, aber keineswegs gleichgültiger gegenüber als Männer. Fast zwei Drittel der Befragten sehen im Vergleich mit sog. "Nur"-Hausfrauen Vorteile in ihrer Doppelarbeit wegen des damit verbundenen selbstverdienten Geldes sowie der sozialen Anerkennung und Kontakte. Es ist für sie von großer Bedeutung, der Enge und Isolation des Hausfrauendaseins entweichen zu können. Nur ein kleiner Teil von Frauen mit extrem belastenden Arbeitsplätzen und besonders anstrengenden häuslichen Verpflichtungen möchte aus der Erwerbstätigkeit ausscheiden.[647] Die für Frauen typische doppelte und dreifache Belastung, die regelhaft aufgrund der Unberechenbarkeit immer wieder zu Kumulationen führen, prägten ihr Arbeitserleben. Immer wieder kommt es zu Störungen im Alltag, die durch besondere Anstrengungen wettgemacht werden müssen.[648] Frauen rechnen mit diesen wiederkehrenden Verdichtungen und Verknotungen, nehmen es hin, daß diese zeitweilig alle Kräfte beanspruchen und keine Möglichkeiten für Erholphasen oder zusätzliche betriebliche und öffentliche Engagements belassen. So sind es denn auch letztlich diese familialen Anforderungen und Belastungen, die die generelle Einstellung zur Erwerbsarbeit determinieren, ohne daß damit auf eine freiwillig erfolgte Entscheidung und Wahl der Familie als Hauptorientierung geschlossen werden dürfte.[649]

Frauen haben wie Männer ein quantitativ ähnlich starkes Interesse an einer Dispositionsfreiheit in der Arbeit, nutzen diese qualitativ aber anders. Sie tauschen sich mit ihren Kolleginnen über Fragen der doppelten Aufgabenstellung und optimalen Alltagsbewältigung aus, teilweise konkurrierend, teilweise kooperativ und unterstützend. Sie weigern sich demzufolge, das häusliche Geschehen während der Arbeit völlig auszublenden und hermetische Trennungen zu akzeptieren, geschweige

647 Vgl. Lappe/Schöll-Schwinghammer 1978:66ff.,83,94,98f.

648 Das gilt insbesondere im Fall der Erkrankung von Kindern.

649 Vgl. Lappe/Schöll-Schwinghammer 1978:Tab. 55/56.

denn vorzunehmen.[650] Wird ihnen auch nur punktuell die Möglichkeit eingeräumt, ihre Sorgen zu besprechen, Arbeitszeiten flexibel zu handhaben oder in anderer Weise auf häusliche Belange einzugehen, steigt ihre betriebliche Bindung und Arbeitszufriedenheit erheblich.[651] Frauen beziehen bei der Einschätzung ihrer Arbeitssituation die Gesamtheit ihrer betrieblichen und häuslichen Anforderungspalette ein und bewerten sie auf der Folie familiärer Anforderungen. Ihre Belastungsbilanz "verrechnet" restriktive Arbeitsbedingungen nicht vorrangig und nur mit materiellen Gratifikationen, sondern mit den Möglichkeiten, relativ flexibel auf familiäre Belange eingehen zu können.[652]

Aber dieses Bewußtsein von Frauen weist innerhalb dieser Parameter wie das von Männern Differenzierungen auf, die wesentlich aus unterschiedlichen betrieblichen Belastungsintensitäten resultieren. Diese wiederum korrelieren mit der Ausbildung. Die Göttinger Studie unterscheidet drei Gruppen:

Erstens: Ein kontinuierlich stark geforderter Teil meist älterer Arbeiterinnen in der industriellen Produktion fühlt sich durch Mehrfachbelastungen überfordert und völlig absorbiert.[653] Diese Frauen, cirka ein Viertel der Befragten, sind mit geringen Qualifikationen ausgestattet, arbeiten unter repetitiven und restriktiven Bedingungen und haben gleichzeitig relativ umfangreiche familiale Aufgaben in Mehrpersonenhaushalten zu bewältigen. Sie resignieren und fügen sich mangels Alternativen in ihr Los.[654]

---

650 Daran zeigt sich, daß unser Identitätsbegriff, unsere Vorstellungen von Sozialisation, nicht so recht passen, weil sie eine männliche Biographie unterlegen. Dies arbeiten besonders Krüger/Born/Kelle 1989 am Begriff der Statuspassage heraus. Sie beschreiben die Komplikationen einer weiblichen Bildung und Identitätsfindung als "Hängepartie"; vgl. auch Kulke 1991 und Bilden 1991.

651 Vgl. Lappe/Schöll-Schwinghammer 1978:27ff., 84f., 99f. Ein Beispiel ist der eigene Rock, der in der Arbeitszeit genäht werden darf; das soziale Klima ist selbst bei schlechtesten Arbeitsbedingungen weit wichtiger, insbesondere wegen der Möglichkeiten, Tips für die Hausarbeit auszutauschen sowie eine Handhabung der Zeitstrukturen mit dem Meister aushandeln zu können.

652 Das ist z.B. der Fall, wenn in Zeiten der Spitzenbelastung, in der Familie und Beruf besondere Leistungen abfordern, Erleichterungen durch Verhandlungen mit dem Meister bzw. dem Betriebsrat erreichbar sind.

653 Vgl. Lappe/Schöll-Schwinghammer 1978:47f.,53ff., 100 zum Widerspruch und zur "Zwickmühle".

654 Vgl. Lappe/Schöll-Schwinghammer 1978:85; das betrifft etwa ein Viertel der befragten Frauen, vgl. 84/85. Sie sehen sich gezwungen, erwerbstätig zu bleiben. Sie würden bei einem besseren Haushaltseinkommen recht gern Voll-Hausfrau werden, Isolation und Langeweile fürchten sie nicht.

Zweitens: Jüngere Frauen, so z.B. die Angestellten mit sog. einfachen Tätigkeitsanforderungen, bringen durchschnittlich bessere Bildungs- und Ausbildungsvoraussetzungen mit, haben im Verlauf ihres Berufslebens anspruchsvollere Tätigkeiten ausgeübt und profitieren von diesen beruflichen Erfahrungen. Ihr Belastungserleben ist vor allem durch monotone Arbeitsvollzüge mit hohen Konzentrationsanforderungen gekennzeichnet. Daran macht sich auch ihre z.T. heftige Kritik fest. Sie sind besonders daran interessiert, Chancen der Kommunikation am Arbeitsplatz mit ihren Kolleginnen kompensatorisch zu nutzen. Durch ihre familialen Aufgaben fühlen sie sich nicht übermäßig belastet.[655] Sie reagieren auf die Unzulänglichkeiten ihrer Arbeitsbedingungen nicht mit Überlegungen, aus dem Berufsleben auszuscheiden, sondern eher offensiv, nämlich mit der Vorstellung, den eigenen Status durch einen Wechsel des Arbeitsplatzes, Weiterbildungsmaßnahmen o.ä. zu verbessern.

Drittens: Ähnlich verhält es sich mit den relativ qualifizierten Angestellten mit guten bis sehr guten Ausbildungsvoraussetzungen, anspruchsvollen Arbeitsbedingungen, großen zeitlichen und inhaltlichen Gestaltungsfreiräumen und günstigen familialen Konstellationen. Sie kennen, wie alle Frauen, die alltäglichen Zerreißproben, Termindruck, Hetze und Stress, bewältigen diese aber nach eigenem Ermessen aufgrund der flexibel handhabbaren betrieblichen Zeitstrukturen zufriedenstellend für den Betrieb, die Familienmitglieder und für sich selbst. Wichtig ist ihnen der Personenbezug in und neben der Arbeit. Sie haben eine positiv-zupackende Arbeitseinstellung. Ihnen bleibt genügend Raum für sonstige Aktivitäten, die sie z.T. in den Betrieb und die Interessenvertretung, z.B. gegen die Zerstückelung eines noch relativ ganzheitlichen Arbeitsablaufs, investieren.[656]

Die Besonderheit und Andersartigkeit des Frauenbewußtseins im Vergleich zum Arbeitsbewußtsein von Männern wird vom Göttinger Projekt als kontinuierliche Vermittlung und Gratwanderung zwischen familiären und betrieblichen Anforderungen beschrieben; das Interesse an sozialen Kontakten und Kommunikationsmöglichkeiten ist hier wie dort zentral. Mit dieser Erkenntnis ist eine wichtige Basis für weiterführende und vertiefende Fragestellungen der beiden folgenden Projekte gelegt.

Die Ergebnisse der Frankfurter Untersuchung beziehen sich vor allem auf den Kontext von Konflikterfahrung und Solidarisierungsprozeß, auf die individuelle und gemeinsame Wahrnehmung von Interessen und verfolgt dabei die Bruchlinien und Fraktionierungen, Reibereien und Streitigkeiten unter Frauen. Beschrieben wird die uneinheitliche, hochgradig individuelle und schwer zu "vereinheitlichende" Zwischenorientierung. Der Blick der

655 Vgl. Lappe/Schöll-Schwinghammer 1978:9, 49ff.,102ff.; die meisten haben kleine oder keine Familien zu versorgen.

656 Vgl. Lappe/Schöll-Schwinghammer 1978:104f,50ff.,76ff.

Forscherinnen ist auf Barrieren für das gemeinsame Handeln gerichtet. Die Tatsache, daß Frauen unter dem Druck ihrer alltäglichen Anforderungen, die oft unvorhergesehen kumulieren oder extrem konträr sind, im Alleingang ihre besonderen Belange zu regeln versuchen, gilt den Autorinnen als Indikator für Entsolidarisierungsprozesse. Sie gehen diesen Brüchen nach, um Gemeinsamkeiten zu erkunden und finden eine typische Entscheidungstendenz und Verhaltensweise darin, daß die meisten Frauen prinzipiell auf dem Hintergrund ihrer familiären Belastungen ein individuelles Arrangement mit den Arbeitsbedingungen in der Fabrik vornehmen. Ihr Lebensentwurf wie ihre Alltagsorganisation zeige durchgängig Bestrebungen, die "gegen die Doppelarbeit gerichtet"[657] seien. Der Familienalltag binde ihre psychischen Kräfte weitgehend, so daß sie in der Mehrzahl kaum ein zusätzliches Engagement für die kollektive Interessenwahrnehmung im Betrieb aufbringen könnten. Damit wird ihre Erwartung, daß

> "... aus der hektischen Abfolge und den kaum zu vereinbarenden Anforderungen zweier Tätigkeiten, die von ganz verschiedenen inhaltlichen Strukturen und Arbeitsrhythmen geprägt sind, sich individuell erlebte Konflikte ergäben, deren Lösung Kritik und Änderung der geschlechtlichen Arbeitsteilung verlangten ..."[658]

enttäuscht. Auch für die bei Projektbeginn aufgestellte Vermutung, daß die gemeinsame Alltagserfahrung von Frauen zu übereinstimmenden Interessen, zu Protest- und Widerstandshandlungen führe, finden sie keine Bestätigung.[659] Sie entdecken im Unterschied dazu eine instrumentelle Orientierung im Arbeitsbewußtsein, die familienbezogene Interessen verfolgt und auch im Betrieb durch die häusliche Anbindung geleitet wird.

Die Unterschiede in den Bewußtseinshaltungen werden im Frankfurter Forschungsprojekt auf dem Hintergrund der Familienzyklen gelesen, diesem Feld ursächlich zugeordnet und entsprechend gewichtet.[660]

Neben individuellen Konkurrenzbeziehungen, die sich als Streitereien äußern, existieren auf einer zweiten Ebene Interessenskollisionen zwischen Gruppen. Zum Beispiel werden Fraktionierungen dadurch hervorgerufen, daß Mütter mit kleinen Kindern oder alleinstehende, ältere oder junge unverheiratete Frauen ihre gruppenspezifischen Interessen gegen andere verteidigen. Sie tun sich in Kleingruppen kurzzeitig zusammen und tragen ihre Differenzen zum Teil in heftigen Auseinandersetzungen, "Intrigen und Gezänk", über die männlichen Vorgesetzten aus, die als Schiedsrichter

657 Eckart/Jaerisch/Kramer 1979:579.

658 Eckart/Jaerisch/Kramer 1979:570.

659 Vgl. Eckart/Jaerisch/Kramer 1979:570 und 578.

660 Die vier Phasen der familialen Zyklen, die in das Leben von Frauen eingeflochten sind, werden als Raster der Auswertung zugrundegelegt; vgl. Eckart/Jaerisch/Kramer 1979:11ff.,393ff.

fungieren.[661] Diesen Formen der individuellen und gruppenspezifischen Konfliktaustragung stehen gleichwohl solidarische Wege gegenüber. Günstige Voraussetzungen für Prozesse der kollektiven Interessenwahrnehmung bestehen, wenn folgende Merkmale in einem Betrieb vorliegen:

- ein stabiles Selbstbewußtsein aufgrund relativ hoher Qualifikationen;
- ein hoher Anteil von alleinerziehenden Müttern und Alleinstehenden unter den Beschäftigten;
- ein Überwiegen mittlerer Altersgruppen unter Frauen;
- eine "gewachsene" Belegschaft mit relativ geringer Fluktuation;
- kulante und aufgeschlossene MeisterInnen und BetriebsrätInnen, die die spezifischen Zeitarrangements und andere Belange von Frauen respektieren.[662]

Die Möglichkeiten des gemeinsamen Handelns stellen sich danach erstens in geringerem Ausmaß her und entstehen zweitens völlig anders als ursprünglich angenommen: Jenseits der Kategorie von Ausbeutung und Unterdrückung durch Kapital und patriarchalische Strukturen bergen Strategien der Alltagsbewältigung Solidarisierungsansätze. Diese richten sich weniger gegen den Zeit- und Leistungsdruck im Betrieb als gegen die hohen Anforderungen der Familie an ein komfortables Umsorgtwerden. Hier liegen die Bedarfe und Bereitschaften, sich solidarisch unter Frauen zu begegnen bzw. sich über die Legitimität dieser Ansprüche zu beraten.

Mit dem Begriff des familienorientierten Instrumentalismus[663] wird die Vermittlung von primär häuslichen und sekundär außerhäuslichen Verpflichtungen als eine Zwischenorientierung mit "Schlagseite" beschrieben. Der "strukturellen Gleichgültigkeit" des Betriebs gegenüber ihren Reproduktionsaufgaben setzten Frauen ihre familienbezogenen Priorisierungen entgegen. Vor allem müsse die Arbeitszeitregelung flexibel abstimmbar sein.

Das Hannoveraner Projekt nähert sich dieser Besonderheit von Frauenarbeit im Haus und in der Fabrik mit Begrifflichkeiten an, die in der bisherigen Debatte um das Bewußtsein von Arbeitenden eher negativ besetzt waren: Sie konstatieren ein objektives Widerspruchsgefüge zwischen den dualen Arbeitsfeldern Haus und Fabrik. Über die subjektiven "Niederschläge" dieses strukturell bedingten Widerstreits gibt ihr Erhebungsmaterial Auskunft. Als ordnende Kategorie, die auf der Seite des Subjekts das

661 Vgl. Eckart/Jaerisch/Kramer 1979:567ff.

662 Vgl. Eckart/Jaerisch/Kramer 1979:570ff.

663 Vgl. die Kritik bei Knapp 1981 an der Überzeichnung von Instrumentalismen im Arbeiterbewußtsein.

Widersprechende spiegelt, führen sie den Begriff der Ambivalenz ein.[664] Unter Ambivalenzen werden unlösbare Gefühlskonflikte verstanden. Sie schlagen sich in widerstrebenden Handlungsimpulsen nieder, die "Ambitendenzen" genannt werden. Das Bewußtsein, die Einstellungen und Einschätzungen, drücken die Ambivalenzen in scheinbaren Inkonsistenzen aus, die Arbeit kann z.B. als außerordentlich belastend empfunden, gleichzeitig aber gern verrichtet werden.[665]

Die Beschreibung der subjektiv durchlebten Widersprüchlichkeiten von Frauen auf Basis der Kontraste zwischen Fabrik- und Hausarbeit heben auf die Zwischenlagen und -orientierungen ab, die sich als Ambivalenzerfahrung, Ambiguität und Ambitendenzerleben niederschlagen. Das Ausbalancieren zeitlich und inhaltlich konfligierender Ansprüche belaste Frauen generell, Mütter insbesondere, es sei auch selbstverständlich und unabwendbar für Berufstätige wie Voll-Hausfrauen. Ob sich, wie ein Teil der befragten Mütter, die Frauen in der Familienphase befänden oder in der Erwerbssituation, sei relativ unerheblich. Stets hätten sie mit den Widersprüchlichkeiten zwischen und in den Bereichen Fabrik und Familie zu tun. Auch innerhalb der Sphäre des Häuslichen oder Betrieblichen machten ihnen unweigerlich gegenläufige Strukturen zu schaffen.

Den immanenten Widersprüchlichkeiten des Fabrikalltags stehen jene gegenüber, die innerhalb der häuslichen Sphäre die Entscheidung, aus dem Betrieb auszuscheiden, um als Mutter voll zur Verfügung zu stehen, immer wieder fragwürdig erscheinen lassen. Die Mangelerfahrung in der relativen Isolation und Abgeschiedenheit einer weitgehend aufs Kind bezogenen Kommunikationsform und Daseinsweise führt dazu, daß eben jene Dimensionen der Erwerbsarbeit positiv bewertet werden, die diese Defizite auszugleichen vermögen. Da geht es um Teilhabe am öffentlichen Geschehen, um den Austausch mit Kolleginnen, um Sichtbarkeit und Anerkennung der Eigenleistung. Das Bewußtsein von Frauen über die eigenen Lagebedingungen und Lebensmöglichkeiten bewegt sich demnach beständig zwischen diesen Welten und versucht konsequent, den Ausgleich zwischen verschiedenen Ansprüchen herzustellen und auszutarieren.

664 Vgl. Becker-Schmidt/Knapp/Rumpf 1981:59.

665 Im Unterschied zu früheren Bewußtseinsforschungen unterstellen die Hannoveranerinnen bei einem subjektiven Niederschlag von objektiven Widerspruchsstrukturen nicht, daß die Äußerungen oder Einschätzungen der Befragten unausgegoren, nicht zu Ende gedacht o.ä. wären. Das tun z.B. Kern/Schumann in der Kommentierung des Arbeiterbewußtseins. Hier wird dagegen konstatiert, daß die subjektive Bedeutung sowohl der Fabrikarbeit als auch der Hausarbeit sich notwendigerweise anders und verschieden gewichtig akzentuiert, wenn der Betrachtungsstandpunkt zum einen die Fabrik, zum anderen die Familie ist. Dieser Perspektivewechsel wird von den Hannoveranerinnen für die Forschung entdeckt.

Die Widersprüchlichkeit der Zwischenorientierung wird hier auf Basis einer objektiven Situation definiert sowie als doppelte Aneignungsweise und subjektiver Ausdruck der spezifischen Sozialisation und Vergesellschaftung von Frauen begriffen. Die Orientierung zwischen den Welten ist demnach kein Übergangsphänomen, sondern ein dauerhafter Status, der Frauen mehr oder weniger aufgenötigt wird und ihnen ein vermittelndes Wissen und Können abfordert und verleiht. Die Hannoveranerinnen tragen mit ihren Befunden über die objektiv widersprüchlichen Vorgaben des weiblichen Lebenszusammenhangs und den daraus resultierenden komplizierten Vermittlungsanforderungen, die einseitig Frauenarbeit sind, zu einer Entlastung und Erleichterung bei: Sie entziehen allen Versuchen, in den Antworten der befragten Frauen Verkettungen, Verknotungen und Schwankungen zu entdecken und als Ergebnis "launischer" Wesenseigenschaften, als Unausgeglichenheit oder persönliches Versagen zu identifizieren, den Boden. In diesem Punkt der "Freisprechung" und differenzierten Erklärung widersprüchlicher Verhältnisse, die widerstreitende Verhaltensweisen hervorrufen, sind sie radikaler und konsequenter als die AutorInnen der Frankfurter und Göttinger Studien, die mit den Uneindeutigkeiten der Zwischenorientierung eher hadern.

6.4.4. Kritische Würdigung

Der wesentliche Beitrag der drei Studien ist die schrittweise Ausarbeitung der Erkenntnis von der Existenz eines frauenspezifisch geprägten Bewußtseins. Sie beschreiben die Besonderheit als einen Prozeß der Vermittlung unterschiedlicher Anforderungen, der sich im weiblichen Lebenszusammenhang auf dem Hintergrund einer Sozialisation und Vorbereitung auf eine Doppelorientierung abspielt. Frauen verknüpfen beständig die Sphären von Familie und Beruf, von Öffentlichem und Privatem, von Innen und Außen; im eigenen Lebensentwurf und für den Alltag der Menschen, für die sie sorgen und mit denen sie zusammenleben, "zimmern" sie sich Modelle, um ihrer Verantwortung für andere gerecht zu werden und gleichzeitig sich selbst zu entsprechen.

Den ersten Schritt tut die Göttinger Studie, die die Konturen des Frauenbewußtseins vorrangig aus der Perspektive der Arbeitsbelastungen beschreibt: Wichtig ist, daß das Frauenbewußtsein hier erstmals in detailliertem Bezug zu unterschiedlichen Qualifikationen im Spannungsfeld von betrieblichen und häuslichen Belastungen untersucht wird. Die Rezeption der

Arbeitsbedingungen dokumentiert, daß Frauen andere "Verrechnungsmodi" für Vor- und Nachteile einsetzen als Männer. Soziale Kontakte sind ihnen ähnlich wichtig wie der Verdienst. Mit dem Aufweis der Gemeinsamkeiten und der Unterschiede zum Arbeitsbewußtsein von Männern wird deutlich gemacht, daß die Gewichtung der Beurteilungskriterien wie Arbeitsinhalt, Belastung, Verdienst und Arbeitsplatzsicherheit bei Frauen vor allem durch den grundsätzlich wechselhaften familialen und häuslichen Anforderungskatalog bestimmt wird. Die Zwischenorientierung läßt sich insofern als ein Arbeitsbewußtsein beschreiben, das kontinuierlich die Belastungserfahrungen im Produktionsbereich auf Basis der häuslichen Reproduktionsarbeit abgleicht. In ihrer Interpretation legt die Göttinger Studie das Schwergewicht des weiblichen Bewußtseins auf die Familienorientierung, betonen aber, daß die Erwerbstätigkeit überwiegend zu einem unverzichtbaren Bestandteil der weiblichen Identität geworden sei.

Eine zweite und vergleichsweise weitere Optik wird durch die Frankfurter Studie eröffnet: Hier zeigt sich die Zwischenorientierung von Produktionsarbeiterinnen sowohl als Ausgangspunkt wie Resultat der Bewältigung von familiären Zyklen mit unterschiedlich umfangreichen Aufgabenstellungen. Unzufriedenheiten, die hier entstehen, werden mit den Arbeitserfahrungen, insbesondere den sozialen Kontakten, Auseinandersetzungen und Freundschaften, kompensiert. Der "strukturellen Gleichgültigkeit" des Betriebs wiederum setzen Frauen die Logik ihrer selbst gestaltbaren häuslichen Aktivitäten und personenzentrierten Tätigkeiten entgegen. Das Interesse an Arbeitsbedingungen, die sich auf Familienaufgaben abstimmen lassen, wird hier als ständiges "Dialogisieren" detailliert beschrieben. Die Zwischenorientierung, die als "familienorientierter Instrumentalismus" bezeichnet wird, beschreibt das familiäre Geschehen als dominierend, wenngleich davor im Zeitverlauf schwankend und ungleichgewichtig ausgeprägt in Abhängigkeit von der jeweiligen Familienphase.

Einen dritten Schritt der Ausdifferenzierung und Konkretisierung der Kategorie eines spezifisch weiblichen Bewußtseins versuchen die Hannoveranerinnen mit Theoretisierungen, die bis heute nicht endgültig abgeschlossen zu sein scheinen. Jenseits der zeitlichen und belastungsbezogenen Dimensionen der Vereinbarkeit entdecken und betonen sie die inhaltlich konträren Anforderungsprofile von Haus- und Berufsarbeit. Die materiell-organisatorische und intellektuell-psychische Leistung des Ausbalancierens von synchron anfallenden ungleichartigen Anforderungen wird als umfassende Kompetenz und spezifische Stärke von Frauen vorgestellt, die sich einer lebenslangen "doppelten Vergesellschaftung" verdanke.

Die AutorInnengruppen der Göttinger, der Hannoveraner und der Frankfurter Studien machen wie ihre prominente Vorgängerin Helge Pross eine Entwicklung durch, die sich als Weg von einem relativ einseitigen

Emanzipationsverständnis der Egalität durch Erwerbsarbeit zu einer Modifikation und Umgewichtung beschreiben läßt. Alle greifen zunächst den Gedanken auf, daß Emanzipation durch die Erwerbsarbeitsbeteiligung der Frau voranzutreiben sei und spitzen ihn gezielt in der Kritik an den späten Werken von Helge Pross zu. Gemeinsam mit ihr setzen sie auf das Interesse von Frauen aus der Grundschicht, zielen dabei aber weniger auf die Bildungsinteressierten, im Gegenteil: Gerade Industriearbeiterinnen, meinen sie, müßten aufgrund ihrer Mehrfachbenachteiligungen besonders motiviert sein, "Widerstand" zu leisten und solidarische Beziehungen herzustellen, um für ihre gemeinsamen Interessen zu kämpfen und die Bedingungen zu ändern, die sie depravierten. Das "kapitalistische System" einer Doppelausbeutung in Fabrik und Familie sei ihr kollektiver Erfahrungs-, Bewußtseins- und Aktionshintergrund, der die Basis für wirkungsvolle Gegenwehr abgebe. Weil diese Erwartungen nicht erfüllt werden, ziehen insbesondere die Frankfurterinnen eine deutlich negative Bilanz über das "privatisierende" Frauenbewußtsein, das über weite Strecken auf das individuelle Durchfechten von Sondervereinbarungen und Spezialinteressen ohne Verständigung mit den Kolleginnen ausgerichtet sei und wegen des Alleingangs eher entsolidarisierend wirke.

Insgesamt läßt sich feststellen, daß trotz der postulierten Offenheit und Absicht, nicht (mehr) vorschreiben zu wollen, welcher Weg der Emanzipation zu gehen sei, insbesondere die Frankfurterinnen erneut gestrenge normative Muster zugrundelegen. Die Debatten um eine Interpretation einer weiblichen Zwischenlage als Interimsphänomen finden auf Basis einer weitgehend selbstverständlich akzeptierten Prämisse statt: Emanzipation wird mit Erwerbsarbeit konnotiert. Die Erwerbsbeteiligung gilt "unter der Hand" als Königsweg der Emanzipation.[666] Daran ändern auch die im Laufe der Zeit vorgenommenen geringfügigen Modifikationen nicht viel: Die Suche nach dem revolutionären Subjekt und einem Ersatz angesichts des Versagens der Arbeiterbewegung geht leer aus. Das schlägt sich in enttäuschten Interpretationen zum Frauenbewußtsein nieder.

Daß die Fabrik der Ort der Emanzipation und Befreiung von überkommenen Zwängen sei, wird im Kontext der Tradition der "Kritischen Theorie", in der diese Studien entstehen, vermutet, behauptet und angenommen. Ähnlich apodiktisch ist die Bedeutung der Familie als Emanzipationsbarriere fixiert: Die patriarchale Struktur der Familie und Dominanz des Mannes halte Frauen in Unmündigkeit, und die Belastung mit den Aufgaben der Kinderbetreuung binde sie an die häusliche Privatsphäre, die Isolation und Leerlauf, Redundanz und Entwicklungslosigkeit bedeute. Im Zuge

666 Vgl. Ulrike Prokop 1976:64-82; insbesondere ihre Ausführungen zu den marxistischen Kategorien der Produktivkräfte, Produktionsverhältnisse unter Berücksichtigung von weiblicher Produktion und Reproduktion.

heftiger Debatten um diese Ansprüche und Erwartungen bewegen sich beide Positionen aufeinander zu: Die Erwerbsarbeit verliert den zentralen Stellenwert und die Hausarbeit gewinnt an Bedeutung; aber auch damit wird den Einschätzungen, die sich im Frauenbewußtsein finden, nur zum Teil und auch sehr unterschiedlich entsprochen.

Die Göttinger Studie sieht es als eine vorrangige Aufgabe von Emanzipation an, gleiche Arbeitsbedingungen für Industriearbeiterinnen und Industriearbeiter zu schaffen. Frauen sollen mit den Männern gleichziehen. Hausarbeit habe (noch) eine wichtige Identitätsfunktion und sei insofern als Zuflucht von und für Frauen zu akzeptieren. Das könne sich erst ändern, wenn betrieblich eine Gleichstellung erreicht sei.

Die Frankfurterinnen sehen Erwerbsarbeit vor allem dann als Chance für Emanzipation, wenn der individuelle Weg der Aushandlung zugunsten der kollektiven Interessenvertretung eliminiert würde. Ohne Solidarität könne keine effektive Auseinandersetzung stattfinden, ohne ein Zusammenwirken käme keine Bewegung in verharschte betriebliche Strukturen. Daß die Haus- und Familienarbeit nach dem Ergebnis dieser Studie eine hohe Relevanz für Frauen hat, diskutiert das Autorinnenteam intensiv und offenbar recht kontrovers. Die Kapitel nämlich, die Helgard Kramer verfaßt,[667] und spätere Veröffentlichungen auf dieser Basis betonen die positiven Seiten einer weitgehend selbstbestimmten Hausarbeit, die Momente der Selbstverwirklichung enthalte und insofern ein autonomer Sektor mit frauenspezifischen Arbeitserfahrungen, Verhaltensweisen und Widerstandsformen eigenwilliger Art an einem anderem Ort sei.[668]

Eckart selbst reflektiert diese Interpretation zwar, sieht Emanzipation aber untrennbar mit Erwerb verknüpft. Sie verfolgt die Vorstellung, Frauen verfügten aufgrund ihrer personenzentrierten und ganzheitlichen Arbeit zuhause über emotionale und soziale Fähigkeiten, kraftvoll zu intervenieren. Mit besonderen weiblichen Kompetenzen ließen sich betriebliche Herrschaftsstrukturen aufbrechen, z.B. durch sensiblere Wahrnehmungsmethoden und Fähigkeiten, auf Verletzungen und persönliche Konflikte

667 Es handelt sich hier um die Auswertung der Lohnarbeitsbiographien von Helgard Kramer in Eckart/Jaerisch/Kramer 1979:31-178 und ihre Aufsätze im Leviathan - Sonderheft 1981 sowie in dem Sammelband "Methoden der Frauenforschung" 1984.

668 In der Familie als der "Subsistenzalternative" wird nun die Suche nach der weiblichen Widerstandsbereitschaft fortgesetzt. Daraus folgt die Annahme, hier könne Gegenmacht entwickelt und Emanzipation durchgesetzt werden. Damit wird das Konzept einer Emanzipation auf Basis von Differenz, einer Politik des Andersseins, aufgegriffen, das in der frühen Frauenbewegung um 1900 virulent war und von den sogenannten "radikalen Feministinnen" vertreten wurde; vgl. Gerhard/Schlüpmann 1984, insbesondere den Beitrag über Minna Cauer und die Presse der Radikalen Frauenbewegung.

sowohl sachlich als auch emotional zu reagieren. Eckart vertritt damit eine Egalitätsvorstellung, die "basisorientiert" an Solidarität appelliert. Der Staat, die Gesellschaft und andere Instanzen, die z.B. Pross anruft und auffordert, endlich tätig zu werden, gelten hier als potentielle "Repressionsinstrumente". Gegenmacht müsse von der Basis, vom Arbeitsplatz, vom Betrieb und von den Gewerkschaften ausgehen.

Das reale Frauenbewußtsein berücksichtigen die Hannoveranerinnen sehr viel stärker. Sie legen sich letztlich angesichts des Hin- und Hergerissenseins, das der Frauenalltag aufweist, nicht fest, begreifen Emanzipation als Prozeß, dem die Gleichwertigkeit von Reproduktions- mit Produktionstätigkeiten zugrundeliegt und verteidigen offensiv die Gleichzeitigkeit der doppelten Aktivitäten als besondere Stärke, Kapazität und Kompetenz von Frauen. Ihr Emanzipationskonzept baut dieses Nebeneinander von Selbstbewußtsein über Haus- und Berufsarbeit aus und will die "andere" Identität von Frauen als eine Zwischenorientierung in der Geschlechterdifferenz wahren, gleichzeitig aber auch den Unterschieden unter Frauen Rechnung tragen.

6.5. Deutungskritik - Zwischen Aufbruch und Durchbruch

Das Frauenbewußtsein dieser Dekade bewegt sich, so meine These, im Rahmen der Parameter der Zwischenorientierung zunächst im bereits beschriebenen Spektrum von Aufbruchshaltungen und Orientierungen, die aus dem Haus führen.[669] Zudem sind erste "Durchbruchsversuche" einer beruflichen Selbstbehauptung sichtbar, die für die 80er Jahre auf breiter Basis typisch werden.[670] Einstellungen und Haltungen, die sich einerseits als "Aufbruch" aus dem häuslichen Milieu und andererseits als "Durchbruch" im beruflichen Feld klassifizieren lassen, sowie Zwischenformen auf dem Weg "vom Aufbruch zum Durchbruch", sind in allen Frauenbewußtseinsstudien zu erkennen. Sie werden jedoch von den streng bilanzierenden Interpretationen verdrängt, die auf der Folie des emanzipationstheoretischen Deutungsmusters der konsequenten Egalität vorgenommen werden. Pross sieht bei der Mehrheit der Frauen zu wenig bewußte Angleichungs-

669 Das gilt vor allem für die Hausfrauenstudie und die Berufstätigenuntersuchung von Helge Pross.

670 Dafür finden sich in allen drei industriesoziologischen Studien Hinweise, die im Kapitel 6.4. dokumentiert werden.

bestrebungen; die drei vorgestellten industriesoziologischen Projekte vermissen Widerständigkeiten von Frauen im Betrieb und würdigen wegen ihrer hohen Ansprüche an "Systemkritik" sowie "kollektive Solidarisierungsprozesse" kleine Schritte von Gegenwehr und erfolgreicher Interessendurchsetzung bei einzelnen Gruppierungen nicht. Dadurch werden reale Aktivitäten und relative Fortschritte in den Gleichheitsbestrebungen und in der Selbstbehauptung übersehen bzw. an den Rand gedrängt und nicht angemessen als Anknüpfungspunkte für emanzipatorische Lernprozesse gewürdigt.

So übersieht Pross z.B. weitgehend, was durch weibliche Bildungsaktivitäten in der Privatsphäre passiert:[671] Das Aufholen von Frauen in Bildung und Ausbildung sowie ihre quantitativ und qualitativ verbesserte Erwerbsbeteiligung wirken zurück und verändern grundlegende soziale Konfigurationen wie Familie, Ehe, Elternschaft.[672] Die Individualisierungsansprüche von Frauen, die quer durch die Schichten in größerem Ausmaß umgesetzt werden, führen zu dramatischen Verwerfungen und Verschiebungen der unmittelbaren Formen des Zusammenlebens im Nahbereich.[673] So wird der Boden für eine "subpolitische Revolte" vorbereitet, die sich im wesentlichen im Privatbereich abspielt, aber auch in außerhäuslichen Sphären, insbesondere wegen der steigenden Betreuungsbedarfe für Kinder und Alte, gravierende Einschnitte nach sich zieht. Die Frage, wer die bislang selbstverständlich von Frauen geleistete Sorgearbeit übernimmt, ist nicht neu, wird nun aber offensiver traktiert und beantwortet als in früheren Dekaden. Frauen lassen sich nicht mehr umstandslos darauf verpflichten, den Generationsvertrag qua Reproduktion allein zu gewährleisten. Sie kündigen mit einer nachlassenden und verspäteten Gebärbereitschaft die gesellschaftliche Priorität generativer Funktionen auf und reduzieren Hausfrauentugenden. Sie versuchen, das Nötigste ökonomischer, rationaler, weniger kräfte- und zeitraubend zu bewältigen. Die Zwiespältigkeiten, Konflikte und Widersprüche, die dabei auftreten, lasten sie sich nicht mehr umstandslos als Versäumnis an. Entsprechend reklamieren sie Entlastungen bei der Kinderbetreuung und reagieren weniger denn je mit Selbstanklagen und einem "schlechten Gewissen" auf die Tatsache, daß sie wegen ihrer Berufstätigkeit Abstriche bei der Versorgung und Betreuung ihrer Kinder machen müssen.[674] Diese Aufbruchstendenzen manifestieren sich als aktive Entlastung und Entledigung von Bindungen an häusliche Pflichten.

671 Vgl. Pross u.a. 1981:17, 21, 25.

672 Vgl. Beck-Gernsheim 1984a:310; Diezinger 1991:135ff.

673 Vgl. Diezinger 1991:102ff.

674 Vgl. Krüger/Born/Kelle 1987; Becker-Schmidt 1984 (vgl. besonders den Forderungskatalog im Anhang).

Durchbruchsversuche zeigen sich darin, daß Frauen eine ausbildungsadäquate und gleichberechtigte Erwerbstätigkeit fordern und wahrnehmen. Insbesondere die mittleren Altersgruppen und die Qualifizierteren setzen ihr Interesse an adäquaten Tätigkeiten durch.[675] In den 70er Jahren verläuft ihre Integration noch relativ glatt und ohne große "Reibungsverluste". Unterbrechungen sind allerdings auch für diese Frauen mit Qualifikationsverlusten verbunden.[676] Frauen bezahlen ihre Familienzeiten mit Einbußen: Jeder Wechsel, den sie wegen ihrer häuslichen Belastungen vornehmen, ist potentiell ein weiterer Schritt im Rahmen der "Abstiegsmobilität", die nach Handl mit dem ersten Berufsausstieg bereits eingeleitet wird,[677] Vermeidungsstrategien sind die Folge.

Um die Ausgangsfragestellung nach neuen Tendenzen im Frauenbewußtsein zu diskutieren, stelle ich abschließend Überlegungen zu einer Umakzentuierung der Ergebnisse von Pross und den Nachfolgeprojekten an. Die Deutung von Pross, die für die erste Hälfte der 70er Jahre Defizite im Angleichungsstreben von Frauen entdeckt und beklagt, konfrontiere ich mit der These vom sich stabilisierenden Aufbruchsverhalten. Die bereits in den 60er Jahren beobachtbaren Tendenzen von qualifizierteren Frauen, ihren Erwerbsverlauf zu kontinuisieren und unter Umständen mit Mutterschaft zu parallelisieren, setzt sich jetzt auf allen Qualifikationsebenen durch. Der pessimistischen Sicht auf den zu geringen Erwerbszentrismus in der Form des "familienorientierten Instrumentalismus", der nach Eckart u.a. ohne Chancen für kollektive Widerständigkeiten ist, halte ich die optimistischere These von erfolgreichen, wenngleich noch vereinzelten Durchbruchsversuchen entgegen, die sich im Übergang zu den 80er Jahren verstärken: Die Aktivitäten, sich im Arbeitsfeld zu entlasten, sind erfolgreich und schaffen Raum für neue Positionierungen im Berufsfeld. Dort, wo Frauen sich ihrer soliden Qualifikationen bewußt sind, beschreiten sie Wege, um alle Nachteile und Diskriminierungsmechanismen zu überspringen oder zu unterlaufen, die ihnen üblicherweise zugemutet werden. Sie gehen insofern einen Schritt weiter als ihre "Vorgängerinnen", die bis cirka 1975 beruflich einsteigen. Sie wissen um das Risiko der Familienpause. Sie verkürzen sie, schieben sie entweder zeitlich weit hinaus oder versuchen, sie zu vermeiden, um ihre betrieblich erreichte Position nicht zu gefährden. Damit zeichnet sich der Versuch ab, den Durchbruch zu einem neuen Lebensmuster der Parallelisierung und Kontinuisierung von Familienarbeit und Beruf zu erreichen.

675 Vgl. Willms-Herget 1985:100; Krüger/Born/Kelle 1989:23f.
676 Vgl. Hofbauer 1979; Engelbrech 1987.
677 Vgl. Handl 1988.

Pross folgert aus der Berufstätigenuntersuchung und der Hausfrauenstudie eine zwar brüchige, aber tendenziell vorrangige Familienorientierung, die auf zu wenig Angleichung verweise. Daß sich hinter dieser Etikettierung neuartige Inhalte verbergen, wird von ihr, weil sie Minderheiten betreffen, vernachlässigt. Aber ihr Material zeigt, daß sich viele Hausfrauen auf "immaterielle" Aufgabengebiete beziehen und von herkömmlichen Pflichtenkatalogen "materieller" Verrichtungen distanzieren.[678] Die unterschiedliche Akzentuierung von immateriell-personenbezogenen Aufgabenfeldern, die z.B. von größeren Gruppen der befragten Hausfrauen vertreten wird, verweist auf neue Wertorientierungen, die Pross unterschätzt. Eine neue Scheidungslinie, die nur vordergründig mit gesellschaftlichem Status, Alter und Generationszugehörigkeit verknüpft ist, tut sich auf. Die Bildungsbeteiligung scheint der Hintergrund eines fundamentalen Sinnes- und Wertewandels zu sein, der für horizontale und vertikale Ausfächerungen der Familienbindung verantwortlich ist. Die Bruchlinien verlaufen zwischen älteren und jüngeren Hausfrauen, aber quer zu den Schichten. Die Hausfrauen, die 1970 älter als 30 sind, haben im Unterschied zu den Jüngeren nicht von der Reform der Volksschulen profitiert; außerdem haben sie in der Regel nur ein Bildungsinteresse, wenn sie durch ihre Herkunft dazu angeregt wurden.

Es lassen sich zwei kleinere Gruppen unten den befragten Hausfrauen ausmachen, die für die weitere Debatte um Frauenbewußtsein und Emanzipation von großer Bedeutung sind: Das zentrale Kennzeichen der ersten Gruppe ist eine Bildungsorientierung, die auf lebenslanges Lernen setzt und nicht beim Erhalt von Zertifikaten stehenbleibt. Dem entspricht ein neigungsorientiertes Bildungsverhalten, das für viele jüngere Frauen typisch ist, auch für solche aus Unterschichten. Hier dominieren "immaterielle" Orientierungen, die personenzentriert sind und eigene Interessen mitdenken. Die zweite Gruppe wird mehrheitlich von Unterschichtfrauen gebildet, die ihre Sicherheit und ihren Lebenssinn in der Erfüllung konventioneller Normen und Vorgaben suchen; so ähnlich verfahren auch ältere Frauen der Oberschicht, z.T. auch Mittelschichtangehörige.[679] Die Umorientierungen korrespondieren mit dem allgemein kon-

678 Zur begrifflichen Trennung in "materielle Hausarbeit" und "psychische Reproduktionsaufgaben" vgl. Kontos/Walser 1979:89ff. und 97ff. Hier wird in der Kritik an der Auswertung von Pross der Belastungsaspekt durch Beziehungsarbeit und die Unzufriedenheit von Hausfrauen betont. Ihre Überforderung resultiere aus der Verschränkung psychisch-physischer Anforderungen.

679 Da das Befragungssample tendenziell ohnehin die ältere Frau überrepräsentiert, muß bei der Auswertung und Interpretation dieses Bias eine "konservativen" Verzerrung ausgeglichen werden. Denn: Knapp 50% der Frauen sind der Grundschicht zugehörig, gut 50% der Mittelschicht. 20% der be-

statierten Wertewandel, der die Identitätsfindung von Frauen generell betrifft.[680] Daß sie sich allerdings im Hausfrauenbewußtsein so folgenreich niederschlagen, bleibt dem Auswertungsraster, das Pross anlegt, verborgen.

So gesehen ergibt sich in einer retrospektiven Interpretation, die die Ergebnisse des Wertewandels mitdenkt, folgende Konstellation:[681] Auf der einen Seite finden sich Orientierungen, die sich auf die traditionellen Pflichten der gegenständlich-sachlichen Ordnung, auf Sauberkeit und Gemütlichkeit im Schutz- und Schonraum des eigenen Heims beziehen. Auf der anderen Seite wird deutlich, daß Frauen sich von individuellen und personenorientierten Präferenzen leiten lassen. Sie sehen die Aufgaben einer Hausfrau vorrangig darin, soziale Beziehungen herzustellen und solche Kontakte wahrzunehmen, die die Voraussetzung für ein abwechslungsreiches Klima schaffen, in dem die physische und psychische Entwicklung und Regeneration aller Familienmitglieder, vor allem der Kinder, optimal verlaufen. Hier sind Außenkontakte über Bekannten- und Freundeskreise systematisch einbezogen, Erfahrungsräume dehnen sich aus und eröffnen die Vergleichs- und Austauschmöglichkeiten über Strategien der Lebensbewältigung.

Diese "schleichende" Umschichtung hausfraulicher Tätigkeit führt schon nach der Untersuchung von Pross insbesondere bei den jüngeren Befragten mit mittleren und hohen Qualifikationen zu "Egoismen". Dem Ideal der aufopfernden Hausfrau, die den Verzicht für die Familie selbstverständlich leistet, tritt nun der Anspruch entgegen, daß im Alltagstrott Freiraum für die eigenen Interessen und Bedürfnisse vorhanden sein müßten. Die Zufriedenheit der Mutter wird als Voraussetzung für ein gutes Familienklima

fragten Frauen sind jünger, 80% älter als 45. Etwa 50% haben Bildungsvoraussetzungen, die "lebenslange Lernbereitschaften" begünstigen, etwa 45% sind demgegenüber relativ unflexibel, weil sie entweder keine oder eine instrumentelle Haltung gegenüber Bildung einnehmen. Und: Die jüngeren Hausfrauen haben ihre bessere Ausbildung "direkt" erworben, die Frauen aus mittleren Milieus eignen sich "indirekt" Bildung als Kulturgut und Welterkenntnis an, sind autodidaktisch aktiv, nehmen den bildungsbürgerlichen Habitus an und teilen die entsprechend orientierten Interessen und Haltungen. Ihr familiäres Umfeld erwartet und ermöglicht dies. Dadurch werden eher immaterielle Ansprüche aktiviert, während für die Älteren und die der Grundschicht angehörenden Hausfrauen deutlich materielle Orientierungen zentral sind und bleiben; vgl. Pross 1976:55ff.

680 Vgl. Spieß/Nerdinger 1992:567ff.,572.

681 Vgl. dazu Klein 1992:579-594. Die Präferenz für einen gegenständlichen Bezug zur "Welt der Arbeit" entspricht der außerhäuslich-materiellen Orientierung; die Zentrierung von Innen- und Außenbeziehungen zu verschiedenen Personen und Hobbies ist eher immateriellen bzw. postmateriellen Tendenzen zuzuordnen.

eingefordert. Noch sind jene Frauen in der Minderzahl, die Raum für Selbstverwirklichung fordern. Ihr "Aufbruch" ist aber unverkennbar: Sie verfolgen ihre eigene Entwicklung, reduzieren den häuslichen Arbeitsaufwand, wehren sich gegen die Einschränkungen und gehören zu denen, die betonen, daß sie, könnten sie sich noch einmal entscheiden, nicht wieder Voll-Hausfrauen wären.[682]

Dieser Widerstand gegen eine Festlegung aufs eingegrenzte häusliche Dasein findet sich bereits parallel zur intensivierten Bildungsbeteiligung in der Mädchenstudie. Pross beschreibt zwar das Aufbruchsverhalten junger Frauen, reklamiert aber, daß diese Bestrebungen nicht hinreichend energisch seien. Aus ähnlichen Gründen moniert sie die zu geringen Aufstiegsabsichten und Technikinteressen von erwerbstätigen Frauen. Gemessen an ihrem Anspruch, daß konsequente Angleichungsbestrebungen auf der Tagesordnung stünden, existieren ihres Erachtens Defizite. Tatsächlich lassen sich aber jenseits aller Statuserwägungen im Selbstbewußtsein der gut ausgebildeten Frauen stabile Bestrebungen ausmachen, sich von den häuslichen Belastungen zunehmend freier zu machen und eine lebbare Verknüpfung mit der Erwerbsarbeit zu finden.[683] Die Aufbruchsaktivitäten sind im Verhältnis zu den 60er Jahren auf mehrere kleine Gruppierungen verteilt.[684]

Das Resümee der drei industriesoziologischen Studien verweist auf eine Zwischenorientierung, die in der Tendenz eine Gleichrangigkeit von Familie und Beruf beinhaltet und erste "Durchbruchsversuche" dieses Lebensentwurfs realisiert. Die Studien gehen den unterschiedlichen Ausprägungen der Verzahnung von Familien- und Berufsarbeit nach und bilden das Bewußtsein von Frauen auf der Folie der Erwerbszentrierung ab. Die Zwischenorientierung setzt sichtlich neue Akzente der Selbstbehauptung, die sich in einer vermehrten, aber zeitlich reduzierten Erwerbstätigkeit und einer Umstrukturierung der häuslichen Verpflichtungen niederschlägt. Wieder sind es die Frauen ab 30 mit guten bis sehr guten Qualifikationen, die die "Wegbereiterinnen" für eine tendenziell durchgängige Berufstätigkeit und wechselnde Formen der Kontinuisierung werden: Die unmittelbar nach Kriegsende (1945-1955) geborenen Frauen lassen das Tabu der Fremdbetreuung von Babys und Kleinkindern fallen. Als 25-30jährige

682 Vgl. Pross 1976:205. Zudem sind die stark familienorientierten Frauen jene, die die "Verzichtsfigur" als Selbstdeutung benutzen; Berufsinteressierte gehen auch als Hausfrauen ihren Neigungen stärker nach; vgl. Pross 1976:177.

683 Vgl. Pross 1973:121.

684 Auch Pross erkennt 1981, daß sie die Kräfte, die auf einen Wandel drängen und den Unmut, den die Frauenbewegung aufnahm und ventilierte, unterschätzt hat; vgl. Pross/Lehr/ Süßmuth 1981:7-27. Ihre Kritik an der Frauenbewegung wird in den 80er Jahren sehr moderat; vgl. Pross 1984.

Ehefrauen und Mütter etablieren sie nach den Untersuchungen von Willms-Herget ein durchgängiges Erwerbsmuster, das in diesem Ausmaß bislang nicht realisiert wurde.[685] Die Bereitschaft, die Nachteile und Prestigeverluste einer diskontinuierlichen Erwerbsbeteiligung hinzunehmen, schwindet und neue Ansprüche an Berufsmöglichkeiten entstehen. Mit der Veränderung der "Angebotsseite"[686] geht eine normative Umotierung von individuellen Ansprüchen einher. Die referierten Untersuchungen zeigen dies in Ansätzen: Je stabiler die Arbeitsmarktlage für die Verwertung der eigenen Qualifikation, desto selbstbewußter reagieren Frauen.

Die Klagen über die Verzichtsleistungen angesichts einer Berufsunterbrechung werden am eindrucksvollsten und nachhaltigsten von den Hannoveranerinnen nachgezeichnet: "Was es heißt, Hausfrau zu sein" und "Familienarbeit im proletarischen Lebenszusammenhang"[687] zu leisten, beschreiben die befragten Mütter durchweg als Isolation und Leere. Die Entscheidung gegen die tägliche Akkordhetze wirkt nur kurzzeitig erleichternd, dann holt der Alltag mit dem Anspruch optimaler Versorgung und Betreuung sie ein. Ihre Unzufriedenheiten machen sich an den spezifischen Zeitstrukturen fest, am Alleinsein, an den minimalen Gestaltungsfreiräumen, den vielen kleinen Zwängen und dem unklaren Status und Wert von Hausarbeit. Die anvisierten Spielräume und Freiheiten erweisen sich rasch als zeitlich begrenzt und inhaltlich beschränkt: Austausch- und Kontaktmöglichkeiten mit Kolleginnen fehlen ihnen, und selbst Industriearbeiterinnen mit einem relativ niedrigen betrieblichen Status fürchten eine Verschlechterung ihrer Stellung beim Wiedereinstieg, ziehen den Zeitpunkt vor und versuchen, den Kontakt zum Betrieb und zu den Beschäftigten zumindest privat zu halten.[688] Die Fabrikarbeit erhält analog gerade im Kontrast zur Hausarbeit eine Attraktivität - selbst für Mütter kleiner Kinder. Ökonomische Selbständigkeit, soziale Kommunikationsmöglichkeiten, Anerkennung und "Dabeisein" sind wichtige Dimensionen eines positiv getönten Arbeitsbewußtseins, das sich vor dem Hintergrund der Defiziterfahrungen im familiären Lebenszusammenhang ausprägt.[689] Die kalkulierende Abwägung zwischen beiden Orten weiblicher Arbeit und Identifikation läßt nach den Forschungen der Hannoveranerinnen erkennen, daß Frauen trotz aller Ambivalenzen und Inkonsistenzen dem

685 Vgl. Willms-Herget 1985:99f.

686 Willms-Herget 1985:101ff. nennt in Anlehnung an Oppenheimer die Möglichkeiten der quantitativen und qualitativen Steigerung des Angebots an Frauenarbeitsplätzen.

687 Becker-Schmidt/Brandes-Erlhoff/Lühring/Schmidt 1981:75.

688 Vgl. Becker-Schmidt/Brandes-Erlhoff/Lühring/Schmidt 1981:79ff.,84ff., 90f.,94 und Becker-Schmidt/Knapp/Rumpf 1981:65,70ff.

689 Vgl. Becker-Schmidt/Knapp/Rumpf 1981:52ff.,57-67.

"... Betrieb als Bereich vorwiegend männlich strukturierter Öffentlichkeit auch Selbsterweiterungsmöglichkeiten ab(gewinnen), die ihnen aufgrund häuslicher Arbeitsteilung und geschlechtsspezifischer Erziehung sonst verstellt sind: das Erlernen technischer und handwerklicher Fähigkeiten, Erfahrungen von Kooperation und Kooperationsfähigkeit, neue Interessenorientierungen im gesellschaftlichen und politischen Bereich."[690]

Ähnliche Anspruchserweiterungen, in denen der Erhalt der betrieblichen Stellung und der sozialen Kontakte priorisiert wird, zeigen sich auch bei einer kleinen Gruppe von Frauen in der Frankfurter Studie: Ehemänner werden systematisch in die Hausarbeit einbezogen, um eine durchgängige Erwerbsarbeit der Ehefrau zu ermöglichen. Entsprechend konsequent durchziehen Überlegungen zur Routinisierung und Reduktion der Doppelbelastung die ausführlich wiedergegebenen Gespräche mit den Fabrikarbeiterinnen.[691]

Solche Dimensionen und Variationen eines familienorientierten Instrumentalismus und der impliziten Zwischenorientierung, die "beides zugleich" anstrebt, werden von den Frankfurterinnen wegen ihrer Fixierung von Emanzipation auf den Produktionsbereich allerdings kaum gewürdigt. Die Göttinger Studie akzeptiert sie eher: Das Bewußtsein der qualifizierteren Frauen wird hier ähnlich wie in der Hannoveraner Untersuchung auf dem Hintergrund des unbefriedigenden Hausfrauenalltags gesehen. Wegen der antizipierten Vereinsamungsgefahren beziehen Frauen sich kompensatorisch auf den Betrieb, das dortige soziale Geschehen und den Austausch mit Kolleginnen, um den Kontakt für den baldigen Wiedereinstieg zu erhalten.[692]

Angesichts dieser Tendenzen einer stabilen Erwerbsbindung trotz, neben bzw. wegen der Sorgearbeit, erscheint die These von der Fixierung auf einen "familienorientierten Instrumentalismus" nur bedingt plausibel.[693] Die Erwartungen der industriesoziologischen AutorInnen, weibliche Erwerbstätige würden sich aufgrund ihrer "doppelten Ausbeutungserfahrungen" zusammenschließen und gemeinsam gegen "das Kapital" opponieren, werden zwar nicht erfüllt. Stattdessen sind aber selbst bei Industriearbeiterinnen Durchbruchsversuche zu einer Kontinuisierung von Erwerbsarbeit und paralleler Familientätigkeit beobachtbar, und Angestellte sowie qualifiziertere Frauen neigen bereits deutlich dazu, ihre berufliche Kompetenz ohne Unterbrechungen einzusetzen.

690 Becker-Schmidt/Knapp/Rumpf 1981:71.

691 Vgl. z.B. Eckart/Jaerisch/Kramer 1979:250ff., 323ff., 228ff., 333, 339, 350, 372f.

692 Vgl. Lappe/Schöll-Schwinghammer 1978:89f.

693 Vgl. dazu Müller 1989.

7. Die 80er Jahre - Differenz und Durchbruch

In den 80er Jahren entsteht eine nahezu unübersehbare Flut von theoretischen und empirischen Beiträgen zur gesellschaftlichen Lage und persönlichen Situationseinschätzung von Frauen aus verschiedenen Berufsfeldern und unterschiedlichen Familienphasen, Lebensaltersstufen und kulturellen Milieus, die das Bildungs- und Arbeitsbewußtsein zentrieren. Aus diesem Material zur Entwicklung und Veränderung des Frauenbewußtseins wähle ich empirische Beiträge zu vier Schwerpunktthemen aus, die besonders bedeutsam und ergiebig sind. Es geht um Mädchen, um Berufstätige, um Mütter und um Opfer von Gewalthandlungen in Familien. Im Rahmen dieser Themenstellungen wird die Besonderheit der Bewußtseinslage unterschiedlicher Alters- und Generationskohorten untersucht. Die Formen der Bildungsbeteiligung (Art und Dauer) und daraus resultierende neue Lebensentwürfe spielen als Variablen der Bewußtseinsentwicklung eine zentrale Rolle. Veränderte Lebenspraxen und -modelle gelten andererseits auch als Indikatoren für ein neues weibliches Selbstverständnis. - Die Beiträge stammen fast ausschließlich von Wissenschaftlerinnen. Sie legen unter Anwendung neuer qualitativer Forschungsstrategien einen Grundstock für die Entfaltung der westdeutschen Frauenforschung als eigenständiger sozialwissenschaftlicher Sparte. Jene Paradigmenwechsel in der Bewußtseinsforschung, die in den 70er Jahren Widersprüchlichkeiten konstatieren, werden nun zu untersuchungsleitenden Kategorien und Verfahren ausgestaltet.

Im **Kapitel 7.1.** wird kurz der "Zeitkern" dieser Dekade umrissen, der von der Erfahrung wirtschaftlicher Rezessionen und sozialer Verunsicherungen gezeichnet ist. Im Anschluß daran beschreibt das **Kapitel 7.2.** auf Basis der Forschungen zum 1984 veröffentlichten Jugendbericht zur Lage der Mädchen in der Bundesrepublik die erste Phase einer Konsolidierung der Frauenforschung. Kontroversen über Differenz und Gleichheit, die im Anschluß an diesen Bericht entstehen, bilden die Basis für eine Skizzierung des Emanzipationsverständnisses dieser Dekade, die im **Kapitel 7.3.** vorgenommen wird. Dann geht es im **Kapitel 7.4.** um die neuen und für die 80er Jahre typischen Fragerichtungen nach Lernpotentialen und Bewußtseinsprozessen. Im darauffolgenden **Kapitel 7.5.** werden die bevorzugten Verfahren der Methodenkombination dieser Dekade beschrieben. Im **Kapitel 7.6.** finden sich die Berichte über die wesentlichen Befunde und Interpretationen zum Bewußtsein von Mädchen, Erwerbstätigen und Müttern. Die kritische Würdigung im **Kapitel 7.7.** resümiert die Ergebnispräsentation unter dem Aspekt ihrer vorgängigen emanzipationstheoretischen Deutungsmuster, die eine egalitäre oder differenzierte Differenz unterstellen.

7.1. Zum "Zeitkern" - Krisenbewältigungsmuster

Wirtschaftliche Stagnations- und Krisenphasen werden in den 80er Jahren mit technologischen und arbeitsorganisatorischen Rationalisierungsmaßnahmen beantwortet, die als "Modernisierungsschübe" der westdeutschen Gesellschaft diskutiert und untersucht werden. Die damit verbundenen strukturellen und sozialen Umwälzungen provozieren europaweit die Frage nach dem erreichten Stand der Emanzipation, nach Defiziten und Nachholbedarfen. Auf dem Hintergrund einer Normalisierung von Krisenerscheinungen als einem dauerhaften Phänomen heftiger zyklischer Konjunkturbewegungen setzt sich langsam eine Relativierung des Wohlstandsdenkens durch. Die dramatischen Um- und Freisetzungsprozesse sowie die kontinuierlich steigenden Arbeitslosenzahlen rufen kollektive Ängste wach, die defensive wie offensive Bewältigungsmuster provozieren und reaktivieren.[694]

Die Strukturkrisen werden als Bildungs- und Qualifikationsdefizite identifiziert. Es fehlt an geeigneten Fach- und Spezialkräften für die neuen Produktionsverfahren, Organisationsprozesse und Führungsaufgaben. "Bereinigungskrisen" erzeugen einen Konkurrenzdruck, erzwingen Flexibilität und Mobilität und verlangen am Arbeitsplatz einen schlagartigen Wandel des Anforderungsprofils, der mit einer Polarisierung der Qualifikationen einhergeht. Dies führt zu Interessendivergenzen und prekären Entsolidarisierungserscheinungen: "Rationalisierungsgewinner und -verlierer" spalten die Belegschaften. Während die einen Bestandswahrung betreiben und ihren Rückzug vorbereiten, begreifen andere den Wandel als Lernaufforderung und nehmen gezielt Weiterbildungsangebote wahr.[695] Die Krisen erhöhen den Druck, politisch Deregulationen und gesellschaftlich Entflechtungen, kurz Modernisierungen, voranzutreiben, die die sozialen Konfigurationen, ihre Kooperations- und Koordinationsformen flexibilisieren. Da liegt es auch nahe, unnötige Zwänge und hinderliche Fixierungen im Privaten aufzulösen, die qua Geschlecht erfolgen: Frauen mittleren Alters verfügen über hohe Qualifikationsressourcen, auf die die Wirtschaft angewiesen ist. Um dieses Potential zu erschließen, müssen z.B. durch vermehrte Teilzeitangebote Anbindungen gelockert werden, die die familiäre Sorgearbeit auferlegt. Gleichzeitig wachsen die Befürchtungen um die Geburtenrate. Frauenemanzipation und Mutterschaft systematisch verbunden. Das generative Verhalten scheint dem beschriebenen Wertewandel, der Pflicht- und Akzeptanzansprüche zurückdrängt und der Selbstentfaltung mehr

694 Vgl. Rudolph 1986:188ff.

695 Vgl. Bierhoff-Alfermann 1989 zu den unterschiedlichen Möglichkeiten der geschlechtsspezifischen "Rollen", darauf zu reagieren.

Gewicht verleiht, zu unterliegen.[696] Die Kindererziehung und -versorgung tangiert den Lebensstil und das Arbeits-, Freizeit- und Konsumverhalten so grundsätzlich, daß (vor allem) Frauen nicht nur die Familiengröße reduzieren, Familiengründungsalter und Mutterwerden um viele Jahre hinausschieben, sondern auch zunehmend auf ein Kind verzichten.[697] Um dieser Entwicklung Einhalt zu gebieten, wird dem Selbstwerdungsinteresse von Frauen außerordentlich positiv begegnet: Das Angebot an Arbeitsplätzen mit Teilzeitregelungen[698] steigt und in der Öffentlichkeit wird die Sache der Frauen und Mütter zumindest verbal vergleichsweise ernstgenommen.[699]

7.2. Soziologie und Frauenforschung

Die Frauenforschung, die sich in dieser Phase institutionell und wissenschaftlich zu etablieren beginnt, steht zunächst unter dem Eindruck heftiger inneruniversitärer und fachlicher Macht- und Meinungskämpfe. Sie versucht, sich wissenschaftlich zu verorten, indem sie ihren Gegenstand, die Besonderheit ihrer Methodologie und die Notwendigkeit dieses Forschungszweigs definiert und begründet.[700] Anhand der Prinzipien von "Parteilichkeit" und "Betroffenheit" wird in weitgehend internen Debatten über den Entstehungs- und Verwertungskontext, den Praxisbezug und die Interdisziplinarität von Frauenforschung gerungen. Das "Geschlecht als Strukturkategorie"[701] wird zu einem Axiom der Theoretisierungen; es geht um die gesellschaftlich gewordene Geschlechtsspezifik der Arbeitsteilung, um die Polarisierung der Geschlechtscharaktere und die historisch gewachsenen Macht- und Herrschaftsverhältnisse und deren androzentrische Strukturen.

Die Frauenforschung streitet in dieser Zeit um "bürgerliche" versus "proletarische" Emanzipationskonzepte, grenzt sich vom "Mainstream" einer Angleichungsstrategie der Frauen an die Positionen und Verhaltensweisen von Männern ab, spürt den Eigenarten und dem Anderssein von Frauen nach und probiert dabei unterschiedliche Wege aus, um sich zu behaupten.[702] Formen der Integration, der Separation sowie Zwischen-

696 Vgl. Beck 1986; Beck/Beck-Gernsheim 1990.
697 Vgl. Klein 1992:591ff.
698 Vgl. Kurz-Scherf 1989:42ff.
699 Vgl. Haibach/Immenkötter/Rühmkorf 1986; Hoecker 1987.
700 Vgl. Clark 1972:657ff.
701 Vgl. Beer 1990.

lösungen kommen zum Zuge. Die Frage nach institutionellen oder autonomen Arbeitsweisen, nach einer Zusammenarbeit mit oder einem Ausschluß von Männern generieren zeitweise lähmende Prinzipienstreite.[703] Nach einer Phase der "Selbsterfahrung" und theoretisierenden Identitätsfindung, die sich mit der eigenen Biographie auseinandersetzt, geht es um "Opfer-" versus "Täterrollen" und schließlich um die "Mittäterschaft" und den Anteil von Frauen an der Funktionstüchtigkeit des "Patriarchats".[704] Die Debatten werden in relativer Abgeschiedenheit geführt und erreichen den soziologischen Diskurs erst, als 1984 der 6. Jugendbericht der Bundesregierung publiziert wird.[705] Er dokumentiert auf eindrucksvolle Weise das damalige Emanzipationsverständnis und typische Kontroversen, die für die Soziologie insofern einschlägig sind, als prominente Wissenschaftlerinnen daran maßgeblich mitwirken.[706] Der Bericht wird recht kontrovers aufgenommen und diskutiert, weil er eine prononciert feministische Perspektive entwickelt: Die Jugendhilfepolitik und die entsprechende Forschung in der Bundesrepublik erhalten erstmals einen kräftigen Anstoß, Mädchen in ihrer spezifischen Problemlage und Sichtweise als eigenständige Gruppierung wahrzunehmen und nicht als Modifikation von Jungen zu begreifen.

Schonungslose Analysen über faktische Ungleichheitsverhältnisse sind damals an so prominenter Stelle ungewöhnlich. Generell besteht die Neigung, die ungleiche Stellung der Geschlechter zu bagatellisieren und als eine Angelegenheit abzutun, die sich "mit der Zeit" von selbst abschleife. In diesem Sinne weist die Bundesregierung in ihrer vehementen Stellungnahme zum Sachverständigenbericht darauf hin, daß sie dem "pessimistischen Grundtenor" der AutorInnen nicht zustimme. Sie sehe im Gegensatz dazu eine Reihe von erfreulichen Entwicklungen, z.B.:

- die qualifiziertere Ausbildung und Berufstätigkeit von Frauen;
- ihren Eintritt in die traditionell männliche Erwerbsarbeitssphäre;
- die wachsende Bereitschaft zur gleichberechtigten und partnerschaftlichen Arbeitsteilung in der Familie;

702 Vgl. Mitscherlich 1985.
703 Vgl. Stacey 1987:230ff.
704 Vgl. Schaeffer-Hegel 1984
705 Vgl. Riedmüller 1988:15ff.
706 Darunter sind z.B. Helga Krüger aus Bremen, Elfriede Bode aus München und Marianne Weg aus Düsseldorf sowie zahlreiche MitarbeiterInnen des Deutschen Jugendinstituts, München; an kritischen Stellungnahmen der Bundesregierung wirkte das Institut für Familie und Gesellschaft, Hannover, damals unter der Leitung von Rita Süßmuth mit; vgl. Jugendbericht VI/1984:4f.,60ff.

- die verbesserten Entfaltungschancen von Mädchen in der Bildungs- und Jugendarbeit;
- die rechtlichen Verbesserungen für Frauen im Arbeits- und Familienbereich.[707]

Mit dieser positiven Einschätzung werde die bestehende Ungerechtigkeit keineswegs verharmlost. Es gehe aber darum, ermutigend auf Mädchen und junge Frauen einzuwirken. Sie seien mit Hinweisen auf das Erreichte eher zum Handeln und zu individuellen Anstrengungen anzuregen als mit Mängellisten.

Neu ist der offensive Tenor der hier beteiligten (Frauen-)ForscherInnen. Sie rücken energisch von der bis dahin konsensualen Auffassung ab, daß "bei den Mädchen in der Wahrnehmung ihrer gesellschaftlichen Aufgaben Mängel vorliegen"[708]. Die Herstellung der Chancengleichheit könne ihnen nicht als "Zusatzaufgabe" zugewiesen werden, weil das eine unzumutbare Belastung angesichts der schon vorhandenen doppelten Verantwortung in Familie und Beruf sei. Es gehe keineswegs darum, daß Frauen in bestimmten Bereichen all das nachholten, was Männer erreicht hätten. Deren geringe Verantwortungsübernahme im Reproduktionsbereich, vor allem in der auf Personen zentrierten Familienarbeit, sei eine Schwäche, bei der in der Vergangenheit zu wenig angesetzt worden sei:

> "Zum einen müssen Jugendhilfe und mit ihr alle an der Erziehung von Kindern und Jugendlichen beteiligten Instanzen dazu beitragen, daß Jungen ihre Teilhabe an Reproduktionsaufgaben der Gesellschaft aktiv verbessern und das Erreichte ausschöpfen. Zum anderen müssen die Stärken von Mädchen gefördert, ihr besonderer Beitrag zu Lebensformen und Handlungsstilen angemessen beachtet werden: auch als Maßstab und/oder Korrektur für eher "männliche" Standards und Erwartungen".[709]

Hier gelte es, einen Paradigmenwechsel vorzunehmen. Eine Lebensvorstellung, die Fürsorge und Solidarität, ein "Dasein für andere" und die Fähigkeit zur Rücksichtnahme beinhalte, treibe in konflikthafte Entscheidungssituationen. Das Interesse an beruflichen Entfaltungsmöglichkeiten stoße an die Grenzen eines Beschäftigungssystems, das auf die männliche Normalbiographie zugeschnitten sei und es Frauen überlasse, die Betreuung und Versorgung von Kindern zu erledigen.[710]

---

707 Vgl. Jugendbericht VI/1984:III.
708 Jugendbericht VI/1984:3.
709 Jugendbericht VI/1984:3.
710 Vgl. dazu insbesondere die Arbeit von Angelika Diezinger 1983, die zusammen mit Regine Marquardt u.a. eine Expertise über arbeitslose Mädchen erstellt; Flaake/King 1992 und die Ausführungen im Jugendbericht VI/1984.

7.3. Zum Emanzipationsverständnis - Egalitäre Differenz

Emanzipation wird in den 80er Jahren als konsequente Umsetzung der rechtlichen Chancengleichheit in eine reale Gleichstellung in allen Lebensbereichen verstanden, als Aufhebung der Benachteilungen von Frauen durch geschlechtsspezifische Arbeitsteilung und vor allem als kompromißlose Gleichwertigkeit von "weiblichen" und "männlichen" Eigenschaften und Verhaltensformen.[711] Die Umwertung des Weiblichen schlägt punktuell in eine Höher- und Überbewertung um, besinnt sich aber stets auf die Notwendigkeit, Pauschalisierungen zu vermeiden und konkrete Prüfungen vorzunehmen. Die Gleichrangigkeit des Anderen und Andersartigen, also der Differenzansatz in Verbindung mit Egalität, spielt eine zentrale Rolle, wenngleich Abstufungen erkennbar sind: Die Wege zum Ziel, das Tempo, die Radikalität und Unbedingtheit variieren.[712] Bis zur Akzeptanz dieser Verschiedenheiten, nicht nur zwischen den Geschlechtern, sondern auch unter Frauen, werden im Verlauf der 80er Jahre allerdings heftige Kontroversen ausgetragen, in denen die Angst vor einer Aufkündigung der Gemeinsamkeit und Aufspaltung von Fraueninteressen zu überwinden ist. Im Ergebnis wird eine Vorstellung von Emanzipation kreiert, die auf die Anerkennung der Unterschiede, auf die Differenzierung der Differenz, setzt und sich aus der Vielfalt weiblichen Bewußtseins und Handelns eine Bereicherung verspricht.[713]

7.4. Lernprozesse?

Die Empirie zum Frauenbewußtsein in den 80er Jahren stellt detaillierte Fragen nach frauenspezifischen Bewältigungsmustern und Verarbeitungsformen. Sie geht der Bedeutung einzelner Variablen für die Bestimmung und Entwicklung von Bewußtseinshaltungen nach, ist dabei aber generell deskriptiver und weniger analytisch angelegt als die meisten Vorgängeruntersuchungen.[714] Geprüft werden insbesondere die Bedeutung und der Einfluß des Alters, der Bildungsdauer und -intensität sowie der Funktionen

711 Vgl. Jugendbericht VI/1984:23.

712 Vgl. z.B. die Expertisen von Carol Hagemann-White 1984, Rettke 1984 sowie Diezinger u.a. 1983:379ff.

713 Vgl. Böttger 1987:9ff.

714 Der methodologische Ansatz der Hannoveranerinnen wird aufgenommen und ausgebaut; vgl. z.B. Krüger/Born/Kelle 1987.

von Familienphasen für die Entfaltungschancen von Frauen. Es geht insbesondere um die qualitativen und quantitativen Strukturen für diskontinuierliche bzw. kontinuierliche Erwerbsverläufe und Familienphasen. Als Basis der Frage nach dem Bewußtsein über Diskriminierungsvorgänge fungiert in vielen Beiträgen die explizite oder implizite Annahme, daß das Gefühl eines mehr oder weniger ausweglosen Ausgeliefertseins und "Opferstatus" bei Frauen Indiz für das Realisieren von gesellschaftlichen Benachteiligungsstrukturen sei.

Der Forschungsstrang, der sich mit dem Situationsbewußtsein und Lebensentwurf von Mädchen und jungen Frauen befaßt, will einzelne Aspekte offensichtlicher Chancenungleichheit weiblicher Jugendlicher aus subjektiver und objektiver Perspektive aufzeigen. In diesem Zusammenhang fragen die Untersuchungen insbesondere nach dem Wissen und Bewußtsein über die eigene Benachteiligung.[715] Die Aufmerksamkeit ist darauf konzentriert, das (vermutete) Anderssein von Mädchen, die von Jungen verschiedenen Lagebedingungen und Bewußtseinshaltungen als Besonderheit herauszuarbeiten, auf Stärken zu untersuchen und damit alten Vorurteilen zu begegnen, die lediglich den Grad der Angleichung messen und kommentieren. - Die Mädchenforschung will "blinde Flecken" aufdecken und bisher nicht behandelte Probleme[716] sowie die Lage besonders benachteiligter Mädchengruppen[717] bearbeiten. Der Sachverständigenkommission geht es zudem darum, einen Paradigmenwechsel einzuleiten und das Bild vom männlichen Adoleszenzverlauf als Basis für die Mädchenforschung abzulösen. - Kritische Fragen an derartige Raster legt auch die Forschung über weibliche Berufsfindungsprozesse an: Mädchen stehen vor anderen Entscheidungsalternativen und Wahlmöglichkeiten als Jungen, wird vermutet. Welche Wege der Entscheidungsfindung wählen sie, welche Erwägungen spielen dabei eine Rolle?[718]

Die Untersuchungen zum Bewußtsein von Frauen wollen die bildungs- und berufsspezifisch geprägten Einstellungen und Haltungen ermitteln. Sie fragen in dieser Dekade gezielt nach weiblichen Lebensmodellen und dem Bewußtsein über Berufskarrieren und Ausgrenzungsmechanismen, die die Überlegungen zur Realisierung von erworbenen Qualifikationen begleiten:

---

715 Vgl. Diezinger/Marquardt u.a. 1983.

716 Zum Beispiel Fragen der Aufklärung und Sexualität, Gewalt in Familien.

717 Dazu gehören zum Beispiel die Lebenslagen von behinderten und arbeitslosen Mädchen oder sehr jungen Müttern, von Drogenabhängigen und Prostituierten.

718 Vgl. Heinz/Krüger 1983. Sie zeigen in "Hauptsache eine Lehrstelle", daß Mädchen ihren Wunschberuf schnell fallenlassen und sich den Angebotszwängen sowie Opportunitätserwägungen unterwerfen, die familiennahe Tätigkeiten empfehlen. Dieser Befund wird überprüft.

Wie beurteilen junge Frauen selbst nach den ersten Berufsjahren ihren Entschluß für "typische" Frauenberufe?[719] Frauen treffen auf Einstellungshindernisse: Wie reflektieren und beantworten sie diese Beschränkungen? - Dem Ausschluß von Frauen aus Naturwissenschaft und Technik wird mit der zunächst sehr einseitigen Frage nach technikfeindlichen bzw. technikabstinenten Einstellungen von Frauen nachgegangen. Neue Technologien und deren Umstrukturierungsfolgen ziehen Veränderungen der Arbeitsplätze nach sich, die Ängste und Akzeptanzprobleme hervorrufen. Wie dies von Arbeiterinnen und Angestellten gesehen wird, wie sie ihren jeweiligen Status reflektieren, unter anderem im Hinblick auf die Notwendigkeit und Möglichkeit der betrieblichen und gewerkschaftlichen Interessenvertretung, ist Gegenstand einer großen empirischen Studie über weibliche Industrie- und Verwaltungstätigkeit.[720]

Zum Bewußtsein von Akademikerinnen werden in dieser Dekade auffällig viele Untersuchungen durchgeführt. Hier interessiert der Vergleichsaspekt zwischen den Geschlechtern: Wie wird die relative Benachteiligung angesichts der Privilegien im Verhältnis zu Männern gesehen, wie wird sie begriffen und bewältigt? Und: Sind hochqualifizierte Frauen von der Problematik der Vereinbarkeit von Beruf und Familie ähnlich oder aufgrund ihrer finanziell und zeitlich günstigeren Lebenslage deutlich weniger betroffen als andere Frauen und Mütter?

Der Zugang zum Themenschwerpunkt "Mütterbewußtsein" ist schwieriger. Es geht um die Identitäten von Müttern, um ihre Bewertungen unterschiedlicher Formen der Vereinbarkeit von Familie und Beruf. Neue Forschungskonzepte versuchen, einen generationsübergreifenden Bogen zu spannen und Lernprozesse zwischen Müttern und Töchtern auszumachen. Auch Mütter lösen sich in generativen Schüben im Lauf ihrer Lebensgeschichte nach und nach aus Strukturen und Zwängen und eignen sich neue kulturelle Muster als Grundorientierungen an, die ihnen mehr individuelle Gestaltungsmöglichkeiten belassen. Parallel zu dieser Sicht auf die Entwicklung des Bewußtseins von Frauengenerationen und Müttern geht es um Gewalt in Familien.

Frauenhausuntersuchungen zeigen wiederholt den zunächst verblüffenden Befund, daß geschlagene Frauen oftmals zu ihren prügelnden Ehemännern zurückkehren. Das Bewußtsein der Betroffenen wird in einer Studie über die asymmetrischen Arrangements von Frauen in Partnerschaften auseinandergelegt und in der Tradition von Kritischer Theorie und Psychoanalyse interpretiert. Damit öffnet sich die Perspektive auf den Anteil von Frauen am Gewaltverhältnis, auf die Familie als Ort der Ausübung

719 Vgl. Goldmann/Müller 1986.

720 Vgl. Frerichs/Marschhäuser/Steinrücke 1989, die den Forschungsstrang von Eckart u.a. 1979 fortschreiben.

psychischer und physischer Gewalthandlung und auf das Bewußtsein von Frauen über die Problematik dieser Verstrickungen. Ein weiterer Zugang zum Thema "Gewalt in Familien" wird zum Ende der 80er Jahre erschlossen. Die Frage nach dem Mütterbewußtsein mündet in eine erweiterte Perspektive der Vergangenheitsbewältigung ein, die ein besonderes Anliegen jener Frauen zu sein scheint, die der 68er-Generation angehören. Ihr Erstaunen darüber, daß bisher nur die Väter, nicht die Mütter, nach der Beteiligung und Teilhabe am NS-Regime gefragt wurden, ist groß. Das Wissen um die Funktionalisierung von Mutterschaft für Diktatur und Krieg führte nicht zu differenzierten Auseinandersetzungen mit der beteiligten Müttergeneration und dem Bild der Mütterlichkeit, das von dieser generiert wurde. Stattdessen neigten die Töchter eher zu einer pauschalen Abwehr aller alten Ideale und ihren Konnotationen.[721] Dem wird jetzt nachgegangen. - Die Existenz von Gewalt in Familien und die stille Duldung von staatlicher Gewaltausübung wird als Zusammenhang erkannt und problematisiert, die Opfer-Täter-Debatte lebt erneut auf.[722]

Die Fragestellungen suchen nach Niederschlägen der weiblichen Sozialisation im Frauenbewußtsein: In welchem Ausmaß erfolgen Prägungen und "Weichenstellungen" für ein Denken und Verhalten in geschlechtsspezifischen Bahnen? Den widersprüchlichen Anforderungen, mit denen Frauen im Verlauf ihrer doppelten Vergesellschaftung in zwei Praxisbereichen konfrontiert sind, wird dezidiert nachgegangen, - auch um die Differenzierungen zwischen Frauen herauszufinden und für alle fruchtbar zu machen.

7.5. Qualitative Kombinationsvielfalt

Die Operationalisierung dieser z.T. komplexen Fragestellungen ist durch Vielfalt und Flexibilität in der Umsetzung des "Perspektivewechsels" gekennzeichnet.[723] Die Verschiebung der Priorität von quantitativen zu qualitativen Methoden ist in der Frauenforschung vollzogen. Sie wird kreativ

721 Diese Kritiklosigkeit der in den 40er Jahren geborenen Frauen hat viel dazu beigetragen, daß über Mütter und die Imagination von Mütterlichkeit nicht differenziert nachgedacht wurde.

722 Das Ende dieser Debatte zur spezifisch weiblichen Vergangenheitsbewältigung ist zur Zeit nicht abzusehen.

723 In Orientierung an den Hannoveranerinnen wird in der Befragung ein systematischer Schwenk der Blickrichtung vorgenommen, um so annäherungsweise die subjektive Spiegelung der strukturell vorgegebenen "beiden Seiten" des weiblichen Lebenszusammenhangs einzufangen.

ausgestaltet und ist mit intensiv theoretisierenden Beiträgen verbunden, die die Aussagekraft statistischer Meßverfahren deutlich relativieren. Kleine, z.T. sehr kleine Samples werden in diesem Foschungsfeld als Basis akzeptiert.[724] Die intensive mündliche Befragung, das explorative Gespräch, das narrative oder problemzentrierte Interview stehen im Mittelpunkt der meisten Untersuchungen. Sie erheben die Gesamt- oder Teilbiographie. Das sensibel ausgestaltete biographische Erhebungsinstrument, das die Schilderung, Reflexion und Bilanzierung des Lebensverlaufs aus wechselnder subjektiver Perspektive ermöglicht, Zugang zu Einstellungen und Bewertungen, Zukunftsvorstellungen und konkreten Vorhaben erlaubt, wird häufig mit strukturellen Datenanalysen kombiniert. Dazu gehören z.B. Arbeitsplatzbeobachtungen, sozialstatistische Reihen- und Cluster-Analysen von Grunddaten der Gesamtbevölkerung. Lediglich die Mädchenstudie '82 operiert auf Basis einer standardisierten Repräsentativerhebung.[725] Alle anderen sind qualitativ angelegt und lebens- und berufsverlaufsorientiert, setzen Wiederholungsbefragungen ein,[726] verfolgen das Arbeitsschicksal bei technischen Umstellungen[727] und ergänzen das Gespräch i.d.R. um eine Reihe weiterer Zugänge zur "objektiven" Lage.

Die Beiträge zum Bewußtsein von Mädchen basieren auf Erhebungen, die ab cirka 1980 (bis cirka 1985) stattfinden. Für die Mädchenstudie '82 werden 1981 cirka 1500 mündliche Befragungen durchgeführt.[728] Die anderen Expertisen ziehen Fallanalysen oder intensive und wiederholte Erkundungsgespräche mit spezifischen Mädchengruppen vor,[729] berücksich-

724 Vgl. z.B. Clephas-Möcker/Krallmann 1988:1f. Grundlage der Untersuchung sind qualitativ-narrative Interviews von 29 Akademikerinnen, die zwischen 1889 und 1923 geboren sind. Allerdings können nur 16 Interviews systematisch ausgewertet werden, das Material von 13 unvollständigen Interviews wird fallweise einbezogen. Die Befragtengruppe setzt sich aus 8 Gymnasiallehrerinnen und 8 Ärztinnen zusammen.

725 Ihre Ergiebigkeit bezieht sie aber aus zuvor durchgeführten qualitativen Studien; vgl. Seidenspinner/Burger 1982:133. Eine ausschließlich quantitativ angelegte Erhebung, wie z.B. Erler u.a. 1988, verbleibt sehr an der Oberfläche.

726 Vgl. Goldmann/Müller 1986.

727 Vgl. insbes. Haug u.v.a. 1982.

728 Vgl. Seidenspinner/Burger 1982:133ff. und 138ff. Das standardisierte Interview mit 65 geschlossenen Fragen und einer durchschnittlichen Dauer von einer Stunde wird mit einer repräsentativ ausgewählten Mädchengruppe durchgeführt.

729 Vgl. Diezinger/Marquardt u.a. 1984:18ff. Die Autorinnengruppe führt 1979 52 Gespräche und anderthalb Jahre später 29 Wiederholungsgespräche durch. Die Leitfäden übernehmen die Technik des "Perspektivewechsels" der Hannoveranerinnen.

tigen Umfeldkenntnisse, dokumentarisches Material, Erfahrungen aus der Jugendarbeit und Beratungstätigkeit.

Die Erhebungen zum Bewußtsein von Angehörigen einzelner Berufsgruppen setzen wegen der erschwerten Zugangschancen kombinierte Verfahren ein: schriftliche Befragungen, Intensivinterviews, Expertengespräche und Gruppendiskussionen,[730] Wiederholungsbefragungen[731] und Fallanalysen[732], die die subjektive Perspektive auf die Berufs- und Privatsphäre lenken. Die Entwicklung von Abwehr und Akzeptanz in den Einstellungen zur Technik werden über intensive Gespräche und Eigenbeobachtungen, Tagebuch- und Dokumentenauswertungen, Sekundäranalysen verfolgt. In der großen Studie zu betrieblichen Fraueninteressen wird mit Orientierungsgesprächen und Experteninterviews, betrieblichen Explorationen und Referaten/Debatten ein Feldzugang gesucht, der Charakteristika einer Handlungs- und Begleitforschung integriert: Der Austausch zwischen den Forscherinnen und den Frauen aus dem Betriebsrat und der Gewerkschaft, die an dem Projekt interessiert sind, greift wechselseitig in den Forschungsverlauf ein.[733] In Gruppendiskussionen und Gesprächskreisen erfolgt die Vermittlung von Zwischenergebnissen und eine schrittweise Abstimmung für die jeweils nächste Erhebungsphase.[734]

Das Spektrum der Methoden, die zur Untersuchung des Mütterbewußtseins herangezogen werden, reicht von detaillierten qualitativen Analysen bis zu Repräsentativerhebungen. So werden etwa repräsentative Daten in sozialstatistischen Clusteranalysen ausgewertet, um Bereiche einzukreisen, in denen mit qualitativen Befragungen wie z.B. problemzentrierten

730 Vgl. Weltz/Jakobi/Lullies/Bäcker 1979, Bd. 3:721ff., 667f., 727ff. (Tab.), 304ff. Neben cirka 200 schriftlichen Befragungen werden cirka 70 Intensivinterviews und cirka 60 Gruppendiskussionen mit Schreibkräften, Sekretärinnen und Schreibdienstleiterinnen durchgeführt. Ergänzend finden cirka 20 Gruppendiskussionen und cirka 240 Interviews mit jenen Personen statt, die das Schreibgut per Diktat erstellen. Bei den in die Befragung einbezogenen Frauen handelt es sich um solche aus jüngeren Altersklassen bis zu 30 Jahren, von denen mehr als die Hälfte verheiratet ist und cirka 50% Mütter sind. Der weit überwiegende Teil hat die Mittlere Reife und cirka 50% haben eine kaufmännische oder anderweitige Lehre absolviert.

731 Vgl. Goldmann/Müller 1986. Basis ist eine Erhebung, die zwei Wiederholungsbefragungen im Abstand von zwei Jahren (1983 und 1985) einschließt und sowohl den Ausbildungsverlauf als auch den Übergang in die Berufstätigkeit beschreibt.

732 Vgl. Hoffmann 1987.

733 Er beeinflußt den Forschungsverlauf auf praktischer Ebene, schafft Offenheit und Vertrauen und wirkt sich offensichtlich positiv auf den Prozeß interner Willensbildung in den betrieblichen Frauennetzwerken aus; vgl. Frerichs/Marschhäuser/ Steinrücke 1989:29f.,32ff.,497ff.

734 Vgl. Frerichs/Marschhäuser/Steinrücke 1989:26ff.

Interviews vertiefend nachgeforscht wird.[735] Insbesondere die Arbeitsgruppe um Helga Krüger in Bremen praktiziert eine Verbindung von quantitativen Auswahlverfahren mit qualitativen Erhebungen, die zur Weiterentwicklung kombinierter Forschungsstrategien führt. - Die Untersuchungen zum Gewalterleben setzen vorrangig Einzelfallanalysen mit exemplarischem Charakter ein, die intensiv der "Vermitteltheit äußerer und innerer Unterdrückungsmechanismen" nachspüren. Typisch sind Gespräche und Beobachtungen aus Frauenhäusern, die zusammen mit Protokollen von Therapiesitzungen, Berichten und Dokumenten von Einzelschicksalen ausgewertet werden.

7.6. Generative Lernprozesse und Fortschritte

In den Untersuchungen zum Frauenbewußtsein zeigen sich in dieser Dekade erhebliche und z.T. unübersichtliche Ausdifferenzierungen der Lebensmodelle nach der Zugehörigkeit zur Generationskohorte und dem Alter, nach Bildung und Beruf, Familienstand und Anzahl der Kinder sowie nach Regionen. Unter dem Einfluß dieser Merkmale entwickeln sich unterschiedliche Grade der Eigenständigkeit und Selbstbehauptung bzw. Abhängigkeit und Nachordnungsbereitschaft bei Frauen. Dabei ist die Bildungsbeteiligung das Kriterium, das am deutlichsten mit den unterschiedlichen Bewußtseins- und Verhaltensausprägungen der Frauen korreliert.

7.6.1. Mädchenforschung - Neue Eigenständigkeiten

In einer Reihe von empirischen Erhebungen wird in dieser Dekade belegt, daß Mädchen und junge Frauen in vielen Punkten erheblich anders als Jungen über ihren Alltag, ihr gesellschaftliches Umfeld und die Politik nachdenken und sprechen. Vor allem zeigt sich, daß ihr Verhalten

735 Vgl. Krüger/Born 1987 und Krüger/Born/Kelle 1989; die Arbeitsgruppe setzt im Sonderforschungsbereich "Statuspassagen und Risikolagen im Lebensverlauf" das überzeugende Kombinationsverfahren einer systematischen Repräsentativerhebung ein, um ein kleines Sample (z.B. cirka 50 Mütter) einzukreisen, das mit reflektierten qualitativen Verfahren eingehend befragt wird. Sie bezieht dabei die Überlegungen von Meuser/Nagel 1989 und Witzel 1982 ein; vgl. Krüger 1991:697.

gesellschaftlich vorherrschende Normen über die Weiblichkeit beantwortet, teils adaptiert und teils kritisch reflektiert. Das Bild für ihr Bildungs- und Arbeitshandeln, für ihr Agieren in Familien, für das Wirken in Nachbarschaftskreisen und für den großen Bereich der nahen und fernen Politik ist keineswegs "mädchenhaft", unverbindlich und verspielt, sondern ernsthaft auf die Vorbereitung ihrer Doppelaufgabe ausgerichtet.[736]

Die "Brigitte-Studie" des Deutschen Jugendinstitutes in München über die Lebenssituation und das Lebensgefühl 15- bis 19jähriger Mädchen in der BRD, die als populäres Werk unter dem Namen "Mädchen '82" in die Literatur eingeht, zeichnet das Bild einer wachen und ernsthaften Mädchengeneration der heute 25 - 30jährigen Frauen.

Es zeigen sich spezifische Probleme und Bewußtseinsausprägungen für unterschiedliche Gruppen: Hauptschülerinnen, Realschülerinnen, Mädchen in berufsqualifizierenden Schulen, Gymnasiastinnen, arbeitslose Mädchen, Mädchen in berufsvorbereitenden Maßnahmen, Auszubildende und Berufstätige befinden sich in Lebenslagen und Entwicklungsphasen, die sich differenzierend auf ihr Bewußtsein auswirken. Mädchen sind aber, wenn auch untereinander außerordentlich unterschiedlich, geschlechtstypischen Benachteiligungen und gesellschaftlichen Zumutungen ausgesetzt und insofern als eine eigenständige soziale Gruppe abgrenzbar, - auch von den gleichaltrigen Jungen. Sie bereiten sich auf ihre Doppelrolle vor[737] und befinden sich in einer intensiven Phase der "widerspüchlichen Vergesellschaftung".[738] Jungen und Mädchen streben in der Grundtendenz hinsichtlich ihrer Haltung gegenüber den erwarteten familialen Verpflichtungen auseinander.[739] Überraschend stark ist das durchgängige Interesse an einer qualifizierten Ausbildung bei Mädchen sowie ihr Ziel, eine Tätigkeit zu finden, die verspricht, über eine lange Zeit anspruchsvoll und anregend zu sein. Dieses Kriterium ist für sie wichtiger als für Jungen. Darin zeigt sich ein erheblicher Bedeutungszuwachs ihrer Berufsperspektive.[740] Im

736 Vgl. Schmidtchen 1984, der bereits anhand der Trendbeobachtungen des Allensbacher Instituts für Demoskopie Einstellungsveränderungen seit 1953 feststellt, die zeigen, daß von einer bis dahin behaupteten politischen Desinteressiertheit von Frauen wegen der außerordentlich unsensiblen Befragungspraxis keine Rede sein könne. Im Gegenteil: In den 80er Jahren haben Frauen ein lebhaftes und zum Teil stärkeres Interesse an Politik als Männer.

737 Vgl. Seidenspinner/Burger 1982:14,43ff.

738 Vgl. Knapp 1990:17ff.

739 Vgl. Seidenspinner/Burger 1982:97.

740 Vgl. Bednarz-Braun 1983 und Diezinger/Marquardt u.a. 1983. Diese Entdeckung bekräftigt Diezinger noch einmal 1991. Vgl. auch Hantsche 1989 und 1990, die den Aspekt der Angleichung von geschlechtsspezifischen Lebenskonzepten im Anschluß an die soziologische Jugendstudie aus Göttingen prüft; vgl. auch Baethge/Hantsche/Pelull/Voskamp 1988 und Flaa-

Lebensplan und in den Absichtserklärungen erhält sie zum Teil Priorität. Die Familienorientierung wird relativiert, jedoch keineswegs aufgegeben.[741] Je höher die erworbene Qualifikation ist oder sein wird, desto entschiedener befürworten die Mädchen eine Kontinuität ihres Berufslebens, das sie nur "in Notfällen", wenn es "unbedingt sein muß", unterbrechen würden. Nahezu 50% aller befragten Mädchen sind der Meinung, daß sie eines Tages, wenn es nötig sein sollte, zumindest für kurze Zeit im familiären Aufgabenbereich ihre Haupttätigkeit finden werden. Sie befürworten überwiegend das Drei-Phasen-Schema, rechnen mit Nachteilen, wissen aber keine bessere Lösung.

Die Mädchenstudie zeigt, daß Arbeitslosigkeit und Barrieren auf dem Arbeitsmarkt, geringere Optionen und Aufstiegsmöglichkeiten für Frauen bei den Mädchen keineswegs zu resignativen Tendenzen führen. Im Gegenteil: In die Berufsvorbereitung wird mehr Bildungs- und Ausbildungsanstrengung gesteckt als in irgendein anderes Engagement.[742] Die Reaktion auf schlechtere Chancen bei der Ausbildungsstellensuche ist ebenfalls bemerkenswert. Ganz überwiegend weichen Mädchen nicht zurück, sondern ergreifen die Möglichkeiten, die sich ihnen bieten.[743] Ihre steigende Bildungsaktivität wird in dieser Studie systematisch auf das Motiv zurückgeführt, die Vereinbarkeitsproblematik in den Griff zu kriegen. Die jungen Mädchen sind zu Beginn der 80er Jahre bildungsbewußt, bereit,

---

ke/King 1992:16.

741 Vgl. Seidenspinner/Burger 1982:13. Vergleichende Untersuchungen von männlichen und weiblichen Lebensentwürfen zeigen deutlich, daß schon Mädchen ihre Freizeitvorstellungen mit der antizipierten und geplanten Familie sowie Kindern verknüpfen, während Jungen die Familie als Zielvorstellung, nicht als aktives und integriertes Betätigungsfeld mitdenken. Mädchen planen ein Doppelengagement ein und verfolgen ihre Perspektive der Selbstentfaltung und Individualisierung insofern gänzlich anders als Jungen, die aktive Hobbies außer Haus imaginieren. Junge Männer denken die eigene Familiengründung als Fortsetzung der Herkunftsfamilie. Sie bildet den Rahmen, in dem ihre alltägliche Versorgung gewährleistet sein wird wie einst bei der Mutter; vgl. Hantsche 1989:167-172.

742 Vgl. Seidenspinner/Burger 1982:9,11,13,53,56.

743 Das hat allerdings für viele außerordentlich negative Folgen, weil sie erstens ihre eigentlich inhaltlich motivierte Berufsentscheidung nicht umsetzen können und insofern die intrinsische Motivation verlieren, und zweitens die Folgen eines "beliebigen" Ausbildungsberufs und Ersteinstiegs für ihre parallel geplante Familientätigkeit und Mutterschaft nicht im Voraus abschätzen und hinreichend bedenken können. Vgl. Helga Krüger zu den Problemen und Folgen der Berufsfindung bei Mädchen. Bestimmte Berufe lassen eine Parallelisierung von Erwerbstätigkeit und Mutterschaft nicht zu. Dazu gehören all jene Tätigkeiten, die kundenkontaktorientierte Öffnungszeiten haben; vgl. Heinz/Krüger 1983 und Krüger/Born 1987.

Anstrengungen zu investieren und optimistisch. - Die Untersuchung belegt zudem, daß Mädchen in den 80er Jahren im Unterschied zu früher eine relativ unkomplizierte Einstellung und Haltung gegenüber dem eigenen Aussehen, der Körperlichkeit, der Mode und der Sexualität haben.[744] Sie distanzieren sich von traditionellen Normen bzw. propagierten Schönheitsidealen.

Diese Umorientierung von Mädchen wird in anderen Untersuchungen problematisiert. Psychoanalytische Beiträge, insbesondere die Expertise von Hagemann-White, zeigen die Relevanz symbolischer Deutungen der Zweigeschlechtlichkeit als Ursache für die Konflikthaftigkeit von weiblichen Orientierungen auf. Die Identifizierung mit der Familien- und Mutterrolle ist mit dem Versprechen "häuslich-familiärer" Mächtigkeit und der Drohung gesellschaftlicher Entwertung verbunden. Berufliche Ambitionen verknüpfen sich symbolisch mit dem Bild des Vaters und durchbrechen die Identität als Frau. In diesem Dilemma gegensätzlicher Deutungen stehen Mädchen beim Übergang von der Schule in den Beruf. Die geschlechtsspezifische Arbeitsteilung setzt ihnen strukturelle Schranken. Offensive Vorstöße in berufliche Sphären werden häufig schon im Vorwege mit der Bereitschaft und dem Zugeständnis verbunden, bei der Verteilung von Haushalts- und Kinderbetreuungsaufgaben ein Ungleichgewicht zugunsten des Partners bzw. Ehemannes zu akzeptieren.[745] Solche Rücksichten auf den Freund und Lebenspartner führen schon früh zu Anfechtungen und Destabilisierungen. Wiederholte Phasen kurzzeitiger Arbeitslosigkeit sowie eine unfreiwillige Erwerbslosigkeit führten bei Mädchen und jüngeren Frauen besonders oft zu nachhaltigen Identitätsbrüchen und einem Rückgriff auf traditionelle Bewältigungsmuster.[746]

Problematische Entwicklungen des Erwerbsverlaufs beginnen aber zum Teil schon im frühen Stadium der Berufssuche, wenn z.B. die Wahlmöglichkeiten eingeengt und begrenzt werden.[747] So hat die Entscheidung für verbleibende Resteinstiegsmöglichkeiten oft den Charakter einer Interimslösung; das belegen Untersuchungen über Bewußtseinsveränderungen im Zuge der beruflichen Sozialisation: Die Berufsfindung bei Mädchen ist auf

744 Vgl. Seidenspinner/Burger 1982:15,33,57.

745 Vgl. Hagemann-White 1984:96ff.,101f. und Rettke 1984:45ff., die dies für Hauptschülerinnen zeigen. Trotz heftiger Proteste gegen die Kompromißbereitschaft der eigenen Mutter zeigen sich auch in der Privatsphäre wenig Veränderungen in Sachen Hausarbeitsteilung; vgl. dazu auch Zoll u.a. 1989:129ff.

746 Vgl. die Bremer Studie zur Jugendarbeitslosigkeit von Siebers/Vonderach 1991.

747 Vgl. Bednarz-Braun 1983:134ff. Hauptschulabgängerinnen nennen noch eine große Bandbreite von Berufswünschen, münden aber nach diversen Anläufen desillusioniert in "typische" Frauentätigkeiten ein.

Unabhängigkeit und ökonomische Selbständigkeit bezogen. Ihre Berufswünsche verengen sich allerdings rascher als die von Jungen. Diese Abstriche sind entgegen älteren Forschungsbeiträgen nicht unbedingt und nur der Antizipation der Familienrolle geschuldet. Sie beruhen auf realistischen Abwägungen der Möglichkeiten, "gutes Geld" zu verdienen bzw. eine attraktive Tätigkeit auszuüben.[748] Mädchen ändern oft ihre positiv getönte Berufsorientierung, wenn die Einstiegsphase mit Enttäuschungen verbunden war. Das Interesse an selbständiger Erwerbsarbeit bricht sich an den realen Möglichkeiten, und ein plötzliches Übergewicht der Familienperspektive bietet sich als Ausweg an.[749]

Die Mädchenforschung in den 80er Jahren zeigt ein Bewußtsein der heranwachsenden Frauengeneration, das - in Abhängigkeit von erworbener Bildung - reflektiert und kritisch mit den widersprüchlichen Anforderungen an Weiblichkeit umgeht und vorhandene Chancen zur Realisierung des Doppelengagements zu nutzen beabsichtigt. Der Lebensentwurf sieht Balanceakte vor, die dauerhafte Abwägungsprozesse zwischen den eigenen und "anderen" Interessen abfordern. Die faktischen und antizipierten Bewältigungsstrategien von Mädchen erweisen sich als ein Agieren in widersprüchlichen Situationen mit widerstreitenden Interessen, die über Kategorien der bewußten Planung und zielgerichteten Aktivität überwiegend handlungstheoretisch erschlossen werden.[750]

In den 80er Jahren wird das Ergebnis, daß Mädchen "immer noch" eine Familienperspektive bei ihrer beruflichen Planung mitdenken, z.T. mit Enttäuschung kommentiert. Erwartet worden war, daß sie sich von den normativen Vorgaben der Verantwortlichkeit für diesen Bereich gänzlich lösen und distanzieren würden. Da für einen solchen Bewußtseinswandel wenig Anhaltspunkte zu finden waren, stand es nach Meinung vieler Autorinnen schlecht um die Zukunft der Frauenemanzipation.[751]

In diesen Überlegungen stecken zwei Prämissen: erstens die umstandslose Diskreditierung der familiären Orientierung als Emanzipationshindernis und zweitens die Annahme, daß die Jüngeren als potentielle Trägerinnen des gesellschaftlichen Wandels stets das progressivere Bewußtsein haben.

748 Vgl. Krüger 1984:22f. Die umfangreichen Studien zur beruflichen Eingliederung von Jugendlichen, über die hier berichtet wird, zeigen, daß Mädchen vor allem die Ehe als Versorgungsinstitution für sich ablehnen und den Beruf als Quelle materieller Unabhängigkeit priorisieren. Nicht individuelle, sondern strukturelle Faktoren führen letztlich zu "familiennahen" Berufseinmündungen: "Art und Tradition des Arbeitsmarktes strukturieren also die Berufswünsche. Sie begrenzen das Spektrum." Ebenda:25.

749 Vgl. Krüger 1984:21ff.

750 Vgl. Heitmeyer/Hurrelmann 1988:47ff.

751 Vgl. Ilse Modelmog 1989 zur These vom Rückschritt der Frauenbewegung in den 80er Jahren und die Kritik dazu bei Milz 1989.

In diesem Zusammenhang muß ein Bild, das auf die männliche Adoleszenz und jugendliche Revoltierbereitschaft zugeschnitten ist, für junge Frauen revidiert werden. Für den Entwicklungsverlauf des Mädchen- und Frauenbewußtseins gilt nicht "automatisch", was für Jungen und junge Männer festzustehen scheint. Daß sie als Schüler, Studenten und Auszubildende couragiert mit ausgeprägt progressiven Positionen gegen die Generation ihrer Väter auftrumpfen, um sich bald von ihren ursprünglichen Leitideen zu entfernen, wenn sie ins Berufsleben und in die Phase der Familiengründung eintreten, gilt als normal.[752] Mädchen sind als Jugendliche abwartender und angepaßter und stecken eher zurück, um später in schubartigen Auseinandersetzungen die Abgrenzung von der Mutter und den Normen der Weiblichkeit vorzunehmen. Das Mädchenbewußtsein bietet insofern keine hinreichend aussagefähige Basis für "Hochrechnungen" über das Bewußtsein der späteren Frauengeneration. Mit der Verdichtung von Lebenserfahrungen erfolgen Entwicklungsschübe, die dazu führen können, daß gerade die mittleren Jahrgänge an Autonomie und Selbstgewißheit gewinnen.[753] Darauf verweisen auch die für die früheren Dekaden beschriebenen Prozesse des Wandels von Erwerbsmustern und Familienformen sowie Modelle der Kombination und Vereinbarung.

7.6.2. Einzelne Berufsgruppen - Vielfalt

In etwa zeitgleich mit den Debatten über kontroverse Ansätze in der Frauenforschung und der Einsicht, Vielfalt als Bereicherung und nicht als Bedrohung zu begreifen, starten empirische Erhebungen zur Situation und zum Bewußtsein von Frauen in speziellen Berufsgruppen. Frauen am Computer, Arbeiterinnen in der Produktion, Angestellte in den Verwaltungen, Ingenieurinnen und Akademikerinnen, darunter Ärztinnen, Lehrerinnen und Hochschullehrerinnen, geraten ins Blickfeld der Aufmerksamkeit von

752 Die Forschungen über das Bewußtsein von Männern zeigen übereinstimmend, daß insbesondere das Vaterwerden in Verbindung mit dem Eintritt in das vierte Lebensjahrzehnt häufig mit einem Wechsel von partnerschaftlichen zu herkömmlichen Orientierungen und Verhaltensweisen der "Ernährerrolle" verbunden ist; vgl. Metz-Göckel/Müller 1985:41f.,48f.,55f.

753 Das heißt, daß von der Deutung, junge Frauen müßten die Emanzipation vorantreiben, Abstand genommen werden muß. Erst mittlere Altersgruppen mit einer reichen Lebenserfahrung verfügen über das Potential. Sie sind heute weniger als frühere Frauengenerationen mit Mutterschafts- und Familienaufgaben belastet. Das hat positive Folgen für ihren Einsatz.

Fragen nach dem Frauenbewußtsein. Es werden Unterschiede zwischen Frauen sichtbar, die auf vorhandene Konflikte und anstehende Kontroversen, aber auch auf Kontinuitäten in den Bestrebungen nach Emanzipation verweisen.

In einer empirischen Studie über junge Frauen in Verkaufsberufen zeigt sich Mitte der 80er Jahre, daß diese sogenannte "typische Frauentätigkeit" keineswegs den eigentlichen Wunschvorstellungen nach selbständiger Existenzsicherung und Vereinbarkeit von Beruflichem und Privatem entspricht.[754] Daß viele Frauen Verkaufsberufe wählen, hat wesentlich mit dem begrenzten Spektrum ihrer Optionen zu tun. Es fehlen häufig Alternativen. Die Berufsorientierung und anvisierte Perspektive einer kontinuierlichen Beschäftigung verliert dadurch an Stabilität. Die Autorinnen beschreiben diesen Prozeß der Erfahrung und Wahrnehmung von eingeschränkten Handlungsspielräumen vor und nach dem Berufseintritt auf der Folie des ursprünglichen Berufswunsches als Enttäuschung.

In den empirisch untersuchten Ausschnitten der Berufseintrittsphase werden prekäre Stationen der ersten Jahre beruflicher Sozialisation sichtbar gemacht. Deutlich wird, daß die Parallelisierung von Beruf und Familie intensiv in die Lebensplanung eingeht, und zwar sowohl auf der subjektiven Ebene wie auch auf der strukturellen: Das Ausbildungs- und Arbeitsplatzangebot für Frauen antizipiert qua Geschlecht eine Diskontinuität der Beschäftigung und enthält eine Kette von Maßnahmen und Grenzsetzungen, die mit Enttäuschung von den jungen Frauen registriert wird: Verkäuferinnen beklagen sich darüber, daß ihre Ausbildung wenig fachliches Können vermittelt, welches berufsrelevant verwertbar wäre. Sie bringen intuitiv und spontan ihre haushaltsbezogene Sachkunde in das Verkaufsgespräch ein, vertiefen ihre Kenntnisse und versuchen, sich in die Vorstellungen der Kundschaft einzudenken, erfahren aber hierfür weder eine Anleitung noch eine Gratifikation. Von ihren männlichen Kollegen wird keineswegs Vergleichbares erwartet.

Von der innerbetrieblichen Weiterbildung und Aufstiegsplanung sind die jungen Frauen nach ihrer Ausbildung als Verkäuferinnen weitgehend ausgeschlossen. Das zeigt eine Reihe von Fallanalysen, die den Kontrast zu einer männlichen Vergleichsgruppe herausarbeiten. Frauen benennen ihre Ausgrenzung als direkte Diskriminierung, Ungerechtigkeit, mangelnde Unterstützung bzw. Behinderung. Ihr vergleichsweise hohes Ausbildungsinteresse wird nicht adäquat beantwortet. Sie finden eine Anstellung als Verkäuferin, aber kaum die Voraussetzung dafür, als Einzelhandelskauffrau tätig zu werden. Nur in Ausnahmefällen schaffen Frauen diesen Sprung, der für Männer mehr oder weniger selbstverständlich ist. Frauen

754 Vgl. Goldmann/Müller 1986.

wird hier qua Geschlecht unterstellt, dem Betrieb nicht voll und ganz zur Verfügung zu stehen; das wirkt sich für ihre Berufsbindung und Aufstiegsinteressen langfristig negativ aus.

Zum Thema "Frauen und Technik" liegen bis zur Mitte der 80er Jahre überwiegend Berichte über apokalyptisch grundierte Einstellungen und Haltungen vor. Die Angst vor Rationalisierungswellen im öffentlichen und privaten Dienstleistungssektor, die besonders an Frauenarbeitsplätzen zu Dequalifizierungen, zu Umsetzungsmaßnahmen oder "Freisetzungsprozessen" führen könnten, dominiert die Debatte "vor Ort" ebenso wie in den Kreisen der Wissenschaftlerinnen.[755] Tatsächlich steigt die Erwerbslosigkeit von Frauen in der ersten Hälfte der 80er Jahre überproportional an.[756] Demgemäß gibt es zahlreiche empirische Belege, die das tatsächliche bzw. vermeintliche Bedrohungspotential der neuen Technologien beschreiben. Sie zeigen Wirkung, denn: Die Akzeptanzprobleme sind erheblich und müssen, das wird schnell deutlich, bei der Einführung und Durchsetzung neuer Informations- und Kommunikationstechniken außerordentlich ernst genommen werden. Die Unternehmen und Betriebe sehen sich gezwungen, nach sozialverträglichen Formen der Einführung neuer Anlagen zu suchen.

Im Zeichen dieser Bemühungen stehen Umstellungsprozesse, die bereits Ende der 70er Jahre im Auftrag des Bundesministeriums für Forschung und Technologie von einer sozialwissenschaftlichen Projektgruppe aus München untersucht werden.[757] Im Rahmen der Forschungsreihe "Humanisierung des Arbeitslebens" geht es um eine "menschengerechte Arbeitsgestaltung in der Textverarbeitung". Dabei wird den Einschätzungen von betroffenen Frauen über die Auswirkungen neuer Entwicklungen im Bereich der Schreib- und Sekretariatsdienste die Funktion eines "Einfallstors" für Neue Technologien zugewiesen. Die Prozesse der Umstrukturierung zeigten, daß eine Zentralisierung von Schreibtätigkeiten, ihre Entmischung und stärkere Reglementierung, zu schlechteren Arbeitsbedingungen mit teilweise extremen psychophysischen Beanspruchungen führe. Das rufe Unzufriedenheiten bei den betroffenen Frauen hervor. Ihre "Ghettoisierung", die räumliche Abkapselung des Schreibdienstes von den übrigen Verwaltungsangestellten, der niedrige soziale Status und die geringen beruflichen Entwicklungsmöglichkeiten verschlechterten sich.[758] Die

755 Vgl. dazu die pauschale Positivbilanz bei Frevert 1986:288ff., insbesondere 296, 298.

756 Gründe hierfür liegen nicht vorrangig im Einsatz der Neuen Technologien! Vielmehr drängen in dieser Zeit besser qualifizierte Frauen auf den Arbeitsmarkt, der ihnen (noch) keine adäquate Beschäftigung bietet; vgl. Gottschall 1989:38f.

757 Vgl. Weltz/Jakobi/Lullies/Bäcker 1979.

befragten Frauen beklagten ihre Hoch- und Überbelastung, versuchten aber durchweg, sie zu ertragen und so ihre Vorleistung für ein gütliches Arbeitsklima zu erbringen. Die Angst vor Verschlechterungen sitze den meisten im Nacken.

Der Einsatz moderner Büro- und Schreibtechniken ist für Frauen nach dieser Studie deutlich negativ besetzt, voller Unsicherheiten und Bedrohungen. Das gilt insbesondere vor und während der Einführungsphase Neuer Technologien, die nach ihrem Abschluß in unterschiedlich gestaltete und subjektiv kontrovers eingeschätzte Situationen einmünden.[759] Weltz u.a. erklären die nachlassende Kritik so: Sie stellen plausibel belegte Zusammenhänge zwischen der Bescheidenheit und Belastbarkeit weiblicher Schreibarbeitskräfte und der Tatsache her, daß just an dieser Schnittstelle des Betriebs der Einstieg in EDV-gestützte Arbeitsplätze erfolgt.[760] Das spezifische Arbeitsbewußtsein von Frauen, jenseits der restriktiven Arbeitsbedingungen und monotonen Inhalte vorwiegend auf ein gutes Arbeitsklima orientiert zu sein, erweise sich trotz der Akzeptanzprobleme und Ängste angesichts der Einführung moderner Bürotechniken als wenig widerständig, eher gefügig. Die Münchner AutorInnengruppe kann aber die teilweise recht positiven Einschätzungen innovativer Neuer Techniken und paralleler arbeitsorganisatorischer Umstrukturierungen nicht erklären, weil sie nicht nach vorgängigen Erwartungen und tatsächlichen Erfahrungen differenziert: Der Überschuß an Technikangst versandet, wenn der Arbeitsplatz umstrukturiert ist. Er wird an den Realitäten abgearbeitet, und die Ängste erweisen sich vielfach als überzogen.[761]

Die Untersuchung arbeitet die negativen Folgen und Potentiale moderner Bürotechniken heraus und trägt - bei aller Differenzierung der Positionen nach den unterschiedlich qualifizierten Beschäftigtengruppen und Anforderungsstrukturen - doch dazu bei, daß eine Rezeption erfolgt, die einer Perhorreszierung Neuer Technologien Vorschub leistet. Sie tut ein übriges, indem sie das Muster einer hermetischen Interpretation über die Daten zum Frauenarbeitsbewußtsein legt: Sie betont und bemängelt die hohe Bereitschaft von Frauen, unhonorierte Vor- und Zusatzleistungen zu erbringen, Spitzenbelastungen zu ertragen und generell einen Bonus zu gewähren, wenn damit die Arbeitsbeziehungen positiv beeinflußbar zu sein

758 Vgl. z.B. Weltz/Jakobi/Lullies/Bäcker 1979:204-206.

759 Vgl. Weltz/Jakobi/Lullies/Bäcker 1979:209,211,213,706ff. Positive Erwartungen haben Frauen mit gemischten Tätigkeiten. Alle sehen nach der Einführung der Neuen Technologien, daß es "nicht so schlimm kam", wie sie befürchteten.

760 Vgl. Weltz/Jakobi/Lullies/Bäcker 1979:625f.

761 Heute werden Innovationen im Unterschied zu den Praktiken der 70er Jahre von vornherein kommunikativ flankiert; vgl. Curtius 1993:74ff.

scheinen. Statt auf anspruchsvollen Arbeitsinhalten und klar definierten Tauschbeziehungen zu bestehen, seien Frauen nur an sozialen Kommunikationsmöglichkeiten und personenzentrierten Tätigkeiten interessiert. Daß sie hier vom Durchschnittstyp eines männlichen Angestellten abweichen, werten die AutorInnen unter Hinweis auf die herkömmliche "Opferrolle" als Manko. Den Unternehmen machen sie den Vorwurf, diese Haltung auszunutzen. Implizit wird Frauen damit unterstellt, sich als Objekte technologischer Planungsprozesse willfährig nutzen zu lassen und betriebsweit "die Preise zu verderben". Das ist eine Argumentationsführung, die an alte Stigmatisierungen erinnert. Aus der Perspektive von Frauen und ihren vorrangigen Interessen, die in der Tat im sozial-kommunikativen Bereich liegen, läßt sich die Aufrechterhaltung von Kontakt- und Gesprächsmöglichkeiten als Wahrung zentraler Interessen und zudem als ein Faktor der "Humanisierung der Arbeit" begreifen. In der Regel sind ihre Arbeitsbedingungen ungünstig und ihre Chancen, diese durch adäquate Gratifikationen zu kompensieren, schlecht.[762]

Ute Hoffmann versucht cirka 10 Jahre später, die Forschung zu Neuen Technologien durch eine kleine empirische Erhebung, die in ausführliche theoretische Überlegungen eingebettet ist, offensiv auf Frauenspezifika zu beziehen und umzudefinieren.[763] Unter dem Titel "Computer-Frauen" prüft sie den Anteil bzw. Ausschluß von Frauen an der Entwicklung und Ausübung der Computerarbeit und findet, daß die Technik-Abkehr und -Abwehr von Frauen wesentlich auf die Tatsache zurückzuführen sei, daß Männer die ingenieur- und naturwissenschaftlichen Fächer, Ausbildungswege und Beschäftigungsverhältnisse dominierten. Die faktische Unterrepräsentanz von Frauen in Bereichen, in denen technologische Grundlagenforschung und -entwicklung betrieben werde, habe weniger mit fachlichen oder spezifisch weiblichen Eigenschaften und Haltungen zu tun als vielmehr damit, daß bedeutsame Arbeitsbereiche und Sektoren an Männer und unter Männern in ihren "Seilschaften" verteilt würden, die ihre Maßstäbe bei der Umgestaltung von Arbeitsplätzen zugrundelegten.[764] Die Abstinenz von Frauen gegenüber Neuen Technologien sei nicht durchgängig und nur aufgrund von entsprechenden Sozialisationsvorgängen vorhanden. Vielmehr erlebten viele Frauen im Prozeß der Umstellungen geschlechtsabhängig differierende Positionierungen durch die Unternehmen. Männer wechselten in besser bezahlte und karriereträchtige Positionen, während Frauen allenfalls auf jene Arbeitsplätze nachrücken könnten, die wegen ihrer

762 Die Gewerkschaften ließen sich damals die Akzeptanz Neuer Technologien teuer abkaufen. Für die Bewahrung von Kommunikationsmöglichkeiten entwickelten sie erst später einen Blick.

763 Vgl. Hoffmann 1987.

764 Vgl. Schiersmann 1987.

Unattraktivität geräumt würden.[765]

Ein Opfer-Diskurs dominiert die einschlägigen Veröffentlichungen der 80er Jahre: Frauen werden gemäß ihrer eigenen Haltung und Einstellung als der Technik und ihren sozialen Anwendungsbedingungen ausgeliefert begriffen und vorgestellt, obwohl selbstbewußtere Einschätzungen und ausgesprochen positive Bewußtseinshaltungen erkennbar sind.[766] Diese werden aber in der Regel als Fehlpositionen begriffen und übergangen. Die spezifischen Segmente des Arbeitsangebots für weibliche Beschäftigte scheinen, das zeigen zahlreiche Einzeluntersuchungen,[767] einer Polarisierung der Qualifikationen zu unterliegen. Auch die Frauenbelegschaften spalten sich in solche Gruppen, die eher gewinnen und profitieren und solche, die eher verlieren und im Konkurrenzkampf unterliegen. Dem entsprechen eher optimistische versus eher pessimistische Haltungen.[768]

Die Vorteile, die die "Automationsarbeit" für Frauen haben kann, wenn sie die Prozesse der Reorganisation und Selektion mutig und mit einem Selbstbewußtsein, das auf aktive Intervention setzt, durchstehen, betont die Berliner Projektgruppe "Automation und Qualifikation" in der ersten Hälfte der 80er Jahre. Aus der durch Automatisierungsprozesse resultierenden Veränderung der Arbeitsleistung folgern sie, daß neue Produktionsweisen große Handlungschancen bieten - für Frauen und Männer. Aber Frauen, so das Resümee der stark theoriegeleiteten und teilweise recht deutungsbefrachteten empirischen Berichte, haben wenig zu verlieren und allen Grund, couragiert auf die neuen Möglichkeiten zuzugreifen.[769] Technologische Innovationen werden als Resultat einer Produktivkraftentwicklung begriffen, die die Arbeit und deren kreative Potenzen, menschliches Wissen und Können, zentriere und hier geradezu dränge, die Rolle des "historischen Subjekts" im Prozeß der Automation zu übernehmen. Aus der Beobachtung, daß Arbeit und Leben durch veränderte Bewältigungsmuster und flexiblere Zeitstrukturen stärker ineinandergreifen, sieht das Projekt gute

765 Vgl. dazu auch Becker-Schmidt/Knapp 1987 und Gottschall 1989 sowie Knapp 1988 und Rudolph 1988. Die hierarchische Anordnung der Geschlechter wird bei der Neuverteilung von Arbeitsplätzen ebenso gewahrt wie im Zugang zur Weiterbildung.

766 Vgl. Haug u.v.a. 1983:147ff., Gottschall 1988:43f.

767 Vgl. z.B. die Übersichten bei Frevert 1986:288ff. und bei Knapp 1989:193ff.

768 Zur Kontroverse um die Folgen der technologischen und arbeitsorganisatorischen Rationalisierungsmaßnahmen vgl. die eher skeptische Einschätzung von Gottschall 1989:31ff. sowie Friedmann/Pfau 1985, die auf die Integrationsfunktion des Dienstleistungssektors und die Weiterbildungsfreudigkeit von Frauen setzen.

769 Vgl. Haug u.v.a. 1981; Haug u.v.a. 1982; Haug u.v.a. 1983:12, 26, 31ff., 37, 125ff., 147f.

Chancen für Frauen, ihre spezifischen Kompetenzen eines Doppelengagements einzubringen. Die These, daß eine neue Anforderungsstruktur mit höheren Qualifikationen durch Automatisierungsprozesse entstehen werde, die potentiell und nicht widerspruchsfrei zu mehr Kompetenz, Verantwortung und Entscheidungsfreiraum sowie zu einer Erhöhung der Dispositionsbefugnisse am Arbeitsplatz führe, widerspricht dem damaligen Mainstream der Polarisierungs- oder Dequalifizierungsthese, vermag zunächst wenig zu überzeugen, verschiebt aber die Akzente des Technikdiskurses in der Frauenforschung merklich in die Richtung von weiblichen Gestaltungsansprüchen.

Das Spektrum der Erhebungen zum empirischen Bewußtsein von Frauen über anstehende Umstrukturierungen von Arbeit, Organisation, technologische Anlagen teilt sich in den 80er Jahren in tendenziell optimistische versus pessimistische Ansätze. Das Schema wird durchbrochen von Erkenntnissen über die Art und Weise, in der Frauen sich alte und neue technische Geräte aneignen. Sie wird als "gebrauchswertorientiert", als "nutzenorientiert" oder "pragmatisch" beschrieben und verweist auf spezifische Zugänge und Bewertungsmuster, die aus der Haus- und Sorgearbeit stammen.[770]

Insbesondere die ab 1986 anlaufenden Einstellungsbefragungen im Rahmen des Projekts "Technikfolgen für Haushaltsorganisation und Familienbeziehungen" zeigen, daß der weibliche Zugriff von Nützlichkeitserwägungen durchsetzt ist, sich aber viel Skepsis im Hinblick auf große technische Anlagen (insbesondere die Kerntechnik) bewahrt. Auch die "kleine" Haushaltstechnik habe Grenzen und berge unvermeidlich Nachteile, meinen die meisten befragten Frauen.[771] Jüngere und besser ausgebildete Frauen betonen negative Aspekte einer fortgesetzten Technisierung besonders stark, halten diese Entwicklung gleichwohl für unausweichlich und wahren eine kritische Distanz zu technischen Geräten im Alltag.[772] Eine vorsichtige Deutung entschlüsselt die Äußerungen von Frauen zum Technikeinsatz und entdeckt, daß Technik als Medium der Gestaltung von Sozialbeziehungen begriffen wird. Männliche Befragte identifizieren sich stärker mit technischen Systemen an sich, ihrer Funktionsweise und Leistungskraft. Deutlich wird das am Beispiel ihrer Einstellungen gegenüber dem Auto.[773]

770 Auf dem Soziologentag in Hamburg befaßt sich insbesondere Christine Woesler de Panafieu mit dem unterschiedlichen Zugriff der Geschlechter auf die Haushaltstechnik; vgl. auch Woesler de Panafieu 1987.

771 Vgl. Hampel u.a. 1991.

772 Sie gehören nicht zu den Käuferinnen von Geräten, die auf dem Markt neu angeboten werden. Männer sind davon weit mehr zu faszinieren; vgl. Hampel u.a. 1991:42ff., insbes. 52-57.

773 Vgl. Hampel u.a. 1991:46 u. 69f.

Um die sozialen und arbeitsorganisatorischen Folgen Neuer Technologien und das Bewußtsein von Frauen angesichts veränderter Arbeitsbedingungen geht es am Ende der 80er Jahre auch in dem groß angelegten Projekt einer Forschungsgruppe um Frerichs u.a.[774] Hier werden einerseits Produktionsarbeiterinnen, andererseits Verwaltungsangestellte zu ihrem Verständnis und dem "Sinn" befragt, den sie ihrer Arbeit zumessen. Die spezifischen Interessen dieser Frauen, die im unteren und mittleren Statusbereich der betrieblichen Hierarchie angesiedelt sind, wird eruiert, um zu prüfen, ob und wie die institutionelle Vertretung von Belegschaftsinteressen diese generell und bei technischen Umstrukturierungen aufnimmt und umsetzt. Daß Frauen nur über eine schwache Lobby verfügen, gilt den Autorinnen auf Basis ihrer Vorstudien als gesichert. Sie forschen nach den Ursachen und vergleichen die Interessen und Aktivitätsgrade von Arbeiterinnen und weiblichen Angestellten. Fraueninteressen im Betrieb sind demnach differenziert, aber keineswegs konträr oder durch "Spaltungen" geschwächt, im Gegenteil:

Die wesentlichen Unterschiede zwischen Angestellten und Arbeiterinnen bestehen in der kritischen Haltung zur Berufsarbeit und dem Grad des Engagements für Veränderungen. Je höher das Bildungs- und Ausbildungsniveau ist, desto expliziter und griffiger werden Defizite und Verbesserungsschritte benannt. Die Bewußtseins- und "Verarbeitungstypen", die die Autorinnen für Arbeiterinnen und Angestellte destillieren, korrelieren deutlich mit dem Grad der Ausbildung.[775] Danach gehören die Frauen mit Angestelltentätigkeiten zu den Kritischeren und Aktiveren. Sie sind bei jenen Verarbeitungstypen überrepräsentiert, die brüchige Haltungen, Skepsis und Kritik äußern. Sachlich-nüchtern werden die Vor- und Nachteile von Arbeit, Familie und Freizeit bilanziert und abgewogen[776] oder aber nach einer detaillierten Kritik überwiegend negativ bilanziert.[777] Je distanzierter ihre Haltung gegenüber der Arbeit ist, desto eher besteht ihre Bereitschaft, sich betrieblich-gewerkschaftlich zu betätigen. Distanz bedeutet hier also keineswegs Desinteresse und Desintegration oder gar fatalistische Ergebenheit, sondern vielmehr ein souveränes Bewußtsein über eine tendenzielle Unterforderung aufgrund von erworbener Qualifikation, behinderten Aufstiegsversuchen oder verwehrten Kommunikationschancen. Vielfältige kulturelle Aktivitäten, die eine hohe und eigenwillige Anspruchshaltung ausprägen, sind neben oder in Verbindung mit beruflicher Qualifikation ein

774 Vgl. Frerichs/Marschhäuser/Steinrücke 1989.

775 Sie konturieren drei Verarbeitungsmuster für Arbeiterinnen und sechs für Angestellte; vgl. Frerichs/Marschhäuser/Steinrücke 1989:90ff., 331-346.

776 Vgl. Typ 5: Arbeit-Freizeit-Bilanz, Frerichs/Marschhäuser/Steinrücke 1989:341ff.

777 Vgl. Typ 6: "Arbeit als Job", Frerichs/Marschhäuser/Steinrücke 1989:344ff.

Faktor, der Distanz und Souveränität verschafft. Die Befunde weisen aus, daß die Angestellten in größerem Umfang beim Prozeß der Umstellung mitwirken und zufriedener mit den neuen Arbeitsbedingungen sind als die Beschäftigten im gewerblichen Sektor. Qualifikation erhöht das Selbstbewußtsein.

Neben diesen unterschiedlichen Erfahrungen der Partizipation gibt es Gemeinsamkeiten in der Lagedeutung, die sorgsam dokumentiert werden: Alle Frauen fühlen sich "in jeglicher Hinsicht" benachteiligt und zu wenig beachtet, haben Zweifel am Sinn ihrer zusätzlichen Aktivitäten, beklagen ihre vergleichsweise geringe Integration in den betrieblichen Informationsprozeß, in wichtige Zusammenhänge und Entscheidungen, und ringen um Anerkennung, würdige Behandlung, um mehr Achtung und Status. Diese Belange entwickeln und artikulieren sie in ihren informellen Beziehungen, die sich in und neben der Kooperation in der Arbeit ergeben. Hier schält sich ein Diskriminierungsbewußtsein heraus, das sich als eine Mischung aus einer unbestimmten Unzufriedenheit, einem bestimmten Unrechtsempfinden und Wissen um die unangemessene Bewertung der eigenen Leistungen darstellt. Sie wird als Verletzung der Würde und Mißachtung als Person und Frau registriert. Das gemeinsame "symbolische Interesse" ist auf Ausgleich dieser Ungerechtigkeiten und Ungereimtheiten ausgerichtet und intensiv auf soziale Beziehungen konzentriert, vordergründig also weniger an materieller Gratifikation interessiert.

Dieser Grundkonsens über ihre Benachteiligung schlage sich um so stärker in offensiven Haltungen nieder, je höher die Qualifikation und kritische Distanz zu den Bedingungen ihrer Arbeit und zum Inhalt ihrer Tätigkeiten ausgeprägt sei.[778] Das gelte auch für den Umgang mit Technik: Frauen mit längeren, das heißt in der Regel auch besseren Ausbildungen, rechneten die Vor- und Nachteile neuer Techniken souveräner gegeneinander auf[779] und verspürten weniger Angst als ihre Kolleginnen mit einem geringeren Ausbildungsstatus. Daß diese relative Offensivität an begrenzte Möglichkeiten stoße und zu diskontinuierlichen Engagements führe, sei ein zentrales Problem der betrieblichen und gewerkschaftlichen Interessenvertretung. Sie könne auf das mit der Qualifikation steigende Engagement (noch) nicht adäquat reagierten. Wo die Grenzen verlaufen, zeigen Gespräche mit Ingenieurinnen.[780] Noch realisieren die Betriebsrätinnen z.B. nicht so recht, daß auch sie die hierarchische Anordnung der Geschlechter wahren: Ingenieurinnen werden nach wie vor niedriger eingestuft als ihre

778 Vgl. Frerichs/Marschhäuser/Steinrücke 1989:350,500f.

779 Vgl. HIS 1991:63ff.

780 Er setze sich aber anders zusammen als bei Männern, sei daher auch spezifisch aufzunehmen und zu unterstützen; vgl. Frerichs/Marschhäuser/Steinrücke 1989:497ff.

Kollegen mit gleichen Qualifikationen. Die Studie zeigt, daß das Frauenarbeitsbewußtsein die Technikerfahrung auf der Folie geschlechtstypischer Muster von Benachteiligung und Privilegierung spiegelt.

Um den Technikeinsatz, die Forschung und Entwicklung von Geräten und Aggregaten für die Zukunft, um Einwirkungs- und Umgestaltungsmöglichkeiten durch hochqualifizierte Frauen geht es in einem weiteren Strang der Untersuchungen zum Bewußtsein von Studentinnen. Das Interesse an Technik und Naturwissenschaft bei Abiturientinnen steigt, ihre Studienentscheidung impliziert Aufstiegsinteressen[781] und die ausdrückliche Berufsmotivation, nützliche Produkte zu entwickeln.[782] Daß Frauen, die ein "reines" Mädchengymnasium absolviert haben, in sehr viel höherem Maße naturwissenschaftliche oder technische Studiengänge wählen, verblüfft auf den ersten Blick.[783] Auch die Herkunft aus unteren Schichten scheint als Motivator von Bedeutung zu sein.[784] Technik- und naturwissenschaftliche Neigungen werden am ehesten in Schichten, denen das traditionelle bürgerliche Bildungsideal fremd ist, gefördert[785] und dort, wo die "diskrete Diskriminierung"[786] weniger krass ist: Das Mädchengymnasium, auch das konfessionell gebundene, schafft Startvorteile gegenüber der koedukativen Schule.[787] Allerdings gibt es für Ingenieurinnen erheblich mehr Probleme beim Berufseinstieg als für ihre männlichen Mitbewerber.[788]

80 Jahre nach Öffnung der Technischen Hochschulen für Frauen sind Ingenieurinnen in der Bundesrepublik immer noch eine Ausnahme. Unter den Studierenden erreicht ihr Anteil zwar 10%, aber im Erwerbsbereich sind nicht einmal drei von Hundert Beschäftigten weiblich. Die zögerliche Behebung dieses Defizits, das überwiegend strukturell bedingt ist, wird in einer Untersuchung erkundet, die die besonderen Biographieverläufe und Eigenschaften von Frauen analysiert, welche den Weg in die "Männer-

781 Vgl. Schlüter 1992:209.

782 Vgl. Schlüter 1992:217.

783 Vgl. HIS 1991; Jungfer 1987.

784 Vgl. Schlüter 1992:205ff.,217. Hier werden Interviews mit Studentinnen technischer Fächer ausgewertet. Eine Schlußfolgerung lautet: "Das Hochschulstudium der Ingenieurswissenschaften ist für Frauen aus Arbeiterfamilien ein Weg, die Grenzen der eigenen Schicht zu durchbrechen, sowohl das Bildungsniveau der Mütter als auch der Väter zu überschreiten."

785 Das zeigt sich auch bei männlichen Studienanfängern, vgl. HIS 1991:196. Die HIS-Studie 1991 weist aus, daß junge Frauen aus sogenannten bildungsfernen Schichten ("Arbeitertöchter") stärker zu wirtschafts- und sozialwissenschaftlichen Studiengängen neigen und eher Naturwissenschaften wählen als ihre Kommilitoninnen aus mittleren und höheren Schichten; vgl. HIS 1991:197f.

786 Vgl. Kauermann-Walter/Metz-Göckel 1989.

787 Vgl. Jungfer 1987.

788 Vgl. HIS 1991:499; Rabe-Kleberg/Rudolph 1988 und Roloff 1992.

domäne" durchgehalten haben. Die erste ausführliche Studie über Ingenieurinnen[789] in Deutschland verfolgt die Bewährungsproben und "Härtetests" dieses Werdegangs. Studentinnen an Technischen Universitäten haben neben fachlichen Qualifizierungsanforderungen auch eine Reihe sozialer Prüfungen zu bestehen: Sie sehen sich mit der Erwartung konfrontiert, immer wieder beweisen zu müssen, daß sie trotz ihres Eintritts in die Sphäre der Männer weibliche Wesen bleiben. Dieser Erwartung entziehen sie sich streckenweise mit Anstrengungen, aber auch mit Souveränität und Ironie. Sie haben gelernt, sich abzugrenzen und in diesem Sektor ihren eigenen Weg zu gehen, aber auch Kompromisse zu machten: So fällt auf, daß sich die zunächst breitgefächerten Orientierungen von 10- bis 12jährigen Schülerinnen, die "harte" Fächer wählen, rasch auf jene Technik- und Naturwissenschaftsdisziplinen verengen, die mit Gebrauchsgütern zu tun haben.[790] Dies gilt besonders für Schülerinnen gemischtgeschlechtlicher Schulen, in denen das Auseinanderdriften der Berufswünsche und die Überformung der frühen Vorstellungen bei Mädchen zeitlich mit der Pubertät und ersten Freundschaften mit Jungen zusammenfallen.[791] Abiturientinnen, die Naturwissenschaften studieren wollen, planen jetzt, sich auf unmittelbar nutzbringende Fächer zu konzentrieren. Bei der beruflichen Umsetzung stoßen sie auf Hindernisse. Der Sektor der Technikforschung und -entwicklung gilt als eine der stabilsten männlichen Domänen. Den Kolleginnen wird die Anwendung und Umsetzung der Erfindungen überlassen. Hier haben es besonders jene Frauen schwer, die die Standards der uneingeschränkten Verfügbarkeit nicht einhalten wollen, weil sie Familie haben.[792] Diese sozialen Anforderungen erschweren Frauen den Verbleib und die Karriere in der naturwissenschaftlichen Forschung.[793]

Eine weitere Untersuchung über das Bewußtsein von Akademikerinnen, insbesondere Lehrerinnen und Ärztinnen, die Mitte der 80er Jahre zum Zeitpunkt der Erhebungen zwischen 65 und 80 Jahre alt sind, prüft, wie sich das Studium auf die Lebensgestaltung, Doppelarbeit und das Selbstbewußtsein dieser Frauen in ihrer eigenen Retrospektive ausgewirkt

789 Vgl. Janshen/Rudolph 1987, Rudolph 1988.

790 Vgl. Janshen/Rudolph 1987:367.

791 Daß die Koedukation das "Paarungsverhalten" in der Pubertät intensiviert, ist anzunehmen, aber bisher noch nicht gezielt in Vergleichsuntersuchungen mit Mädchengymnasien untersucht worden. Jungen bleiben dabei, Informatik studieren zu wollen, Mädchen wechseln ihre ursprünglichen Absichten, um "nützliche Produkte" zu schaffen; vgl. Schlüter 1992:214ff.
Vgl. Rudolph 1988:32ff, die zahlreiche Forschungsergebnisse zu dem Thema zusammenfaßt.

792 Vgl. Hengstenberg 1992:189.

793 Vgl. Curtius 1994, der für die Hamburger Hochschulen zeigt, daß solche Barrieren bis heute existieren.

hat.[794] Die ehemaligen Medizin- und Lehramtsstudentinnen werden als Zeitzeuginnen angesehen, die einen relativ privilegierten Lebensentwurf zu realisieren versuchten und durch familiäre Verpflichtungen weniger daran gehindert waren als andere Frauen ihrer Generation. Die Befunde sprechen eine andere Sprache: Die Untersuchung zeigt im Ergebnis, daß auch Akademikerinnen mit extremen Beschränkungen ihrer Berufspläne und mit Einbrüchen in den Berufsverlauf aufgrund familiärer Verantwortung und Rollenzuschreibungen konfrontiert wurden. Fazit ist, daß Bildung nicht vor Diskriminierung qua Geschlecht schützt, auch dann nicht, wenn Frauen hohe und höchste Qualifikationen mitbringen.[795]

Eine neuere Untersuchung über die Welt der Wissenschaften als Frauenberufsfeld zeigt, daß sich für jüngere Akademikerinnen ähnliche Durchsetzungsprobleme stellen wie für die älteren. Um das Bewußtsein von Wissenschaftlerinnen der mittleren Altersstufen über ihre Lebens- und Arbeitswelt im Vergleich zu Männern geht es in einer Studie mit dem beziehungsreichen Titel "Das Geschlecht läuft immer mit". Die Befragung von HochschullehrerInnen, die zu Beginn der 80er Jahre von Dagmar Schultz durchgeführt wird, fördert Befunde zutage, die wissenschafts- und hochschulpolitisch außerordentlich brisant sind. Frauen werden hier nach ihrem eigenen Verständnis sowohl quantitativ und qualitativ als auch strukturell und kulturell derart nachhaltig ausgegrenzt, daß für sie auf lange Sicht erhebliche Integrationsdefizite, Artikulationsbeschränkungen und Grenzen der Selbstbehauptung existieren. Auf Basis von intensiven Erkundungen und 43 auswertbaren Gesprächen[796] mit 21 Professorinnen und 22 Professoren zeigen sich eher versteckte und sublime Formen der Benachteiligung und Diskriminierung von Frauen, die diese überwiegend klar artikulieren, aber aufgrund ihrer Minderheitenposition in den von Männern domi-

794 Vgl. Clephas-Möcker/Krallmann 1988.

795 Die sorgsame Analyse von lediglich 5 ausführlichen biographischen Gesprächen belegt erstens exemplarisch und eindrucksvoll, daß Diskriminierungserfahrungen und frauenspezifische Problemlagen der Koordination von Berufstätigkeit mit Mutterschaft strukturelle Bestandteile dieser Frauenleben waren; vgl. Clephas-Möcker/Krallmann 1988:212. Ein zweites wichtiges Resultat ist: Die Intensität, mit der sich die doppelte Aufgabenstellung durchsetzt und nach der Seite des Berufs oder der Familie "ausschlägt", hängt wesentlich von den historisch spezifischen Zeitumständen ab. Kaiserreich, Weimarer Zeit, Drittes Reich/Kriegszeit und Nachkriegsphase stellen je eigene gesellschaftliche Aufgaben der Existenzbewältigung und weisen Frauen mal mehr, mal weniger Unterstützungsfunktionen zu. "Epochale" Normen determinieren offenbar die Entscheidungen über den eigenen Lebensweg ganz wesentlich.

796 Vgl. Schultz 1991:25 u. 299. Das recht kleine Sample streut breit nach Alter, Fachzugehörigkeit, Familienstand und Generationskohorte und den zeitgeschichtlichen Umständen der Ausbildungsphase.

nierten Instituten und Gremien kaum beseitigen können.[797] Hier herrscht die "Rhetorik der Gleichheit", mit der Frauen in die Legitimationspflicht genommen werden. Sie sollen beweisen, daß sie gleich und gleichwertig qualifiziert und geeignet sind. Mit diesen und ähnlich gearteten verbalen Offensiven üben Kollegen implizit und explizit Druck aus und dominieren ruhig, bestimmt, wohlwollend und selbstgerecht die vereinzelten Frauen in ihrem beruflichen Umfeld. Die Außenseiterpositionen von Frauen, ihre brüchige Integration in den Hochschulbetrieb und eine dennoch differenziert ausgeprägte Anspruchshaltung zeigt sich unter anderem an folgenden Punkten:

1. Die "homosozial gewachsene Hochschulkultur" drängt die wenigen Frauen gegen ihren Willen dazu, das Private zu separieren und vom Arbeitsalltag fernzuhalten. Ihre Kollegen praktizieren dies so und üben mit dieser Bereichstrennung und Abspaltung einen Konformitätsdruck aus.

2. Männer wachsen nach eigenen Biographieschilderungen relativ bruchlos in den Hochschullehrerberuf hinein, sind als Angehörige aus bürgerlichen Bildungsschichten auf die Vorbildfunktion älterer Kollegen und die "väterliche" Unterstützung vorbereitet. Der berufliche Einstieg von Wissenschaftlerinnen in den Hochschulbetrieb gestaltet sich demgegenüber erheblich hürdenreicher.[798]

3. Das arbeitsinhaltliche Engagement, die Begeisterung für Forschung und wissenschaftliches Arbeiten, steht für die befragten Frauen deutlicher im Vordergrund als für die Männer. Die Berufsplanung tritt für Frauen in den Hintergrund; sie verfolgen stärker ihre thematischen Interessen und suchen intensiv nach Formen der wissenschaftlichen Kooperation,[799] die sie zum Teil in Seminaren finden. Mit ihrer Bereitschaft zu einer aufwendigen Betreuung von Studierenden versuchen sie offenbar, die überwiegend

797 Die häusliche Situation der Professorinnen weicht von der der männlichen Kollegen ab: 2/3 der Männer sind Väter, 1/3 der Frauen sind Mütter. Der Verzicht auf eine Mutterschaft ist häufig der "Preis" für diese Karriere.

798 Vgl. Schultz 1991:52ff.,107ff.: Die Aussagen der weiblichen Befragten beschreiben den Weg vom Abitur zum Professorinnenstatus als einen Hindernislauf.

799 Die Studie unterschiedet folgende Typen der Arbeits- und Lebensbewältigung bei den befragten Professorinnen; vgl. Schultz 1991:164ff.: (1) die rationalen Kämpferinnen; (2) Frauen, die sich aufgrund eigener Diskriminierungserfahrungen für Frauensolidarität aussprechen; (3) Frauen ohne Diskriminierungserfahrungen mit einem hohen Grad an Anpassungsbereitschaft; (4) extrem unter Diskriminierung leidende Frauen, die sich weitgehend defensiv verhalten; (5) analytische Strateginnen.

isolationistische Arbeitsweise an Universitäten zu kompensieren.[800]

Hochschullehrerinnen bewegen sich in einem Arbeitsklima, das nach dieser qualitativen Studie durch folgende Bilder von Männern über ihre Kolleginnen begleitet und geprägt wird:[801]

- Frauen haben generell eine integrierende, harmonisierende und ausgleichende Wirkung auf den Wissenschaftsbetrieb; ihre Anwesenheit wird gewünscht, weil sie das "Klima" und die Atmosphäre angenehmer und lockerer machen;
- Frauen sind aus biologischen Gründen in Sachen Karriere und Konkurrenz "gehandicapt";
- Frauen sind tüchtiger und fleißiger als Männer; Frauen leisten (teilweise) gute Arbeit, aber trotz vieler Versuche, sie zu einer wissenschaftlichen Laufbahn zu bewegen, nehmen sie diese Chance nicht wahr;
- Frauen erbringen keine Spitzenleistungen.[802]

Auf Basis der These, daß Frauen sich im Wissenschaftsbetrieb nur halten können, wenn sie sich in "kulturellen Zwischenwelten" bewegen, werden jene "Orte" untersucht, die Frauen sich schaffen, um mit anderen Frauen z.B. die Verluste und Gewinne ihres Daseins zu bilanzieren. Es lassen sich vier Typen einer frauenspezifischen Aneignung und Auseinandersetzung mit dem wissenschaftlichen Umfeld ausmachen: Da gibt es selbstbewußte Strateginnen, kämpferische Kritikerinnen mit Veränderungsansprüchen, leidende Skeptikerinnen und leistungsorientierte, angepaßte Hochschullehrerinnen.[803] Die damit verbundenen Muster "eigenständiger Wirklichkeitskonzepte", die die erlebten Widersprüche ordnen und das Selbst- und Weltbild strukturieren helfen, schaffen Möglichkeiten des Ausbalancierens von Identitätskrisen.[804] Angesichts des geringen Anteils von Frauen an der Professorenschaft ist auf absehbare Zeit nicht anzunehmen, daß sie sich über einen eigenständigen Prozeß der Akkulturation mit inhaltlichen und

800 Vgl. Schultz 1991:36f.,52ff.,71ff.

801 Vgl. Schultz 1991:175-183.

802 Interessant ist in diesem Zusammenhang, daß Professorinnen kaum Verbündete unter den jüngeren Männern finden, die der 68er und als progressiver geltenden Generation angehören, sondern eher von älteren Hochschullehrern unterstützt werden, die als Konservative gelten.

803 Vgl. Schultz 1991:266ff. Hier handelt es sich um eine weitere Verallgemeinerung der oben vorgestellten Typologie.

804 Dabei spielen die Verluste an Lebendigkeit, an vertrauensvoller Zusammenarbeit, an informellen Kontakten und an menschlicher Anerkennung jenseits von Status und Hierarchie eine besondere Bedeutung; vgl. Schultz 1992:229.

organisatorischen Gestaltungsfragen durchsetzen können, denn: Sie reichen an die "kritische Masse" von cirka 15% Anteil an Stellen in den wissenschaftlichen Einrichtungen nicht annähernd heran.[805]

Die Bewußtseinslage erwerbstätiger Frauen ist in den 80er Jahren zwar durch Ängste vor den Folgen wirtschaftlicher Krisen, technologischer und arbeitsorganisatorischer Umstrukturierungen bestimmt; die Antworten fallen aber keineswegs nur defensiv aus. Die forcierte Bereitschaft von Mädchen und Frauen zur Investition in Bildungsaktivitäten zeigt, daß sie in die Offensive gehen. Zunächst erleben sie aber in den 80er Jahren eine Grenzsetzung. Mittlere und höhere Qualifikationsniveaus von Frauen erfahren eine Depravierung und Entwertung durch betriebliche Personaleinsatzstrategien. Die Akzeptanzprobleme, die sich mit dem Einsatz Neuer Technologien wegen befürchteter Leistungssteigerungen, Rationalisierungsmaßnahmen und sog. "Freisetzungsprozesse" auftürmen, werden untersucht und auf frauenspezifische (Technik-) Einstellungen hin geprüft. In der Tat lassen sich hier Besonderheiten erkennen: Eine pragmatische und auf Nützlichkeitserwägungen ausgerichtete Haltung grundiert die Technikeinstellungen von Frauen. Sie sind an der Erhaltung von Kommunikationschancen und im Vergleich zu Männern weniger auf Status- und Kompetenzzuwachs ausgerichtet. Vorbehalte und abwartende Stellungnahmen deuten darauf hin, daß Frauen nach dem elementaren Nutzenn neuer Geräte, nach Verbesserungsmöglichkeiten der Arbeitsvollzüge und Komunikationschancen urteilen. Auch junge Ingenieurinnen verfolgen als Berufsinhalt eine Forschung und Entwicklung von nutzbringenden, der Gesellschaft und den Individuen dienlichen Produkten und Materialien. Die verbreitete Vermutung, Frauen seien technikfeindlich, bestätigt sich nicht. In vielen Arbeitsbereichen, insbesondere in der Verwaltung und der Arbeit an/mit Texten, Informationen wirkt die Einführung neuartiger Anlagen als Lernaufforderung, die gerade von Frauen aufgenommen und in aktive Weiterbildung umgesetzt wird.

Die Situation und Bewußtseinslage von Akademikerinnen als Frauen in einer historisch gewachsenen Männerdomäne wird mit der Aneignungsweise eines Akkulturationsprozesses beschrieben. Frauen bauen sich "kulturelle Zwischenwelten". Diese gelten als Orte, an denen eigene Wirklichkeitskonstruktionen erfolgen, die nötig sind, um sich im Wissenschaftsbetrieb als "das Fremde" zu behaupten. Bildung schafft relative Vorteile für Frauen: Im Vergleich zu ihren weniger qualifizierten Kolleginnen haben Akademikerinnen, Beamtinnen und gut ausgebildete Angestellte mehr Optionen und Entwicklungschancen, erreichen aber den Status der vergleich-

805 Vgl. Schultz 1992:228. Erst dann bestünde die Chance, durchgreifende Wandlungsprozesse anzuschieben und durchzuhalten.

bar gut ausgebildeten Männer nicht. Nicht nur Akademikerinnen, auch gut ausgebildete Angestellte in Industrieverwaltungen realisieren durchgängig Benachteiligungsmuster qua Geschlecht.

7.6.3. Mütterlebensformen

Der zunehmende Zeitumfang, in dem Frauen, auch Mütter, kontinuierlich einer Berufstätigkeit nachgehen, steigt in den 80er Jahren und wird von einer Fülle neuer Vereinbarkeitsmodelle begleitet. Sie deuten auf Leitbild- und Einstellungsänderungen hin, die den praktisch gelebten Formen der Koordination von Erwerbs und Familienarbeit Rechnung tragen. Im Unterschied zu früher äußern junge Mütter heute unbefangener Parallelisierungsoptionen, probieren und praktizieren sie durchgängig und unterbrechen ihre Berufstätigkeit auch nicht mehr unbedingt für die Betreuung des kleinen Kindes. Das mag der Befürchtung und realistischen Einschätzung geschuldet sein, selbst den kurzzeitigen beruflichen Ausstieg mit einem Abstieg bezahlen zu müssen. Das "Drei-Phasen-Modell" setzt sich mit kürzeren Familienzeiten durch.[806] Die Berufsorientierung von Frauen gewinnt in dieser Dekade klarere Konturen und priorisiert deutlicher die Qualität von Arbeitsinhalten in Verbindung mit Sozialbeziehungen. Je höher die Position und der Handlungsspielraum, desto intensiver identifizieren sich auch erwerbstätige Mütter mit ihrer Tätigkeit als einem unbedingten Bestandteil ihres Lebens.[807] Die Kosten der psychischen Belastung und Koordinationsarbeit nehmen sie dafür auf sich.

Die Forschungen zum Mütterbewußtsein mit Blick auf ihr Engagement für die Familie und den individuellen Anspruch auf Eigenständigkeit erfolgen in dieser Dekade auf der Basis eines neuen Ansatzes, der generative Lernprozesse berücksichtigt. Auf dem Hintergrund sozialhistorischer Phasenvergleiche werden strukturelle Verschiebungen und subjektive Orientierungen im Zeitvergleich abgebildet. Lebenslauforientierte Forschungen zeigen schon zum Ende der 70er Jahre auffällig aktive Suchprozesse und

806 Vgl. Krüger/Born/Kelle 1989:12ff. zu den Sequenzmustern von drei Müttergenerationen, bei denen sich die jüngste als "radikalste" hervortut, gleichwohl durchaus an bereits gelebte Erfahrungen jener Frauengeneration anknüpfen kann, die um 1930 geboren wurde, Kontinuität praktizierte, sich heute aber nicht dazu durchringen kann, diesen Weg als einen adäquaten zu vertreten, weil ihre Generation noch die Norm der Familienphase postulierte.

807 Vgl. Bertram/Bayer 1984:42ff.

Experimentierfreudigkeiten von Müttern, die allein mit Nöten und Zwängen, wechselnden Umständen und Betreuungsbedürfnissen nicht hinreichend erklärbar sind: Frauen suchen nach Wegen der Minimierung von Anspruch und Aufwand an Hausarbeit, um mehr Freiräume für sich selbst zu gewinnen.

Der für die 80er Jahre typische Forscherinnenblick auf das Frauenbewußtsein kombiniert strukturtheoretische und handlungstheoretische Überlegungen. Er wird erstmals von den Frankfurterinnen um Christel Eckart[808] systematisch umgesetzt. Sie untersuchen 1986 zunächst den Wandel von Frauenstrategien, zwischen Lohn- und Hausarbeit zu vermitteln. Hier zeigt sich, daß Frauen in den letzten Jahrzehnten die Art und den Umfang ihrer Berufsarbeit zu einem erheblichen Teil selbst beeinflußt und mitgestaltet haben. Nicht Existenznöte, sondern unterschiedliche Interessen der Teilhabe am außerhäuslichen Geschehen, verbunden mit einem ausgeprägter werdenden ökonomischen Unabhängigkeitsstreben, ließen sie zuhause "arbeitsökonomisch" aktiv und außerhäuslich beruflich tätig werden. Der Gang durch das Jahrhundert demonstriert, daß sie zunehmend mehr Berufs- und weniger Familienzeit veranschlagen, ohne jedoch die Hauptverantwortung für den häuslichen Aufgabenbereich aufzukündigen. Die Gestaltung des "Eigenlebens", zunächst identisch mit der Familiengründung, gewinnt mit der Zeit autonome Konturen neben bzw. zwischen den Berufs- und Familienplänen. Dieses Kalkül wird an vier Fallbeispielen demonstriert, die zeigen, was sich im Arbeitsbewußtsein von Frauen in den letzten Jahrzehnten verändert hat. Es ist ein generativer Lernprozeß zu erkennen, der die Loslösung von Familie, zunächst von der elterlichen, dann von der eigenen Familie, beschreibt.

(1) Die Beschäftigung als Dienstmädchen ist um 1900 für Mädchen und sehr junge Frauen bis zur eigenen Eheschließung höchst attraktiv. Sie können im Idealfall ihre Herkunftsfamilie verlassen, das Stadtleben und eine solide Haushaltsführung kennenlernen und eigenes Geld für die Aussteuer verdienen,[809] stoßen aber wegen des zeitlich expansiven Zugriffs der "Herrschaften" an Grenzen; Fabrikarbeit ist finanziell und zeitlich günstiger.

(2) Ab 1910 gewinnen die Sozialberufe für Frauen aus dem (verarmten) Bürgertum als Existenzsicherung eine große Rolle. Die Professiona-

808 Vgl. Kramer/Eckart/Riemann/Walser 1986; Eckart 1988. Hier wird die Verformung zu Arbeitsmonaden beschrieben und als ein Zustand betrachtet, der von Frauen nicht angestrebt werden sollte und von der Frauenbewegung im Hinblick auf ihre Emanzipationsvorstellungen kritisch zu bedenken sei.

809 Vgl. den Beitrag von Ilka Riemann über Frauen in sozialen Berufen in Kramer/Eckart/Riemann/Walser 1986.

lisierung von Mütterlichkeit und Hausarbeit führt nach dem Ersten Weltkrieg zur quantitativen Ausweitung dieser Sparte wegen ihrer "Familiennähe". Frauen aus einfacheren Verhältnissen und Alleinstehende strömen in den Berufsstand der Hege und Pflege und nutzen ihn als Vorbereitung auf die eigene Familie bzw. als lebenslange Alternative.

(3) 1920/30 öffnen und entwickeln sich die "sauberen" Büroberufe für viele Frauen, die mittlere Qualifikationen und einen reputierlichen Status erwerben und so mindestens bis zur Mutterschaft tätig sein wollen,[810] um evtl. später in den Beruf zurückzukehren.

(4) Ab 1960 machen Teilzeitangebote eine Verbindung von Berufs- und Familienarbeit in vielen Branchen möglich. Das große Interesse von Frauen an flexiblen Zeitarrangements trägt wesentlich zur Durchsetzung und Modifikation dieser Arbeitsform bei,[811] solange Betrieb und Unternehmen Beschäftigungsbedarfe anmelden.

Hier zeigt sich, daß die Doppelorientierung als gestaltender Faktor der Frauenarbeit und ihrer Vereinbarkeit mit Familie wirksam wird, - zumindest, wenn die Arbeitsmarktchancen relativ günstig sind.

Um dies näher aufzuschlüsseln, startet Christel Eckart 1984 die Erhebungsphase zu einer vertiefenden Untersuchung der Interessen von Frauen an Teilzeitarbeit.[812] 20 explorative Interviews mit 28 bis 48 Jahre alten Frauen zu ihrem bisherigen Lebensverlauf und den Prioritätensetzungen zeigen, daß Teilzeitarbeit ein wechselvolles Grenzgängerinnendasein zwischen öffentlicher und privater Sphäre erlaubt. Frauen nutzen und erproben verschiedene Formen der zeitlichen Flexibilisierung und prüfen so die Praktikabilität neuer Vereinbarkeitswege, achten aber auf ihre Selbständigkeit und "erwirtschaften" mehr Zeit für sich und ihre eigenen

810 Vgl. Kramer 1986.

811 Vgl. Eckart 1986. Die steigende Nachfrage nach weiblichen Arbeitskraftressourcen kann nur befriedigt werden, wenn auf die Doppelorientierung Rücksicht genommen wird. Trotz erheblicher Bedenken wird daher Teilzeitarbeit angeboten, nahezu in allen Branchen und Sektoren bis heute eingesetzt, aber für Führungspositionen ausgeschlossen. Geschäftsleitungen (Betriebsräte und Gewerkschaften) halten ihren Widerstand gegen diese Arbeitsform z.T. bis heute aufrecht. Als der "Teilzeitboom" einsetzte, versäumten die Interessenvertretungsinstanzen es, ihren damals großen Verhandlungsspielraum zur Absicherung von teilzeitigen Arbeitsverhältnissen zu nutzen; vgl. Gottschall 1989:32f.

812 Vgl. Eckart 1990: "Der Preis der Zeit" arbeitet die Kosten und besonderen Anstrengungsleistungen heraus, die Frauen für mehr Selbständigkeit aufbringen müssen.

Interessen.[813] Eckart beschreibt diese Suchbewegungen als Innovationen von Frauen, die bewußt eingreifen, zwar von Sorgearbeit begrenzt und belastet sind, aber überwiegend keine defensive "Opferhaltung" einnehmen.[814] Die zahlreichen Arrangements, die allein im Laufe eines Frauenlebens getroffen werden, um widersprüchliche Ansprüche auszubalancieren, werden auf dem Hintergrund der historischen Analyse einer Dualität von Struktur und Handlung als kreative Beiträge zu einem sozialen Wandel begriffen: Sowohl die "Moral der Fürsorge" wie auch das individualisierende Leistungsprinzip finden sich in den je konkreten Entscheidungen der Frauen reflektiert und aufgehoben. Frauen durchbrechen, verfolgen wir die Fallbeispiele, systematisch die normativen Vorgaben aufgrund situativ prekärer Bedarfe von Familienmitgliedern, aber auch, weil sie für sich selbst neue Optionen erschließen wollen.[815]

Die berufliche Sozialisation von Frauen erweist sich in dieser Perspektive als schrittweise Distanzierung vom Familien- und Hausmutterdasein und als Alternative zu einer "männlichen Normalbiographie", der Frauen historisch und aktuell in der Regel nicht oder nur temporär nacheiferten. Ihr Bewußtsein ist auf die Erhaltung von Vielfalt und verschiedenen Möglichkeiten gerichtet, insofern wollen sie die Zeitregelungen flexibel halten, um mobil zu bleiben. Teilzeitarbeit erweitert diesen Gestaltungsraum gerade für Mütter.[816] Sie probieren in diesem Rahmen auch eine reflexive Distanz zu den emotionalen Bindungen, zu Konflikten, zu dichten und teilweise erdrückenden Ansprüchen im engen Familienkreis. Dieses spezifische Motiv für einen Formwechsel von Teilzeitarbeit, das besonders für Mütter gilt, wird von Eckart eindrucksvoll herausgearbeitet. Da Frauen nur verdeckt und versteckt über ihre Zielkonflikte und Individuen sprechen, weil sie sich damit unter einen erheblichen Legitimationsdruck stellen, wird ihren Beweggründen behutsam nachgegangen. Der Vorteil qualitativer Erhebungsmethoden zeigt sich in diesem Zusammenhang deutlich. Erst das intensive Gespräch entlang der eigenen Biographie und Alltagserfahrung ermöglicht einen Einblick in Konfliktlinien und ambivalente Haltungen von Müttern, die sich von einer kindzentrierten Kommunikation mit den typischen Wiederholungen, Begrenzungen und Stagnationen absetzen, Teilzeitarbeitsformen wählen, aber stets darauf angewiesen sind, im Not- und Störungsfall flexibel und präsent zu sein.[817] Bei der Wahl

813 Vgl. Eckart 1990:76.

814 Vgl. Eckart 1990:198ff.

815 Vgl. Eckart 1990:78-197. Typische Selbstkonzepte sind: (1) Einbindung ins Kollektiv der Familie, (2) verhinderte Individualität, (3) eine Zwischenform zwischen Abgrenzung und eigenen Wünschen, (4) Selbstverwirklichung durch Arbeit, (5) Karriere als Herausforderung.

816 Vgl. Eckart 1990:79ff.

ihrer Bewältigungsmuster greifen sie auf das generierte Erfahrungswissen der Müttergeneration zurück, das sie teils annehmen, teils verwerfen, auf jeden Fall für sich modifizieren.[818] Die Brüche und Aufbrüche gelebter Mutterschaft, die Grenzüberschreitungen des Üblichen und die zahlreichen Suchbewegungen haben keine "zielklaren" Leitbilder. Das zwingt Frauen dazu, findig und kreativ zu werden.

Auch die 52 Mütter, die von Helga Krüger u.a. im Rahmen der Bremer Regionalstudie befragt werden, erweisen sich als innovativ, erfindungsreich und unkonventionell in der Umsetzung ihrer erstaunlich selbstverständlich akzeptierten Hauptverantwortung fürs Familiäre: Die jungen Mütter mit kleinen Kindern nutzen ihre Entscheidungsspielräume intensiv. Ihr Leitbild ist durch ein beharrliches Insistieren auf dem Anspruch an einer durchgängigen Erwerbsfähigkeit gekennzeichnet. Sie reduzieren die eigenen Vorstellungen von "Sauberkeit und Ordnung", von Komfort und Gemütlichkeit, sie organisieren und verteilen die Fremdbetreuung der Kinder, ihre Spiel- und Freizeitbetätigungen, und sind jederzeit bereit, bei Störungen einzuspringen und ausgleichend tätig zu werden. Bei der öffentlichen Versorgung mit Möglichkeiten der gesellschaftlichen Kinderbetreuung hapert es. Da Väter nur temporär und ausnahmsweise Verantwortung übernehmen, bleibt Müttern die Eigeninitiative für die Schaffung und Aufrechterhaltung eines privaten Netzes überlassen, um der staatlichen Unterversorgung zu begegnen: Sie wollen dabei erstens für das Kind altersgemäße Spiel- und Erfahrungsmöglichkeiten mit anderen Kindern ("Wahlgeschwister" für Einzelkinder) schaffen und zweitens sich selbst entlasten und entbinden von der Überforderung, als einzige oder zentrale Ansprechpartnerin "rund um die Uhr" präsent sein zu müssen. Sie wollen für sich Erlebens- und Arbeitsmöglichkeiten erschließen, die neben bzw. "trotz Mütterlichkeit" interessante Erfahrungen bieten. Das häusliche Tätigsein allein lähmt und unterfordert sie.

Zwei konträre Typisierungen beschreiben das Spektrum des Mütterbewußtseins zwischen einem Negativ- und einem Positivpol:

Unter den berufstätigen Müttern fallen Lehrerinnen als Privilegierte mit hohen Qualifikationen, relativ guter Einkommenslage, günstigen Arbeitszeiten und gesicherten sozialen Umfeldbedingungen (Familie/Wohnsituation) auf. Sie haben einen "Traumberuf", optimale Gestaltungsmöglichkeiten für eine Voll/Teilzeitbeschäftigung und die Gewährleistung einer adäquaten Fremdbetreuung der Kinder. Lehrerinnen sind außerordentlich

817 Vgl. bei Eckart 1990 zum Beispiel den Fall von Frau C., S. 172ff. und S. 126ff.

818 Vgl. Eckart 1990:210f. Die skeptische Haltung gegenüber der eigenen Mutter und dem Vatervorbild haben eine wichtige Funktion für die Auseinandersetzung mit eigenen Rollenanforderungen.

zufrieden, fühlen sich sicher und gewappnet für Experimente, haben Freude am Beruf und an der Mutterschaft und sind zuversichtlich hinsichtlich ihrer Zukunft.

Gänzlich anders ergeht es den Voll-Hausfrauen, die häufig in einem prekären Beschäftigungsverhältnis stehen, aber auch jenen Hausfrauen, die keiner Beschäftigung nachgehen. Sie empfinden es als Druck, tagtäglich abwechslungsreiche Möglichkeiten für das Kind und sich selbst organisieren zu müssen. Mütter aus unteren Schichten, die lediglich über eine geringe Schul- und Berufsqualifikation verfügen, suchen neben dem Voll-Hausfrauendasein ständig nach Verdienst- und Beschäftigungsmöglichkeiten: als Putzfrau, Aushilfe, Tagesmutter. Sie sind auf das Familiennetz als kostenlose Betreuung angewiesen und "behelfen" sich, - mehr schlecht als recht. Die Betreuung ihrer Kinder ist teilweise auf deren Aufbewahrung reduziert.

Der bemerkenswerteste Befund dieser Studie ist, daß die Lebensläufe von jüngeren Müttern im Prinzip eine Parallelisierung beider Stränge, Familie und Beruf, aufweisen. Die Realisierung dieser Option hängt von der Berufsspezifik ab. Lehrerinnen und kaufmännisch ausgebildete Frauen, die in Banken/Versicherungen und öffentlichen Verwaltungen auf Teilzeitangebote zurückgreifen können, haben die längsten Erwerbszeiten und die höchste Zufriedenheit. Friseurinnen und Beschäftigte mit Kundenkontakt und entsprechenden Arbeits- und Öffnungszeiten verfügen über die geringsten Möglichkeiten im Hinblick auf eine familiengerechte häusliche Abwesenheit. Der Versuch, die Parallelisierungsoption umzusetzen, führt hier zu einem vielfachen "hopping" und Wechsel der Prioritäten zwischen inner- und außerhäuslichem Engagement.[819]

Als wichtige Variable einer flexiblen Lebensgestaltung erweist sich der Ausbildungsberuf. Hier erfolgt die gravierende Weichenstellung für eine spätere Handlungsvielfalt. In Verbindung mit Untersuchungen zur Berufsfindung von Mädchen, die ihre Wunschvorstellung oft an das reduzierte Ausbildungsplatzangebot anpassen und nicht ihren Neigungen und doppelten Zielvorstellungen folgen, zeigt sich, daß strukturelle "Zufälle" über den späteren Handlungsspielraum von Frauen als Mütter entscheiden und eine Parallelisierung beider Bereiche unter Umständen verunmöglichen. So wird bei der Ausbildungsentscheidung oft nicht hinreichend bedacht, daß viele frauentypische und hausarbeitsnahe Tätigkeiten keine flexible Arbeitszeitgestaltung zulassen.[820]

---

819 Vgl. Krüger 1991:694f.

820 Vgl. Heinz/Krüger u.a. 1983. Die Hausarbeitsnähe des Ausbildungsberufs, die zur "Vorbereitung" dienen mag, verhindert eine zeitgleiche Vereinbarkeit, weil z.B. Frisörinnen, Krankenschwestern, Verkäuferinnen extrem familienunfreundliche Arbeitszeiten haben.

In ihren zusammenfassenden Überlegungen vergleicht Krüger die Vereinbarkeitspraxen auf der Ebene von Alltagserfahrung und Normenreflexion bei Älteren und Jüngeren. Ältere Frauen negieren bzw. relativieren den alltäglichen Anspruch ihrer Ehemänner auf das Umsorgtwerden. Sie sind durchgängig erwerbstätig und gleichzeitig Hausfrau und Mutter, ohne diese Gleichzeitigkeit zu vertreten. Ihre Töchter "stehen zu dem, was sie tun", sind kontinuierlich erwerbstätig und erklären dieses Verhalten zur Selbstverständlichkeit.[821] Sie haben es dadurch etwas einfacher, konfligierende Anforderungsstrukturen zu integrieren. Das "Strukturpuzzle" mit den impliziten Benachteiligungsmustern bleibt für den Lebenslauf aller Frauen dominierend, obwohl die jüngeren sich vermehrt gegen die Minderbewertung dieser Zusatzanstrengungen wehren.[822]

Die jüngere Frauen- und Müttergeneration hat den einstigen Bildungs- und Ausbildungsvorsprung der Männer aufgeholt und teilweise überholt. Die "verlängerte Jugendphase" bietet für Frauen die Möglichkeit, mit ihren Fähigkeiten frei zu experimentieren und alternative Möglichkeiten der Lebensplanung reflektierend auszuloten. Frauen nehmen kollektiv die Chance wahr, den Modus der Integration von Erwerbstätigkeit in ihren Lebenslauf sehr spezifisch, individuell und eigenwillig auszuwählen und auszugestalten. Die "Pluralisierung der Lebensstile" wird von ihnen vorangetrieben, insbesondere auch von jenen, die Alleinerziehende sind.[823]

Das Bewußtsein der Mütter befindet sich in den 80er Jahren in einer Phase des Durchbruchs zu einer größeren Sicherheit und Selbstverständlichkeit, Beruf, Kind und Familie gleichzeitig nebeneinander zu bewältigen. Die intergenerativen Lernprozesse, die Krüger schlüssig beschreibt, zeigen, daß die beruflichen Verstetigungsbemühungen schon bei der Generation der jetzt cirka 60jährigen Frauen existierten, aber erst von den heute 30jährigen offensiv vertreten werden. Der Wunsch nach Familie bleibt, aber die Berufsabsichten werden zu einem konkurrierenden Faktor. Dem Nebeneinander von Beruf und Familie entspricht kein partnerschaftliches Miteinander in der Hausarbeitsteilung. Die Arbeit "aus Liebe" ist integraler Bestandteil im Bewußtsein von Frauen, insbesondere von Müttern, die ihr berufliches Engagement zurückschrauben, um die Kinderbetreuung zu intensiveren. Auf diesen Punkt der strukturellen Asymmetrie verweist die neuere Debatte um das Bewußtsein der Mütter: Ihre beruflichen Aktivitäten streben nach Gleichheit, "privat" akzeptieren sie ungleiche eheliche Machtverhältnisse. Dies zeigt ein Nebeneinander von traditionellen und progressiven Werteorientierungen.

821 Vgl. Krüger 1991:700; 693ff.
822 Vgl. Krüger 1991:698.
823 Vgl. Geißler 1989:20.

Fraglich ist, ob der Indikator asymmetrischer Hausarbeitsleistungen so weitreichend interpretierbar ist. Die Autonomisierungstendenzen von Frauen in der beruflichen Sphäre wirken sich vielfältiger auf die Privatsphäre aus. Dort werden die Grenzen, sich über die geringe Kooperationsbereitschaft von Männern zu streiten, sichtbar. Frauen begeben sich auf die Suche nach Entlastungsstrategien. Die ansteigende Scheidungshäufigkeit und die aktive Rolle der Frauen bei Trennungen verweist auf dieses binnenfamiliäre Problemfeld, in dem ein für Frauen zumeist aussichtsloser Geschlechterkampf stattfindet. Welche ungeheuren Belastungen dabei auftreten und wie hilf- und orientierungslos diese von Frauen verarbeitet werden, soll im folgenden anhand von Untersuchungen zu "Liebe und Gewalt" verfolgt werden.

7.6.4. Gewalthandlungen in Familien

Eine in mehrfacher Hinsicht "dunkle Seite" des Frauenbewußtseins tut sich auf, wenn wir uns die Entschuldigungen ansehen, die Frauen für gewalttätige Männer finden. Über den Zusammenhang von Liebe und Gewalt entsteht erst cirka 1980 eine prominente öffentliche Debatte um das Verhältnis von struktureller und "privater" Gewalt, um die widerstrebende oder stillschweigende Duldung bzw. Akzeptanz schlagender Ehemänner und um "Frauen als Opfer oder Täterinnen". Es geht um den Paragraphen 218, um die Normalität im Sinne einer Regelhaftigkeit alltäglicher Gewalt in Familien, um den Umgang mit öffentlich sichtbarer Frauenmißachtung in der Werbung, um Mißhandlungs- sowie Vergewaltigungspraxen als Einzelfälle oder Unfälle oder Straftaten, die je für sich abgehandelt werden. Die physische Gewalt von Männern gegenüber Frauen wird als Spitze des Eisbergs eines alltäglichen Sexismus in heterosexuellen Beziehungen skandalisiert. Die Analyse über die spezifisch männliche Gewaltausübung zeigt die Verknüpfung zwischen sexueller Lust, Instrumentalisierung und Unterwerfung des Weiblichen. Die Intimsphäre erscheint als Ort, in dem sich das hierarchische Geschlechterverhältnis auf subtile Weise reproduziert, in dem sich die Dominanz des Männlichen und die Inferiorität des Weiblichen, seine Stärke und ihre Schwäche, Passivität und Hingabe, seine Aktivität und Potenz im Verborgenen entfalten können.

Die zahlreichen Berichte über Erfahrungen und Evaluierungen in neu eingerichteten Frauenhäusern stoßen auf ein Bewußtsein von Frauen, das die Gewaltanwendung des Ehemannes als "Ausrutscher" erklärt, auch dann, wenn sie sich ständig wiederholt.[824] Diese Haltung wird zum Teil tabuisiert, zum Teil als Beispiel für die Teilhabe und Mittäterschaft von Frauen an der Gewalt in Familien herangezogen. Margrit Brückner greift 1983 in diesen Diskurs ein, fragt Frauen intensiv nach den Gründen für ihr Erdulden und wendet den Blick auf die Gewaltausübung als eine krasse Erscheinungsform des Geschlechterverhältnisses, dessen "Wesen" ein asymmetrisches Arrangement sei. In ihren Gesprächen zeigt sich, daß Frauen versuchen, ihre eigene gesellschaftliche Ohnmacht und privat erlebte Geringschätzung über die Bindung an eine imaginierte Unabhängigkeit und Größe des Mannes zu kompensieren.[825] Frauen hätten für ihre Rolle in Beziehungen das Konzept der Mütterlichkeit, welches Schwäche und Aufopferung adaptiere:

> "Das Bild, das eine Frau von Beziehungen hat, schließt fast immer den Wunsch ein, einem Mann bei seiner Entwicklung, ob es sich um die persönliche oder die berufliche handelt, zu helfen. In ihren Händen soll er wachsen, durch sie soll er werden, was sie in ihm sieht. So wird er in der Beziehung zu ihr groß und mächtig. Daß er dabei ihrer Hilfe bedarf, weiß oft nur sie. Erst auf den Schultern der Frau stehend wächst der Mann in den Himmel."[826]

Brückner begreift die Beziehungsdynamik als Spannungsverhältnis zwischen zwei Polen bzw. geteilten Größen. Die Verortung des Selbst und des Anderen zwischen den Extremen Macht und Schwäche, Abhängigkeit und Unabhängigkeit als Eigenschaften der Geschlechter und die konfliktreiche Suche nach Nähe und Distanzierung beschreiben Bewegungen und Verhaltensweisen in Paarbeziehungen. Da das Prestige von Frauen von der sozialen Stellung des Ehemannes abhängig ist, deutet Brückner die Neigung von Frauen, ihren Männern Großartigkeit zuzusprechen, als Versuch, eigene Schwächen auszugleichen. Das sei eine Antwort bzw. die psychische Repräsentanz der sozialen Tatsache weiblicher Diskriminierung, denn: "Weiblichkeit spiegelt sich in der realen und der imaginären Größe des Mannes."[827] Diese Dynamik gilt nach Brückner keineswegs nur für pathologisch strukturierte Beziehungen, nicht nur für traditionelle Verhältnisse, sondern auch für sogenannte heile, harmonische, um Verstehen und Verständigung bemühte Beziehungen in gehobenen und bildungsbürgerlichen Schichten. Auch dort wird das Männliche als größer, gewichtiger, bedeutender imaginiert und mit weiblichen "Anleihen" versehen.[828]

---

824 Vgl. z.B. Ebbinghaus 1987, Burgard 1985, Beiderwieden u.a. 1986, Büttner u.a. 1984.
825 Vgl. Brückner 1983.
826 Brückner 1983:78.
827 Brückner 1983:78.
828 Vgl. Brückner 1983:80.

Die Problematik besteht nach Brückner darin, daß sich die Ehepartner den Wunsch nach Grandiosität strikt aufteilen. Für ihn bedeutet das, stets die wichtigere Aufgabe wahrzunehmen, draußen Größe und Dominanz, Durchsetzungskraft und Stärke zu beweisen und ihrem Ideal zu entsprechen. Für sie bedeutet es, ihm dabei in jeder Beziehung behilflich zu sein, ihm zuzuarbeiten und ihn zu begleiten. Sie fördert sein Selbstwertgefühl, übertreibt und phantasiert sich so ihren "absoluten" Mann, der er trotz bzw. wegen der Schläge, die sie einsteckt, bleibt:

> "Er wird mächtig und unabhängig, sie abhängig und schwach, aber zur Aufrechterhaltung seiner Scheingröße braucht er sie, während sie ohne ihn wachsen würde, eine Wahrheit, die beide angstvoll aneinander festhalten läßt."[829]

Brückner analysiert die langwierigen Hindernisse und plötzlichen Durchbrüche zum Trennungsschritt. Frauen erinnern die neu- oder wiedergewonnene Entschlußkraft als große Überraschung. Hinterher können sie weder erklären, warum sie solange blieben, noch, woher sie die Motivation, Energie und Tatkraft nahmen. Sie war plötzlich da und trug über eine längere Phase, diente der Bewältigung neu anstehender Probleme und motivierte zu dem "Wendepunkt".[830]

Die tiefe Verstrickung und ausweglose Situation von Frauen angesichts von Gewalt in Familien existiert nach der Untersuchung von Roswita Burgard vor allem aufgrund der langen Leidensbereitschaft von Frauen. Burgard, die mit mißhandelten Frauen Wege der Überwindung von Gewaltverhältnissen sucht und weitgehend Hilflosigkeit vorfindet, führt als Mitbegründerin und langjährige Mitarbeiterin des ersten Berliner Frauenhauses über längere Zeit hinweg bewußt parteiliche Gespräche mit mißhandelten Frauen. Sie versucht, unter Verwendung der Lebensgeschichte von fünf Frauen einen exemplarischen Fall zu konstruieren und untersucht dezidiert die Folgen der erlebten Gewalttätigkeiten. Die aktuellen Mißhandlungsbeziehungen stellen sich hier als komplizierte prozessierende Abläufe dar, in die alle Beteiligten mit außerordentlich diffusen Täter- und Opferrollen involviert sind, Männer, Frauen und Kinder. Die Machtverhältnisse, die sich gegen Frauen richten, werden von diesen über weite Strecken völlig widerstands- und hilflos hingenommen. Frauen beschreiben ihre Abwehr gegen mißhandelnde Männer, ihre erfolglosen und erfolgreichen Trennungsversuche, aber auch die lange Latenzphase des Hoffens und Leidens sowie die Notwendigkeit der Hilfestellung in Form von unterstützenden Funktionen, die z.B. das Frauenhaus für sie hatte. Im Ergebnis werden konkrete politische Forderungen an Städte und Kommunen aufgestellt, das Umfeld dieser

829 Brückner 1983:80/81.

830 Dieses Erlebnis schützt allerdings nicht davor, erneut in einer ähnlichen Beziehungskonstellation zu landen.

Frauen, die strukturelle Gewalt von Eherecht und Familiengesetzgebung, als Ursachenkomplex zu begreifen und systematisch anzugehen.[831] Burgard sieht demnach eher äußere Instanzen als potentielle Problemlöser, Frauen erscheinen als handlungsunfähig aufgrund ihrer tiefen Verstrickung und langjährigen Duldung. Wegen dieser selbstaufopfernden Haltung wird Frauen die Mündigkeit abgesprochen, ohne genauer "hinter die Kulissen" zu sehen.

Um Art und Grad innerfamilialer Gewalt geht es in einer weiteren Untersuchung: Die Familie als Systemeinheit, in der Frauen und Mütter den gewalttätigen Umgang als integralen Bestandteil des Miteinanders auffassen, wird Mitte der achtziger Jahre von Michael Honig thematisiert und empirisch untersucht. Auf Basis von 13 Intensivinterviews mit dauerhaft zusammenlebenden Paaren wird geprüft, welche Rolle bei der alltäglichen Herstellung von Familie das gewalttätige Handeln spielt. In dieser methodisch wie inhaltlich differenziert argumentierenden Arbeit wird das Spannungsverhältnis von Intimität und Hierarchie in den Beziehungen der Geschlechter und Generationen konkret und realitätsnah aufgefächert. Honig zeigt, daß das Gewalthandeln in der Öffentlichkeit als moralisches Problem thematisiert wird, für die Beteiligten, auch für Frauen, aber ein praktischer, selbstverständlicher und "normaler" Teil des Tagesablaufs ist:

> "Sie sind damit konfrontiert, daß Familie eine Logik der Nähe und Egalität und eine Logik der Abhängigkeit und Verfügung innewohnt."[832]

Die "verhäuslichte Gewalt", die sich gegen Frauen und Kinder, auch gegen Alte richtet, wird von Honig in Anlehnung an das Verständnis, das er vorfindet, als "private" Gewalt von Gewalt in der Gesellschaft abgegrenzt, ohne daß er dieses Phänomen für die Analyse umrissen hätte.[833] Die gesellschaftlichen Bedingungen und der Skandal physischer Gewalt geraten dabei aus dem Blick. Sichtbar wird der Kontext, in dem Frauen solche Verhältnisse ertragen und legitimieren.[834]

---

831 Vgl. Burgard 1985:57ff.,73ff.,271f.,159ff.,193ff.,189ff.

832 Honig 1986:278/279.

833 Honig unterlegt einen Begriff der Normalität von Gewalt und verleiht ihm dadurch einen Mythos der Alltäglichkeit. Familienbande und Gewalthandeln, Liebe und Schläge, Nähe und Qual, Anhänglichkeit und Abhängigkeit, Intimität und Verletzlichkeit scheinen demnach ein symbiotisches Geflecht zu bilden.

834 Honig konzentriert sich in Abgrenzung von radikalfeministische Positionen gern auf deren angeblich wirklichkeitsfremde Übertreibungen. Die Frauenforschung decke das Problem von Familien, in denen Gewaltprobleme existierten, zu, indem sie die Institution Familie pauschal problematisiere. Weil sich hier eine massive Zuspitzung der patriarchalen Geschlechterverhältnisse zeige, packe er das Problem im Kern an; vgl. Honig 1986:100, 116.

Die Notwendigkeit der Aufrechterhaltung von Familie als Institution hat für Honig Priorität. Sie sei ohne Alternative, weil ein System persönlicher Angewiesenheit und Abhängigkeit mit geschlechts- und generationshierarchischer Beziehungsstruktur "unter den gegebenen Produktionsverhältnissen" unverzichtbar sei. Gewalt sei eine Folge und unvermeidlicher Bestandteil. So werde die Sozialisation entsprechender Charaktere gewährleistet.[835] Diese Auffassung ordnet Gewalt als normal ein. Dem entspricht der Umgang mit dem empirischen Material: Was die Betroffenen schildern, bildet Honig ungefiltert ab. Es unterbleibt jede kritische Analyse des Gesagten und es entsteht der Eindruck, Frauen arrangierten sich widerspruchslos mit Gewaltverhältnissen. Die Untersuchung von Honig ist für die Frage nach dem empirischen Frauenbewußtsein, dessen Bedeutung und Interpretation in diesem Grenzbereich relevant. Sie tastet ein Tabu an, will verstehen, statt zu verurteilen. Honig entdeckt, daß Frauen das Schweigen schlimmer als Schläge finden, es also eher hinnehmen, daß er "explodiert" als daß keine Kommunikation stattfindet. Auch wenn sie brutale Mißhandlungen der Kinder und massives Verprügeltwerden am eigenen Leib erleben,[836] verteidigen sie ihr Verbleiben in diesem Kontext wortreich, intensiv und überzeugt, damit aus ihrer ausweglosen Lage das Beste zu machen.[837] Sie verharmlosen die Situation und sehen keine Alternative. Frauen entschuldigen ihre schlagenden Männer, üben Nachsicht und entdramatisieren die Vorfälle, hoffen auf Besserung und wehren Kritik (z.B. durch die Kinder) ab.[838]

Honig übernimmt die Ausführungen der Befragten überwiegend im Originalton. Damit tut sich ein Problem der Auswertungsmethode auf, die nicht nur nahe am Material verbleibt, sondern auch die dort dokumentierten Deutungen der GesprächspartnerInnen übernimmt. Neidhardt verweist in diesem Zusammenhang darauf, das Honig dem interpretativen Paradigma, in der Sprache derer zu verbleiben, die er verstehen möchte, allzu undistanziert aufsitze.[839] Die schlichte Abbildung des gesprochenen Kontextes führe dazu, daß Gewalthandeln als Alltagsstandard hingenommen und legitimiert werde. Das sei problematisch, weil es zur wissenschaftlichen Legitimation und Fixierung einer Normalität von Gewalt beitrage. Dem ist allerdings entgegenzuhalten, daß eine pauschale Abwehr und Verurteilung von Gewalt im privaten Umgang den Blick auf die Art und den Grad

835 Vgl. Honig 1986:282.

836 Vgl. Honig 1986: 173.

837 Vgl. Honig 1986:151, 158, 275.

838 Vgl. die Besprechung von Hagemann-White 1987:194, die sich sehr kritisch mit den inhaltlichen Implikationen auseinandersetzt.

839 Vgl. die kritische Anmerkungen zur Methode der Auswertung und Interpretation von Neidhardt 1987:198ff.

dieser Interaktion verstellt, körperliche Auseinandersetzungen zentriert und verbal zugefügte Qualen ignoriert.

Frauen, die Gewalttätigkeit ertragen, befinden sich nach der Interpretation von Brückner in einer Phase der "Erstarrung" und Verdrängung, die prinzipiell auflösbar ist, wenngleich nicht sofort und umstandslos.[840] Vorsichtigen Schätzungen von Honig, Burgard u.a. zufolge muß mit einer Latenzzeit von cirka 10 Jahren bis zum Beginn des Loslösungsprozesses gerechnet werden. Das legt, trotz des überzeugenden Votums von Brückner für eigene Lern- und Bewußtwerdungsprozesse bei Frauen, die Überlegung von Burgard für Interventionen von außen nahe: Wenn Kinder, Töchter und Söhne, über Jahre die offene Gewalt als Konfliktlösung erleben, sind Eingriffe in diesen negativen "Kreislauf" erforderlich, um die Reproduktion eines Bewußtseins von Gewalt als Selbstverständlichkeit zu durchbrechen, das in der nachfolgenden Generation wieder eine Akzeptanz passiver und aktiver Gewaltanwendung entstehen lassen würde.

Eine weitere Enttabuisierung in der Debatte um Gewalt in Familien und die gesellschaftlich akzeptierte Ausübung von Gewalt wird von der 68er-Frauengeneration probiert. Es geht um die Beteiligung der Müttergeneration am NS-Regime, um ihr Bewußtsein und jene Prägungen, die sie den Töchtern hinterlassen. Das Aneignen des "negativen Eigentums"[841] der Geschichte für Frauen und deren spezifische "Vergangenheitsbewältigung" wird versucht. Der Blick fällt auf die politische und private Rolle der Mütter und ihre Beteiligung am Krieg und entdeckt auch hier Opferinszenierungen: Demut und Zurückhaltungen, Verzicht, Leiden und Trauer, aber auch die Suche nach Tröstungen für den Tod der Soldaten in der "großen Sache", die Hitler versprach. Gesucht wird nach jenen Eigenschaften bereitwilliger Ein- und Anpassung der Mütter, die "abfärbten". Insbesondere Lerke Gravenhorst arbeitet den Zusammenhang zwischen dem psychischen Abhängigkeitsverhältnis der Frau und ihrer bedingungslosen Folgebereitschaft gegenüber dem "Führer" heraus und kratzt das Bild von der unschuldig verführten Frau an. Dies sei wie die aktive Entlastung und Entschuldigung des kriegerischen Gewalthandelns ein Mitagieren und Teilnehmen am System der Entwürdigung, das dem Bedürfnis nach einem Mann als mächtiger Instanz entspreche. Die Bewunderung seiner Kraft und körperlichen wie geistigen Überlegenheit sei eine Art "Freibrief" für Männer gewesen, diese beliebig einzusetzen und mit der Bereitschaft, Frau und Kind zu schützen, zu legitimieren. Der Anerkennung von Frauen konnten sie sicher sein. Solange dieser Zusammenhang zwischen einer Gewaltakzeptanz im intimen und gesellschaftlichen Umgang nicht aufgedeckt

840 Vgl. Brückner 1983:156ff.
841 Vgl. Gravenhorst 1990:17ff.

sei, so Gravenhorst, habe eine Aneignung und feministische Akzeptanz der Geschichte und der Rolle der Frauen im generativen Lernprozeß nicht stattgefunden.

Das Thema Gewalt zeigt im Zusammenhang mit dem Frauenbewußtsein undurchdringliche Seiten auf. In den ernüchternden Analysen zur Akzeptanz der Gewaltausübung wird der Part von Frauen untersucht: Die Imaginationen vom Mann als dem Mächtigeren fußen auf der subjektiv und objektiv vermittelten Vorstellung, als Frau schwach und "ergänzungsbedürftig" zu sein. Brückner betont die "Selbsthilfe" durch den Trennungsschritt, Burgard verweist auf die Notwendigkeit von Eingriffen, die von außen kommen. Honig beschreibt die Unausweichlichkeit der Gewaltakte wegen ihrer Verzahnung mit dem Alltagshandeln. Der "Wendepunkt" erfolgt oft erst nach 10 Jahren. - Gravenhorst bezieht das Problem der Duldung auf Fragen der weiblichen Mittäterschaft während Diktatur und Krieg. Klar wird, daß das Opfertheorem der Revision bedarf.

7.7. Würdigung und Deutungskritik - Durchbrüche?

In den 80er Jahren erfährt die Forschung zum Frauenbewußtsein einen kräftigen Anschub, der die üblicherweise auf Männer konzentrierten Bewußtseinsuntersuchungen ein- und z.T. überholt, weil einerseits "flächendeckend", andererseits mit vertieften Analysen gearbeitet wird. Margrit Brückner treibt durch ihren Beitrag die Diskussion um die "Mittäterschaft" außerordentlich produktiv voran, indem sie die weibliche Imagination und Deutung der männlichen Stärke und Überlegenheit als verantwortliche Schaltstellen für den "bequemen" Opferstatus identifiziert.

Kritik am Denkschema und Deutungsmuster "Frau als Opfer, Mann als Täter" bleibt in den 80er Jahren zunächst ein Tabu. Es wird von Lerke Gravenhorst aufgegriffen und als dringendes Forschungsfeld reklamiert.[842] Die "Stilisierung der Geschlechterwirklichkeit" als Dualität wird kritisiert und als fragwürdiges Denkkonstrukt mit erheblicher Deutungsmacht beschrieben, weil sie die Optik vieler Frauenforscherinnen problematisch vereinseitige.[843] Sie führe zu schematischen Polarisierungen und der Deutung von konträren Bewußtseinslagen und Verhaltensmustern bei Männern und Frauen. Damit ontologisiere sie die Gegensätzlichkeiten quasi und trage

---

842 Vgl. Gravenhorst 1985; der Vortrag rüttelt an weiteren Tabus: Er dechiffriert das Männerbild der Frauenforschung als wohlfeile Feindkonstruktion.

843 Vgl. Gravenhorst 1985:110.

zur Festschreibung bei, obwohl es doch um eine Aufhebung gehe.[844]

Die Wissenschaftlerinnen, die sich der empirischen Untersuchung des Frauenbewußtseins annehmen und nicht nur im Themenfeld Mädchen, sondern auch bei Berufstätigen und Müttern subjektive Einstellungen untersuchen und für neue Erkenntnisse und Einblicke sorgen, decken differenzierte Lernprozesse und Bewußtseinsentwicklungen auf, die nicht nur in der Kontrastierung zum anderen Geschlecht, sondern auch schicht- und generationsübergreifend ausgefächert werden: Unterschiede zwischen Frauen geraten in den Blick.

Mädchen eignen sich bereits im Rahmen ihrer Sozialisation eine Doppelorientierung an, setzen sie in ein Lebensmodell der perspektivischen Parallelisierung um und grenzen sich vom Aufopferungswillen der Mutter ab.[845] Sie entwickeln im Verlauf ihrer länger werdenden Bildungsphasen ein hohes Maß an Eigenständigkeit. Bemerkenswert ist, daß sie sich von Arbeitslosigkeit und Berufseinstiegsproblemen, die in den 80er Jahren kumulieren, nicht abschrecken lassen. Ihre Bildungsmotivation und das Aspirationsinteresse sind eine mutige und offensive Antwort auf schlechte Berufschancen. Sie bereiten sich in dieser Zeit auch auf einen Durchbruch zu einer autonomeren Lebensgestaltung vor. Ihre kollektiv praktizierte qualifikatorische Angleichung an das durchschnittliche Ausbildungsniveau bietet ihnen nach den Prognosen neuerer Arbeitsmarktanalysen[846] für die 90er Jahre gute Chancen für mittlere und höhere Karrieren. Ihr Handicap ist und bleibt aber die Vereinbarkeitsproblematik.[847]

Erwerbstätige aus unterschiedlichen Berufsgruppen haben in der ersten Hälfte der 80er Jahre mit technologisch bedingten Umstrukturierungen von Arbeitsablauf und -organisation zu tun, die ihr Arbeitsbewußtsein prägen und herausfordern. Der hohe Stellenwert, den der Beruf bei Frauen hat, setzt einen Willen zur Selbstbehauptung und Anstrengung frei, der besonders bei jenen, die auf die Lebensmitte zugehen, zu Aktivitätsschüben führt.[848] Sie entwickeln konkurrierende Lebensmodelle für ihre Familien- und Berufskarriere und springen vital zwischen beiden Strängen hin und her. Mal hat die Familie, mal der Beruf Priorität, meistens erfolgen die

844 Vgl. Gravenhorst 1985; vgl. die Kritik von Landweer 1990 am präferierten "Märtyrerinnenmodell" in der Frauenforschung Westdeutschlands.

845 Vgl. Zoll u.a. 1989.

846 Vgl. z.B. Stoos/Weiding 1990 und Wolff 1990.

847 Vgl. Notz 1991, die den dramatischen Bruch in der Erwerbsbiographie durch das Mutterwerden beschreibt und herausarbeitet, was sich mit dem ersten Kind für das Zusammenleben des jungen Paares verändert: Männer nutzen die Kinderbetreuung als strategisches Moment, sich "draußen" zu bewähren und so ihre hierarchische Position (des Ernährers) "drinnen" zu behaupten. Sie drängen Frauen so in Kinderpflicht und Latenz.

848 Vgl. Herlyn/Vogel 1988.

Abwägungen aufgrund temporärer Notlagen im Privatbereich; seltener verlassen Frauen ihren Arbeitsplatz zugunsten von ausschließlicher Hausarbeit und Sorgetätigkeit. Untersuchungen zu den Sequenzmustern weisen aus, daß Frauen durchschnittlich bis zu 12 mal in ihrer Erwerbsbiographie die Priorität wechseln. Sie tun das nicht nur freiwillig, aber durchaus oft, weil sie ihre Arbeitsbedingungen verbessern möchten. Dabei verfolgen sie eigene Ziele der Selbstverwirklichung, die von Diezinger als "Individualisierung in der Individualisierung" beschrieben werden. Ihre "kontrollierten" Entwicklungsschübe innerhalb von Bindungen führen zu offeneren Beziehungsformen und einer grösseren internen Definitionsmacht der Frau, die die formale Veranwortung für den Alltag wahrnimmt, das "Programm" aber umschreibt.[849] Im beruflichen Bereich wird die individuelle und kollektive Aneignung mit dem durch Männer geprägten Umfeld als Prozeß der Akkulturation beschrieben. Frauen schaffen sich notwendigerweise "kulturelle Zwischenwelten", um die Diskrepanzen der Anforderungen im familiären und beruflichen Bereich zu überbrücken.

Auch die Mütter der 80er Jahre suchen intensiv nach neuen Formen der Kombination von Familie und Beruf.[850] Sowohl der Wechsel von Vereinbarkeitsmodellen als auch ihr diskontinuierlicheres Erwerbsverhalten und die stetige Reduzierung des häuslichen Arbeitsaufwands sind Ausdruck eines aktiven Vorantreibens der Parallelisierungsoption. Im intergenerativen Vergleich zeigt sich ein interessanter Wandel und Lernprozeß: Die um 1930 geborenen Frauen praktizieren eine kontinuierliche Gleichzeitigkeit von Familie und Beruf, fordern aber, daß Mütter eine lange Erwerbspause einlegen. Die Generation der Töchter vertritt dagegen heute das, was sie tatsächlich tut: Beides zugleich, auch dann, wenn es zeitweise zuviel wird, weil die Sorgearbeit überwiegend auf ihren Schultern lastet.[851]

Ungleiche Machtverteilungen im ehelichen Zusammenleben verweisen auf ein Nebeneinander herkömmlicher und progressiver Werthaltungen im Bewußtsein von Frauen. Das geht im Extrem soweit, daß Familie als Gewaltzusammenhang toleriert wird. Die jüngsten Versuche einer kritisch-feministischen Aneignung der deutschen Geschichte zentrieren das "Mitmachen" der eigenen Mütter. Ihre Haltung wird als Akzeptanz auf der Ebene eines innerfamiliären und nach außen gerichteten kriegerisch-aggressiven Gewalthandelns identifiziert. Die Frage nach der Adaption dieser doppelten Gewaltakzeptanz durch die eigene Person und Generation bleibt vorerst unbearbeitet.[852]

849 Vgl. Diezinger 1991:19,156.

850 Vgl. Schön 1989 mit zahlreichen Beiträgen über mütterliche Phasen und den Versuch, die Emanzipation zu integrieren.

851 Vgl. Krüger/Born 1990:68f.

852 Vgl. Reese 1989.

Das Plädoyer, Tabus und Denkblockaden im Zusammenhang mit der einstmals beschworenen Einigkeit unter Frauen aufzugeben, fördert in den 80er Jahren Erkenntnisse und Einblicke in Differenzierungen weiblicher Bewußtseinslagen. Die Schattierungen und Variationen an Bewußtseinshaltungen, die nun von der empirischen Literatur zutage gefördert werden, neigen zur Unübersichtlichkeit, zu einer Vielfalt und Beliebigkeit, die alles registriert und würdigt, was unterscheidet. Unter dem Etikett der "nachholenden Moderne" wird Frauen ein Individualisierungsschub zugestanden und unterstellt, der geeignet ist, die postulierte Pluralisierung der Lebensstile zu bestätigen und eine egalitäre Differenz zu begründen. Die dichte Aufeinanderfolge von empirischen Beiträgen dokumentiert im Kern stets das Thema der Vereinbarung und Integration von Privatem und Beruflichem. Neu ist, daß Frauen sich nicht entmutigen lassen und im Zweifel, das heißt häufig, allein in immer komplizierteren Konstellationen ihre Interessen realisieren. Im Unterschied zu Männern entwickeln sie ein reichhaltiges know-how bei der Neubestimmung des Verhältnisses von Arbeit und Leben, nehmen aber auch alleine die Kosten auf sich.[853]

Die Vielschichtigkeit und Mehrdimensionalität, die dem Frauenbewußtsein in den 80er Jahren zugeschrieben wird, erweist sich jedoch bei einer kritischen Abschichtung der modernistischen Interpretation des Differenzansatzes als gar nicht so neu und anders als in den vorhergehenden Dekaden. Das empirisch vorgefundene Frauenbewußtsein der 80er Jahre zeigt nur bei einer kleinen Teilgruppe von Frauen qualitativ neuartige Merkmale. Sie nehmen bemerkenswerte Durchbrüche eines autonomen Bewußtseins vor. Traditionelle Orientierungsmuster werden zwar bei vielen erheblich aufgefächert, neue Relevanzstrukturen entstehen und Bindungen an das geschlechtsspezifische Rollengefüge werden aufgelöst bzw. modifziert, aber eine offensiv selbstbestimmte Antwort resultiert daraus nur zum Teil: Die verlängerten und intensivierten Bildungsverläufe bei einer steigenden Anzahl von Frauen unterer und mittlerer Altersklassen[854] seit den 70er Jahren tun nun ihre Wirkung. Besonders die jungen Frauen, die von relativ guten beruflichen Einstiegschancen im wirtschaftlichen Aufschwung am Ende der 80er Jahre profitieren, entwerfen neuartige Lebenspläne für eine kontinuierlichere qualifizierte Berufstätigkeit neben dem Privatleben, was freilich ein mühselig zurechtgeschneidertes "Patchwork" ergibt, aber funktioniert.[855] Konkurrierende Modelle der Alltagsorganisation für die Erwerbs- und Familienkarriere werden ausprobiert.[856] Das gilt besonders für

853 Vgl. Metz-Göckel/Müller 1987:4ff.; im privaten Bereich finden (wieder vermehrt) "kleine Geschlechterkämpfe" statt.

854 Vgl. Geißler 1989: Hier sind besonders geschiedene Frauen beteiligt.

855 Vgl. Beck-Gernsheim 1984a; Rabe-Kleberg 1984 und 1987.

856 Vgl. Kulke 1991.

die "Avantgarde", für relevante Minderheiten und besonders für jene Frauen aus unterschiedlichen Herkunftsschichten, die sich bewußt in Abgrenzung zur Elterngeneration eigene Orte schaffen und in "Netzwerke" begeben, die das "Private" politisieren. Besonders diese Frauen, die länger und wiederholt im Bildungssektor verweilen, auf dem Gebiet der Sozialarbeit oder Pädagogik tätig sind, sowie jene, die sich in sog. "alternative" Milieus begeben, in eigenorganisierte Kinderbetreuungseinrichtungen, in Selbsterfahrungsgruppen, in Beratungsstellen für frauenspezifische Belange, prägen eine neue Generation (der Frauenbewegten), die eine Breitenwirkung entfaltet. Sie bleiben gleichwohl zahlenmäßig eine Minderheit, vollziehen aber eine Autonomisierung und Separierung, die als kollektive weibliche Selbstbehauptung weit über die Kreise dieser "radikalen Minderheit" hinaus wirkt und auf die Potentiale von Frauen aufmerksam macht.[857]

Diese zahlreichen und vielfältigen Initiativen schaffen auf individueller und kollektiver Ebene einen Fundus an reichhaltigen Erfahrungen, der ausgetauscht und so verwertbar gemacht wird. Er bildet die Basis und Sicherheit, Modelle und Vorbilder für Durchbrüche und Selbstbehauptungsstrategien auszuprobieren, bewußte Entscheidungen für das Alleinleben und/oder Alleinerziehen zu treffen, die Mühsal der individuellen Autonomisierung auf sich zu nehmen und die Verluste dieser Ablösung zu tragen. Die vielen Schritte der Individualisierung haben generell eine ermutigende Wirkung.[858] Insbesondere die lebhaften Debatten um Emanzipation und Feminismus, Abtreibung und Geburtenrückgang führen dazu, daß zunehmend mehr Frauen sich darüber verständigen, daß ihre Probleme der täglichen Vereinbarkeit, das Gefühl des Ungenügens und das "schlechte Gewissen", aufoktroyiert sind:

> "Aus der Sicht von Frauen heute ist das nicht nur ein Skandal, sondern eine Perversion von Gesellschaftlichkeit, wenn eine Sozietät die Erhaltung ihrer selbst nur garantieren kann unter der Struktur der Ungleichstellung der Hälfte ihrer Mitglieder."[859]

Ihre Blickrichtung ist eine andere geworden.[860] Sie besinnen sich, insbesondere ab der Lebensmitte, stärker auf sich selbst und versuchen, ihr Leben so zu gestalten, daß es nicht mehr nur von Sorgearbeit geprägt ist.[861]

857 Vgl. Knapp 1990:39ff.

858 Vgl. Kulke 1991:598ff.

859 Knapp 1990:41.

860 Der Geburtenrückgang wird in der öffentlichen Debatte bedeutsam: Das Dramatisieren läßt den Status von Frauen steigen, nicht die Rate der Geburten; vgl. Beck-Gernsheim 1984b:27.

861 Immer mehr Frauen verweigern die Pflegeerwartung der alten Angehörigen und später die "Oma-Dienste" für die Enkel! (Ehrenamtstätigkeiten, die unbezahlte Fürsorge verlangen, werden dennoch erbracht.)

Das Dienen, Bedienen, Umsorgen und Versorgen von anderen gerät in Verruf und Mißkredit; Frauen wollen diesen Part nur noch dort übernehmen, wo es unabdingbar erforderlich ist, das heißt bei der Kleinkindversorgung und Erkrankung von Mitgliedern der Kernfamilie.[862]

Die Analyse typischer Erwerbsformen für Frauen zeigt für die 80er Jahre einen bemerkenswerten Strukturwandel: Frauen erschließen sich die mittleren Hierarchieebenen, stoßen in größerer Zahl in Führungspositionen vor, erobern weite Bereiche des privaten und öffentlichen Dienstleistungssektors, der ihnen mehr und bessere Arbeitsplätze anbietet und drängen stärker als je zuvor auch aus der Arbeitslosigkeit heraus auf Weiterbildung und qualifikationsadäquate Beschäftigungsverhältnisse.[863] Flankierend ist ein Verhaltenswandel zu beobachten, der, wie bei den Generationen zuvor, für erweiterte Möglichkeiten der Lebensgestaltung sorgt.[864] Frauen zahlen dafür nicht nur mit zusätzlichem Kraftaufwand: Ein downgrading in der beruflichen Karriere kalkulieren sie ein, versuchen aber gleichzeitig, mit einer strikten Pflichterfüllung auf beiden Seiten kompensatorisch zu agieren.[865]

Daß die emanzipativen Schritten auch anderen Institutionen (Arbeitgebern, männlichen Beschäftigten, Gewerkschaften und staatlichen Stellen) entsprechen, teilweise von diesen initiiert und überformt werden, ist unstreitig: Die makrosoziologisch angelegten Analysen von Arbeitsmarktbewegungen zeigen deutlich,[866] daß zyklische Entwicklungen die Rahmenbedingungen für Handlungs- und Entscheidungsalternativen von Frauen setzen. Die Möglichkeiten, die sie anbieten, werden von Frauen prompt genutzt und in eigene Vorteile umgemünzt. Trotz stagnativer Phasen, vieler Rückschritte und "Warteschleifen" sind Frauen als treibende Kräfte aktiv: Sie entscheiden sich in den 80er Jahren mehrheitlich dafür, grundsätzlich mehr Berufszeiten einzurichten und dafür die Familienzeiten zu reduzieren. Sie verhelfen so einer Lebensform zum Durchbruch, die ihrem Interesse nach mehr Beweglichkeit entspricht: Neben der formalen, zeitlichen und organisatorischen Kombination versuchen sie eine qualitative Integration der konträren Anforderungen.[867]

862 Beck-Gernsheim 1984b.

863 Vgl. Geißler 1989:18ff.; Gottschall 1989:28ff.; Knapp 1988:10ff.; Willms-Herget 1985:276ff.

864 Diese freilich sind ihrer Anstrengungsbereitschaft überantwortet: Wenn Frauen "ihre Sache" nicht selbst in die Hand nehmen, liegen diese Potentiale brach.

865 Vgl. Krüger/Born 1990:68f.

866 Vgl. Willms-Herget 1985:98ff. Hier wird systematisch auch auf stagnative und rezessive Phasen der Frauenarbeit verwiesen.

867 Vgl. Krüger/Born 1987 zeigen, daß nicht nur Machbarkeit, sondern auch ei-

8. Zum Umgang der Soziologie mit dem Frauenbewußtsein

Abschließend fasse ich die Ergebnisse meiner Sekundäranalyse auf vertikaler[868] und horizontaler[869] Ebene zusammen, um zu zeigen, wie sich der wissenschaftliche Umgang mit dem Frauenbewußtsein im Laufe des Untersuchungszeitraums entwickelt und verschoben hat: Die Rekonstruktion von empirischen Befunden zum Frauenbewußtsein fördert für die einzelnen Dekaden je spezifische Codierungen des weiblichen Bewußtseins zutage. Das Emanzipationsverständnis und die daraus resultierende normative Rahmung greifen und bewirken, daß das gesellschaftliche Frauenbild mit Innerlichkeit, Innigkeit, Fürsorglichkeit und Mutterschaft verbunden bleibt, - auch dann, wenn die Verhaltensmuster und strukturellen Vorgaben erodieren und weitgehenden Verwerfungen ausgesetzt sind. Die Abbildungen des empirischen Frauenbewußtseins verbleiben in dieser Rasterung. Sie lassen jedoch eine Struktur der Zwischenorientierung mit generationsübergreifenden Lernprozessen erkennen, die zeigen, daß trotz vieler Redundanzen, die auf den ersten Blick auf ein stabiles und unverrückbares Massiv verweisen, doch Verschiebungen innerhalb der Geschlechterverhältnisse stattgefunden haben.

8.1. Vertikale Auswertung

Im folgenden Kapitel wird die Substanz der Resultate zu den einzelnen Dekaden zusammengefaßt, die wie "Säulen" dicht nebeneinanderstehen, sich gegenseitig stützen, manchmal bröckeln, seitwärts einknicken, aber eine je eigenwillige Stabilität durch ihren inneren Aufbau haben.[870] Das Emanzi-

ne Verbesserung der Lebensqualität "für uns, nicht nur für mich" angestrebt wird!

868 Die vertikale Ebene läßt die Ergebnisse der Untersuchung von einzelnen Dekaden noch einmal komprimiert Revue passieren.

869 Die horizontale Ebene beschreibt die Entwicklung, die die Dimensionen der Sekundäranalyse, z.B. die Fragestellungen und Methoden, im untersuchten Zeitraum durchmachen.

870 Die Metapher drängt sich angesichts meiner Untersuchungsmatrix auf, in der die Dekaden mit ihren Charakteristika als Gesamtergebnis der Sekundäranalyse fixiert sind.

pationsverständnis verschiebt sich zwischen den Polen Gleichheit und Differenz auf der oberen Dimension "auf und ab", und die Zwischenorientierung, die eine zunehmend ausgeglichene Balance zwischen Familie und Beruf versucht, liegt unter dieser Linie - mal mehr, mal weniger verborgen.

8.1.1. Zwischen den Kriegen - Fabrikarbeit und neue Zeiten für Frauen?

Die Intensivierung der wissenschaftlichen Bearbeitung von "sozialen Fragen", insbesondere der "Frauenfrage", verweist bereits ab cirka 1900 auf gesellschaftliche Kräfte, die auf einen Wandel der Frauenrolle drängen. Die Erwerbslage, die zwischen 1910 und 1940 erheblich expandiert, bietet bessere Beschäftigungsmöglichkeiten in der Fabrik und im Büro. Diese "modernen" Tätigkeiten und die damit verbundenen zeitgenössischen Vorstellungen über die "neue Frau" haben dramatische Folgen für den familialen Zusammenhalt und bedrohen nach Meinung der Zeitgenossen die Produktion und soziale Integrationsfähigkeit des Nachwuchses. Der "Zeitgeist" verlangt nach einer Steuerung und Schadensbegrenzung von allen Beteiligten und nimmt dabei besonders die erwerbstätigen Mütter in die Pflicht.

Das Emanzipationsverständnis dieser Dekade konvergiert mit dem gesellschaftlichen Konsens im Hinblick auf die Vorstellung und Forderung, die Komplementarität der Geschlechter auch dann strikt zu wahren, wenn Frauen erwerbstätig sind. Die Funktionen weiblicher Fabrikarbeit werden entsprechend umdefiniert: Nur wenn Frauenarbeit der Familie und deren Schutz vor Armut und Verelendung dient, erscheint sie akzeptabel; der Erwerbsarbeit von Mädchen soll als "Schule der Frauen" eine familienbezogene Vorbereitungsfunktion zukommen.

Die Fragestellungen nach den zentralen Erwerbsmotiven von Frauen zentrieren die Bewahrung der Weiblichkeit. Sie erkunden die Folgen industrieller Fabrikarbeit für Körper und Seele der Frau, die doch zu "höheren Aufgaben" bestimmt sei und sich wegen der Gebär- und Betreuungsfunktionen nicht dem Verschleiß preisgeben dürfe. Die Gründe und Begründungen von Frauen werden vor dem Hintergrund von sozialen Merkmalen untersucht, abgeglichen und sowohl im Kontext der Arbeits- als auch der privaten Lebensformen analysiert.

Die methodische Umsetzung der Fragen ist zunehmend auf die Erfassung von ganzheitlichen Kontexten konzentriert: Mehr oder weniger systematisch wird mit überwiegend deskriptiven Verfahren der Versuch unternommen, sowohl die häusliche als auch die betriebliche Sphäre zu erkunden. Die "fremde Welt" der Arbeiterin fordert von den forschenden Frauen aus bürgerlichen Kreisen geschickte Formen der verdeckten Annäherung. Ihren kulturellen Abstand und Bewertungshorizont reflektieren sie nur ausnahmsweise kritisch. Er wird besonders in den Klagen über den "sittlichen Verfall" und die "sexuelle Haltlosigkeit" von proletarischen Mädchen sichtbar.

Die Befunde dokumentieren das Arbeitsleid und die Unzufriedenheit bei Müttern und älteren Frauen, denen die schlechtesten Arbeitsplätze und Entlohnungsbedingungen zugemutet werden. Sie zeigen aber auch Arbeitsfreude und -zufriedenheit bei Mädchen und jungen Frauen, die die "moderne Fabrikarbeit" und später die sauberen Bürotätigkeiten schätzen, weil sie ein relativ unabhängiges Leben und ökonomische Selbständigkeit verleihen und die Teilhabe an Kultur und Öffentlichkeit sowie einen hohen gesellschaftlichen Status (z.B. auf dem Heiratsmarkt) ermöglichen. Auswertung und Interpretation dieser Befunde, die im übrigen schon um 1910 eine weibliche Erwerbsneigung jenseits von nackter Not und existentiellem Zwang zeigen (Bernays), stutzen das Frauenbewußtsein durchweg so zurecht, daß es ins Bild der strikten Komplementarität paßt. Ungeachtet des massiv verankerten "proletarischen Antifeminismus" in der Gewerkschaftsbewegung wird Frauen zudem im Vergleich zu Männern häufig Indifferenz, Indolenz, Organisationsschwäche, Triebgebundenheit, Fatalismus und vieles mehr vorgehalten und zugeschrieben. Hier schlägt das kulturelle Muster derer durch, die die einfache Frau und Proletarierin befragen. Den Forscherinnen fehlt sowohl der Zugang zu einer pragmatischen Lebensgestaltung, die sich mehr über die Tat als über das Wort identifiziert als auch ein adäquates Sprachverständnis. Dem restringierten Code, den die Proletariermädchen verwenden, können sie nicht differenziert nachgehen.

Die skeptischen Bewertungen und negativen Kommentare, die die bekundete Lebens- wie Arbeitsfreude als ausschweifig und haltlos stigmatisieren, verdecken befreiende Schritte von Frauen, die sich weg von herkömmlichen Zwängen ihrer Elternfamilie bewegen, aber auch im eigenen Haushalt Möglichkeiten der Reduktion von Zeit- und Kraftaufwand vornehmen. Frauen wollen in den 20er und 30er Jahren an den Verheißungen teilhaben, die mit dem "Anbruch neuer Zeiten" verbunden werden. Sie nutzen bereits vereinzelt die Anlern- und Ausbildungsmöglichkeiten und verlängern ihre Erwerbsphase, um unter Umständen auch als Ehefrau weiter berufstätig sein zu können. Das Modell der Kleinfamilie mit wenigen Kindern ermöglicht einen längeren Verbleib im Beruf. Das "Sinken der Geburtenrate" wird aktiv von Frauen vorangetrieben. Sie schonen so ihre Körperkräfte und gewinnen Raum für neue Optionen. Frauen probieren diesen Weg nachweislich bereits seit 1900, wenngleich in geringem Ausmaß und nur dort, wo das Wissen um die Planbarkeit und Machbarkeit des Lebens verbreitet ist: In der ersten Generation der kleinen und mittleren Angestelltenschichten und "Staatsbeamten" mit kleinbürgerlicher Orientierung geht man schon zur Ein-Kind-Familie über. Dieser Trend wird in den 30er Jahren forciert und von jüngeren Frauen als "nachholende Emanzipation" begeistert angenommen; ihre Ausbildungs- und Erwerbstätigkeit steigt deutlich an.

8.1.2. Die 40er Jahre - Überlebensarbeit und Neuordnungsansprüche

Der Soziologie nach 1945 geht es dem "Zeitgeist" entsprechend um Wege aus dem Chaos und der Katastrophe. Sie thematisiert Probleme des Wiederaufbaus und der Neuordnung von Gesellschaft und sorgt sich um die Schaffung von sozialen Strukturen für die Reintegration der entwurzelten Bevölkerung, die insbesondere unter der Umschichtung der Flüchtlingsströme leidet. Die Stabilisierung der Familie als Ort der Zuflucht inclusive eines hierarchischen Geschlechterarrangements gilt als unumstrittener erster Schritt und wichtigste Voraussetzung des Wiederaufbaus, - Hand in Hand mit der täglichen Versorgungs- und Überlebensarbeit der Frauen.

Das Emanzipationsverständnis dieser Dekade richtet sich pragmatisch auf Egalität und trägt damit der Bedeutung Rechnung, die der Anteil an Frauenarbeit in Produktion und Reproduktion während des Krieges und danach einnimmt. Frauen werden gebraucht, umworben und beschworen, sich für den Wiederaufbau einzusetzen. Da sind alte Vorbehalte gegen die Emanzipation hinderlich und unangebracht. Die faktische Gleichheit, die Frauen durch die Übernahme elementarer Aufgaben praktizieren, wird mit dieser Egalisierung konstatiert. Dieses Zugeständnis ist überfällig und holt nach, was versäumt oder während Diktatur und Krieg verhindert wurde: der Bedeutungszuwachs von Frauen wird pauschal und auf Zeit anerkannt.

Die bange Frage der unmittelbaren Nachkriegsjahre richtet sich auf die Bereitschaft von Frauen, die zerrissenen sozialen Bindungen zu kitten, die Ehebeziehungen fortzusetzen, die umfangreiche "erweiterte Hausarbeit" zu leisten, erwerbstätig zu sein und politisch als "heilende Kraft" einzuspringen. Die Demoralisierung der heimkehrenden Soldaten verlangt den Einsatz unverbrauchter Potentiale im Privaten, in der Öffentlichkeit und in der Produktion. Die "Niederbrüche", die destruierten Traditionen und Standards, müssen materiell und immateriell verkraftet werden: Sind "die Frauen" bereit, einzuspringen? Nutzen sie "ihre Stunde"?

Die methodischen Zugänge der Beiträge zum Frauenbewußtsein sind den Umständen der Zeit entsprechend heterogen. Sie fallen alle weit hinter den von Franzen-Hellersberg (1932) erreichten Stand zurück, beschränken sich auf sozialstatistische Übersichten, deskriptive Analysen und Fallbeispiele zu Ehekonflikten, Auswertungen von Dokumenten und Quellenmaterialien. - Erinnerungsgespräche und biographische Interviews mit problemzentrierten Passagen dienen in den retrospektiven Untersuchungen aus den 80er Jahren dazu, sich Einblicke in das Lebensgefühl der Nachkriegszeit und in die typischen Bewältigungs- bzw. Verdrängungsmuster zu verschaffen, um das Frauenbewußtsein von Zeitzeuginnen zu erschließen.

Die Befunde und ihre Interpretation umkreisen die kritischen Haltungen, die Frauen zu ihren Ehemännern einnehmen. Die "Heimkehrerproblematik" äußert sich in einer Konfrontation von demoralisierten Männern mit selbstbewußten Frauen. Hintergrund heftiger Kontroversen sind die Ängste und Zusammenbruchserwartungen, die Frauen früh hegten. Es bestärkt sie nach 1945 kollektiv, recht gehabt und die katastrophalen sozialen Folgen aufgefangen zu haben. Der männliche Anspruch auf Dominanz und mit ihm die eheliche Machtbalance geraten durch diese Selbständigkeit und den Anspruch von Frauen auf ein paritätisches Geschlechterverhältnis ins Rutschen (Thurnwald 1948). Risse und Brüche weiblicher Zu- und Nachordnungsbereitschaft zeigen sich im empirischen Material. Die Auswertung der 40er Jahre "will" das nicht so genau sehen und benennen: Daß das weibliche Selbstbewußtsein auf eine neue Anordnung des Geschlechterverhältnisses in Ehe und Familie drängt, wird nicht offen reflektiert. - Erst der retrospektive Blick der Frauenforschung deckt auf, welche gesellschaftspolitische Tragweite den zahllosen privaten Krisen innewohnt: Der politische Umbruch schlägt recht unmittelbar auf die persönliche Ebene durch, verlangt einen Verhaltenswandel von Männern, eröffnet aber auch neue Möglichkeiten der Gestaltung des Geschlechterverhältnisses im gesamtgesellschaftlichen Maßstab. Das ist offenbar so bedrohlich, daß die damalige Soziologie diese Erkenntnis umgeht und verdrängt.

Die pragmatische Egalität als willfähriges Deutungsmuster verführt dazu, die Neuordnungsbestrebungen von Frauen, die über die "einfache"

Egalität im Produktionsbereich hinausweisen, zu dämpfen und als vorübergehende Phänomene herunterzuspielen. Bei näherem Hinsehen zeigt sich, daß viele Frauen sehr bewußt, hier wie da, zuhause wie im Betrieb, bestrebt sind, ihre gleichrangige Stellung zu verteidigen und zuhause Reduktionsstrategien zu fahren, um beides, Familie und Beruf, unter einen Hut zu kriegen. Jedes Zurück in die alten Ränge ist unter ihrer Würde.

8.1.3. Die 50er Jahre - Wiederaufbauleistungen und Umbruchshoffnungen

Der "Zeitkern" dieser Dekade steht im Spannungsfeld von Innovation und Restauration. Gesucht wird nach bewährten Traditionen und gängigen Mustern, das gesellschaftliche Leben wieder in geordnete Bahnen zu bringen. Die Soziologie beteiligt sich intensiv daran, die Familie als verbindliche Sozialform zu reetablieren und Frauen als ihre Hauptakteurinnen ausschließlich auf dieses Aufgabenfeld einzustimmen. Drei verschiedene theoretische Schulen sind gleichermaßen bemüht, das Frauenbewußtsein als eine wichtige Schaltstelle für das Funktionieren von Müttern und Ehefrauen zu erkunden.

Das Emanzipationsverständnis dieser Dekade will Komplementarität, betont, daß die Tätigkeiten von Frauen und Männern sich durch die vernünftige Teilung von "Innen und Außen" ergänzen und grenzt sich von früheren Egalitätsbestrebungen deutlich ab. Komplementarität wird durchaus in modifizierten Varianten gedacht, aber nur begrenzt mit Erwerbstätigkeit in Verbindung gebracht.

Die Fragestellungen dieser Dekade kreisen um die Einflußfaktoren von weiblichen Familienanbindungen, wollen das Binnenleben erkunden, Außenwirkungen feststellen und die Reichweite von Veränderungen im Selbstverständnis von Frauen im Hinblick auf Familie einschätzen können: Sind die beobachtbaren Lockerungserscheinungen vorübergehender Art und den Nachkriegswirren zuzuschreiben, oder handelt es sich dabei um langfristig wirksame Auflösungsprozesse von Familie (Baumert 1954)? Wollen Frauen erwerbstätig sein und die Prozesse der Desorganisation vorantreiben (König 1946)? Oder sollen sie, wie Schelsky (1953) meint, im Zentrum der Familie deren Bestand stabilisieren, garantieren und sich dabei emanzipieren?

Das ausgewählte Material weist unterschiedliche methodische Erhebungsverfahren und Annäherungen an das Frauenbewußtsein auf. Um

1950 dienen die statistische Erhebung und das Expertengespräch ebenso wie die Sekundäranalyse dazu, Daten und Tatbestände zum Frauenbewußtsein zusammenzutragen. Die großen Familienstudien erschließen zum einen Zugänge über Familienmonographien (Schelsky 1953). Zum anderen werden systematische Kombinationen von repräsentativ ausgewählten regionalen Untersuchungsfeldern mit qualitativen Erhebungstechniken zu den subjektiven Einschätzungen eingesetzt (Baumert 1954). Dieser Dialog von objektiver und subjektiver, quantitativer und qualitativer Analyse führt zu recht differenzierten Erkenntnissen über den Zustand der deutschen Familie und das Frauenbewußtsein innerhalb dieses Rahmens. Am Ende der 50er Jahre wird in kleineren Untersuchungen häufiger zum direkten Gespräch mit Frauen übergegangen.

Die relative Offenheit dieser Befragungstechniken führt zu Ergebnissen, die eine ausgeprägte Zwischenorientierung von Frauen dokumentieren. Die Befunde um 1950 zeigen, daß erwerbstätige Frauen große Anstrengungen in den Wiederaufbau investieren, um damit für sich strukturelle Verbesserungen zu erreichen. Die frühen Untersuchungen betonen ihren festen Willen, anzupacken und das Alte hinter sich zu lassen. Wenige Jahre später beschreiben die großen deutschen Familienstudien das Bewußtsein von Frauen als familienzentriert und eindimensional bezogen auf die sachlichen Aufgabenkreise und moralischen Pflichten, die das Eheverhältnis und die Kindererziehung mit sich bringen. Diese Nähe von Frau und Familie wird zum Ende der 50er Jahre kritisch reflektiert und relativiert, denn Frauen bekunden jetzt deutlicher ihr Interesse an Bildung und Beruf. Zugleich wollen sie die familiäre Sorgearbeit nicht abgeben oder vernachlässigen, sehr wohl aber rationeller gestalten. Das kollektive Selbstbewußtsein von Frauen in den 50er Jahren ist aufgrund der Beteiligung an den Wiederaufbauleistungen gefestigt. Unzufriedenheiten mit dem isolierten häuslichen Dasein, mit den betrieblichen Arbeitsbedingungen und der Vereinbarkeit beider Bereiche nehmen im Laufe der Dekade zu. Die Spannungen lösen sich z.T. mit einer Partizipation jener Frauen am Berufsleben, die der mittleren Generation angehören und endlich nachholen können, was ihnen bis dahin versagt blieb.

Das Denken in den Bahnen der Komplementarität führt in den Interpretationen zu dem vorgefundenen Frauenbewußtsein dazu, restriktive Fixierungen und Instrumentalisierungen vorzunehmen. Trotz diverser Modifikationen dieses Emanzipationskonzepts bleibt Frauen der Weg eines außerhäuslichen Engagements für die eigene Entwicklung verschlossen; Erwerbstätigkeit wird ihnen nur zugestanden, wenn sie existentielle Gründe und dringende Versorgungsengpässe geltend machen können. Die Fragen nach den realen Erwerbsmotiven zeigen zum Ende der 50er Jahre allerdings deutlich, daß Frauen auch andere, nicht nur familiäre Belange verfolgen. Sie hegen Umbruchshoffnungen und wollen die Gleichberechtigung realisiert wissen, die Isolation und Einförmigkeit der häuslichen Daseinsweise hinter sich lassen. Sie sind neugierig auf eigene Lebens- und Entwicklungsmöglichkeiten und wollen sich "draußen" ausprobieren. Darum sind sie bemüht, den häuslichen Arbeitsaufwand und die Ansprüchlichkeit der Familienmitglieder zu reduzieren.[871] Ihre relativ gute Chancen auf dem Arbeitsmarkt erlauben es den Familienfrauen zum Ende der 50er Jahre, ihre Vorstellungen einer teils parallelisierten, teils gestuften Vereinbarkeit von Familie und Beruf mit Hilfe von technisch verbesserten Haushaltsgeräten und neuen Formen der Teilzeitarbeit durchzusetzen. Die zynische Rede vom Zuverdienst der Frauen, der "nur" in Haushaltsgeräte investiert werde, entpuppt sich als Versuch, die Außenaktivitäten von Frauen deutend ins Innere und Häusliche zu verlagern und komplementär anzuordnen.

8.1.4. Die 60er Jahre - "Wirtschaftswunder" und Aufbruchshaltungen

Der soziologische "Zeitkern" der 60er Jahre ist auf das Expandieren und Institutionalisieren der Soziologie als Disziplin ausgerichtet und vom Anspruch getragen, alle relevanten gesellschaftlichen Problemfelder zu "besetzen". Um Themen wie Frauenbewußtsein und Frauenerwerbsarbeit geht es freilich nicht; die großen Studien zum Bewußtsein von erwerbstätigen Müttern und Frauen entstehen eher "neben" oder am Rande der Soziologie, so daß ihre Rezeption entsprechend unaufmerksam ausfällt.

Das veröffentlichte Emanzipationsverständnis dieser Dekade einigt sich auf eine relativierte Egalität und schwenkt damit im Prinzip wieder auf einen Gedanken zurück, der der gewachsenen weiblichen Erwerbsneigung und -beteiligung Rechnung trägt. Mit einer Ausnahme und Relativierung: die Mütterarbeit. Sie wird sehr kritisch eingeschätzt und abgelehnt. Mindestens in der Kleinkindphase sollen Frauen die intensive Betreuung übernehmen. Vor und nach dieser Zeit können sie beweisen, daß sie ebenso leistungsstark wie Männer sind.

Die Fragen, ob Frauen die Familie oder den Beruf priorisieren, warum sie erwerbstätig sind oder Hausfrauen bleiben, wie sie sich zwischen Beruf und Familie verorten und ob sie im Vergleich zu Männern andere

871 Die größte Arbeitserleichterung bringen in den 50er Jahren Waschmaschine und Kühlschrank; vgl. Orland 1991.

Einstellungen, Lebensentwürfe und Haltungen verfolgen, beschäftigen die Empirie zum Frauenbewußtsein. Die Aufmerksamkeitsrichtung verläßt den Bezug von Frau und Familie nicht und geht den Egalisierungsbestrebungen unter der Perspektive nach, ob der inzwischen reduzierte familiäre Pflichtenkatalog erfüllt wird oder ob Erwerbsarbeit zu einer generellen Entfremdung vom "Nahbereich" führt.

Die Methoden der kleineren Erhebungen fragen z.T. sehr oberflächlich alternierende Einstellungen zu Familie oder Beruf ab. Der Einsatz von Interviews erfolgt in den großen Untersuchungen überwiegend intensiv und problemzentriert, um die Entwicklung und Überlagerung von Erwerbsmotiven zu erkunden (Pfeil 1961). Mit langjährigen Lebensverlaufsforschungen wird geprüft, welche Wirkungen die Erwerbsarbeit auf die Persönlichkeit der Frau und ihr berufliches sowie familiäres Engagement hat (Lehr 1969).

Die Befunde zeigen eine Zwischenorientierung, ein "going-between", das einerseits mit tiefen Zweifeln und Gewissensbissen einhergeht, andererseits aber auch mit der entschlossenen Haltung, sich nicht entmutigen zu lassen, sondern durchzusetzen. Die Vereinbarkeitsproblematik stellt sich für Frauen regelmäßig neu; sie wissen das, weichen nicht aus und entwickeln ein Bewußtsein für die Notwendigkeit, an sich selbst und ihr Leben nach der Familienphase zu denken.

Die kritische Würdigung befragt die Untersuchungen auf Indikatoren für eine Aufbruchshaltung, die dem vorgängigen Deutungsrahmen entgeht, der nach Angleichungsbestrebungen und Relativierungsbereitschaften, z.B. Rücksichtnahme auf die "Lieben", sucht. In der kreativen Vielfalt der "Mittelwege", die Frauen gehen lernen, zeigen sich Ansprüche, selbst am "Wirtschaftswunder" und seinen Konsumangeboten zu partizipieren, - nicht als Hausmutter, sondern als Familien- und Berufsfrau.

8.1.5. Die 70er Jahre - Aufbruchshaltungen und Durchbruchsversuche

Der "Zeitkern" dieser Dekade wird in heftigen ideologischen Streiten um Grundwerte und "Sinnstrukturen" der westdeutschen Gesellschaft deutlich. Er tangiert alle sozialwissenschaftlichen Fächer fundamental. Nach der Revolte der Studierenden in den 60er Jahren erlebt die westdeutsche Soziologie den "Gang durch die Institutionen" mit den selbst ernannten Erneuerern. Prozesse der Verwerfung, Verschiebung und Veränderung ihrer

Axiome und Parameter, Theorien und Methoden, die auf die Analyse sozialer Mikroprozesse gerichtet sind, werden mit Postulaten konfrontiert, die die gesamtgesellschaftliche Verpflichtung der Wissenschaften reklamieren. Sie führen dazu, den "Blick von unten" zu entwickeln und das Forschungsinteresse systematisch auf Benachteiligungen zu richten, die die Arbeitenden, die Unbeteiligten und Marginalisierten betreffen.[872] Frauenthemen spielen dabei zunächst nur eine begrenzte Rolle. Im Rahmen forcierter Forschungsanstrengungen zur Lage und zum Bewußtsein von Industriearbeitern legt die Deutsche Forschungsgemeinschaft schließlich das Schwerpunktprogramm zur "Integration der Frauen in die Berufswelt" (1974 - 1981) auf und schiebt damit die Institutionalisierung und Entwicklung einer interdisziplinären Frauenforschung an.

Das Emanzipationsverständnis dieser Dekade formiert sich vor dem Hintergrund eines Gleichheitspostulats, das alle überkommenen und resistenten Ungleichheiten, die "angeborenen" und die sozial zugewiesenen, eliminieren und Chancengleichheit herstellen will. Egalität wird propagiert und popularisiert: Aber die Forderung richtet sich an die Frauen. Sie sollen ihre Emanzipation selbst bewerkstelligen. Das entlastet die Öffentlichkeit. Den Umdenkprozessen, die Subjektivität als weitgehend durch die gesamtgesellschaftliche Makroebene determiniert begreifen und eine radikale Gleichbehandlung verlangen, entspricht ein konsequent auf Egalität und aktive Egalisierung gerichtetes Verständnis von Emanzipation. Alle sozialen Diskriminierungen, so auch die qua Geschlecht, sollen beseitigt und kompensatorisch flankiert werden. Frauen sollen ihre Gleichberechtigung im Wege einer quantitativ und qualitativ gleichen Teilhabe an der gesellschaftlichen Produktion aber vor allem selbst vorantreiben. Ihre biologische und soziale Reproduktionsaufgabe wird mehr oder weniger als störende Variable eines konsequenten Egalisierungsprozesses begriffen. Sie gilt in der Regel als eine Behinderung der beruflichen Integration von Frauen, und Emanzipation wird überwiegend mit Erwerbsarbeit konnotiert. Als Vorbereitung darauf werden der Erwerb guter Qualifikationen und eine aktivere Beteiligung von Mädchen und jungen Frauen an der Schaffung von "Karriereressourcen" empfohlen, um vorzubauen und optimale berufliche Startchancen zu schaffen.

Die Fragestellung nach der und der Zugang zur Kategorie des Frauenbewußtseins erfolgt in den 70er Jahren zunächst über die Analyse des weiblichen Bildungs- und Weiterbildungsinteresses und die Suche nach subjektiven Diskriminierungserfahrungen von Erwerbstätigen und Hausfrauen. Ergänzend wird das Frauenbild der Männer erkundet, um das Bewußtsein über Emanzipation und Gleichheit innerhalb des Geschlechterverhältnisses

872 Vgl. Kuhn 1976.

abzubilden. Eine Umsetzung des Egalitätsgedankens, der ausschließlich die Erwerbsarbeit zentriert, erfolgt am Ende der 70er Jahre über die Untersuchungen zum weiblichen Arbeitsbewußtsein, dessen spezifische Konturen im Vergleich zum männlichen Bewußtsein interessieren.

Die streng quantifizierenden Methoden, die noch zu Beginn der 70er Jahre dominieren, kommen bei den industriesoziologischen Projekten am Ende der 70er Jahre kaum noch zum Zuge. Diese wählen überwiegend qualitative Verfahren, um sich neue Dimensionen der Untersuchung von Bewußtseinsprozessen zu erschließen: Sie berücksichtigen den weiblichen Lebenszusammenhang und praktizieren erstens einen "Perspektivewechsel" des Betrachtungsstandpunktes, bei dem die Hausfrau die Erwerbssituation und die Berufsfrau die häusliche Sphäre bewertet. Das ermöglicht einen systematisierten Einblick in die Ambivalenzen der Doppel- bzw. Zwischenorientierung. Sie probieren zweitens ausführliche biographische Gespräche und eröffnen Einblicke in die Entwicklung und generative Tradierung von Bewußtseinshaltungen. Die Entschlüsselung des umfangreichen und z.T. außerordentlich disparaten Materials über das Denken, Deuten, Fühlen und Planen von Frauen ermöglicht neuartig ausdifferenzierte Erkenntnisse.

Die Befunde zum Frauenbewußtsein der 70er Jahre zeigen, daß das Denken im Konzept der Alternativrollen "Familie oder Beruf?" an Gewicht verliert. Mädchen und junge Frauen forcieren ihre Bildungsinvestitionen. Sie nutzen die Angebote, die im Zuge der "Bildungsoffensive" für sie bereitstehen, greifen auf die Beratung für eine zukunftsträchtige Ausbildung und Berufswahl zurück, verhalten sich flexibel und stocken ihre Aus- und Weiterbildungsaktivitäten gründlich auf, um ihre Chancen für einen Berufseinstieg zu verbessern, - ohne irgendeine Garantie für eine Gleichbehandlung bei der Einstellung zu haben.[873] Ihre Bildungsinvestition reflektiert die systematisch schlechtere Stellung von Frauen auf dem Arbeitsmarkt und versucht, prophylaktisch vorzubauen.[874] Die vielfach dokumentierte Doppelrolle erzeugt auf der Ebene des Bewußtwerdens eine Zwischen-

873 In den 70er Jahren können Frauen ihre erworbenen Bildungsabschlüsse noch weitgehend "ummünzen". Das Auseinanderklaffen des Qualifikations- und Beschäftigungsniveaus wird zu Beginn der 80er Jahre im Gefolge der intensiven Bildungsaktivitäten von Frauen und der verengten Arbeitsmarktchancen (Arbeitslosigkeit) deutlich spürbar. Frauen, die auch nach einer nur kurzen Familienphase beruflich wieder einsteigen möchten, finden keine oder keine adäquate Tätigkeit. Zu diesem Desintegrationsprozeß nach der eben begonnenen Integration, insbesondere beim Wiedereinstieg, vgl. Gottschall 1986:520 ff.

874 Die Erkenntnis, daß Qualifikation sich für Frauen nur begrenzt lohnt und "rechnet", setzt sich um 1980 in einschlägigen Kreisen von WissenschaftlerInnen durch; vgl. Gottschall 1986 und 1988.

orientierung mit Phasierungen, die je nach den besonderen Belastungen die prinzipiell gleichgewichtige Bedeutung von Familie und Beruf variiert. Frauen haben weder die Absicht noch die Möglichkeit, die Sorgearbeit zu umgehen. Sie können sie aber reduzieren; ihre Entscheidung, zuhause zu bleiben, ist häufig keine freie Wahl, sondern eine Einpassung in Zwänge: Zwei Drittel der Frauen, die nach dem Mutterschaftsurlaub und der Familienpause zuhause bleiben, wären lieber berufstätig, finden aber keinen Arbeitsplatz, der zeitlich und räumlich mit ihrer Sorgearbeit vereinbar wäre.[875] Und die berufstätigen Frauen legen Wert auf die sozialen Kontakte im Betrieb, sind aber mit ihren materiellen Arbeitsbedingungen nicht zufrieden und beklagen die relative Schlechterstellung im Vergleich zu ihren Kollegen.

Die kontinuierlichen Anstrengungen von Frauen, die "Hausarbeitssache" zu rationalisieren, werden systematisch marginalisiert und mißachtet. Die Untersuchungen messen der Familienorientierung und den häuslichen Versorgungsleistungen sowie den Tätigkeiten in der "Arena" des Alltagslebens überhaupt, den Freizeitaktivitäten, der Erziehungs- und Beziehungsarbeit, im Hinblick auf Emanzipation eher eine hemmende und behindernde Wirkung zu. Sie isolieren Frauen und binden sie an den Nahbereich. Implizit wird unterstellt und ventiliert, daß der erforderliche Umfang von Arbeit und Anwesenheit im privaten Haushalt sich mit der Zeit ohnehin erheblich verringere. Übersehen wird dabei aber grundsätzlich, daß Frauen die Akteurinnen dieses Prozesses sind. Sie machen sich zeitlich unabhängiger, indem sie ihre Vor- und Nachbereitung der Hausarbeit so planen und organisieren, daß die regelmäßig anfallenden Tätigkeiten routinisiert und reduziert werden. Die Studie von Pross zeigt, daß das Bewußtsein von jüngeren Hausfrauen darauf gerichtet ist, die Alltagswirklichkeit so zu gestalten, daß für sie selbst mehr Zeit und Muße herausspringt, insbesondere für intensivere soziale Kontakte und Außenaktivitäten. Die entscheidenden Schritte dieser Umstrukturierung bestehen aber darin, daß Frauen kollektiv ihre Hausfrauenrolle geradezu unterminieren, indem sie die Geburtenrate halbieren, die Scheidungsfälle verdoppeln und sich damit erheblich von Betreuungs- und Versorgungspflichten entlasten.[876]

Ihre emanzipativen Bestrebungen zeigen sich auf dieser Grundlage als Aufbruchstendenzen, die sich vom Häuslichen distanzieren und als erste Durchbruchsversuche, die das berufliche Feld systematisch in die Lebensplanung einbeziehen. Sie lassen sich weder als stringente Angleichung noch als oppositionelle Widerständigkeit qualifizieren. Aber es zeigt sich, daß Frauen zwischen Aufbruch und Durchbruch Schritte nach vorn

875 Vgl. Bertram/Bayer 1984:79.
876 Vgl. Pross u.a. 1981:17, 21, 25.

versuchen und verwirklichen können, die langsam, manchmal schleppend, vorangehen. Erste Durchbruchstendenzen bestehen im wesentlichen darin, daß Frauen sich das Denken in Alternativen nicht mehr aufnötigen lassen und stattdessen "beides zugleich" wollen. Sie kontinuisieren ihre Erwerbstätigkeit und versuchen, sie mit der Familientätigkeit, selbst mit der Mutterschaft, zu parallelisieren. Schwierige Arbeitsbedingungen und diskriminierende Formen des Umgangs, der Entlohnung und Zuweisung von Tätigkeiten halten sie nicht davon ab, auf einer Erwerbstätigkeit zu bestehen, die ihnen soziale Kontakte und insofern eine Teilhabe am öffentlichen Leben bietet.

8.1.6. Die 80er Jahre - Differenz und Durchbruch

In den 80er Jahren stellt sich für die westdeutsche Öffentlichkeit das ungewohnte und lange verdrängte Problem der sozialen und "psychologischen" Folgen von langandauernden wirtschaftlichen Rezessionsphasen. Die "verwöhnte Generation" der Nachkriegsgeborenen reagiert mit überkommenen Bewältigungsmustern, Angst, Unsicherheit und Überforderungssyndromen. Die strukturellen "Bereinigungskrisen" verlangen eine Modernisierung der kollektiven und individuellen "Konfliktmuster" (copings). Die allgemein verbreitete Hilf- und Ratlosigkeit, der Verlust von "Ligaturen und Optionen" (Dahrendorf 1979), führt letztlich zum Rückgriff auf eine bewährte Ressource zur Bewältigung der Krise: Frauen werden als "Helferinnen in der Not" angerufen. Die "Rhetorik der Gleichheit" geriert zum Allgemeingut und erhöht die Akzeptanz und Sensibilität gegenüber Themen und Fragen, die die spezifische Situation und generelle Lagebedingung von Frauen betreffen. In der Soziologie etabliert sich in dieser Dekade die Frauenforschung. Sie baut die Themen zur Lage und zum Bewußtsein von Mädchen, erwerbstätigen Frauen und Müttern zu einem Schwerpunkt aus und nimmt sich der differenzierten Probleme der Vereinbarkeit in zahlreichen Studien an, die eine wesentliche Förderung durch staatliche Gelder erfahren. Dissonanzen über den "richtigen" Weg zur Emanzipation der Frau begleiten diesen intensiven Forschungsprozeß.

Der gemeinsame Nenner des Emanzipationsverständnisses in den 80er Jahren ist die Akzeptanz des potentiellen "Andersseins", der anderen kulturellen Verortung, Sozialisation, Orientierung, Identität und Lebensweise von Frauen. Aber auch die Differenzierungen in der Gruppe derjenigen, die das Anderssein für sich reklamieren, werden deutlich und nachdrücklich respektiert. Frauen haben unterschiedliche Interessen, streben verschiedene Formen der Selbstentfaltung an und sollen ihren Weg ohne Fixierungen und normative Regulationen frei ausprobieren und wählen können. Diese "differenzierte Differenz", eine Vielgestaltigkeit des Andersseins, beansprucht die unbedingte Gleichwertigkeit aller Varianten. Ich nenne sie daher "egalitäre Differenz"; der Begriff beinhaltet sowohl die Gleichwertigkeit der Verschiedenheiten zwischen den Geschlechtern als auch die, die zwischen Frauen auftreten.

Das Frauenbewußtsein wird in dieser Dekade entsprechend vielfältig als differenzierte berufliche Identität, als generations- und altersspezifisch geprägt, als Variable von Lebensweisen, von Milieu und nationalen/regionalen Zugehörigkeiten erschlossen. Die empirischen Studien fragen nach Lernprozessen, nach dem Bewußtsein über geschlechtsspezifische Benachteiligungen, nach Lebensplänen, -entwürfen und -zielen sowie nach konkreten Wegen der Vereinbarkeit.

Methodisch findet dieser Blick auf die Vielfalt und hypothetisch unterstellte Reichhaltigkeit seinen Ausdruck in sensiblen, nämlich sehr spezifisch ausgefächerten qualitativen Erhebungsinstrumenten und stark theoriegeleiteten Auswertungsverfahren. Erstmals werden auch die Leitlinien der Frauenforschung von "Parteilichkeit und Betroffenheit" prüfend reflektiert, die Anteile von Frauen an ihrer depravierten Lage thematisiert und selbstkritische Fragen nach den Postulaten der Frauenforschung und ihren Dualismen gestellt:[877] Analysieren und/oder reproduzieren die Beiträge zur Frauenforschung, die den einseitigen wissenschaftlichen Androzentrismus reklamieren, die Geschlechterdualität, indem sie immer wieder auf die vergessene Seite der "Frauengemächer" (gynäkeien) verweisen?

Die Befunde fördern Ambivalenzen, Zwiespältigkeiten, Differenzierungen und generative Lernprozesse im Bewußtsein von Frauen zutage, die deren aktiv betriebene Individualisierung beschreiben. Das gilt besonders für Mütter und Frauen mit familiärer Sorgearbeit. Sie fallen durch eine Lebhaftigkeit und Vielfalt der praktizierten, probierten und verworfenen Modelle der Kombination von Familie und Erwerb auf, reduzieren in immer neuen Anläufen den Aufwand für die Haus- und Sorgearbeit und machen den Versuch, sich gleichzeitig beruflich zu etablieren und zu verbessern. Mutterschaft in Verbindung mit Karriere bleibt zwar eine Ausnahme, gehört aber zu den Vorzeigefällen für gelungene Durchbruchsversuche von Frauen in dieser Dekade.

In den vielfältigen und unterschiedlichen Wegen der "privaten" und beruflichen Selbstentfaltung sind die Versuche von Frauen zu entdecken, sich mit ihrer eigenen Biographie und kulturellen Identität im männlich

877 Vgl. Müller 1992:61.

geprägten Berufsfeld einen Ort zu schaffen. Sie erschließen sich neue berufliche Funktionen und Hierarchieebenen sowie einen Status im Privaten, der ihnen die Entscheidungsfreiheit über das eigene Leben, das generative Verhalten und die Kindererziehung sichert. - Dieser Durchbruch hat freilich Grenzen und hohe Kosten: Alleinerziehende wissen um die Vorteile ihrer Lebensform, aber auch um die erforderlichen Extrainvestitionen. Durchsetzungsprozesse von Gleichheit und Gleichwertigkeit werden behindert und geschwächt, wo der Bedeutungszuwachs, den Mädchen und Frauen inzwischen der Arbeit und der damit verbundenen Chance zur Selbstfindung zumessen, als Konkurrenzdruck empfunden und zurückgewiesen wird. Damit werden bei gleichaltrigen männlichen Jugendlichen Orientierungsunsicherheiten, Gefährdungen und soziale Gefährlichkeit provoziert, stellen Jugendforscher fest.[878] In der Tat entsteht zunehmend ein "Stau" von qualifizierten Frauen, die auf den Einstieg in eine adäquate Berufstätigkeit warten bzw. drängen und um ihre Benachteiligung wissen.[879] Sie verlangen selbstbewußt den Durchbruch und geben sich nicht mit inadäquaten Beschäftigungsbedingungen zufrieden. Sie erkennen, thematisieren und skandalisieren jene Diskriminierungen, die ihnen trotz besserer Leistungen qua Geschlecht mindere Positionen zuweisen wollen. Damit sind traditionelle Privilegienstrukturen in Frage gestellt.

Als Resümee dieser vertikalen Auswertung zeigen sich "starke" und "schwache" Dekaden, solche, die die empirische Forschung zum Frauenbewußtsein erheblich vorantreiben wie die 30er und 70er/80er Jahre und solche, die stagnieren. In den 30er Jahren gewinnt das Forschungsfeld bereits eine eindrucksvolle Reife, die sich inhaltlich und methodisch niederschlägt. Dieser Standard wird nach dem Krieg nicht wieder aufgenommen und verschüttet. Die Beiträge der 40er Jahre bleiben besonders in der Auswertung weit hinter dem Stand, den das real erkennbare Frauenbewußtsein erreicht, zurück. Sie stehen gleichwohl (als Säule) auf ihre eigenwillige Art zwischen den anderen Dekaden: Im Fundament zeigen die Ergebnisse zum Frauenbewußtsein konfliktär aufbrechende Geschlechterverhältnisse. Die Erkenntnisse darüber liegen brach. Die 50er Jahre versuchen vergebens, Frauen zurück an den Herd und auf die Familie zu verweisen, und die 60er Jahre lösen diese ideologische Verklammerung wieder mühselig auf. In der Summe zeigt sich, daß das Thema Frauenbewußtsein bis in die 70er Jahre hinein eher ein "Mauerblümchen"-Dasein fristete. In dieser Dekade setzt eine umfangreiche Auf- und Bearbeitung von Fragen des

878 Vgl. Müller 1992:155. Hier wird darauf hingewiesen, daß das rechtsradikale Gedankengut bei Jugendlichen mit einem Festhalten an traditionellen Geschlechtsrollenbildern einhergeht.

879 Vgl. Müller 1992:59.

Frauenbewußtseins und Geschlechterverhältnisses ein, die Versäumtes nachholt und ein Fundament für die Entfaltung und Ausfächerung der Thematik bietet. Seither entwickelt sie im Rahmen der Frauenforschung eine wissenschaftliche Eigendynamik, widmet sich aber der Aktivitäten von Frauen im Feld der Hausarbeit ausgesprochen zurückhaltend und unaufmerksam.

Der wissenschaftliche Umgang der Soziologie mit der Empirie zum Frauenbewußtsein stellt sich von daher in Zyklen dar, die ihrem Gegenstand und seiner Bewegung mit zunehmender Intensität gerecht werden, wenn der "weibliche Lebenszusammenhang" in den Blick genommen wird und Erhebungsverfahren gewählt werden, die den direkten Zugang über das Gespräch mit Frauen suchen.

8.2. Horizontale Auswertung

Im folgenden Kapitel ziehe ich ein horizontales Resümee zu den Resultaten der Dekaden und verbinde dabei jeweils zwei Untersuchungsdimensionen der Sekundäranalyse. Es geht zunächst in 8.2.1. um die Entwicklung des Emanzipationsverständnisses im Kontext des jeweiligen "Zeitkerns", sodann in 8.2.2. um die Bewegungen, die die Fragestellungen, Bewußtseinsbegriffe und Methoden aufweisen sowie schließlich in 8.2.3. um die wichtigsten Befunde zum Frauenbewußtsein und deren Interpretation und Präsentation auf der Folie der emanzipationstheoretischen Deutungsrahmen. Die Arbeit schließt in 8.3. mit einem Gesamtresümee und dem Versuch, die "Ausgrabungen" von alltagsweltlichen Sinnstrukturen zu bilanzieren und den wissenschaftlichen Bedeutungsproduktionen theoretisch "zu Leibe zu rücken".

8.2.1. "Zeitkern" und Emanzipationsverständnis

Ihre Deutungsrahmungen beziehen die Untersuchungen zum einen aus den gesellschaftspolitisch brisanten Zeitfragen, zum anderen aus dem jeweils opportunen Emanzipationsverständnis. In der Regel kreieren sie ein Konzept der Differenz oder Gleichheit, das implizit eine Antwort und Definition dessen versucht, was für "die Frauen" und ihr Wirkungsfeld angesichts der drängenden Fragen der Zeit angemessen ist. Gleichwohl ist unübersehbar, daß sich die so fixierten Zuweisungen und Bewegungsmöglichkeiten für Frauen mit jedem "Modernisierungsschub" öffnen und erweitern. Frauen nutzen diese Option in der Regel, und der wissenschaftliche Diskurs über Emanzipation versucht, die neue Realität, die sie damit jeweils schaffen, nachzuzeichnen.

In den Jahren zwischen den Kriegen, bzw. zwischen 1910 und 1940, drängt zunächst die "soziale Frauenfrage" und später die Frauenbewegung, darauf, Frauen von ihrer Familienarbeit zu entlasten. Die wissenschaftliche Forschung bewegt sich im Rahmen eines Emanzipationsverständnisses, das die Geschlechter komplementär anordnet. Dieses Modell der "strikten Komplementarität", der Ergänzung des Mannes als Ernährer und Entscheidungsinstanz durch die Frau als zuarbeitende Heimbewahrerin ist trotz anderslautender Beteuerungen "konservativ" gedacht, prinzipiell hierarchisch gebaut und meist subtil so angelegt, daß das Weibliche sich dem Männlichen anzupassen und einzufügen hat. Es gilt als Denkmodell, das dem "fürsorglichen Hausvater", dem Patriarchen, verpflichtet ist, beruht auf dem Konzept des Differenzansatzes und wird bis zum Zweiten Weltkrieg relativ restriktiv als Deutungsrahmen priorisiert. Die "ärgerliche" Tatsache einer expandierenden Frauenerwerbsarbeit im Büro und in der Fabrik wird später zwar zur Familienaufgabe umdefiniert und als solche in das Modell integriert, sie stellt aber die Hierarchie und Dominanz des Mannes sowie seine hegemoniale Position als "Familienernährer" materiell deutlich in Frage. Frauen können sich eine selbständige ökonomische Existenz aufbauen.[880]

Mit dem Konzept der "pragmatischen Egalität" in den 40er Jahren wird unter anderem auf diese innere Brüchigkeit geantwortet, aber auch darauf, daß die gesellschaftliche Produktion und Reproduktion im Krieg und in der Nachkriegszeit unabdingbar auf die Leistungsbereitschaft und Tüchtigkeit der weiblichen Bevölkerung als Arbeitskräfte und Mütter angewiesen ist. Jetzt ist die Akzeptanz von Egalisierungsprozessen nur ein begrifflicher Nachvollzug dessen, was sich zwischenzeitlich ereignet hat und nicht mehr leugnen läßt. Pragmatische Egalität meint aber auch nicht mehr. Es wird lediglich den "Umständen entsprechend" die faktische Beteiligung von Frauen am Produktions- und Reproduktionsprozess auf den Begriff gebracht und konstatiert, daß ein Nachholbedarf in Sachen Gleichberechtigung besteht. Dieser wird durchgängig als Prozeß der Angleichung von Frauenleistungen an den männlichen Standard verstanden und nur als solcher gutgeheißen. Mit der Geste der Großzügigkeit soll das Engagement

880 In den 20er Jahren wird diese Möglichkeit von vielen Frauen genutzt, um autonom, z.B. als Lesben und in Frauengemeinschaften zu leben; vgl. Gerhard 1990:362ff.

von Frauen belohnt und bestärkt werden. Dem dient auch die Stilisierung, Überhöhung und Mythologisierung weiblicher Kräfte, denen im Chaos und in der Katastrophe, also auf Zeit, das Vermögen des Heilens und Rettens zugesprochen und abverlangt wird.

Diese relativ tolerante Konzeption findet sich schon um 1950 mit einer modifizierten Wiederauflage des Komplementaritätsgedankens konfrontiert, die die Egalisierungsbestrebungen als totalitäre Instrumentalisierung zu diskreditieren weiß. Die wirkliche Emanzipation der Frau, ihre Selbstverwirklichung, finde in der Familie statt, verkündet Schelsky (1953). Frauen werden mit Blick auf ihre Erwerbstätigkeit zur Zeit des Nationalsozialismus kritisiert und mit geschichtsträchtigen Deutungen auf ihren "angestammten" Nahbereich des Hauses und ihre "wesensgemäße" Betätigung im Schoße der Familie verwiesen. Weibliche Erwerbsarbeit wird nur in äußerster Not geduldet, und die gilt in den 50er Jahren als Übergangs- und Randerscheinung. "Schüchterne" Modifikationen dieser gestrengen Komplementaritätsvorstellung verweisen darauf, daß Frauen vehemente außerhäusliche Interessen haben und zurückstellen. Einzelne Autorinnen versuchen, diesem Phänomen Rechnung zu tragen, aber auch sie verlassen die Zuordnung von Frauen zur Familie und von Männern zur Erwerbstätigkeit und zu öffentlichen Angelegenheiten nicht. Sie verteidigen lediglich das Recht der Frau auf eine Erwerbsbeteiligung unter der Voraussetzung, daß sie die Norm der familiären Verantwortungsübernahme respektiert. Das Terrain wird neu abgesteckt: Ledigen und Verwitweten wird die Berufstätigkeit als Lebensaufgabe uneingeschränkt zugestanden, weil ihnen der "Mutterberuf" versagt ist. - Das ist funktional für die Phase des Wiederaufbaus, entspricht jedoch nicht dem "Zeitkern" der ideologischen Restauration.

In den 60er Jahren schlägt das Pendel erneut um: Konjunkturaufschwung, expandierendes ökonomisches Wachstum, "Wirtschaftswunder" und ein erweiterter Konsumgütermarkt, der "Mauerbau" und die nun manifeste Bildungskatastrophe lassen die Nachfrage nach Frauenarbeitskräften so stark steigen, daß erneut Egalitätsvorstellungen zum Zuge kommen, die eine Gleichheit unter der Voraussetzung der Angleichung, eine "relativierte Egalität", postulieren, die eine "qualifizierte" Gleichheit sein soll. Frauen sollen sich wie Männer bilden und beruflich etablieren können, wenn sie entsprechende Leistungen vorweisen können. Mit diversen Einschränkungen und Vorgaben wird dem Erwerbsinteresse von Frauen entsprochen. Eingesehen wird, daß Frauen in den 50er Jahren zu wenig zum Zuge kamen, vertröstet wurden, abwarteten und nun zu Recht Gleichstellungschancen verlangen. Diese "relativierte Egalität", die das Gebot der Angleichung und des Aufholens enthält, geht in der darauffolgenden Dekade in eine konsequentere Variante über.

Nach der 68er Revolte sorgt die aufkommende Frauenbewegung in den 70er Jahren dafür, daß über die Defizite der Emanzipation öffentlich und neu nachgedacht wird. Der Vorwurf, Frauen selbst hätten nicht genug getan, um ihre Sache voranzubringen, provoziert und spaltet die Gemüter. Die Benachteiligungen von Frauen in der Arbeitswelt, die aus ihrer Familienarbeit resultieren, werden sichtbar gemacht. Erwerbsarbeit gilt fortan als Königsweg der Emanzipation; Qualifikation als Voraussetzung dafür. Pross als Protagonistin einer Konzeption, die die Frauenbewegung als eine Bildungsfrage begreift, spitzt in den 70er Jahren die Probleme geschlechtsspezifischer Diskriminierungen entsprechend zu und ermutigt zu Bildungsaktivitäten als Investition für Emanzipation und Demokratisierung. - Die Konnotation von Emanzipation mit Erwerbsarbeit mündet zum Ende der 70er Jahre in eine Radikalisierung des Egalitätskonzepts ein, das auf die Beteiligung von Frauen an der industriellen Produktion setzt. Es antwortet auf das "Versagen" der Arbeiter- und Gewerkschaftsbewegung und sucht in den Reihen der Proletarierinnen nach einem neuen revolutionären Subjekt.

Dieses Konzept stößt, weil es in der wachsenden Frauenbewegung als "Stellvertreterpolitik" kritisiert wird, rasch an Grenzen und verlangt nach Brechungen, die durch Debatten über egalitäre oder differenzierte Differenzansätze in den 80er Jahren entstehen. Das Emanzipationsverständnis von Differenz, das den Egalitätsgedanken aufnimmt und sich sorgsam gegen konservative Zurichtungen, aber auch gegen simple Angleichungsvorstellungen abzugrenzen sucht, wird auf Basis der Erkenntnis von einer sozialen und kulturellen Zweigeschlechtlichkeit formuliert. Es soll sowohl den Unterschieden zwischen Männern und Frauen als auch denen unter Frauen Raum lassen. Erst die Akzeptanz einer gleichwertigen Verschiedenheit ermögliche gesellschaftliche Vielfalt und eine lebendige Entfaltung menschlicher Potenzen. Die Durchsetzung einer "differenzierten Differenz", einer "Differenz in der Differenz" oder "Gleichwertigkeit des Andersseins", will jenseits der traditionellen Geschlechterdualität, die verschiedenen Qualifikationsebenen von Frauen, ihre Schichtzugehörigkeit, Altersstufen, Generationen und Nationen berücksichtigt wissen. Das Konzept soll Trennungen, Dissonanzen und Streite aufheben helfen, die die alte und neue Frauenbewegung behindert und belastet haben. Der Differenzansatz, der Gleichheit, Gleichwertigkeit und Gleichstellung von Männern und Frauen, aber auch individuelle Verschiedenheiten postuliert, ist ein wissentlich offener Entwurf der Frauenforschung, der sich deutlich gegen Fixierungen abgrenzt und allen Versuchen von Frauen Raum bietet, sich "fremder Zwänge" zu entledigen. Aus dieser Vielfalt von Wegen, mit denen Frauen im Namen der Emanzipation experimentieren, sollen alle lernen.

Die Vorstellungen von der Angemessenheit einer "differenzierten Differenz" entstehen dem Hintergrund von Stagnation und Krise, Konjunkturzyklen und langandauernden Phasen von wirtschaftlicher Depression und hoher Erwerbslosenquote, in der viele Erwartungen gedämpft, Frauen insgesamt aber nicht gelähmt oder entmutigt werden. Im Gegenteil: Die sogenannten "Bereinigungskrisen" und Modernisierungsschübe in Produktion und Verwaltung bieten Weiterbildungs- und Beschäftigungschancen, die Frauen nutzen. Der weibliche Bildungs- und Qualifikationsüberhang bahnt sich im Übergang zu den 90er Jahren trotz hartnäckiger Hürden langsam seinen Weg in adäquate Positionen. Als Folge eines Integrationsschubs von Frauen in neue Berufsfelder ist ein Auseinanderdriften ihrer Interessen und das Entstehen von Konkurrenzen, auch solche zwischen weiblichen Beschäftigten, unausweichlich. Das Konzept der Differenz trägt dem Rechnung, kann bei Spaltungen vermitteln und ausgleichen. Gleichwohl verweist die Kritik an den ideologischen Implikationen eines Voluntarismus und an der Praxis einer Beliebigkeit, die alles einschließt, was Frauen für sich selbst als "geeignet und gut" identifizieren, auf Grenzen der Integration und Gefahren der Separierung.

In den 90er Jahren, in denen sich der Einfluß von Frauen aus der ehemaligen DDR geltend macht, dürfte der Egalitätsgedanke angesichts der Unbestimmtheit von differenzierter Differenz erneut eine stärkere Rolle spielen. Gegen den Vorbehalt, damit werde eine Angleichung an die Männerwelt betrieben, werden seine Vertreterinnen ihn zu verteidigen, aber auch zu modifizieren haben.

Die Übersicht zeigt, daß sich der sozialwissenschaftliche Emanzipationsdiskurs im Untersuchungszeitraum zwischen Gleichheit und Differenz im Dialog mit gesellschaftspolitischen Zeitfragen in einem beständigen Suchprozeß bewegt, der zwischen den Polen pendelt, kontroverse Positionierungen vornimmt und erst im letzten Jahrzehnt zu vermitteln weiß. Die Offenheit und Flexibilität im Hinblick auf Ausgestaltungsmöglichkeiten für Frauen variiert. Sie wird von der Arbeitsmarktnachfrage beeinflußt, antwortet auf das Datum abnehmenden Hausarbeitsengagements und zunehmender weiblicher Erwerbsbeteiligung aber nur schleppend und zögerlich, zumindest langsamer, als Frauen dies selbst tun. Die Schwankungen der Konzepte zwischen den Positionen Differenz und Gleichheit sind in der Regel eng am gesellschaftlichen Konsens orientiert und also von der Sorge um den Bestand der Generations- und Familiensolidarität durchzogen, für die Frauen als Garantinnen angerufen werden.[881] In der Funktionalisierung und dem Versuch, sie zumindest auf die Übernahme der Verantwortung für die Kleinkindbetreuung zu verpflichten, sind beide Konzepte

881 Vgl. Habermas 1991:16ff.

gleichermaßen geübt: Differenz wird in Ergänzung übersetzt, mit der Trennung der Bereiche von Innen und Außen verbunden sowie mit der geschlechtsspezifischen Arbeitsteilung verknüpft. Gleichheit, in sozialistischer Tradition als "Egalität durch Erwerbsarbeit" begriffen, fordert Angleichung der Frauen an Männer, thematisiert die Hausarbeit erst gar nicht und beläßt es dabei, allenfalls die "Kameradschaft" des Vaters zur Entlastung der Mutter in extremen Situationen einzufordern. Beide Ansätze stellen die Hierarchie der Geschlechter, die Dominanz und Überlegenheit des Mannes, nicht grundsätzlich in Frage. Sowohl die Vertreterinnen der pragmatischen Egalität in den 40er Jahren als auch die der modifizierten Komplementarität der 50er Jahre haben die Privilegien und Toleranzgrenzen von Männern im Auge: Ihnen soll nicht zuviel zugemutet werden. Vermeintliche Unzuträglichkeiten aber entstehen sogleich dann und dort, wo die Hierarchiestufen zwischen den Geschlechtern sich dramatisch zusammenschieben, angleichen und unter Umständen zugunsten von Frauen "umkippen".[882]

8.2.2. Fragestellungen und Methoden

Die untersuchungsleitenden Fragestellungen, die begrifflichen Annäherungen ans Frauenbewußtsein und die methodischen Operationalisierungen zur systematischen Erfahrungsgewinnung bewegen sich jeweils in den Parametern des gesellschaftlich konsentierten Emanzipationsverständnisses. Damit reagieren sie implizit auf Zeitfragen, entfalten jedoch unabhängig davon durchaus eine wissenschaftsimmanente Eigendynamik und greifen auf benachbarte Forschungsaktivitäten sowie tradierte und "bewährte" Zugänge zum Frauenbewußtsein aus vorhergehenden Dekaden zurück. Die Erhebungsverfahren sind offener als die z.T. sehr teleologisch zentrierten Frage- und Aufmerksamkeitsrichtungen.

Ein "ganzheitlich" am weiblichen Lebenszusammenhang orientierter Ansatz setzt bereits um 1910, insbesondere aber um 1930, elaborierte methodologische Grundsätze des "Vereins für Socialpolitik" ein, um die

882 Wir haben es hier mit einer besonders drastischen Abwehr von Emanzipation zu tun, die nach dem Krieg, aber auch im Zusammenhang mit der Debatte um Gewalt in der Ehe, immer wieder reaktiviert wird: Frauen sollen sich Mäßigung auferlegen, sonst sei Gefahr im Verzuge. Das, meinen Jugendsoziologen, provoziere heute noch Unsicherheit, Orientierungsverlust und unter Umständen Rechtsradikalismus als "starke" Antwort; vgl. Heitmeyer 1989.

Lebensrealität im Arbeits- und Privatbereich zu erkunden und deutend zu verstehen. Rückschlüsse auf das Bewußtsein von Frauen werden hier über Daten zur Alltagsorganisation, zur Lebensweise und zu den feststellbaren Folgen von Fabrikarbeit für den weiblichen Körper und die seelische Verfassung vorgenommen. Das Bewußtsein hat noch keinen zentralen Stellenwert als begriffliche Kategorie: Bewußtsein gilt als Wissen/Unwissenheit, Vernunftbegabung/Irrationalität und als Instanz/Adressat für Appelle an Moral und Lebensführung. Die Methode des indirekten Zugangs über das Erfragen von Einschätzungen und Beurteilungen von ExpertInnen zur "seelischen Befindlichkeit" der Arbeitermädchen zeigt, daß den Details des individuellen Meinens und Denkens keine sehr große Bedeutung zugemessen wird. Demzufolge reicht es den Forscherinnen aus, vereinzelte Gespräche, verdeckte Beobachtungen, deskriptive Recherchen in Kombination mit Materialanalysen und sozialstatistische Erhebungen durchzuführen, um das objektive Umfeld und die aufruhenden subjektiven Handlungsweisen zu bestimmen. Frauen haben ohnehin relativ geringe Optionen, die sich rasch ausloten lassen, meinen sie. Bemerkenswert ist allerdings, daß nicht nur alltagsweltliche Deutungen und Orientierungsmuster der Frauen rekonstruiert, sondern auch eigene vorgängige Deutungsrahmen reflektiert und relativiert werden.

Die 40er Jahre-Beiträge interessieren sich angesichts des durchgreifenden Wandels der Frauenrolle genauer für Einzelfragen: Die Verschiebungen im innerehelichen Machtverhältnis, die Übernahme wichtiger Funktionen in der Produktion durch Frauen, ihre Arbeit als Sicherung des Überlebens, ihre körperliche Belastungs- und seelische Durchhaltefähigkeit haben zu einem kollektiven Statuszuwachs geführt, der nun im einzelnen überprüft wird. Die Motive von Frauen werden gründlichst erkundet, ihr Bewußtsein über mögliche Entscheidungsalternativen wird ernster genommen. Ihr Verhalten hat Gewicht, ist es doch wegen der Trennungsaktivität schon zur offenen Bedrohung für Männer und Familien geworden. Also werden Beweggründe und Formen der Problembewältigung eruiert. Dazu dienen verschiedene Methoden der Erkundung, die - übereilt und wenig elaboriert - in Anlehnung an Sozialerhebungen der 20er Jahre entwickelt werden. Die Aufmerksamkeitsrichtung der untersuchungsleitenden Fragestellungen zielt in den 40er Jahren auf das alltagsweltliche Denken und Handeln von Frauen. Die begriffliche Differenzierung der Bewußtseinsvorstellungen entspricht dem jedoch ebensowenig wie das methodische Erhebungsinstrumentarium: Bewußtsein fungiert als Zuordnungskategorie auf Basis von erfragten Einstellungen. - Erst die in jüngster Zeit durchgeführten Retrospektiven zur Nachkriegsära praktizieren eine Auswertung, die den Bezug von gesellschaftspolitischen Geschehnissen und deren kollektiver und privater Bewältigung zu vermitteln versucht.

Eine sprunghafte Entwicklung der Methoden vollzieht sich in den 50er Jahren. Sie ist weitgehend innerwissenschaftlichen Dynamiken der Wiederaufnahme von sozialwissenschaftlicher Forschung in den "drei Schulen" geschuldet und hat mit dem großen Umfang an Veröffentlichungen zu tun, die jetzt auf den Markt kommen. Versucht wird, auf die "drängenden Fragen der Zeit" nach dem Bestand von Familienstrukturen zu antworten und das Bewußtsein von Frauen als Instanz zu fokussieren, die über ihren Familien- oder Erwerbsbezug entscheidend ausmachbar ist. Die Intensität der Anbindung an die Privatsphäre und den Nahbereich wird hier recht differenziert auf subjektiver und objektiver Ebene erhoben. Der direkte Zugang über das Gespräch mit Frauen eröffnet Erkenntnisse über die Dimensionen ihres Bewußtseins als einer Zwischenorientierung.

Die systematische Motiv- und Lebensverlaufsforschung der 60er Jahre greift diese Techniken auf, verfeinert sie und nimmt "klassische" Kombinationen von überwiegend quantitativen mit einigen qualitativen Erhebungsverfahren vor. Sowohl Pfeil als auch Lehr nähern sich dem Bewußtsein mit einem differenzierten begrifflichen Instrumentarium, das das Pro und Kontra der Identifikation mit der Mütter- bzw. Frauenerwerbsarbeit integriert. Daten zu den Motivlagen und Interessenambivalenzen bzw. zu den Lebenszielen und -wegen werden in direkten Gesprächen erhoben. Die Erkenntnisse über die real vertretenen Zwischenorientierungen finden sich demgemäß am Ende dieser Dekade detailliert auseinandergelegt.

In den 70er Jahren baut Pross den methodischen Weg einer repräsentativ angelegten Erhebung mit einzelnen Elementen der qualitativen Vertiefung aus und geht dem spezifischen Rollenverständnis von Frauen über Erhebungen zu ihrer Bildungsorientierung und ihrem Bewußtsein als Erwerbstätige und Hausfrauen gesondert nach. Zwar hat sie stets die Doppelorientierung und Zwischenlage von Frauen im Unterschied zu Männern im Blick, vergleicht und mißt aber deren Einstellungen, ohne die systematisch besonderen Konstellationen von Frauen zu berücksichtigen.

In dieser Hinsicht akzentuieren spätere Untersuchungen das Frauenbewußtsein eindeutiger als ein spezifisches Arbeitsbewußtsein, das von der "Verrechnung" betrieblicher Belastungen mit häuslichen Anforderungen gekennzeichnet ist. Die industriesoziologischen Studien, die sich zunehmend für qualitative Erhebungsverfahren und den "Perspektivewechsel" zwischen den Rollen der Hausfrau und Berufstätigen entscheiden und (wieder) den weiblichen Lebenszusammenhang als Erfahrungshintergrund und Erhebungskontext wählen, prägen die umstrittene These vom "familienbezogenen Instrumentalismus" des weiblichen Arbeitsbewußtseins. Nach der Bedeutung der Erwerbsarbeit, eng konnotiert mit Emanzipation, wird nun gefragt, um mit den Aussagen der Frauen die Konturen ihres Bewußtseins und Lebensentwurfs zu illustrieren. Das Gesprächsmaterial findet sich häufig recht unmittelbar, d.h. wenig gefiltert, authentisch und so wiedergegeben, daß der Sprachduktus und die Denkbewegungen deutlich werden.

Über den Arbeits- und Berufsbezug und die Identifikation mit dem über eigene Bildungsinvestitionen erreichten Status nähern sich auch die Studien der 80er Jahre an das Bewußtsein von Frauen an. Sie fragen mit differenzierteren Methoden der Gesprächsführung nach dem Selbstverständnis einzelner Gruppierungen (Mädchen, Mütter, Erwerbstätige, Ältere, einzelne Berufsgruppen). Das Frauenbewußtsein wird als Prozeß begriffen, der Passagen und Entwicklungsstufen durchläuft, typische Prägungen aufweist und gemäß der Kultur der Zweigeschlechtlichkeit im Vergleich zum Bewußtsein von Männern stets anders, aber weder weniger "konturiert" noch "besser" sei.[883]

Der Überblick über die Fragestellungen, Bewußtseinsbegriffe und Erhebungsmethoden in den untersuchten Dekaden zeigt eine Entwicklung von sehr offenen, an Subjektivität interessierten Zugangsweisen zu verengten und vereinseitigenden quantitativen Zugriffen. Parallel werden vertiefende Verfahren der qualitativen Erhebung entwickelt. Deskriptive und qualitative Methoden, die im Ansatz bereits in den 20er und 30er Jahren zum Einsatz kommen, werden in den 40er und 50er Jahren nur begrenzt wiederaufgenommen. Erst in den 70er Jahren wird das Frauenbewußtsein wieder als Element eines weiblichen Lebenszusammenhangs begriffen und überwiegend mit kombinierten empirischen Methoden der qualitativen Sozialforschung erschlossen. Zum Ende der 70er und erst recht in den 80er Jahren setzt sich eine besondere Aufmerksamkeit für frauenspezifische Prägungen des Bewußtseins durch, die jedoch nicht nur die Differenzen zu Männern verdeutlicht, sondern auch jene Unterschiede, die sich innerhalb der weiblichen Population ausmachen lassen.

8.2.3. Befunde, Interpretationen und Deutungskritik

Die spannende Frage, wie sich das Frauenbewußtsein im untersuchten Zeitraum entwickelt, kann nur "durch die Blume" beantwortet werden, sind doch alle Einzelresultate durch eben jene Raster und Deutungsrahmen gefiltert, die die Soziologie zwischen sich und den Themengegenstand schiebt. Diese transportieren vorgängige Einschätzungen über Kategorien des sozialen Handelns, komponieren sie neu nach Maßgabe des Emanzipa-

883 Vgl. Müller 1992.

tionsverständnisses und legen auf diese Weise Befunde vor, die der Ausgangsoptik entsprechen.

Beschrieben werden also Abbildungen und Interpretationen, die mit den im Emanzipationsverständnis kodifizierten Deutungsrahmen korrespondieren. Je offener und liberaler diese ausfallen, desto breiter ist der Korridor für Ausdifferenzierungen des beschriebenen Frauenbewußtseins. Die Deutungskritik fällt demnach unterschiedlich aus: Restriktive Emanzipationskonzepte führen in der Regel dazu, daß die Befunde recht gradlinig und einseitig ausgewertet werden, interessante Nebenaspekte aber marginalisiert oder ignoriert werden.

So zeigt sich für die erste Dekade die "strikte Komplementarität" als ein recht hermetisches Raster für die Berichterstattung und besonders für die Interpretation von Befunden über das Arbeitsbewußtsein und Lebensgefühl von proletarischen Frauen und Mädchen. Ihre Belastungserfahrungen, ihr Leiden an den schlechtesten Arbeitsbedingungen und ihr Schmerz über die langen Trennungszeiten vom Kind werden in den Mittelpunkt gestellt. Die meisten Beiträge handeln von einem Frauenbewußtsein, das in Bezug auf Arbeit indifferent, indolent, fatalistisch sei, reproduzieren diese Vorurteile und verbinden sie mit dem ausweislich stark vertretenen Arbeitsleid. Die unübersehbare Arbeitsfreude, insbesondere die der Mädchen und jungen Frauen, wird dagegen diskreditiert, mit Triebhaftigkeit, "sittlicher Unreife" und "sozialer Gefährdung" in Verbindung gebracht und nicht adäquat gewürdigt. Die Zentrierung der Belastungen und Stilisierung von weiblichen Erwerbsmotiven, die der Aufopferungsbereitschaft von Frauen für ihre Familie entsprächen, entspringt einem Komplementaritätsgedanken, der die Verausgabung weiblicher Kräfte nur dann akzeptiert, wenn sie sich eindeutig als Dienst an der Familie identifizieren läßt. Weibliche Erwerbsarbeit darf keinen "Eigennutz" verfolgen, das gilt als Egoismus und Rücksichtslosigkeit.[884] Tatsächlich denken die Fabrikmädchen an die Aussteuer und an ihre Heiratschancen. Ihre Zufriedenheit, Freude und Begeisterung über den Erwerbsstatus beruht aber auch darauf, daß sie den "Anbruch neuer Zeiten", der um 1910, in den späten 20er Jahren und im Vorkriegsjahrzehnt in Verbindung mit Modernisierungen angekündigt wird, unmittelbar und unverstellt leben und für sich nutzen wollen. Fabrikarbeit "befreit" sie zudem von den Zwängen der Degradierung im elterlichen Haushalt.

Sehr viel offener und interessierter fallen dagegen die Forschungsberichte zum Frauenbewußtsein in den 40er Jahren aus. Frauen zeigen danach ein neues Selbstbewußtsein, wissen ihren kollektiven Statuszuwachs, der

884 Diese Argumentationsfigur findet sich bis in die 60er Jahre in der einschlägigen Literatur, z.B. bei Pfeil 1961.

auf ihren Leistungen in Chaos und Katastrophe beruht, zu schätzen und behaupten sich auch innerhalb der ehelichen Beziehung gegenüber dem Dominanzanspruch des Ehemannes. Mit dem Emanzipationsverständnis einer pragmatisch begriffenen Egalität wird die Tüchtigkeit von Frauen unumwunden anerkannt und ihrem neuen Selbstbewußtsein und Selbstbehauptungswillen Gestaltungsraum zugesprochen: Frauen werden für die öffentliche und private Aufrechterhaltung des Lebens dringend gebraucht, als Heilkräfte angerufen und mit Bekenntnissen zur Gleichberechtigung umworben. Für die familiäre Binnenstruktur soll das aber, folgen wir z.B. der Studie von Thurnwald, nicht so recht gelten. Sie versucht nämlich, dem Verlangen nach Parität in der Ehebeziehung Zügel anzulegen und wirbt um Mitgefühl für die Ortlosigkeit der heimkehrenden Soldaten, die verständlicherweise, wie sie meint, gegenüber ihren Frauen den überlegenen Part spielen und eben jenen Platz wieder einnehmen wollen, den sie während des Krieges verlassen hatten. Dieses Moment innerehelicher Machtverschiebungen und privater Geschlechterkämpfe wird in seiner Bedeutung unterschätzt, weil der Einfluß jener divergierender Kriegserfahrungen nicht hinreichend bedacht wird, die jetzt ihre Wirkung entfalten: Frauen vertrauen ihrem eigenen Urteil stärker, seit sie aufgrund ihrer Kollektivangst früher und präziser als Männer die Ausweglosigkeit erkannten, mit dem Zusammenbruch rechneten und sich darauf einstellten. Sie sind nun empfindlich darauf bedacht, männliche "Rechthaberei" und "Besserwisserei" zurückzuweisen. Das schlägt sich besonders in Auseinandersetzungen über die Erziehung der Kinder nieder: Der meist recht autoritäre Erziehungstil des Vaters trifft auf eine heftige Opposition. Die Neuordnungsansprüche von Frauen sind daher gerade in Bezug auf Ehe und Familie recht wirkungsvoll und stellen die Hierarchie der Geschlechteranordnung in Frage. Diese Orientierung von Frauen, die zu Auseinandersetzungen im Privaten und zu erheblichen Verschiebungen des innerehelichen Kräfteverhältnisses führen, gehen durch die Überlagerung mit dem "halbherzigen" Deutungsrahmen der pragmatischen Egalität bei der Interpretation und Rezeption verloren. Den Neuordnungsansprüchen von Frauen und ihren Anstrengungen, die sie dafür zuhause und draußen unternehmen, wird insofern nicht Rechnung getragen. Das Vakuum, das entsteht, hinterläßt Hilflosigkeit und bereitet den Boden für einen Rückgriff auf traditionelle Modelle.

Auch in den 50er Jahren zeigt sich als Folge des Krieges ein spezifisches Doppelengagement von Frauen im Rahmen von Aufbauleistungen in der Erwerbs- und Privatsphäre. Das Bewußtsein von Frauen ist darauf gerichtet, für ihre Familien den Vorkriegsstandard und die verlorene Startposition wieder zu erreichen, dafür verlassen sie u.U. auch vorübergehend ihren Arbeitsplatz. Das Emanzipationsverständnis einer modifizierten Komplementarität sieht die Familie als Zentrum der Frauenbefreiung und läßt nur jene Neigungen gelten, die sich hier verorten (Schelsky). Außerhäusliche Interessen werden wegen der Gefährdung weiblicher Innigkeit, die für die Harmonie als unabkömmlich gilt, abgelehnt und unter Hinweis auf die unmittelbare politische Vergangenheit diffamiert. Gleichwohl hegen Frauen Qualifikations- und Erwerbsinteressen sowie Umbruchshoffnungen: Nach der anstrengenden Phase des Aufholens erwarten sie gleiche Chancen in Bildung und Beruf, Entlastung von drückenden Hausarbeitsverpflichtungen und von der Kinderbetreuung. Diesen Zielsetzungen wird die Legitimation abgesprochen. Frauen sollen sich uneingeschränkt für die Familie bereithalten. Um die Früchte ihrer anstrengenden Arbeit werden sie mit Vertröstungen und einer Verschiebung auf Wartepositionen betrogen. Das läßt sie für eine begrenzte Zeit resignieren, zumal das Ideal der Frau und Mutter als normative Setzung die alternierend gedachten Rollen von Familie oder Beruf aufoktroyiert und zwingend eine ausschließliche Entscheidung verlangt, - möglichst vor der Ehe und Mutterschaft. Zwischenorientierungen werden erst im Zuge einer Modifikation dieses Komplementaritätsdenkens wahrnehmbar.

Die 60er Jahre präsentieren ein Frauenbewußtsein, das im Rahmen einer relativierten Egalität eine große Bandbreite von weiblichen Haltungen und Einstellungen beschreibt. Die große Müttererwerbsstudie von Pfeil erlaubt erstmals einen differenzierten Einblick in die Konfliktlagen, Bewältigungsformen und Zwiespältigkeiten von erwerbstätigen Müttern mit betreuungsbedürftigen Kindern. Der tägliche zeitliche und ständige moralische Druck legt ihnen ein Denken in Alternativen nahe: Gefordert wird, daß Frauen sich zwischen Familie und Beruf entscheiden müßten, klar und unmißverständlich. Tatsächlich entwickeln die meisten eine Zwischenorientierung, die dem Beruflichen mehr Bedeutung einräumt. Ihr unübersehbar steigendes außerhäusliches Gleichberechtigungsstreben wird nur ausnahmsweise und dann akzeptiert, wenn sie nach Einschätzung von außen die Qualifikationsbedingungen erfüllen. Das quantitativ große Ausmaß an Teilzeitarbeitswünschen und -praxen zeigen, daß Frauen, auch Mütter, im Rahmen ihrer Zwischenorientierung Aufbruchshaltungen einnehmen und sich nicht mehr aufs Häusliche reduzieren lassen.

Lehr flankiert diesen Prozess vorsichtig, sie modifiziert das Junktim von Mutterschaft und Vollhausfrauendasein, löst es aber nicht vollständig auf: Erwerbstätigkeit erhöht in der Regel die Zufriedenheit von Frauen, und zufriedene Mütter sind die anregendsten, entspanntesten und kreativsten Betreuerinnen ihrer Kinder. - Im Zuge der Entkoppelung von Weiblichkeit und Mutterschaft sowie von Mutterschaft und Vollhausfrau wird langsam ein Nacheinander von Ausbildung-Familienphase-Wiedereinstieg legitim und anerkannt, zumal sich zwischenzeitlich die Teilzeitarbeitsform durchgesetzt hat. Das ermutigt Frauen kollektiv, den Aufbruch aus den alten Bindungen zu wagen.

Die Beiträge der 70er Jahre führen zunächst ein ähnliches Bild vom Frauenbewußtsein als einer "Doppelorientierung" in der intermediären Lage von Beruf und Familie vor. Dieses Spezifikum fällt besonders am Arbeitsbewußtsein von Frauen auf, das die Dimension der Belastung und Belastbarkeit vor dem Hintergrund von betrieblichen und wechselnden familiären Anforderungen ganz anders bilanziert, als Männer dies tun. Pross, die auf Basis des Emanzipationsverständnisses der konsequenten Egalität eine Angleichung und ein Gleichziehen von Frauen in Bildung und qualifizierter Beschäftigung fordert und fördert, arbeitet sich an dieser Besonderheit des Frauenbewußtseins ab und stuft es in der Tendenz als ein Defizit ein. Noch "ungnädiger" verfährt die These vom "familienzentrierten Instrumentalismus" mit der Zwischenorientierung, weil die Interpretation auf dem Verständnis beruht, daß Emanzipation nur in unmittelbarer Verknüpfung zur Erwerbsarbeit zu realisieren sei. Aus der kontinuierlichen Familienbindung wird hier ein Vorwurf: Sie spaltet und verhindert die Solidarität unter den Arbeiterinnen. Daß Frauen aber ihre doppelte Verankerung ständig reflektieren und besser zu bewältigten versuchen, wird dabei übersehen. Die enge Verknüpfung beider Sphären und die Zwischenorientierung "in allen Punkten" wird besonders daran deutlich, daß soziale Kontakte und Kommunikationsmöglichkeiten im Betrieb, die für Frauen einen so hohen, gleichwohl oft getadelten Stellenwert haben, sich auf das gegenseitige "Beratschlagen" von haushalterischen "Tricks und Tips" beziehen. Sie verständigen sich über den Umgang mit Kindern, über Probleme mit den Ansprüchlichkeiten der Männer und tauschen sich über die geschicktesten Hausarbeitsvollzüge aus. Die Hannoveranerinnen, die diesen Punkt, weil er systematisch vergessen wurde, demonstrativ und intensiv herausarbeiten, verschaffen einem Frauenbewußtsein Geltung, das den Durchbruch versucht, indem beide Bereich miteinander kombiniert und aufeinander abgestimmt werden.

Das Frauenbewußtsein wird in den 80er Jahren in einer Vielzahl von Formen der Vereinbarkeit und Zwischenorientierungen vorgestellt, die ein Gleichgewicht von Familie und Beruf anstreben. Das am Emanzipationskonzept einer egalitären bzw. differenzierten Differenz orientierte Deutungsmuster kann die reichhaltige Vielfalt von Schattierungen, die die Individualisierung von Frauen hervorbringt, aufnehmen und wiedergeben. Die Modelle und Vorstellungen einer Kombination von Erwerbstätigkeit mit Sorgearbeit zeigen, wie Frauen am Zeittrend der Selbstwerdung teilnehmen: Durch eine "Individualisierung in der Individualisierung" (Angelika Diezinger) probieren sie, Solidarität und Selbstentfaltung zu verknüpfen. Es geht ihnen jetzt darum, eine Kontinuisierung und Parallelisierung von Familien- und Erwerbsaufgaben als akzeptierte Lebensform zu praktizieren, um so einen Durchbruch zur Wahrnehmung gleichberechtigter Optionen zu erzielen.

8.3. Wider die Geschlechterhierarchie

Die emanzipationstheoretischen Deutungsrahmen erweisen sich in den einzelnen Dekaden als unterschiedlich gut geeignet, die Materialien über das Frauenbewußtsein sprechen und zur Wirkung kommen zu lassen. Ihr "parteiisches" Pendeln zwischen den Polen von Egalität und Differenz erschwert ihnen die Wahrnehmung und Dokumentation von weiblichen Selbstverortungen, die Zwischenlagen reflektieren und der Tatsache Rechnung tragen, daß beide Bereiche des Lebenszusammenhangs, Familie und Beruf, ineinandergreifen, bewußt integriert und als solche gespiegelt werden wollen. Die der geschlechtspezifischen Arbeitsteilung geschuldete besondere gesellschaftliche Verflechtung und private (Selbst-) Verpflichtung von Frauen bringt auf der Ebene des Bewußtseins durchgängig Formen einer vermittelnden Zwischenorientierung hervor. Deren Ausgestaltung variiert in den Dekaden und Epochen erheblich und steht offenbar in Abhängigkeit zu kollektiven Erfahrungen, "Periodeneffekten" und "Schlüsselereignissen", die spezifische Lernanreize für eine Generation setzen. Die in diesem Kontext stattfindende bewußte Aneignung des weiblichen Lebenszusammenhangs wird von der Forschung weitgehend halbiert bzw. nur unvollständig abgebildet, zudem statisch fixiert und nicht als Prozeß begriffen.

8.3.1. Empirisches Resümee

Die Interpretationsmuster, mit denen die Untersuchungen auf das Erhebungsmaterial zum Frauenbewußtsein zugreifen, vernachlässigen durchweg die Seite der Reproduktionsaktivitäten, obwohl hier die spezifischen Aufgabenfelder von Frauen gesehen werden und faktisch zusammenfließen. Sie testen immer wieder ab, ob und wie intensiv die Fürsorglichkeits- und Solidarfunktionen erfüllt werden, richten den aufmerksamen Blick aber nicht systematisch auf Umfang, Art und Grad der qualitativen Verschiebungen und quantitativen Veränderungen der Haus- und Familienarbeit. Nur von Pfeil (1961), Pross (1976) und Becker-Schmidt u.v.a. (1981) wissen wir, daß, wie und warum Frauen den Hausarbeitsaufwand stetig drosseln.[885] Sie wollen zunächst mehr Raum und Betreuungsintensität für ihre Kinder erreichen (Pross 1976) und später mehr Eigenzeit, frei verfügbare und für sich selbst einsetzbare Ressourcen, sichern (Diezinger 1991).

Die Sekundäranalyse zeigt schubartige und kontinuierliche Bestrebungen auf, die alle eine Richtung haben: Frauen reduzieren die Reproduktionsarbeiten so, daß weniger materiell-sachliche Routinetätigkeiten anfallen. Die "Entbindung im Kopf", ein Lebensentwurf mit einer kleinen Kinderzahl, ist eine weitere, über Generationen praktizierte, bewußte Maßnahme, sich weniger lebenslang wirksame Verpflichtungen aufzuladen. Eine drastische Form der Reduzierung häuslicher Anbindung nehmen Frauen heute vor: Sie trennen sich vom Kindsvater.[886] Wir wissen nicht, was mit diesem Schritt angestrebt wird, aber ein Ergebnis der neueren Haushaltsökonomik ist, daß Frauen so Zeit für sich gewinnen, weil generell die

> "Freizeitwerte der Alleinerziehenden signifikant über denen der erwerbstätigen Ehefrauen (liegen). In den 2-und-mehr-Kinder-Familien erreichen sie sogar fast das Niveau der nicht und geringfügig erwerbstätigen Ehefrauen".[887]

Die erwerbstätigen verheirateten Mütter sind zuhause zeitlich am stärksten belastet und haben heute die geringsten Dispositionsmöglichkeiten; Alleinerziehende bewältigen ihre Situation offenbar sehr viel besser als generell angenommen wird. Die Daten sprechen eine Sprache, mit der die Autoren nur an einer Stelle zögerlich herausrücken:

> "Als mögliche Erklärung für diesen Tatbestand ist der Wegfall der zeitlichen Versorgung für den Ehemann zu sehen."[888]

Im Frauenbewußtsein ist dieser Springpunkt präsent. Die Kritik formuliert die Verknüpfung der häuslichen Anbindung und Behinderung eigener

---

885 Hier erfahren wir auch, daß Männer sich mit verblüffendem Beharrungsvermögen nicht auf eine Arbeitsteilung in diesem Feld einlassen. Jene Hinweise und Einschränkungen, z.B. von Baumert 1954 und Schmidtchen 1984, die Frauen kritisieren, weil sie den Männern zu wenig abforderten, verkennen, welche Anstrengungen diese Auseinandersetzungen abverlangen; vgl. zur Unzugänglichkeit der Männer Pross 1978, Metz-Göckel/Müller 1985, Notz 1991, die deutlich machen, daß auch junge Männer als Väter die traditionelle Arbeitsteilung der Geschlechter für sich reklamieren.

886 Vgl. Notz 1991, die als eine zentrale Ursache die Abwendung des Vaters von Haus- und Familienangelegenheiten identifiziert.

887 Krüsselberg/Auge/Hilzenbecher 1986:232.

888 Krüsselberg/Auge/Hilzenbecher 1986:232.

Bewegungs- und Entfaltungschancen mit dem Versorgungsanspruch des Vaters und Ehemannes, der eine Quasi-Präsenzpflicht der Ehefrau beinhaltet. Das ist eine "Sollbruchstelle", ein Element, daß bei Gefahr bricht, um die Substanz nicht zu gefährden. Den alltäglichen Versorgungsanspruch kündigen Frauen auf, das rettet den familiären Zusammenhalt, auch wenn der Vater daraufhin geht. Dieser Punkt wird wiederholt sichtbar bei Thurnwald (1948), deutlich herausgestellt und relativiert bei Pfeil (1961), vorsichtig moniert von Pross (1976) und kritisiert von Eckart u.a. (1979) sowie Becker-Schmidt u.v.a. (1981). Die Deutungsmuster messen dem aber durchweg keine besondere Relevanz zu, sehen und "verstehen" nur, daß Frauen sich dieser aufwendigen und gering geachteten Dienste entledigen. Bis heute wird die Distanzierung gegenüber der Sorgearbeit für den Ehemann nicht hinreichend gewürdigt, wenngleich die männlicher Dominanz vielfach demontiert, skandalisiert und theoretisiert wird.[889]

Dieses Moment einer interessierten Blindheit gegenüber antihierarchischen und enthierarchisierenden Gehalten im Frauenbewußtsein fällt besonders krass ins Auge, wenn wir die Beiträge der 50er und 60er Jahre Revue passieren lassen. Die Kritik von Frauen an der Instanz des autoritären Vaters und dominanten Ehegatten wird offenbar. Die egalitären Deutungen der 40er Jahre "entschärfen" die Konflikthaftigkeit und verschieben weibliche Ansprüche an Parität ins Feld der beruflichen Aktivitäten. Die komplementären Vorgaben der 50er Jahre reaktivieren dagegen alte Gebote "wesensgemäßer Häuslichkeit" und sprechen unverblümt aus, um was es geht. Die Vormachtposition des Vaters und Ehemannes ist modifizierbar, aber im Prinzip unantastbar (Schelsky 1953). Sowohl Pfeil (1961) als auch Lehr (1969) und Pross (1976) entdecken die Widerständigkeiten von Frauen gegen das Privileg und die Ansprüchlichkeit des Gatten, schieben das Problem aber, wie zuvor Baumert (1954) und zahlreiche demoskopische Umfragen, den Frauen auf dem Umweg über die häusliche Arbeitsteilung "in die Schuhe". Sollen sie doch dafür Sorge tragen, daß ihre Männer sie bei der Hausarbeit stärker entlasten. Tun sie dies nicht, fehlt es ihnen, so der schnelle Schluß, am nötigen Bewußtsein. Erst in den 80er Jahren zeigt sich, welche Zusatzbelastungen mit der Einbeziehung des Ehemannes verbunden sind, welche massiven Widerstände Männer mobilisieren und wie gesellschaftspolitisch fundiert diese vermeintlich private-persönliche

889 Vgl. Beck/Beck-Gernsheim 1990; Die Selbstverständlichkeit, mit der Männer auf die Fürsorglichkeit von Frauen zurückgreifen, ist allzuleicht Anlaß für einen Eklat und plakative Vorwürfe. Weder diese Kritik, noch die an Frauen, deren "Mittäterschaft" unleugbar vorhanden ist, führt hier weiter. Die gelebte Geschlechterhierarchie ist nicht Ursprung, aber Begleiterscheinung und Schanier der systematischen gesellschaftlichen und privaten Ungleichstellung von Frauen.

Sperre und Interessendivergenz ist. Das "Geschlecht als gesellschaftliche Strukturkategorie" (Beer 1990), die alle Lebensbereiche mit offen und subtil wirksamen Rangordnungen durchzieht, fungiert quasi "hinter dem Rükken" der Individuen als handlungssteuernder Deutungsrahmen.

Erst in jüngster Zeit wird der psychische Niederschlag dieser gesellschaftlichen Über-/Unterordnung von Männlichkeit/Weiblichkeit im Frauenbewußtsein genauer analysiert: So zeigt zum Beispiel Margrit Brückner (1983) frauenspezifische Strukturen des Erlebens und Erleidens von Gewalt als Lernerfahrung auf, die Frauen die Kosten ihrer "freiwilligen" psychischen Abhängigkeit vom starken Mann nach Jahren bewußt werden lassen. Hier stürzen "im Inneren" hierarchisch angeordnete Gefühlswelten, die Geschlechterverhältnisse abbilden, ein, welche "von außen" immer wieder vorgegeben werden. Die Erkenntnis wird aufgrund intensiver Forschungen über Gewalt, die Männer in Familien ausüben, möglich, gilt aber als übertragbar auf die generell üblichen Imaginationen über weibliche Schwäche und männliche Stärke im Liebes- und Beziehungserleben.

An dieses Thema wagt sich erst die Frauenforschung. Sie packt Defizite des bisherigen Diskurses über das Frauenbewußtsein an, die den herkömmlichen Deutungsmustern entgegenstehen, obwohl oder weil sie gleichermaßen die Geschlechterhierarchie tangieren. Daß Frauen auch als Akademikerinnen die Strukturen der Diskriminierung spüren, resignativ oder offensiv beantworten, zeigt sich bereits bei Pfeil 1961 und Pross 1969. Die Deutungen dieser Dekaden decken die Brisanz, die darin steckt, eher zu und entdramatisieren sie: Selbst Frauen, insbesondere Mütter, mit hohen Qualifikationen und Positionen müssen Nachteile hinnehmen. Das ist eine Absage an das Konzept, das Emanzipation durch Bildung anstrebt! Egalitär orientierte Deutungsmuster setzen auf Bildung, Qualifikation und Angleichung, sie müssen die Benachteiligungen, die "trotz alledem" stattfinden, marginalisieren. Sie würden sich sonst selbst in Frage stellen. Ihre Konzentration auf die Befreiung durch qualifizierte Erwerbsarbeit neigt seit jeher dazu, über die Frage der ungleich verteilten Belastung der Geschlechter mit den Aufgaben der Reproduktion nicht nachzudenken, implizit also günstigere Voraussetzungen für Frauen stillschweigend hinzunehmen.[890] Auch hier leisten neuere Untersuchungen insofern mehr, als sie, wie z.B.

890 Ein weiteres Beispiel ist die Unzufriedenheit von Frauen mit ihren beruflichen Entfaltungschancen. Daß sie durchweg schlechter bezahlte und geringer angesehene Tätigkeiten verrichten als Männer, wurde ihnen lange selbst angelastet: Sie müßten mehr Bildungs-, Einsatz- und Durchsetzungsbereitschaft zeigen; Pross 1973; Eckart u.a. 1979. Heute wissen wir um die Personaleinsatzstrategien in den Betrieben, die es auf die uneingeschränkte Leistung des Mannes abgesehen haben, für den zuhause gesorgt wird; vgl. Gottschall 1988.

Dagmar Schultz (1988), deutlich machen, daß die soziale Anordnung der Geschlechter auch im Wissenschaftsbetrieb degradierende und privilegierende Wirkungen entfaltet. Die Stoßrichtung dieser Untersuchung gegen den Androzentrismus wissenschaftlicher Strukturen, die wie die Analyse der weiblichen Liebe auf die faktische und imaginierte Hierarchie der Geschlechter zielt, geht freilich im Trend differenzierter Vielfalt der 80er Jahre unter. Die "Differenz in der Differenz" hebt weder die Reduktionsbestrebungen von Frauen in der Privatsphäre noch ihre hier oder im Berufsbereich angesiedelten Enthierarchisierungsabsichten heraus. Differenzansätze nehmen keine Prioritätensetzung vor. Das macht ihre Attraktivität, große Resonanz und Akzeptanz aus, aber auch ihre Beliebigkeit und Unbestimmtheit von Emanzipation, die auf mehreren Wegen zugleich angestrebt wird. Solche Suchbewegungen bieten Lernchancen, stoßen aber an die Grenzen von Zeit und Kraft, Geduld und Bereitschaft, Benachteiligungen hinzunehmen. Es ist absehbar, daß die nachwachsende Generation der Frauenforscherinnen das "Pendel" umschlagen läßt und wieder stärker auf Egalität und einer wissenschaftlichen Arbeit beharrt, die sich weniger theoretisierend als empirisch betätigt. Neue Forschungsbedarfe würden so, unter Umständen gestärkt durch die Interessen der Frauen aus den neuen Bundesländern, entstehen und besser bewältigbar sein als bisher. Denn:

1. Es fehlt an aktuellen empirischen Untersuchungen, die das Frauenbewußtsein vor dem Hintergrund der Sorgearbeit im weiblichen Lebenszusammenhang abbilden und dies für diverse Biographiephasen, "Milieus" und Qualifikationsniveaus mit größeren Untersuchungseinheiten leisten.[891]

2. Analysen zum Geschlechterverhältnis und "herrschaftsfreien" Dialog innerhalb der (ehelichen) Hierarchie, über erfahrene Bruchlinien und gelebte Grenzen der "kulturellen Zweigeschlechtlichkeit" fehlen in der deutschen Frauenforschung.[892] Erhebungen zum Bewußtsein über die Geschlechterhierarchie im privaten und öffentlichen Bereich wären erforderlich, um den Diskurs über Opfer und Leid, Geduld und Anspruchslosigkeit in Verbindung mit dem Frauenbewußtsein umzuschreiben.[893]

891 Hier wären z.B. Nachuntersuchungen zu Eckart u.a. 1979 vorstellbar.

892 Im Unterschied zur us-amerikanischen Frauenforschung, die über Konsens und Dissens der Geschlechter sehr viel genauer, umsetzungsorientiert und empirisch arbeitet; vgl. Stacey 1987, die auf Arlie Hochschilds sensible Erhebungspraxis verweist.

893 Wichtig wären empirische Erhebungen zum Thema "Liebe der Frauen", wie Brückner 1983 sie bereits mit einer kleinen Gruppe von Frauen durchführte.

3. Die Durchbrüche von Frauen zu neuen Lebensmustern der Integration, Parallelisierung und Kontinuisierung von Familie und Beruf sind "Schritt für Schritt", teils in Schüben, teils mit sturem Beharrungsvermögen, von Frauen praktiziert worden, die in der Mitte des Lebens stehen. Forschungen zum Bewußtsein derjenigen, die diese Avantgardefunktion in Bezug auf die Durchsetzung und Praktikabilität von Emanzipation wahrnehmen, existieren bisher nur in Ansätzen.[894]

4. Wichtiger als alle Theoretisierungen, die derzeit die Frauenbewußtseins-Thematik überschwemmen und überlagern, scheint ein entlastetes, genaueres und "angstfreies" Hinsehen zu sein, das jenseits von Differenz- und Gleichheitsdeutungen an den Kernbestand geht: Die subtilen Nach- und Zuordnungen des Weiblichen zur Männlichkeit, die gesellschaftlich erwartet und psychisch "übernommen" werden, restrukturieren eine Hierarchie der Geschlechteranordnung, die im Zuge des Gleichheitsgedankens längst an Legitimation verloren hat. Solche sozialpsychologischen und subjektorientierten Forschungen verlangen freilich, daß Wissenschaftlerinnen sich als Frauen in diesem sozialen Arrangement wiedererkennen und realisieren, daß nicht nur "die anderen", sondern auch sie selbst in dem weiblichen Grundkonflikt stehen, die Abspaltungen von "Liebe und Leben" immer wieder gegen gesellschaftliche Verweigerungen und psychische Verbote überwinden zu müssen, - ohne sich dabei als Opfer der Verhältnisse zu imaginieren.[895]

8.3.2. Theoretisches Resümee

Das Ensemble traditioneller Denkweisen, das sich in und um Geschlechterverhältnisse herum angesiedelt hat, ist durch den kritischen Blick der Frauenforschung sichtbar geworden. Ihre "Entdeckungstechnologie"[896] zeigt systematische Verzerrungen, Diskrepanzen und Vakuen auf, die derzeit eingängig und überzeugend von konstruktivistischen Ansätzen in der Soziologie nachvollzogen werden. Ohne auf die "Spielarten des Konstruktivismus"[897] einzugehen, versuche ich abschließend eine explizite theoretische Einbindung, die meine "Ausgrabungen" anleiteten und halfen, den Prozeß der Produktion und Durchsetzung, des Zerfalls und der Erneuerung

894 Vgl. Diezinger 1991 und Notz 1991.
895 Vgl. Brückner 1983:176.
896 Knorr-Cetina 1989:94
897 Vgl. Knorr-Cetina 1983:86.

von Deutungsvarianten zu verfolgen. Ohne das Erkenntnisinteresse völlig auf die Schiene des Erzeugens von Deutungsrahmen zu verlagern,[898] reformuliere ich das Ergebnis mit Hilfe konstruktivistischer Kategorien:

Das Verfahren der Sekundäranalyse läßt sich als eine mehrebige Untersuchung im Stile einer "Rekonstruktion von Konstruktionen"[899] oder als "doppelte Hermeneutik"[900] charakterisieren. Die erste Ebene beschreibt die Ergebnisse der Rekonstruktion der "Konstruktionen ersten Grades", also der subjektiven Deutungen bzw. des "Meinens und Denkens" von Frauen. Ihre Anordnungen von Welt und ihre subjektiven Deutungen des Lebenszusammenhanges sowie ihre emanzipatorischen Suchbewegungen schimmern durch die theoretischen Konstruktionen der ForscherInnen hindurch. Diese subjektiven Bedeutungszuschreibungen der "beforschten" Frauen gilt es sorgfältig freizulegen und zunächst vom Theoriegemenge sozialwissenschaftlicher Interpretationen zu reinigen. Die subjektiven Relevanzstrukturen der "Choreographien"[901], nach denen die Frauen der verschiedenen Dekaden eine Vereinbarkeit von Berufs- und familialer Sorgearbeit inszenieren, um Entkoppelungen von den geschlechtshierarchischen Vorgaben zu vollziehen, werden auf der zweiten Ebene der Konstruktion sozialer Wirklichkeit im Rahmen soziologischer Theoriebildung z.T. systematisch ausgeblendet. Hier zielt die sekundäranalytische Rekonstruktion auf jene dekadenspezifische Typik, die sich als "Optik" der ForscherInnen herauspräparieren läßt. Die empirischen Befunde sind wissenschaftlich produziert und lassen sich als kontextuelle Konstruktionen aufschlüsseln. Sie sind durch Situationsspezifika und Interessenstrukturen gekennzeichnet.[902] Sie können als Resultat hochgradig selektiver Prozesse angesehen werden, die die Auswertung des empirischen Materials, d.h. die Interpretationsprozesse der

898 Das tut jener neumodische Strang des De-/Rekonstruierens in der Frauenforschung, der alles Denken als artifiziell deklariert und darüber implodiert.

899 Konstruktivistische Vorstellungen in der Soziologie können auf eine lange Tradition zurückblicken und lassen sich bereits bei Marx verorten. Das bekannteste Konzept des "sozialen Konstruktivismus" neuerer Soziologie verbindet sich mit den Namen von Peter Berger und Thomas Luckmann. Sie beschreiben die gesellschaftliche Konstruktion der Wirklichkeit über Weltsichten, Handlungsmuster und Wissensformen des Alltagshandelns, die Realitätscharakter gewinnen. Sozialordnung wird als von Menschen produziert und als in ständigen Deutungs- und Interpretationsprozessen erneut hervorgebracht verstanden.

900 Alfred Schütz zit. n. Giddens 1976:162.

901 Knorr-Cetina 1989:94.

902 Karin Knorr-Cetina 1991:25f. beschreibt die Selektivität der wissenschaftlichen Wissenproduktion am Beipiel von naturwissenschaftlichen Theoriebildungsprozessen. Sozialwissenschaftliche Theorieproduktion als forscherische Interpretation unterliegt den Mechanismen von Selektivität vermutlich noch in ungleich höherem Maße.

Theoriebildung zum Frauenbewußtsein - als "Konstruktionen zweiten Grades"[903] strukturieren. Die Betrachtung der Akzentuierung von Ergebnissen, die Gewichtung und "Entwichtigung" von Resultaten und der Systematisierung und Generalisierung lassen Rückschlüsse auf die forscherischen Deutungsrahmen zu, die als implizite "paradigmatische" Orientierungen über die subjektiven Relevanzsetzungen der "beforschten" Frauen gestülpt werden. Solche paradigmatischen Orientierungen stellen Denkmuster dar, die für eine "scientific community" jeweils Verbindlichkeitscharakter besitzen und Problem- und Methodenperspektiven der soziologischen Disziplin prägen.[904] Als theoretische Deutungsrahmen besitzen sie erklärungsgenerierenden und normstiftenden Charakter. Damit strukturieren sie die Inhalte des soziologischen Diskurses zum Frauenbewußtsein, zum Lebenszusammenhang, zur Konturierung und Positionierung von Weiblichkeit, wie auch seine Ausschließungsprocedere. Damit werden konträre Perspektiven von Realität aus dem Diskurs ausgegrenzt oder explizit negiert. Mit dem Begriff des "Paradigmas", des Deutungsrahmens oder auch des Diskurses wird auf jene grundlegenden, durch Theoriebildung hervorgebrachten und als selbstverständlich angenommenen Bedingungen verwiesen, die den jeweiligen Interpretationsrahmen für die Untersuchungen zur Weiblichkeit bzw. zum Frauenbewußtsein bilden.

Die Rekonstruktion der inhärenten forscherischen Interpretationsmuster, die scheinbar empirisch begründet, aber letztlich durch vorgängige Deutungsrahmen oder paradigmatische Orientierungen zum Frauenbewußtsein strukturiert sind, zeigt einerseits ein sensibles Reagieren der forscherischen Interpretationen bzw. der Diskurse auf sozial-historische Rahmenbedingungen. Hier kommt es zu Verschiebungen zwischen den Polen von Gleichheit und Differenz. Andererseits bleibt gewissermaßen als erratischer Block eine weitgehend unproblematisierte weibliche "Exklusiv-Zuständigkeit"[905] für die familiale Sorgearbeit als mehr oder weniger subtile normative Folie forscherischer Interpretamente zum Frauenbewußtsein erhalten. Diese ausschließliche Verantwortung von Frauen für andere gehört gleichsam zum "Urgestein" eines konsentierten und sozialwissenschaftlichen "Weiblichkeitsparadigmas"[906] und schreibt sich durch die entspre-

903 Alfred Schütz geht davon aus, daß sozialwissenschaftliche Forschung sich - im Gegensatz zur naturwissenschaftlichen - immer bereits mit interpretierten Realitäten befaßt, die vorab durch die Bedeutungszuschreibungen der Handelnden selbst strukturiert sind. Daher müsse bei sozialwissenschaftlicher Theoriebildung von "Konstruktionen zweiten Grades" gesprochen werden; vgl. Schütz 1971:6f.

904 Vgl. Kuhn 1973:11ff.

905 Pieper 1994:38.

906 Christa Rohde-Dachser 1990:31f. prägte diesen Begriff für die Setzungen des "Weiblichen" in der traditionellen psychoanalytischen Theorie.

chenden Forscherinnenoptiken bzw. deren Deutungsrahmungen fort. Die solchermaßen konstruierten Diskurse über Weiblichkeit bzw. Frauenbewußtsein sind zumeist nicht in der Lage, die Relevanzsetzungen der Frauen und deren Abarbeiten an "Zwischenorientierungen" aufzunehmen. Das zu Diskursen geronnene ForscherInnenwissen, die solchermaßen generierte Theorie, wandert wieder in die Alltags- und Politikpraxen der Frauen zurück. In popularisierter und oft fragmentierter Form sinken die wissenschaftlichen Deutungsrahmen und Deutungsmuster wiederum als Sedimente in das Alltagswissen der Frauen ab und gewinnen somit Anteil an deren Interpretationen von Welt. Zwischen ihren Alltagspraxen einer sukzessiven Ent-Bindung im Privaten und den soziologischen Theorie- und Interpretationsangeboten klaffen notorisch Diskrepanzen. Vom konsentierten Weiblichkeitsparadigma weicht die Emanzipationspraxis der Frauen chronisch ab. Damit bleibt ihre Praxis ohne ein sozial akzeptiertes und höhersymbolisch abgesichertes Modell. Auf diese Weise entsteht ein Orientierungsvakuum, das Neuorientierungen für Frauen sehr schwierig macht und sie anfällig werden läßt für Schuldzuweisungen beim vermeintlichen Abweichen von sozial vorgezeichneten Pfad der "mütterlichen Exklusiv-Verantwortlichkeit für das Kind"[907]. Das schafft Voraussetzungen für subtile diskursiv produzierte Rückbindungen an Bestandteile des tradierten Frauen- und Familienbildes. Den Veränderungen auf der Ebene der Lebenspraxis und deren Entkoppelungen sind die theoretisch konstruierten Leitbildvorgaben nicht adäquat gefolgt.

907 Vgl. Pieper 1994:5ff, 37.

Danksagung

Die Bearbeitung empirischer Werke ist so aufregend wie mühselig. Es hat Jahre gedauert, bis ich das umfangreiche Material aus- und umgegraben hatte. Schwer war die Entscheidung, den Prozeß des Aufstöberns und Auswertens weiterer Quellen zu beenden. "Irgendwann" entschloß ich mich, für mindestens ein Jahr Abstand vom aufreibenden und prallen Leben zwischen Beruf und Familie zu nehmen, um die Arbeit "jetzt oder nie" abzuschließen. In meinem Umkreis gab es viele Menschen, die mich dabei unterstützten - mehr, als ich hier nennen kann. Wichtig war, daß Bernd Curtius, ein junger Doktorand, das voluminöse Manuskript sichtete, einen Bearbeitungsplan entwarf und die technische Umsetzung am Computer übernahm. Dafür danke ich ihm. Ich danke auch Martina Spirgatis für die zuverlässige Unterstützung bei der Abschrift und Korrektur; Ingeborg Wegehaupt-Schneider für ihren Zuspruch; Marianne Pieper, die mir auf langen Spaziergängen mit "Rat und Tat" in Wissenschafts- und Lebensfragen zur Seite stand; meiner Mutter, Wera Beekhuis, die sich im heimatlichen Ostfriesland dringend wünschte, "datt ick dat noch beleben do!"; meinem Mann, Arwed Milz, dessen Geduld ziemlich strapaziert wurde und nicht zuletzt meinen "Doktoreltern" Ingrid Sommerkorn und Gregor Siefer.

Reinbek bei Hamburg, im Juni 1994

Helga Milz

Literaturliste

Adorno, Theodor W. 1954: Vorwort. In: Baumert 1954, S.Iff.

Alemann, Ulrich v. 1985: Der Wandel organisierter Interessen in der Bundesrepublik. Erosion oder Transformation? In: Aus Politik und Zeitgeschichte, Beilage 49, S.3ff.

Anders, Ann (Hg.) 1988: Autonome Frauen. Schlüsseltexte der Neuen Frauenbewegung seit 1968, Frankfurt

Andreas-Friedrich, Ruth (1945) 1986a: Der Schattenmann. Tagebuchaufzeichnungen 1938-1945, Frankfurt/M.

Andreas-Friedrich, Ruth (1947) 1986b: Schauplatz Berlin. Tagebuchaufzeichnungen 1945 bis 1948, Frankfurt/M.

Arendt, Hannah 1981: Vita aktiva oder vom täglichen Leben, München

Arnold, Rolf 1983: Deutungsmuster. Zu den Bedeutungselementen sowie den theoretischen und methodologischen Bezügen eines Begriffs. In: Zeitschrift für Sozialpädagogik, 29. Jg, Nr.6, S.894

Baethge, Martin / Hantsche, Brigitte / Pelull, Wolfgang / Voskamp, Ulrich 1988: Jugend: Arbeit und Identität. Lebensperspektiven und Interessenorientierungen von Jugendlichen, Opladen

Baumert, Gerhard 1954: Deutsche Familien nach dem Kriege. Unter Mitarbeit von Edith Hünniger, Darmstadt

Bebel, August 1923: Die Frau und der Sozialismus, Berlin

Beck, Ulrich / Beck-Gernsheim, Elisabeth 1990: Das ganz normale Chaos der Liebe, Frankfurt/M.

Beck, Ulrich 1986: Risikogesellschaft. Auf dem Weg in eine andere Moderne, Frankfurt/M.

Beck-Gernsheim, Elisabeth 1984a: Vom Dasein für andere zum Anspruch auf ein Stück eigenes Leben. Individualisierungsprozesse im weiblichen Lebenszusammenhang. In: Soziale Welt 3/84, S.307ff.

Beck-Gernsheim, Elisabeth 1984b: Frauen zurück in die Familie? Eine Diskussion der Leitlinien aktueller Familienpolitik in der Bundesrepublik Deutschland. In: WSI-Mitteilungen Nr. 1, S.23ff.

Beckenbach, Niels 1991: Industriesoziologie, Berlin, New York

Becker, Dietmar / Becker-Schmidt, Regina / Knapp, Gudrun-Axeli / Wacker, Ali (Hg.) 1989: Zeitbilder der Technik. Essays zur Geschichte von Arbeit und Technologie, Bonn

Becker-Schmidt, Regina / Brandes-Erlhoff, Uta / Lühring, Ilse / Schmidt, Beate 1981: Familienarbeit im proletarischen Lebenszusammenhang: Was es heißt, Hausfrau zu sein. In: Gesellschaft 1981, S.75ff.

Becker-Schmidt, Regina / Knapp, Gudrun-Axeli / Rumpf, Mechthild 1981: Frauenarbeit in der Fabrik - Betriebliche Sozialisation als Lernprozess? Über die subjektive Bedeutung der Fabrikarbeit im Kontrast zur Hausarbeit. In: Gesellschaft 1981, S.52ff.

Becker-Schmidt, Regina 1982: Lebenserfahrung und Fabrikarbeit: psychosoziale Bedeutungsdimensionen industrieller Tätigkeit. In: Schmidt/Braczyk/Knesebeck 1982, S.297ff.
Becker-Schmidt, Regina / Brandes-Erlhoff, Uta / Karrar, Marva / Knapp, Gudrun-Axeli, Rumpf, Mechthild / Schmidt, Beate 1982: "Nicht wir haben die Minuten, die Minuten haben uns." Zeitprobleme und Zeiterfahrungen von Arbeitermüttern in Fabrik und Familie, Bonn
Becker-Schmidt, Regina 1984: Probleme einer feministischen Theorie und Empirie in den Sozialwissenschaften. In: Zentraleinrichtung 1984, S.224ff.
Becker-Schmidt, Regina / Knapp, Gudrun-Axeli / Schmidt, Beate 1984: Eines ist zuwenig - beides ist zuviel. Erfahrungen von Arbeiterfrauen zwischen Familie und Fabrik, Bonn
Becker-Schmidt, Regina 1987: Frauen und Deklassierung, Geschlecht und Klasse. In: Beer 1987, S.187ff.
Becker-Schmidt, Regina / Knapp, Gudrun-Axeli 1987: Geschlechtertrennung - Geschlechterdifferenz: Suchbewegungen sozialen Lernens, Bonn
Bednarz-Braun, Iris 1983: Arbeiterinnen in der Elektroindustrie. Zu den Bedingungen von Anlernung und Arbeit an gewerblich-technischen Arbeitsplätzen für Frauen, München
Beer, Ursula (Hg.) 1987: Klasse Geschlecht. Feministische Gesellschaftsanalyse und Wissenschaftskritik, Bielefeld
Beer, Ursula 1990: Geschlecht, Struktur, Geschichte. Soziale Konstituierung des Geschlechterverhältnisses, Frankfurt/M.
Beiderwieden, Jens / Windaus, Eberhard / Wolff, Reinhart 1986: Hilfen für mißhandelte Kinder, Basel, Frankfurt/M.
Berger, Peter A. / Hradil, Stefan 1990 (Hg.): Lebenslagen, Lebensläufe, Lebensstile. Soziale Welt Sonderband 7, Göttingen
Berger, Peter L. / Luckmann, Thomas 1970: Die gesellschaftliche Konstruktion der Wirklichkeit. Eine Theorie der Wissenssoziologie, Frankfurt/M.
Bernays, Marie 1910: Auslese und Anpassung der Arbeiterschaft in der geschlossenen Großindustrie. Dargestellt an den Verhältnissen der Gladbacher Spinnerei und Weberei AG. In: Schriften des Vereins für Socialpolitik 133, Leipzig
Bernays, Marie 1916: Frauenfabrikarbeit und Geburtenhäufigkeit in Deutschland, Berlin
Bertram, Hans / Bayer, Hiltrud 1984: Berufsorientierung erwerbstätiger Mütter, München
Bierhoff-Alfermann, Dorothee 1989: Möglichkeiten und Grenzen der Geschlechterrollen, Opladen
Bilden, Helga 1991: Geschlechtsspezifische Sozialisation. In: Hurrelmann/Ulich 1991, S.279ff.
Blinn, Hansjürgen (Hg.) 1984: Emanzipation und Literatur. Texte zur Diskussion, Frankfurt/M.
BMBW, Bundesministerium für Bildung und Wissenschaft (Hg.) 1977: Frauen und Bildung, Bonn
Bock, Gisela / Duden, Barbara 1977: Arbeit aus Liebe - Liebe als Arbeit? Zur Entstehung der Hausarbeit im Kapitalismus. In: Frauen und Wissenschaft. Beiträge zur Berliner Sommeruniversität für Frauen 1976, Berlin

Bock, Ulla 1989: Androgynie und Feminismus. Frauenbewegung zwischen Institution und Utopie, Weinheim

Bois-Reymond, Manuela du / Oechsle, Mechtild (Hg.) 1990: Neue Jugendbiographie? Zum Strukturwandel der Jugendphase, Opladen

Bolte, Karl Martin u.v.a. (Hg.) 1990: Arbeitslandschaft 2010. MittAB, Stuttgart

Bonß, Wolfgang 1983: Kritische Theorie und empirische Sozialforschung: Anmerkungen zu einem Fallbeispiel. In: Fromm 1983, S.7ff.

Borris, Maria 1972: Die Benachteiligung der Mädchen in Schulen der Bundesrepublik und West-Berlin, Frankfurt/M.

Bosch, G. / Förch, G. / Friedrichs, J. / Stoltenberg, Ute 1977: Arbeits- und Lebensbedingungen der Arbeitnehmer als Gegenstand der Hochschulforschung. Bielefeld

Böttger, Barbara 1987: Macht und Liebe, Gleichberechtigung und Subsistenz. In: Beiträge zur feministischen Theorie und Praxis 19, S.9ff., München

Bovenschen, Silvia 1979: Die imaginierte Weiblichkeit. Exemplarische Untersuchungen zu kulturgeschichtlichen und literarischen Präsentationsformen des Weiblichen, Frankfurt/M.

Braczyk, Hans-Joachim / Knesebeck, Jost v.d. / Schmidt, Gerd 1982: Nach einer Renaissance. Zur gegenwärtigen Situation von Industriesoziologie in der Bundesrepublik Deutschland. In: Schmidt/Braczyk/Knesebeck 1982, S.16ff.

Braun, Karl-Heinz / Holzkamp-Osterkamp, Ute / Werner, Harald / Wilhelmer, Bernhard (Hg.) 1980: Kapitalistische Krise, Arbeiterbewußtsein, Persönlichkeitsentwicklung, Köln

Brehmer, Ilse / Jakobi-Dittrich, Juliane / Kleinau, Elke / Kuhn, Annette (Hg.) 1983: Frauen in der Geschichte IV. "Wissen heißt leben..." Beiträge zur Bildungsgeschichte von Frauen im 18. und 19. Jahrhundert, Düsseldorf

Bremme, Gabriele 1956: Die politische Rolle der Frau in Deutschland. Eine Untersuchung über den Einfluß der Frauen bei Wahlen und ihre Teilnahme in Partei und Parlament, Göttingen

Brinker-Gabler, Gisela (Hg.) 1979: Frauenarbeit und Beruf, (Frühe Texte), Frankfurt/M.

Brück, Brigitte / Kahlert, Heike / Krüll, Marianne / Milz, Helga / Osterland, Astrid / Wegehaupt-Schneider, Ingeborg 1992: Feministische Soziologie. Eine Einführung, Frankfurt/M., New York

Brückner, Margrit 1983: Die Liebe der Frauen. Über Weiblichkeit und Mißhandlung, Frankfurt/M.

Brunkhorst, Hauke 1991: Der entzauberte Intellektuelle. Über die neue Beliebigkeit des Denkens, Hamburg

Bühler, Charlotte 1933: Der menschliche Lebenslauf als psychologisches Problem, Göttingen

Bunz, Axel / Jansen, Rolf / Schacht, Konrad 1973: Qualität des Arbeitslebens. Soziale Kennziffern zu Arbeitszufriedenheit und Berufschancen. Forschungsauftrag des Bundesministers für Arbeit und Sozialordnung, Bonn

Burgard, Roswita 1985: Mißhandelte Frauen. Verstrickung und Befreiung. Eine Untersuchung zur Überwindung von Gewaltverhältnissen, Weinheim, Basel

Büttner, Christian / Nicklas, Hans / Ostermann, Änne / Plasa-Sehl, Margit / Volmerg, Ute 1984: Wenn Liebe zuschlägt. Gewalt in der Familie. 2. Aufl., München

Carnap, Roderich v. / Edding, Friedrich 1962: Der relative Schulbesuch in den Ländern der Bundesrepublik 1952-1960, Frankfurt/M.

Clark, Terence N. 1972: The Stages of Scientific Institutionalization. In: International Social Science Journal, Jg. 24, S.657ff.

Clephas-Möcker, Petra / Krallmann, Kristina 1988: Akademische Bildung - eine neue Chance zur Selbstverwirklichung für Frauen? Lebensgeschichtlich orientierte Interviews mit Gymnasiallehrerinnen und Ärztinnen der Geburtsjahre 1909 bis 1923, Weinheim

Craig, Gordon A. 1985: Über die Deutschen, München

Curtius, Bernd 1993: Probleme bei der Einführung eines Qualitätsmanagements. In: Sozialökonomische Beiträge. Zeitschrift für Wirtschaft, Politik und Gesellschaft. 4. Jg., Nr.1, S. 74ff.

Curtius, Bernd 1994: Erste Schritte der Frauen-Nachwuchsförderung an Hamburger Hochschulen nach dem HSP II-3. Bericht über die Gründung und Arbeit der hochschulübergreifenden Vergabekommission, der Geförderten und deren Projekte. Sozialökonomische Texte. Hochschule für Wirtschaft und Politik (Hg.), Hamburg

Dahrendorf, Ralf 1965: Gesellschaft und Demokratie in Deutschland, München

Dalhoff, Jutta / Frey, Uschi / Schöll, Ingrid (Hg.) 1986: Frauenmacht in der Geschichte. Beiträge des Historikerinnentreffens 1985 zur Frauengeschichtsforschung, Düsseldorf

Deutsch, Helene 1948 (1922): Psychologie der Frau, Bern

Deutscher Gewerkschaftsbund (Hg.) 1955: Frauen helfen, bauen auf, Köln-Deutz

Deutscher Textilarbeiterverband (Hg.) 1930: Mein Arbeitstag - mein Wochenende. 150 Berichte von Textilarbeiterinnen, Berlin

Diezinger, Angelika / Marquardt, Regine / Bilden, Helga / Dahlke, Kerstin 1983: Zukunft mit beschränkten Möglichkeiten. Entwicklungsprozesse arbeitsloser Mädchen. 2 Bände. Band 1: Aktuelle Belastungen und berufliche Konsequenzen. Band 2: Entwicklung von Handlungsfähigkeit - Ablösung von der Familie, München

Diezinger, Angelika 1991: Frauen: Arbeit und Individualisierung. Chancen und Risiken. Eine empirische Untersuchung anhand von Fallgeschichten, Opladen

Dischner, Gisela (Hg.) 1982: Eine stumme Generation berichtet. Frauen der dreißiger und vierziger Jahre, Frankfurt/M.

Domansky, Elisabeth 1992: Krieg als Geschlechterkampf in Deutschland 1914-18. In: Schissler 1992, S.163ff.

Dunkelmann, Henning 1961: Die erwerbstätige Ehefrau im Spannungsfeld von Beruf und Konsum. Veröffentlichungen der Akademie für Gemeinwirtschaft Hamburg, Tübingen

Ebbinghaus, Angelika (Hg.) 1987: Opfer und Täterinnen. Frauenbiographien des Nationalsozialismus, HH-Stiftung für Sozialgeschichte, Bd.2, Nördlingen

Eckart, Christel / Jaerisch, Ursula / Kramer, Helgard 1979: Frauenarbeit in Familie und Beruf. Eine Untersuchung von Bedingungen und Barrieren der Interessenwahrnehmung von Industriearbeiterinnen, Frankfurt/M.

Eckart, Christel 1986: Halbtags durch das Wirtschaftswunder. Die Entwicklung der Teilzeitarbeit in den 60er Jahren. In: Kramer u.a. 1986, S.183-249

Eckart, Christel 1988: Verschlingt die Arbeit die Emanzipation? Von der Polarisierung der Geschlechtscharaktere zur Entwicklung der Arbeits-Monade. In: Anders 1988, S.200ff.

Eckart, Christel 1990: Der Preis der Zeit. Eine Untersuchung der Interessen von Frauen an Teilzeitarbeit, Frankfurt/M., New York

Engelbrech, Gerhard 1987: Erwerbsverhalten und Berufsverlauf von Frauen: Ergebnisse neuerer Untersuchungen im Überblick. In: MittAB "/1987, 181-198

Erler, Gisela / Jaeckel, Monika / Pettinger, Rudolph / Sass, Jürgen 1988: Brigitte Untersuchung '88. Kind? Beruf? Oder beides? Eine repräsentative Studie über die Lebenssituation und Lebensplanung junger Paare zwischen 18 und 33 Jahren in der Bundesrepublik Deutschland im Auftrag der Zeitschrift Brigitte. DJI München, Hamburg

Evans, Richard J. 1979: Sozialdemokratie und Frauenemanzipation im deutschen Kaiserreich, Berlin, Bonn

Familienbericht II/1975, Hg. Bundesminister für Jugend, Familie und Gesundheit, Bonn

Foucault, Michel 1991: Die Ordnung des Diskurses, Frankfurt/M.

Feuerstack, Käthe 1952: Die zeitgenössische Bestimmung der gesellschaftlichen Stellung der Frau - Eine Bildungsaufgabe. Referat zur 1. Bundes-Frauenkonferenz des DGB im Mai '52, o.O.

Flaake, Karin / King, Vera (Hg.) 1992: Weibliche Adoleszenz. Zur Sozialisation junger Frauen, Frankfurt/M., New York

Flaake, Karin / King, Vera 1992: Psychosexuelle Entwicklung, Lebenssituation und Lebensentwürfe junger Frauen. Zur weiblichen Adoleszenz in soziologischen und psychoanalytischen Theorien. In: Flaake/King 1992, S.13ff.

Franzen-Hellersberg, Lisbeth 1932: Die jugendliche Arbeiterin. Ihre Arbeitsweise und Lebensform. Ein Versuch sozialpsychologischer Forschung zum Zweck der Umwertung proletarischer Tatbestände, Tübingen

Freier, Anna-Elisabeth 1981: "Dem Reich der Freiheit sollst Du Kinder gebären". Der Antifeminismus der proletarischen Frauenbewegung im Spiegel der "Gleichheit" 1891-1917, Frankfurt/M.

Freier, Elisabeth / Kuhn, Annette / Schubert, Doris 1983: Frauen suchen nach neuen Formen der Selbstverwirklichung und des menschlichen Zusammenlebens. Überlegungen zur Kontinuität von Ehe und Familie nach 1945. In: Kuhn/Rüsen 1983, S.233ff.

Freier, Anna-Elisabeth / Kuhn, Annette 1984: Frauen in der Geschichte V, "Das Schicksal Deutschlands liegt in der Hand seiner Frauen" - Frauen in der deutschen Nachkriegsgeschichte, Düsseldorf

Freier, Anna-Elisabeth 1986: Überlebenspolitik im Nachkriegsdeutschland. In: Kuhn 1986, Bd.2, S.39ff.

Frerichs, Petra / Marschhäuser, Martina / Steinrücke, Margareta 1989: Fraueninteressen im Betrieb. Arbeitssituation und Interessenvertretung im Zeichen Neuer Technologien (Reihe Mensch und Technik/sozialverträgliche Technikgestaltung NRW, Band 6), Köln

Frevert, Ute 1979: Vom Klavier zur Schreibmaschine. Weiblicher Arbeitsmarkt und Rollenzuweisungen am Beispiel der weiblichen Angestellten in der Weimarer Republik. In: Kuhn/Schneider 1979

Frevert, Ute 1986: Frauen-Geschichte. Zwischen bürgerlicher Verbesserung und Neuer Weiblichkeit, Frankfurt/M.

Friedeburg, Ludwig v. 1955: Betriebsklima, Frankfurt/M.

Friedeburg, Ludwig v. 1963: Soziologie des Betriebsklimas, Frankfurt/M.

Friedmann, P. / Pfau, B. 1985: Frauenarbeit in der Krise - Frauenarbeit trotz Krise? In: Leviathan 2/1985

Friedrichs, Jürgen 1988: Elisabeth Pfeil in Hamburg. Ein persönlicher Rückblick. In: Waßner 1988, S.108f.

Fromm, Erich (1939) 1983: Arbeiter und Angestellte am Vorabend des Dritten Reiches. Eine sozialpsychologische Untersuchung, hrsg.v. W. Bonß, München

Gehlen, Arnold / Schelsky, Helmut (Hg.) 1964: Soziologie. Ein Lehr- und Handbuch. 5. Aufl., Düsseldorf, Köln (1. Aufl. 1955)

Geißler, Birgit 1989: Rahmenbedingungen der Erwerbsbeteiligung der Frauen seit der Nachkriegszeit - Wandel der weiblichen Arbeitsorientierungen und Lebensplanung. In: SAMF 1989, S.1ff.

Geißler, Rainer 1990: Schichten in der postindustriellen Gesellschaft. In: Berger/Hradil 1990, S.81ff.

Gerhard, Ute / Hannover-Drück, Elisabeth / Schmitter, Romina (Hg.) 1979: "Dem Reich der Freiheit werb' ich Bürgerinnen" - Die Frauen-Zeitung von Louise Otto, Frankfurt/M.

Gerhard, Ute / Schlüpmann, Heide (Hg.) 1984: Die Radikalen in der Frauenbewegung. Feministische Studien 3. Jg. Nr.1, Weinheim

Gerhard, Ute 1990: Unerhört. Die Geschichte der deutschen Frauenbewegung, Reinbek

Gerhard, Ute / Jansen, Mechtild / Maihofer, Andrea / Schmidt, Pia / Schulz, Irmgard (Hg.) 1990: Differenz und Gleichheit, Frankfurt/M.

Gerhardt, Marlies 1986: Stimmen und Rhythmen. Weibliche Ästhetik und Avantgarde, Darmstadt

Gerhardt, Uta / Schütze, Yvonne (Hg.) 1988: Frauensituation. Veränderungen in den letzten 20 Jahren, Frankfurt/M.

Gerstein, Hannelore 1965: Studierende Mädchen, München

Gesellschaft 1981: Beiträge zur Marxschen Theorie 14, Frankfurt/M.

Geyer-Kordesch, Johanna / Kuhn, Anette (Hg.) 1986: Frauenkörper - Medizin - Sexualität, Düsseldorf

Giddens, Anthony 1976: New Rules of Sociological Method, London, Sydney, Auckland

Glaser, Hermann 1986: Kulturgeschichte der BRD. Zwischen Grundgesetz und Großer Koalition 1949-1967, München

Glass, Frieda / Kische, Dorothea 1930: Die wirtschaftlichen und sozialen Verhältnisse der berufstätigen Frauen, Berlin

Glatzer, Wolfgang (Hg.) 1992: Entwicklungstendenzen der Sozialstruktur. Soziale Indikatoren XV, Frankfurt/M., New York

Gnauck-Kühne, Elisabeth 1904: Die deutsche Frau um die Jahrhundertwende. Statistische Studie zur Frauenfrage, Berlin

Gnauck-Kühne, Elisabeth 1905: Einführung in die Arbeiterinnenfrage, Mönchen-Gladbach

Goldmann, Monika / Müller, Ursula 1986: Junge Frauen im Verkaufsberuf: Berufliche Sozialisation, Arbeits- und Lebensperspektiven, Stuttgart

Goldthorpe, J.H. / Lockwood, D. / Bechhofer, F. / Platt, J. 1968: The Affluent Worker: Industrial Attitudes and Behavior, Cambridge

Gottschalk, Helmuth (Hg.) 1951: Moderne Eheprobleme. Von Ehe, Familie und Konvention, Flensburg

Gottschall, Karin 1988: Rationalisierung und weibliche Arbeitskraft. Anmerkungen zu androzentristischen Verzerrungen in der Industrie- und Angestelltensoziologie am Beispiel der Entwicklung der Frauenarbeit im Büro. In: Institut Frau und Gesellschaft 1988, S.39ff.

Gottschall, Karin 1989: Frauenerwerbsarbeit und Tertiarisierung. Zur Erosion und Rekonstruktion geschlechtsspezifischer Arbeitsteilung in der Dienstleistungsgesellschaft. In: SAMF 1989, S.26ff.

Gräbe, Sylvia (Hg.) 1992: Alltagszeit - Lebenszeit. Zeitstrukturen im privaten Haushalt, Frankfurt/M., New York

Gravenhorst, Lerke / Tatschmurat, Carmen (Hg.) 1990: Töchter-Fragen, NS-Frauen Geschichte. Forum Frauenforschung. Bd. 5. Schriftenreihe der Sektion Frauenforschung in der Deutschen Gesellschaft für Soziologie, Freiburg

Gravenhorst, Lerke 1985: Private Gewalt von Männern und feministische Wissenschaft. In: Sektion Frauenforschung 1985, S.104ff.

Gravenhorst, Lerke 1990: Nehmen wir Nationalsozialismus und Auschwitz ausreichend als unser negatives Eigentum in Anspruch? Zu Problemen im feministisch-sozialwissenschaftlichen Diskurs in der Bundesrepublik Deutschland. In: Gravenhorst/Tatschmurat 1990, S.17ff.

Grebing, Helga 1989: Die Bundesrepublik als das Ende des Sonderwegs? In: Gewerkschaftliche Monatshefte, Heft 5/40.Jg., S.276ff.

Gurvitch, Georges 1951: Die gegenwärtige Lage der Soziologie und ihre Aufgaben. In: Specht 1951, S.10ff.

Habermas, Jürgen (Hg.) 1979: Stichworte zur "Geistigen Situation der Zeit" Bd.1: Nation und Republik, Frankfurt/M.

Habermas, Jürgen (Hg.) 1982: Stichworte zur "Geistigen Situation der Zeit", Bd.1: Nation und Republik. 4. Aufl., Frankfurt/M.

Habermas, Jürgen 1988: Theorie des kommunikativen Handelns. Zur Kritik der funktionalistischen Vernunft. Bd. 2, Frankfurt/M.

Habermas, Jürgen 1991: Erläuterungen zur Diskursethik, Frankfurt/M.

Hagemann-White, Carol 1984: Sozialisation: Weiblich-männlich? Alltag und Biographie von Mädchen. Band 1., Hg. v. d. Sachverständigenkommission Sechster Jugendbericht, Opladen

Hagemann-White, Carol 1987: Können Frauen die Politik verändern? In: Beilage zu Parlament 9 u. 10, Bonn, S.29-37

Haibach, Marita / Immenkötter, Mechthild / Rühmkorf, Eva 1986: Frauen sind nicht zweite Klasse. Frauenpolitik und Gleichstellung, Hamburg

Hampel, Jürgen / Mollenkopf, Heidrun / Weber, Ursula / Zapf, Wolfgang 1991: Alltagsmaschinen. Die Folgen der Technik in Haushalt und Familie, Berlin

Handl, Johann 1988: Berufschancen und Heiratsmuster von Frauen. Empirische Untersuchungen zu Prozessen sozialer Mobilität. Frankfurt/M., New York

Hansen-Blancke, Dora 1932: Die hauswirtschaftliche und Mutterschaftsleistung der Fabrikarbeiterin, Forschungen über Bestand und Erschütterung der Familie in der Gegenwart, Stuttgart

Hantsche, Brigitte 1989: Schritte zur Aneignung des eigenen Lebens. Stellenwert, Definition und Realisierungsmöglichkeiten von Selbständigkeitsbestrebungen junger Frauen und Männer der "60er Generation". In: Müller/Schmidt-Waldherr 1989 S.163ff.

Hantsche, Brigitte 1990: Veränderte Sozialisationsmuster in der Adoleszenz - welchen Stellenwert hat Arbeit für die Identität von Jugendlichen? In: du Bois-Reymond/Oechsle 1990

Harmuth, Thea 1955: Die Arbeitnehmerin in der Gewerkschaftsbewegung. Referat zur 2. Bundes-Frauenkonferenz des DGB im Mai'55. In: Deutscher Gewerkschaftsbund 1955, S. 9ff.

Haug, Frigga u.v.a. (Hg.) 1981: Projektgruppe Automation und Qualifikation. Band IV: Automationsarbeit: Empirische Untersuchungen. Teil 1. Argument-Sonderband AS 43, Berlin

Haug, Frigga u.v.a. (Hg.) 1982: Projektgruppe Automation und Qualifikation. Band V: Automationsarbeit: Empirische Untersuchungen. Teil 2. Argument-Sonderband AS 55, Berlin

Haug, Frigga u.v.a. (Hg.) 1983: Projektgruppe Automation und Qualifikation. Zerreissproben - Automation im Arbeiterleben. Empirische Untersuchungen, Teil 4. Argument-Sonderband AS 79, Berlin

Hausen, Karin (Hg.) 1983: Frauen suchen ihre Geschichte, München

Hausen, Karin 1990: Überlegungen zum geschlechtsspezifischen Strukturwandel der Öffentlichkeit. In: Gerhard u.a. 1990

Hautsch, Gerd / Huffschmid, Jörg / Schwarz, Winfried / Wiener, Peter 1978: Arbeitskämpfe 77. Soziale Bewegungen, Analyse und Dokumentation des IMSF. Nachrichten-Reihe 12, Frankfurt/M.

Heinz, Margarete 1971: Politisches Bewußtsein der Frauen. Eine Sekundäranalyse empirischer Materialien, München

Heinz, W. / Krüger, H. u.a. 1983: "Hauptsache eine Lehrstelle." Jugendliche vor den Hürden des Arbeitsmarktes, Weinheim, Basel

Heitmeyer, Wilhelm / Hurrelmann, Klaus 1988: Sozialisations- und handlungstheoretische Ansätze in der Jugendforschung. In: Krüger 1988

Heitmeyer, Wilhelm 1989: Mädchen und Rechtsradikalismus. In: Frankfurt/M.er Rundschau, November

Hellmer, Elvira 1986: Soziologie und Familienpolitik. Einflüsse bis 1933. In: ZfS, Heft 1/Jg.15, S.41ff.

Hengstenberg, Heike 1992: Ingenieurinnen-Arbeit ist auch anders zu gestalten! In: Wetterer 1992, S.187ff.

Herbert, Ulrich 1984: "Die guten und die schlechten Zeiten." Überlegungen zur diachronen Analyse lebensgeschichtlicher Interviews. In: Niethammer/Plato 1984, S. 67ff.

Herkner, Heinrich 1899: Das Frauenstudium der Nationalökonomie, Berlin

Herlyn, Ingrid / Vogel, Ulrike 1988: Familienfrauen und Individualisierung. Eine Literaturanalyse zu Lebensmitte und Weiterbildung, Weinheim
Hermes, Gertrud 1926: Die geistige Gestalt des marxistischen Arbeiters, Tübingen
Herrmann, Hedwig 1957: Die Erwerbstätigkeit verheirateter Frauen. Eine sozialpolitische Studie, Stuttgart
Herrmann, Judith 1915: Die deutsche Frau in akademischen Berufen, Leipzig
Hinze, Edith 1960: Lage und Leistung erwerbstätiger Mütter, Berlin
HIS 1991: Hochschul-Informations-System. Bildungswege von Frauen vom Abitur bis zum Berufseintritt, Hannover
Hoecker, Beate 1987: Politik - Noch immer kein Beruf für Frauen? In: Aus Politik und Zeitgeschichte, Beilage 9/10, S.3ff.
Hoerning, Erika 1985: Frauen als Kriegsbeute. Der Zwei-Fronten-Krieg. Beispiele aus Berlin. In: Niethammer/Plato 1985, S.327ff.
Hofbauer, Hans 1979: Zum Erwerbsverhalten verheirateter Frauen. In: MittAB 2/1979, S.217ff.
Hoff, Ernst-H. (Hg.) 1990: Die doppelte Sozialisation Erwachsener. Zum Verhältnis von beruflichem und privatem Lebensstrang. DJI Materialien, München
Hoffmann, Ute 1987: Computer-Frauen. Welchen Anteil haben Frauen an Computergeschichte und -arbeit? München
Hofmann, Anton / Kersten, Dietrich 1958: Frauen zwischen Familie und Fabrik, München
Höhn, Elfriede 1964: Das berufliche Fortkommen von Frauen, Frankfurt/M.
Hollander, Walther v. 1951: Geht die Ehe unter? In: Gottschalk 1951, S.381ff.
Holzkamp-Osterkamp, Ute 1980: Klassenbewußtsein und Handlungsfähigkeit. In: Braun u.a. 1980
Honegger, Claudia 1991: Die Ordnung der Geschlechter. Die Wissenschaften vom Menschen und das Weib. 1750-1850, Frankfurt, New York
Honig, Michael-Sebastian 1986: Verhäuslichte Gewalt. Sozialer Konflikt, wissenschaftliche Konstrukte, Alltagswissen, Handlungssitutionen. Eine Explorativstudie über Gewalthandeln von Familien, Frankfurt/M.
Höpflinger, Francois / Erni-Schneuwly, Denise (Hg.) 1989: Weichenstellungen. Lebensformen im Wandel und Lebenslage junger Frauen, Bern/Stuttgart
Horkheimer, Max (1936)/1978: Die Erziehungsleistung der bürgerlichen Familie. In: Rosenbaum 1978, S.425ff.
Hradil, Stefan 1990: Postmoderne Sozialstruktur? Zur empirischen Relevanz einer "modernen" Theorie des sozialen Wandels. In: Berger/Hradil 1990, S.125-150ff.
Hradil, Stefan 1991: Sozialstrukturelle Paradoxien und gesellschaftliche Modernisierung. In: Zapf 1991, S.361ff.
Hurrelmann, Klaus / Ulich, Dieter (Hg.) 1991: Neues Handbuch der Sozialisationsforschung. 4. Aufl. Weinheim, Basel
Infas-Report 1965: Frau und Öffentlichkeit, Bad Godesberg
Institut Frau und Gesellschaft (Hg.) 1988: Frauenforschung. Informationsdienst des Forschungsinstituts Frau und Gesellschaft. 6. Jahrgang, Heft 4
Jäggi, Urs 1979: Drinnen und draußen. In: Habermas 1979, S.443ff.
Jahoda, Marie / Lazarsfeld, Paul / Zeisel, Hans (Hg.) 1933 / (1975): Die Arbeitslosen von Marienthal. Ein soziographischer Versuch, Leipzig, (Nachdruck Frankfurt/M.)

Jaide, Walter 1957: Wie lebt die junge Arbeiterin? Recht der Jugend, 13 und 14
Jaide, Walter 1965: Die jungen Staatsbürger, München
Jaide, Walter 1968: Leitbilder der heutigen Jugend, Neuwied
Jaide, Walter 1969: Junge Arbeiterinnen, München
Janshen, Doris / Rudolph, Hedwig 1987: Ingenieurinnen: Frauen für die Zukunft, Berlin, New York
Jugendbericht VI/1984, Hg. Bundesminister für Jugend, Familie und Gesundheit, Bonn
Jungfer, Hedda 1987: Naturwissenschaftliche Begabung von Mädchen - an Mädchengymnasien stärker gefördert als an koedukativen. In: Zweiwochendienst Frauen und Politik, 1 (1987) 12, S.3-7
Jüngst, Hildegard 1929: Die jugendliche Fabrikarbeiterin. Ein Beitrag zur Industriepädagogik, Paderborn
Junker, Reinhold 1965: Die Lage der Mütter in der Bundesrepublik Deutschland. Ein Forschungsbericht. Teil I, 1. und 2. Halbband: Mütter in Vollfamilien. Frankfurt/M.
Jurczyk, Karin / Tatschmurat, Carmen 1985: Leben und Arbeiten der Industriearbeiterinnen - Ein Stück Frauenforschungsgeschichte. In: Sektion Frauenforschung 1985, S.43ff.
Jurczyk, Karin / Tatschmurat, Carmen 1986: Frauen forschen - Frauenforschung? Untersuchungen über Frauenindustriearbeit in den 20er Jahren. In: Dalhoff/Frey/Schöll 1986, S.238ff.
Kardorff, Ursula v. 1965: Berliner Aufzeichnungen aus den Jahren 1942 - 1945, München
Kätsch, Elke Maria 1965: Langfristige Bestimmungsgründe für die Erwerbstätigkeit verheirateter Frauen. Forschungsberichte des Landes NRW Nr. 1459, Köln, Opladen
Kauermann-Walter, Jacquelin / Metz-Göckel, Sigrid 1989: Geschlechterverhältnis und Computerbildung. In: Kreienbaum 1989, S.169ff.
Kempf, Rosa 1911: Das Leben der jungen Fabrikmädchen in München, (Schriften des Vereins für Socialpolitik 135) 3 Bände, Leipzig
Kern, Horst / Schumann, Michael 1970a: Industriearbeit und Arbeiterbewußtsein. Eine empirische Untersuchung über den Einfluß der aktuellen technischen Entwicklung auf die industrielle Arbeit und das Arbeiterbewußtsein. Band 1, Frankfurt/M.
Kern, Horst / Schumann, Michael 1970b: Industriearbeit und Arbeiterbewußtsein. Eine empirische Untersuchung über den Einfluß der aktuellen technischen Entwicklung auf die industrielle Arbeit und das Arbeiterbewußtsein. Band 2, Frankfurt/M.
Kern, Horst / Schumann, Michael 1972: Der soziale Prozeß bei technischen Umstellungen, Frankfurt/M.
Kern, Horst 1982: Empirische Sozialforschung. Ursprünge, Ansätze, Entwicklungslinien, München
Klages, Helmut / Hippler, Hans-Jürgen / Herbert, Willi 1992: Werte und Wandel. Ergebnise und Methoden einer Forschungstradition. Frankfurt/M., New York
Klein, Thomas 1992: Auswirkung des Wertewandels auf die Familienbildung. In: Klages/Hippler/Herbert 1992, S.579ff.

Knapp, Gudrun-Axeli 1981: Industriearbeit und Instrumentalismus. Zur Geschichte eines Vor-Urteils, Bonn

Knapp, Gudrun-Axeli 1988: Das Konzept "weibliches Arbeitsvermögen - theoriegeleitete Zugänge, Irrwege, Perspektiven. In: Institut Frau und Gesellschaft 1988, S.8ff.

Knapp, Gudrun-Axeli 1989: Männliche Technik - weibliche Frau? Zur Analyse einer problematischen Beziehung. In: Becker u.a. 1989, S.193ff.

Knapp, Gudrun-Axeli 1990: Zur widersprüchlichen Vergesellschaftung von Frauen. In: Hoff 1990, S.17ff.

Knapp, Ulla 1986: Frauenarbeit in Deutschland. Hausarbeit und geschlechtsspezifischer Arbeitsmarkt. Band 2, München

Knorr-Cetina, Karin 1989: Spielarten des Konstruktivismus. Einige Notizen und Anmerkungen. In: Soziale Welt, Jg. 40, S. 86ff.

Knorr-Cetina, Karin 1991: Die Fabrikation von Erkenntnis. Zur Anthropologie der Naturwissenschaft, Frankfurt/M.

Koepke, Cordula 1979: Geschichte der Frauenbewegung. Von den Anfängen bis 1945, Freiburg, Basel, Wien

Köhn, Birgit / Milz, Helga / Pieper, Marianne / Ralfs, Ulla 1984: "Verläßliche Frauenspersonen" und "Luxusdamen" Anknüpfungspunkte für eine emanzipatorische Frauenpolitik. In: Projekt sozialistischer Feminismus 1984

Kolbe, Nieves / Rode, Domenica / Sommerkorn, Ingrid 1988: "An die Arbeit! Berge Steine! Orden allerdings gibt's keine!" Frauenarbeit in der unmittelbaren Nachkriegszeit in Hamburg, Bielefeld

König, René 1946: Materialien zur Soziologie der Familie, Bern/Zürich

König, René (1955) 1964: Soziologie der Familie. In: Gehlen/Schelsky 1964, S.121ff.

König, René 1984: Leben im Widerspruch. Versuch einer intellektuellen Autobiographie, Frankfurt/M.

Kontos, Silvia / Walser, Karin 1979: ...weil nur zählt, das Geld einbringt. Probleme der Hausfrauenarbeit, Gelnhausen, Berlin

Kraiker, Gerd (Hg.) 1986: 1945 - Die Stunde Null? Oldenburg

Kramer, Helgard (Hg.) 1992: Zweierlei Welten? Feministische Wissenschaftlerinnen im Dialog mit der männlichen Wissenschaft, Frankfurt/M., New York

Kramer, Helgard / Eckart, Christel / Riemann, Ilka / Walser, Karin 1986: Grenzen der Frauenlohnarbeit. Frauenstrategien in Lohn- und Hausarbeit seit der Jahrhundertwende, Frankfurt/M.

Kramer, Helgart 1986: Weibliche Büroangestellte während der Weltwirtschaftskrise. In: Kramer u.a. 1986, S.127ff.

Kreienbaum, Maria Anna (Hg.) 1989: Frauen - Bilden - Macht. Dokumentation des 7. Fachkongresses Frauen und Schule. Dortmund

Krockow, Christian Graf v. 1988: Die Stunde der Frauen. Bericht aus Pommern 1944 bis 1947, Stuttgart

Krüger, Heinz-Hermann (Hg.) 1988: Handbuch der Jugendforschung, Opladen

Krüger, Helga / Born, Claudia / Kelle, Udo 1989: Statuspassagen und Risikolagen im Lebensverlauf. Sequenzmuster in unterbrochenen Erwerbskarrieren von Frauen. Arbeitspapier Nr. 7, Bremen

Krüger, Helga / Born, Claudia 1987: Privatsache Kind - Privatsache Beruf. "...und dann hab ich ja noch den Haushalt, Mann und Wäsche." Zur Lebenssituation von Frauen mit kleinen Kindern in unserer Gesellschaft. Opladen

Krüger, Helga / Born, Claudia 1990: Probleme der Integration von beruflicher und familialer Sozialisation in der Biographie von Frauen. In: Hoff 1990, S.53ff.

Krüger, Helga 1984: Berufsfindung und weibliche Normalbiographie. In: Mayer/Krüger/Rabe-Kleberg/Schütte 1984, S.21ff.

Krüger, Helga 1988: Zum Verhältnis von Allgemeinbildung und beruflichen Fähigkeiten von Frauen. In: Institut Frau und Gesellschaft 1988, S.20ff.

Krüger, Helga 1989: Geschlecht als Strukturkategorie im Bildungssystem: Alte und neue Konturen geschlechtsspezifischer Diskriminierung im Beschäftigungssystem. In: SAMF 1989, S.63ff.

Krüger, Helga 1991: Normalitätsunterstellungen bezüglich des Wandels in der weiblichen Lebensführung zwischen Erwerbsarbeit und Familie. In: Zapf 1991, S. 688ff.

Krüsselberg, Hans-Günter / Auge, Michael / Hilzenbecher, Manfred 1986: Verhaltenshypothesen und Familienbudgets - Die Ansatzpunkte der "Neuen Haushaltsökonomik" für Familienpolitik, Stuttgart, Berlin, Köln, Mainz

Kuhn, Annette (Hg.) 1986: Frauenpolitik 1945-1949. Frauen in der deutschen Nachkriegszeit, (Band 2), Düsseldorf

Kuhn, Annette / Appenzeller, Detlef (Hg.) 1985: Mehrheit ohne Macht. Frauen in der BRD, Düsseldorf

Kuhn, Annette / Rüsen, Jörn (Hg.) 1983: Frauen in der Geschichte III. Fachwissenschaftliche und fachdidaktische Beiträge zur Geschichte der Weiblichkeit vom frühen Mittelalter bis zur Gegenwart mit geeigneten Materialien für den Unterricht, Düsseldorf

Kuhn, Annette / Schneider, Gerhard (Hg.) 1979: Frauen in der Geschichte I, Düsseldorf

Kuhn, Annette 1986: Frauen suchen neue Wege in der Politik. In: Dies. (Hg.) Frauen in der deutschen Nachkriegszeit. Frauenpolitik 1945-1949 (Band 2), Düsseldorf, S.12ff.

Kuhn, Thomas 1973: Die Struktur der wissenschaftlichen Revolution, Frankfurt/M.

Kulke, Christine 1990: Die Politik instrumenteller Rationalität und die instrumentelle Rationalität. In: Nagl-Docekal/Pauer-Studer 1990

Kulke, Christine 1991: Politische Sozialisation und Geschlechterdifferenz. In: Hurrelmann/Ulich 1991, S.595ff.

Kurz-Scherf, Ingrid 1989: Teilzeitarbeit: Individuelle Notlösung und/oder Vorbotin einer neuen Zeitordnung? Plädoyer für die Entpatriarchalisierung der herrschenden Zeit-Ordnung. In: Müller/Schmidt-Waldherr 1989, S.42ff.

Landweer, Hilge 1990: Das Märtyrerinnenmodell. Zur diskursiven Erzeugung weiblicher Identität, Pfaffenweiler

Lappe, Lothar / Schöll-Schwinghammer, Ilona 1978: Arbeitsbedingungen und Arbeitsbewußtsein erwerbstätiger Frauen, Frankfurt/M.

Lehmann, Albrecht 1986: Gefangenschaft und Heimkehr. Deutsche Kriegsgefangene in der Sowjetunion, München

Lehr, Ursula 1969: Die Frau im Beruf. Eine psychologische Analyse der weiblichen Berufsrolle, Frankfurt/M., Bonn

Lepsius, M. Rainer 1979: Die Entwicklung der Soziologie nach dem Zweiten Weltkrieg 1945 bis 1967. In: Lüschen 1979, S.25ff.

Lerner, Gerda 1991: Die Entstehung des Patriarchats, Frankfurt/M., New York

Libreria delle donne di Milano 1988: Wie weibliche Freiheit entsteht. Eine neue politische Praxis, Berlin

Lion, Hilde 1926: Zur Soziologie der Frauenbewegung, Berlin

Lüschen, Günther (Hg.) 1979: Deutsche Soziologie seit 1945. KZfSS-Sonderheft 21, Köln

Maltzan, Maria Gräfin v. 1988: Schlage die Trommel und fürchte Dich nicht. Erinnerungen, Frankfurt/M., Berlin

Markard, Morus 1980: Die Fragwürdigkeit der Skalierung von Arbeiterbewußtsein. In: Braun u.a. 1980

Mason, Timothy, W. 1978: Sozialpolitik im Dritten Reich, 2. Aufl., Opladen

Maxson, Rhea 1952: The Women Worker in Germany, Godesberg

Mayer, Christine / Krüger, Helga / Rabe-Kleberg, Ursula / Schütte, Ilse (Hg.) 1984: Mädchen und Frauen. Beruf und Biographie, München

Meister, Angela 1939: Die deutsche Industriearbeiterin. Ein Beitrag zum Problem der Frauenarbeit, Jena

Mergner, Ulrich / Osterland, Martin / Pelte, Klaus 1975: Arbeitsbedingungen im Wandel, Göttingen

Mertens, Lothar 1991: Vernachlässigte Töchter der Alma Mater. Ein sozialhistorischer und bildungssoziologischer Beitrag zur strukturellen Entwicklung des Frauenstudiums in Deutschland seit der Jahrhundertwende, Berlin

Metz-Göckel, Sigrid / Müller, Ursula 1985: Der Mann. Eine repräsentative Untersuchung über die Lebenssituation und das Frauenbild 20- bis 50jähriger Männer im Auftrag der Zeitschrift Brigitte, Hamburg

Metz-Göckel, Sigrid / Müller, Ursula 1987: Partner oder Gegner? Überlebensweisen der Ideologie vom männlichen Familienernährer. In: Soziale Welt, Heft 2, S.4ff.

Metz-Göckel, Sigrid 1983: Macht- und Selbstlosigkeit der Frauen. Assoziative Überlegungen zum Mutter-Tochter-Bündnis in den letzten drei Generationen - oder: Das Matriarchat lebt weiter. In: ZfP, Beiheft 18, hrsg.v. Benner/Heid/Thiersch, Weinheim Basel, S.353ff.

Meuser, Michael / Nagel, Ulrike 1989: Experteninterviews - vielfach erprobt, wenig bedacht. Ein Beitrag zur qualitativen Sozialforschung, Bremen

Meyer, Sibylle / Schulze, Eva 1984: "Alleine war's schwieriger und einfacher zugleich". Veränderung gesellschaftlicher Bewertung und individueller Erfahrung alleinstehender Frauen in Berlin 1943 - 1955. In: Freier/Kuhn 1984, S.348 ff.

Meyer, Sibylle / Schulze, Eva 1986: Krieg im Frieden - Veränderungen des Geschlechterverhältnisses untersucht am Beispiel familiärer Konflikte nach 1945. In : Dalhoff/Frey/Schöll 1986, S.184ff.

Meyer, Sibylle / Schulze, Eva 1988: Wie wir das alles geschafft haben. Alleinstehende Frauen berichten über ihr Leben nach 1945, München

Meyer, Sybille / Schulze, Eva 1985: "Als wir wieder zusammen waren, ging der Krieg im Kleinen weiter". Frauen, Männer und Familien im Berlin der 40er Jahre. In: Niethammer/Plato 1985, S.305ff.

Milz, Helga 1972: Sachliche und methodische Probleme empirischer Erfassung des Zusammenhangs von Arbeitssituation und Bewußtsein bei Industriearbeitern. Eine kritische Sekundäranalyse empirischer Untersuchungen. Magisterarbeit (MS), Hamburg

Milz, Helga 1989: Frauen auf dem Weg durch die Institution Familie. Anmerkungen zum Beitrag von Ilse Modelmog. In: Müller/Schmidt-Waldherr 1989, S.244ff.

Mitscherlich, Margarete 1985: Die friedfertige Frau, Frankfurt/M.

Modelmog, Ilse 1989: Die Kleinfamilie - Eine gelungene Fiktion? Das Imaginäre einer Institution. In: Müller/Schmidt-Waldherr 1989, S.231ff.

Möding, Nori 1985: "Ich muß irgendwo engagiert sein - fragen Sie mich bloß nicht, warum." Überlegungen zu Sozialisationserfahrungen von Mädchen in NS-Organisationen. In: Niethammer/Plato 1985, S.256ff.

Moers, Martha 1941: Das weibliche Seelenleben - Seine Entwicklung in Kindheit und Jugend, Berlin

Morawe, Bodo 1974: Aktiver Streik in Frankreich oder Klassenkampf bei Lip, Reinbek

Müller, Ursula / Schmidt-Waldherr, Hiltraud (Hg.) 1989: FrauenSozialKunde. Wandel und Differenzierung von Lebensformen und Bewußtsein, Bielefeld

Müller, Ursula 1984: Gibt es eine spezielle Methode in der Frauenforschung? In: Zentraleinrichtung 1984, S.41ff.

Müller, Ursula 1985: Arbeits- und Industriesoziologische Perspektiven von Frauenarbeit - Frauen als "defizitäre" Männer? In: Sektion Frauenforschung 1985, S.76ff.

Müller, Ursula 1989: Das Ganze und das ganz Andere: Frauen - nur eine Organisationsreserve? In: Gewerkschaftliche Monatshefte Nr. 10, S. 628ff.

Müller, Ursula 1992: Soziologie: Wissenschaftstheorie und Methodologie. Dialog zwischen Ursula Müller und Hartmut Esser. In: Kramer 1992, S. 56ff.

Nagl-Docekal, Herta / Pauer-Studer, Herlinde (Hg.) 1990: Denken der Geschlechterdifferenz, Wien

Narr, Wolf-Dieter 1979: Hin zu einer Gesellschaft bedingter Reflexe. In: Habermas 1979

Nave-Herz, Rosemarie (Hg.) 1988: Wandel und Kontinuität der Familie in der BRD, Stuttgart

Nave-Herz, Rosemarie 1972: Das Dilemma der Frau in unserer Gesellschaft. Der Anachronismus in den Rollenerwartungen, Neuwied

Nave-Herz, Rosemarie 1982: Die Geschichte der Frauenbewegung in Deutschland, Weener/Ems

Negt, Oskar / Kluge, Alexander 1982: Geschichte und Eigensinn, Frankfurt/M.

Neidhardt, Friedhelm 1987: Schwierigkeiten mit Gewalt. In: Sonderheft der Soziologischen Revue 2, Kirchheim, S.198ff.

Neuendorff, Hartmut 1980: Der Deutungsmusteransatz zur Rekonstruktion der Strukturen des Arbeitsbewußtseins. In: Braun u.a. 1980

Niethammer, Lutz (Hg.) 1983: "Hinterher merkt man, daß es richtig war, daß es schiefgegangen ist". Nachkriegserfahrungen im Ruhrgebiet, Berlin, Bonn

Niethammer, Lutz / Plato, Alexander v. (Hg.) 1984: "Die Jahre weiß man nicht, wo man die heute hinsetzen soll." Faschismuserfahrungen im Ruhrgebiet, Berlin, Bonn

Niethammer, Lutz / Plato, Alexander v. (Hg.) 1985: "Wir kriegen jetzt andere Zeiten". Auf der Suche nach der Erfahrung des Volkes in nachfaschistischen Ländern, Berlin, Bonn

Noelle-Neumann, Elisabeth 1985: Frauen in Beruf und Politik. Ein Wandlungsprozess, der die Parteien beschäftigt. In: FAZ vom 19.3.85, S.11

Notz, Gisela 1991: "Du bist als Frau um einiges mehr gebunden als der Mann", Bonn

Orland, Barbara 1991: Wäsche waschen. Technik und Sozialgeschichte der häuslichen Wäschepflege, Reinbek

Ostner, Ilona (Hg.) 1987: Frauen. Soziologie der Geschlechterverhältnisse. Sonderheft der Soziologischen Revue 2, Kirchheim

Otto, Rose 1910: Über Fabrikarbeit verheirateter Frauen, Stuttgart, Berlin

Peisert, Hansgert 1967: Soziale Lage und Bildungschancen in Deutschland, München

Peton, Monique 1976: Anders leben. Chronik eines Arbeitskampfes: Lip, Besancon, Frankfurt/M.

Pfeil, Elisabeth 1961: Die Berufstätigkeit von Müttern, Tübingen

Pieper, Marianne 1994: Elternschaft als Suchbewegung zwischen alten Leitbildern und neuen Lebensformen. In: Pieper 1994, S.38ff.

Pieper, Marianne (Hg.) 1994: "Beziehungskisten und Kinderkram". Neue Formen von Elternschaft, Frankfurt/M., New York 1994

Popitz, H. / Bahrdt, H.-P. / Jüres, E. A. / Kesting, H. J. 1957: Technik und Industriearbeit. Soziologische Untersuchungen in der Hüttenindustrie, Tübingen

Prengel, Annedore 1990: Gleichheit versus Differenz - eine falsche Alternative im feministischen Diskurs. In: Gerhard u.a. 1990, S.120ff.

Projekt sozialistischer Feminismus 1984: Geschlechterverhältnisse und Frauenpolitik. Argument-Sonderband AS 110, Berlin

Prokop, Ulrike 1976: Weiblicher Lebenszusammenhang. Von der Beschränktheit der Strategien und der Unangemessenheit der Wünsche, Frankfurt/M.

Pross, Helge (Hg.) 1979: Familie - wohin? Leistungen, Leistungsdefizite und Leistungswandlungen der Familien in hochindustrialisierten Gesellschaften, Reinbek

Pross, Helge / Lehr, Ursula / Süßmuth, Rita 1981: Emanzipation und Familie. Schriftenreihe der Niedersächsischen Landeszentrale für politische Bildung. Fakten, Meinungen, Argumente. Folge 7, Hannover

Pross, Helge 1955: Die deutsche Emigration nach den Vereinigten Staaten 1933 - 1941, Berlin

Pross, Helge 1958: Die Frau in der heutigen Leistungsgesellschaft. In: Mädchenbildung und Frauenschaffen 8/58, S.491ff.

Pross, Helge 1963: Der Weg der Frau, Noch einmal: Bilanz der Emanzipation (MS)

Pross, Helge 1969: Über die Bildungschancen von Mädchen in der Bundesrepublik, Frankfurt/M. (5. Aufl. 1976)

Pross, Helge 1973: Gleichberechtigung im Beruf? Eine Untersuchung mit 7000 Arbeitnehmerinnen in der EWG, Frankfurt/M.

Pross, Helge 1976: Die Wirklichkeit der Hausfrau. Die erste repräsentative Untersuchung über nicht-erwerbstätige Ehefrauen: Wie leben sie? Wie denken sie? Wie sehen sie sich selbst? Reinbek

Pross, Helge 1978: Die Männer, Eine repräsentative Untersuchung über die Selbstbilder von Männern und ihre Bilder von der Frau, Reinbek

Pross, Helge 1984: Gibt es politische Ziele für die Frauenforschung bzw. Feministische Forschung? Ist es möglich, mit herkömmlichen Methoden der Sozialforschung diese Forschung zu betreiben? In: Zentraleinrichtung 1984, S.198ff.

Rabe-Kleberg, Ursula / Rudolph, Hedwig 1988: "Bei gleicher Qualifikation..." - Zum Konzept des Qualifikationsbegriffs und des "weibliches Arbeitsvermögens". Einleitung. In: Institut Frau und Gesellschaft, Heft 4, S.3-5

Rabe-Kleberg, Ursula 1984: Es wird Zeit! Überlegungen zur Organisation von Zeit im Alltag und Lebenslauf von Mädchen und Frauen. In: Mayer u.a. 1984, S.295ff.

Rabe-Kleberg, Ursula 1987: Frauenberufe. Zur Segmentierung der Berufe, Bielefeld

Raschke, Joachim 1985: Soziale Bewegungen. Ein historisch-systematischer Grundriß, Frankfurt/M., New York

Reese, Dagmar 1989: Straff, aber nicht stramm - Hart aber nicht herb, Weinheim, Basel

Rettke, Ursula 1984: Die Strukturierung der Berufsfindung von Mädchen durch das hauswirtschaftliche Berufs- und Berufsfachschulsystem - Ein klassischer Übergang von Hauptschülerinnen in den Arbeitsmarkt. In: Seidenspinner u.a. 1984, S.45ff.

Riedmüller, Barbara 1988: Das Neue an der Frauenbewegung. Versuch einer Wirkungsanalyse der neuen Frauenbewegung. In: Gerhardt/Schütze 1988, S.15ff.

Rohde-Dachser, Christa 1990: Weiblichkeitsparadigmen in der Psychoanalyse. In: Psyche 1990, S.31f.

Roloff, Christine 1992: Professionalisierung und erzeugte Fachdistanz. In: Wetterer 1992, S.133ff.

Rosenbaum, Heidi (Hg.) 1978: Seminar: Familie und Gesellschaftsstruktur. Materialien zu den sozioökonomischen Bedingungen von Familienformen. Frankfurt/M.

Rosenthal, Gabriele (Hg.) 1990: "Als der Krieg kam, hatte ich mit Hitler nichts mehr zu tun" - Zur Gegenwärtigkeit des "Dritten Reiches" in Biographien, Opladen

Rossanda, Rossana 1980: Einmischung. Gespräche mit Frauen, Frankfurt/M.

Rudolph, Hedwig 1986: Weichenstellungen: Frauenerwerbsarbeit zwischen ökonomischer Modernisierung und gesellschaftlichem Traditionalismus. In: Rudolph u.a 1986, S.188ff.

Rudolph, Hedwig 1988: Technikkompetenz im Qualifikationspotential von Frauen. Institut Frau und Gesellschaft 4/1988, S.32ff.

Ruhl, Klaus-Jörg (Hg.) 1985: Unsere verlorenen Jahre. Frauenalltag in Kriegs- und Nachkriegszeit 1939-1949 in Berichten, Dokumenten und Bildern, Darmstadt

Sachße, Christoph 1986: Mütterlichkeit als Beruf. Sozialarbeit, Sozialreform und Frauenbewegung, Frankfurt/M.

Salomon, Alice / Baum, Marie 1930: Das Familienleben der Gegenwart: 182 Monographien. Deutsche Akademie für soziale und Pädagogische Frauenarbeit (Band 1), Berlin

Salomon, Alice 1906: Die Ursachen ungleicher Entlohnung von Männer- und Frauenarbeit, Leipzig

SAMF (Hg.) 1989: (Arbeitskreis Sozialwissenschaftliche Arbeitsmarktforschung): Arbeitsmarkt und Frauenerwerbsarbeit. Arbeitspapier 16

Schad, Susanne P. 1972: Empirical Social Research in Weimar-Germany, Paris, Den Haag

Schaeffer-Hegel, Barbara 1984: Frauen und Macht. Der alltägliche Beitrag der Frauen zur Politik des Patriarchats, Berlin

Schäfer, Gert / Nedelmann, Carl (Hg.) 1969: Der CDU-Staat. Analysen zur Verfassungswirklichkeit der Bundesrepublik. 2 Bände, Frankfurt/M.

Schanzenbach, Martha 1955: Frauen, Mütter, Familien in der heutigen Gesellschaft. In: Deutscher Gewerkschaftsbund 1955, S.77ff.

Schelsky, Helmut 1934: Sozialistische Lebenshaltung, Leipzig

Schelsky, Helmut 1950: Die Aufgaben einer Familiensoziologie in Deutschland. In: Kölner Zeitschrift für Soziologie, Jg. 2, S.219ff.

Schelsky, Helmut 1951: Die gegenwärtigen Problemlagen der Familiensoziologie. In: Specht 1951, S.282ff.

Schelsky, Helmut 1953: Wandlungen der deutschen Familie in der Gegenwart, Dortmund

Schelsky, Helmut 1959: Ortsbestimmung der deutschen Soziologie der Gegenwart, Düsseldorf, Köln

Schelsky, Helmut 1965: Auf der Suche nach Wirklichkeit, Düsseldorf, Köln

Scherer, Alice 1951: Die Frau. Wesen und Aufgaben, Freiburg

Schiersmann, Chr. 1987: Computerkultur und weiblicher Lebenszusammenhang. Zugangsweisen von Frauen und Mädchen zu Neuen Technologien. Schriftenreihe Studien zu Bildung Wissenschaft, Bonn

Schissler, Hanna (Hg.) 1992: Geschlechterverhältnisse im historischen Wandel, Bd.3, Frankfurt/M.

Schlüter, Anne 1983: Wissenschaft für die Frauen? Frauen für die Wissenschaft! Zur Geschichte der ersten Generation von Frauen in der Wissenschaft. In: Brehmer/Jakobi-Dittrich/Kleinau/Kuhn 1983, S.244ff.

Schlüter, Anne 1992: Über den Zusammenhang von sozialer Herkunft, Geschlechtszugehörigkeit und Technikstudium. Eine Annäherung. In: Wetterer 1992, S.187ff.

Schmidt, Gerd / Braczyk, Hans-Joachim / Knesebeck, Jost v.d. (Hg.) 1982: Materialien zur Industriesoziologie. KZfSS-Sonderheft 24, Köln

Schmidt, Gerd 1982: Blicke über die Grenzen. Zur Situation industriesoziologischer Forschung in einigen westeuropäischen Ländern. In: Schmidt/Braczyk/Knesebeck 1982, S.57ff.

Schmidt, Norbert 1959: Die Berufstätigkeit der Frau als soziologisches Problem, (Diss.), Köln
Schmidt-Relenberg, Norbert 1965: Die Berufstätigkeit der Frau und die Familie in den Leitbildern von Abiturientinnen. In: Soziale Welt, Jg.16/Heft 2, S.133ff.
Schmidtchen, Gerhard 1984: Die Situation der Frau. Trendbeobachtungen über Rollen- und Bewußtseinsänderungen der Frauen in der BRD, Berlin
Schnappauf, Irmtraut 1961: Zur Berufstätigkeit erstgebärender Ehefrauen in Hamburg. In: Sozialhygienische Forschungen, Heft 3, Gütersloh
Schön, Bärbel (Hg.) 1989: Emanzipation und Mutterschaft. Erfahrungen und Untersuchungen über Lebensentwürfe und mütterliche Praxis, Weinheim
Schräder Hildegard 1963: Erwerbstätige Mütter und ihre Kinder, Köln
Schubert, Doris 1984: Frauenarbeit 1945-1949. Frauen in der deutschen Nachkriegszeit (Band 1), Düsseldorf
Schütz, Alfred 1971, Gesammelte Aufsätze, Bd. 1, Den Haag
Schultz, Dagmar 1991: Das Geschlecht läuft immer mit ... Die Arbeitswelt von Professorinnen und Professoren, Pfaffenweiler; zugl. Berlin, Habilitationsschrift 1988
Schultz, Dagmar 1992: Akkulturationsprozesse und die Entwicklung kultureller Zwischenwelten. In: Wetterer 1992, S.225ff.
Schumann, Michael / Gerlach, Frank / Gschössl, Albert / Millhoffer, Petra 1971: Am Beispiel des Septemberstreiks - Anfang der Rekonstruktionsperiode der Arbeiterklasse? Studienreihe des Soziologischen Forschungsinstituts Göttingen (SOFI), Frankfurt/M.
Schweitzer, Rosemarie v. 1992: Zeitstrukturen zur Darstellung von Sozialstrukturen und Lebensweisenkonzepten. In: Gräbe 1992, S.77ff.
Seidenspinner, Gerlinde / Burger, Angelika / Rettke, Ursula / Reinhardt, Marion / Bednarz-Braun, Iris / Brünink-Regenbogen, Angelika / Jenkins, Eva 1984: Vom Nutzen weiblicher Lohnarbeit. Alltag und Biographie von Mädchen. Band 3. Hg. v. d. Sachverständigenkommission Sechster Jugendbericht, Opladen
Seidenspinner, Gerlinde / Burger, Angelika 1982: Mädchen '82 - eine repräsentative Erhebung über die Lebenssituation und das Lebensgefühl 15- bis 19jähriger Mädchen in der BRD, Hamburg
Sektion Frauenforschung (Hg.) 1985: Beiträge zum 22. Deutschen Soziologentag in Dortmund 1984, Frankfurt/M.
Sieben Berichte 1970: Wirtschaftliche und soziale Aspekte des technischen Wandels in der Bundesrepublik Deutschland. Band 1, Frankfurt/M.
Siebers, Ruth / Vonderach, Gerd 1991: Unterschiedliche lebensgeschichtliche Bewältigungsmuster junger Menschen gegenüber langandauernder Arbeitslosigkeit. In: MittAB 3/1991, S.193ff.
Sommerkorn, Ingrid 1988: Die erwerbstätige Mutter in der Bundesrepublik: Einstellungs- und Problemveränderungen. In: Nave-Herz 1988, S.115ff.
Southall, Sara / Newman, Pauline 1949: Women in German Industry, Frankfurt/M.
Specht, Karl Gustav (Hg.) 1951: Soziologische Forschung in unserer Zeit, Köln
Spieß, Erika / Nerdinger, Friedemann W. 1992: Die Vorhersage generativen Verhaltens durch Werte- Ergebnisse einer Langzeitstudie. In: Klages/Hippler/Herbert 1992, S.567ff.

Stacey, Judith 1987: Der Feminismus als Geburtshelferin des "Postindustrialismus". In: Leviathan 2/87, Köln, S.230ff.

Stein, Edith 1931: Das Ethos der Frauenberufe, Jena

Stein, Lorenz von 1886: Die Frau auf dem Gebiete der Nationalökonomie, Stuttgart

Stooß, Friedemann / Weiding, Inge 1990: Der Wandel der Tätigkeitsfelder und -profile bis zum Jahr 210. In: Bolte u.v.a 1990, S.34ff.

Suhr, Susanne 1930: Die weiblichen Angestellten, Berlin

Theis, Roswitha 1989: Partizipation und Demokratie. Die Soziologie von Helge Pross, Frankfurt/M.

Thomssen, Wilke 1982: "Die Konstitution des Klassenbewußtseins". Vom Altern eines wissenschaftlichen Anspruchs. In: Schmidt/Braczyk/Knesebeck 1982, S.313ff.

Thurnwald, Hilde 1948: Gegenwartsprobleme Berliner Familien. Eine soziologische Untersuchung an 498 Familien, Berlin

Tönnies, Ferdinand 1887 (1935): Gemeinschaft und Gesellschaft, 8. Aufl., Leipzig

Tritz, Maria 1961: Die Frauenerwerbsarbeit in der BRD, Bonn

Ulich, Eberhard / Groskurth, Peter / Bruggemann, Agnes 1973: Neue Formen der Arbeitsgestaltung. Möglichkeiten und Probleme einer Verbesserung der Qualität des Arbeitslebens, Frankfurt/M.

Ulshoefer, Helgard 1969: Mütter im Beruf. Die Situation erwerbstätiger Mütter in neun Industrieländern, (Annotierte Bibliographie), Weinheim

Völker, Gerhard 1949: Manuskript (Monographien zum Kurs bei Schelsky 1949/50)

Voß, Günter, G. 1980: Arbeitssituation und Bewußtsein. Zur Kritik arbeitssoziologischer Erklärungen gesellschaftlichen Bewußtseins, Frankfurt/M./New York

Waßner, Rainer (Hg.) 1988: Wege zum Sozialen. 90 Jahre Soziologie in Hamburg, Opladen

Wegehaupt-Schneider, Ingeborg 1985: Frauenindustriearbeit in Deutschland: Eine Konkurrenz für die männlichen Industriearbeiter auf dem Arbeitsmarkt? Zur Geschichte der sozialen, politischen und ökonomischen Bedingungen der Frauenindustriearbeit in Deutschland von der Industrialisierung bis zum Ende des Zweiten Weltkrieges. Diss., Göttingen

Weltz, Friedrich / Diezinger, Angelika / Marquardt, Regine 1979: Junge Frauen zwischen Beruf und Familie, Frankfurt/M.

Weltz, Friedrich / Jakobi, Ursula / Lullies, Veronika / Bäcker, Wolfgang 1979: Menschengerechte Arbeitsgestaltung in der Textverarbeitung. Abschlußbericht. 3 Bände, München.

Werner, Kerstin 1986: Arbeit und Erwerbstätigkeit der Frauen auf dem Land im ersten Drittel des 20. Jahrhunderts am Beispiel eines hessischschen Dorfes. In : Dalhoff/Frey/Schöll 1986, S.265 ff.

Wetterer, Angelika (Hg.) 1992: Profession und Geschlecht. Über die Marginalität von Frauen in hochqualifizierten Berufen, Frankfurt/M., New York

Wiggershaus, Rolf 1986: Die Frankfurt/M.er Schule. Geschichte - Theoretische Entwicklung - Politische Bedeutung, München, Wien

Willms-Herget, Angelika 1985: Frauenarbeit. Zur Integration der Frauen in den Arbeitsmarkt, Frankfurt/M.

Witzel, Andreas 1982: Verfahren der qualitativen Sozialforschung. Überblick und Alternativen, Frankfurt/M., New York

Wobbe, Theresa 1990: Gleichheit und Differenz. Politische Strategien von Frauenrechtlerinnen um die Jahrhundertwende, Frankfurt/M., New York

Woesler de Panafieu, Christine / Germain, Xiane 1982: Wie Frauen Kriege bewältigten. Gespräche mit der Generation unserer Großmütter. In: Dischner 1982; S.155ff.

Wolff, Heimfrid 1990: Das Dienstleistungswachstum - eine moderne Umwegproduktion. Überlegungen zur Bedeutung der Dienstleistungen für die gesamtwirtschaftliche Entwicklung. In: Bolte u.v.a. 1990, S.63ff.

Wurzbacher, Gerhard 1951: Leitbilder gegenwärtigen deutschen Familienlebens, Dortmund

Zahn-Harnack, Agnes 1924: Die arbeitende Frau, Breslau

Zapf, Wolfgang 1991 (Hg.): Die Modernisierung moderner Gesellschaften. Verhandlungen des 25. Deutschen Soziologentages in Frankfurt/M. 1990. Herausgegeben im Auftrag der Deutschen Gesellschaft für Soziologie, Frankfurt/M., New York

Zentraleinrichtung zur Förderung von Frauenstudien und Frauenforschung der FU Berlin (Hg.) 1984: Methoden der Frauenforschung, Frankfurt/M.

Zoll, Rainer / Bents, Henri / Brauer, Heinz / Flieger, Jutta / Neumann, Enno / Oechsle, Mechtild 1989: "Nicht so wie unsere Eltern!" Ein neues kulturelles Modell? Opladen